21世纪应用型本科财税系列规划教材

税法

和家慧 主编
杨香娇 赵利清 李娟凤 副主编

东北财经大学出版社
Dongbei University of Finance & Economics Press
大连

图书在版编目（CIP）数据

税法 / 和家慧主编．—大连 ：东北财经大学出版社，2024.12.—（21 世纪应用型本科财税系列规划教材）．—ISBN 978-7-5654-5508-7

Ⅰ.D922.22

中国国家版本馆 CIP 数据核字第 2024UN6791 号

东北财经大学出版社出版

（大连市黑石礁尖山街 217 号　邮政编码　116025）

网　　址：http://www.dufep.cn

读者信箱：dufep@dufe.edu.cn

大连图腾彩色印刷有限公司印刷　东北财经大学出版社发行

幅面尺寸：185mm×260mm　　字数：456 千字　　印张：20.25

2024 年 12 月第 1 版　　　　2024 年 12 月第 1 次印刷

责任编辑：石真珍　贺　力　　　　责任校对：何　群

封面设计：原　皓　　　　　　　　版式设计：原　皓

定价：49.00 元

教学支持　售后服务　　联系电话：（0411）84710309

如有印装质量问题，请联系营销部：（0411）84710711

前言

税收既是国家财政收入的重要来源，也是国家宏观调控的重要工具。税法，即税收法律体系，是调整征税机关与纳税人之间税收权利义务关系的法律规范总称。

教材编写背景

党的二十大报告强调了构建高水平社会主义市场经济体制和建设现代化产业体系的重要性。税收作为国家治理体系的重要组成部分，在上述方面发挥着关键作用。本教材紧密结合党的二十大精神，特别是关于全面依法治国的要求，内容不仅涵盖了税法的基本理论，还特别强调了实际操作中的案例分析，依托最新税收法律政策，结合理论与实践，强化现代税收法治观念和拓宽国际视野。

教材写作特色

本教材的写作特色主要体现在以下几个方面：

1. 思政融入，立德树人：教材将“立德树人”理念融入每章内容的设计中，设置了“税惠添彩”“税问我答”“税事热议”等栏目，充分挖掘税法背后的人性考量、价值关怀与制度定位，培养学生对国家、民族、社会和他人的责任感与奉献精神。

2. 重组内容，全面系统：教材对税法基础知识进行了全面梳理，与实务链接，注重知识之间的衔接与联系，使其更具有逻辑性和规律性，做到教师易教、学生乐学。

3. 业财融合，学以致用：教材采用典型实际案例，每一章节均配有例题和练习题，帮助学生提高税务素养，增强理论联系实际、解决问题的能力，为将来在实务中进行税务筹划和纳税风险防范打下基础。

4. 与时俱进，顺应时势：教材紧扣当前税法改革的热点问题，融入税法改革的内容，及时反映税法课程的最新教学研究进展和成果。

5. 通俗易懂，广泛适用：教材尽量回避晦涩难懂的语言表述，注重知识点的归纳总结，做到通俗易懂、言简意赅。

为方便教学，本教材配有电子课件和练习题答案，任课教师可以登录东北财经大学出版社官网（www.dufep.cn）查询和下载。

本教材由丽江文化旅游学院和家慧副教授担任主编，杨香娇老师、赵利清教授、李娟凤副教授担任副主编。在编写过程中，编者参阅了近几年出版的税收类、法律类教材、专著，在此向这些文献的作者致以诚挚的谢意！

本教材适合高等院校经济类、管理类专业学生使用，也可以用作财务及税务工作者的学习用书。由于时间仓促，加之工作量大、能力有限，书中难免有错误之处，欢迎广大读者和同行批评指正。

编 者

2024年11月

目录

第一章

税法基本原理

学习目标

知识目标：

（1）理解税收基本原理：了解税收和税法的概念、税收法律关系及我国现行税法体系，理解税法的基本原则和适用原则。

（2）掌握税收与税法的差异：掌握税收与税法的特征、税收的分类以及税法的构成要素。

能力目标：

（1）政策解读能力：能透过政策条文理解政府制定该政策的出发点、预期要达成的目标，以及可能对不同群体和经济领域产生的深远影响。

（2）案例分析能力：能够将抽象的税收原理应用到具体的情境中，通过分析真实发生的案例，锻炼运用知识解决实际问题的能力。

思政目标：

（1）增强纳税意识：能够认识到税收取之于民、用之于民，意识到依法纳税义务的重要意义。

（2）强化国家意识和民族责任感：结合税收的三大特征理解税收的无偿性是相对的，公民因税收受益体现在生活的方方面面，培养纳税意识与主人翁责任感，坚定为国家繁荣贡献力量的决心。

（3）树立正确的价值观：通过对税收相关内容的学习，培养在经济活动中坚守诚信、遵纪守法等正确的价值取向。

（4）增强法治观念：认识到税收活动必须依法进行，增强对法治的尊崇和维护意识。

税惠添彩

税收取之于民、用之于民、造福于民

从各国政府的税收实践来看，税收具有“返还”的性质，即最终要通过国家财政预算分配，以提供社会公共产品和服务等方式用之于纳税人。在我国社会主义制度下，国家、集体和个人之间的根本利益是一致的，税收的本质是“取之于民、用之于民、造福于民”。

按照国家税收法律规定，纳税人履行纳税义务，及时足额缴纳各项税款，是纳税人享有国家提供的公共产品和服务的前提与基础。国家通过税收筹集财政收入，并通过预算安排将之用于财政支出，进行交通、水利等基础设施和城市公共建设，支持城乡融合与区域协调发展，用于环境保护和生态建设，促进教育、科学、文化、卫生等社会事业发展，用于社会保障和社会福利，用于政府行政管理，进行国防建设，维护社会治安，保障国家安全，促进经济社会发展，满足人民日益增长的美好生活需要等。

近年来，国家越来越重视保障和改善民生，税收“取之于民、用之于民、造福于民”的本质得到充分体现。

2023年，全国一般公共预算收入216 784亿元，其中，税收收入181 129亿元。主要税收收入项目情况如下：

国内增值税69 332亿元；国内消费税16 118亿元；企业所得税41 098亿元；个人所得税14 775亿元；进口货物增值税、消费税19 485亿元，关税2 591亿元；出口退税17 122亿元；城市维护建设税5 223亿元；车辆购置税2 681亿元；印花税3 784亿元，其中证券交易印花税1 801亿元；资源税3 070亿元；契税5 910亿元，房产税3 994亿元，城镇土地使用税2 213亿元，土地增值税5 294亿元，耕地占用税1 127亿元；环境保护税205亿元；车船税、船舶吨税、烟叶税等其他各项税收收入合计1 351亿元。

2023年，全国一般公共预算支出274 574亿元。主要支出科目情况如下：

教育支出41 242亿元；科学技术支出10 823亿元；文化旅游体育与传媒支出3 960亿元；社会保障和就业支出39 883亿元；卫生健康支出22 393亿元；节能环保支出5 633亿元；城乡社区支出20 530亿元；农林水支出23 967亿元；交通运输支出12 206亿元；债务付息支出11 829亿元。

资料来源：中华人民共和国财政部．2023年财政收支情况［EB/OL］．（2024-02-01）［2024-11-21］．http：//gks.mof.gov.cn/tongjishuju/202402/t20240201_3928009.htm.

【税问我答】学习本章内容，谈谈你是如何理解税收公平原则的。在现实生活中，有哪些措施或政策体现了税收的公平正义？

第一节　税收与税法

一、税收的概念

税收是指国家为了实现其职能，凭借其政治权力，按照法定的标准和程序，强制地、无偿地参与社会产品分配，从社会成员处获取财政收入的一种特定的分配方式和经济行为。税收是国家财政收入的重要来源，在国家的经济、政治、社会等各个方面都发挥着至关重要的作用，它通过对不同主体、不同领域的调节和规范，影响着经济的运行和社会的发展，对保障国家机器的正常运转、推动公共事业的进步、促进社会公平正义等都有着不可替代的意义。同时，税收也需要遵循一定的原则和制度，以确保其公平性、合理性和有效性。我们可以从以下三个方面理解税收的本质：

（1）税收体现了国家与纳税人之间的分配关系。国家通过税收将一部分社会资源从纳税人手中转移到国家手中，以满足国家公共需求。

（2）税收是国家实施宏观调控的重要工具。国家通过制定不同的税收政策和制度，可以调节经济运行、引导资源配置、促进产业发展等。

（3）税收是维护国家政权稳定和社会公平正义的基础。有了充足的财政收入，国家才能有效履行各项职能，保障社会的稳定和发展，同时也能通过税收的调节作用在一定程度上促进社会公平。

【了解一下】税收的征收主体是国家，国家征税是凭借政治权力，而不是凭借财产权利。征税的基本目的是满足社会公共需要，税收是国家提供公共产品最重要的保证。

二、税收的特征

税收具有区别于其他财政收入形式的“三性”，即强制性、无偿性和固定性。

（一）强制性

这是税收的首要特征。税收是依靠国家的政治权力强制征收的，并非基于纳税人的自愿或协商。国家通过法律形式明确规定征税对象、税率等，纳税人必须依法纳税，否则会受到法律制裁。

从权力依据来看，税收是基于国家的政治权力而存在的。国家作为社会的管理者和公共服务的提供者，拥有强制征税的权力，以确保税款的足额征收。从表现形式上看，国家通过制定法律明确规定纳税人必须依法纳税，对于不履行纳税义务的行为会有相应的法律制裁措施，如罚款、加收滞纳金甚至追究刑事责任等。纳税人不能以任何理由拒绝或逃避纳税，必须按照法律要求履行纳税义务。从实施过程来说，纳税人不管主观意愿如何，都必须无条件地接受和服从税收的征管。税收的强制性确保了国家能够有效地筹集财政资金，以保障国家机器的正常运转和各项公共职能的实现。它使得税收在经济和社会生活中具有不可替代的地位和作用，是税收能够稳定发挥作用的重要保障。

（二）无偿性

国家征税后，税款直接归国家所有，不需要向纳税人支付任何直接的报酬或代价。纳税人向国家纳税后，不能要求国家直接给予对等的回报。纳税人将自己的一部分财富以税收的形式转移给国家，这种转移是单方面的，国家并不会因为征收了税款就对纳税人给予直接的对等回馈。

无论纳税人在纳税后是否从公共服务或国家的其他行为中受益，都必须依法纳税。尽管某个纳税人可能在某些具体事务中没有明显感受到直接受益，但从整个社会层面和长远来看，税收用于国家的各项建设和公共服务，如基础设施建设、教育、医疗、国防等，最终是造福于全体人民的。这种无偿性是税收的本质属性之一，它体现了国家凭借政治权力参与社会产品分配的特定关系，也是保证国家财政收入稳定可靠的重要基础。

(三）固定性

税收的征收标准是预先以法律形式规定好的，包括对什么征税、征多少税等都是相对固定的。虽然税法可以根据经济社会发展情况进行调整，但在一定时期内会保持相对稳定，这为征纳双方提供了确定性和可预测性。

首先，税收的固定性意味着征税的对象、范围是相对明确和固定的。比如，对某种商品或某项行为征税，在税法规定下是清晰界定的，不会随意变动。其次，税率通常也是固定的或在一定范围内确定的。税率一旦确定，在一段时间内会保持稳定，不会频繁变化，这能给纳税人提供较为稳定的预期，让他们能够在一定程度上合理安排经济活动和财务规划。再次，税收的固定性还体现在征管方式和程序上。有既定的规则和流程来保障税收的征收和管理，不会随意更改或因人而异。此外，税收并非绝对一成不变，它会随着经济社会的发展和国家政策的调整在一定时期和法定程序下进行适当的变革，但这种变革也是有章可循、循序渐进的，不会导致税收制度的混乱和不稳定。总之，税收的固定性有利于保障国家财政收入的稳定和税收征管的有序进行，也有利于维护纳税人的合法权益和经济社会的平稳运行。

上述税收的“三性”缺一不可，共同构成税收的本质特征，共同保障税收功能的有效发挥。强制性是无偿性和固定性的保障，只有通过强制手段才能确保无偿征收得以实现；无偿性是强制性的必然结果，而固定性又是强制性和无偿性的要求和体现，固定性使得税收行为更规范、更可预期。

三、税收的分类

(一）按照征税对象的性质分类

按照征税对象的性质不同，税收可分为流转税、所得税、财产税、资源税、行为税、特定目的税等。

流转税是指以货物、劳务、服务、无形资产或不动产的流转额为征税对象征收的税种。此税种主要在生产、流通和服务领域发挥调节作用，包括增值税、消费税和关税。

所得税是指以所得额为征税对象征收的税种。此税种主要对生产经营者的利润和个人的纯收入发挥调节作用，包括企业所得税和个人所得税。

【了解一下】所得税类的征税对象不是一般收入，而是总收入减除准予扣除项目后的余额，即应纳税所得额。

财产税是指以纳税人所拥有或支配的财产为征税对象征收的税种，如房产税、车船税等。

资源税是对开发、利用和占有国有自然资源的单位和个人征收的税种。此税种主要对因开发和利用自然资源而形成的级差收入发挥调节作用，包括资源税、土地增值税、城镇土地使用税等。

行为税是指为了调节某些行为，以这些行为为征税对象征收的税种。此税种主要对特定行为发挥调节作用，包括印花税、契税、船舶吨税等。

特定目的税是为了达到特定的目的而征收的税种，如城市维护建设税、车辆购置税、耕地占用税、环境保护税、烟叶税等。

税收按征税对象的性质分类总结表见表1-1。

表1-1 **税收按征税对象的性质分类总结表**

分类	定义	税种
流转税	以货物、劳务、服务、无形资产或不动产的流转额为征税对象征收的税种。此税种主要在生产、流通和服务领域发挥调节作用	包括增值税、消费税和关税
所得税	以所得额为征税对象征收的税种。此税种主要对生产经营者的利润和个人的纯收入发挥调节作用	包括企业所得税和个人所得税
财产税	以纳税人所拥有或支配的财产为征税对象征收的税种	包括房产税、车船税等
资源税	对开发、利用和占有国有自然资源的单位和个人征收的税种。此税种主要对因开发和利用自然资源而形成的级差收入发挥调节作用	包括资源税、土地增值税、城镇土地使用税等
行为税	为了调节某些行为，以这些行为为征税对象征收的税种。此税种主要对特定行为发挥调节作用	包括印花税、契税、船舶吨税等
特定目的税	为了达到特定目的而征收的税种	包括城市维护建设税、车辆购置税、耕地占用税、环境保护税、烟叶税等

（二）按照税负能否转嫁分类

按照税负能否转嫁，税收可分为直接税和间接税，见表1-2。

表1-2 **税收按税负能否转嫁分类表**

分类	定义	税种	提示
直接税	税负不能转嫁、只能由纳税人承担的税种	如所得税类	纳税人和负税人一致
间接税	纳税人能将税负全部或部分转嫁给他人的税种	如流转税类	纳税人和负税人不一致

（三）按照计税依据分类

按照计税依据，税收可分为从量税、从价税和复合税，见表1-3。

表1-3 **税收按计税依据分类表**

分类	定义	税种
从量税	以征税对象的自然实物量（重量、容积等）为标准，采用固定单位税额征收的税种	如啤酒的消费税
从价税	以征税对象的价值量为标准，按比例税率征收的税种	如增值税、其他酒的消费税
复合税	同时以征税对象的自然实物量和价值量为标准征收的税种	如卷烟、白酒的消费税

（四）按税收管理与使用权限分类

按照税收管理与使用权限的不同，税收可分为中央税、地方税和中央地方共享税，见表1-4。

表1-4 **税收按税收管理与使用权限分类表**

分类	定义	税种
中央税	管理权限归中央政府，税收收入归中央政府支配和使用的税种	关税、消费税、车辆购置税、船舶吨税等
地方税	管理权限归地方政府，税收收入归地方政府支配和使用的税种	城市维护建设税、房产税、城镇土地使用税、契税、土地增值税、耕地占用税、车船税、印花税、资源税、环境保护税、烟叶税
中央地方共享税	管理权限归中央政府，税收收入由中央政府和地方政府按一定比例分享的税种	增值税、企业所得税、个人所得税

【税问我答】税收取之于民，用之于民，每个公民都应该增强依法纳税意识。根据税收管理与使用权限分类，税收可分为中央税、地方税和中央地方共享税，从该角度思考：为什么发达地区的经济发展增速比较快？

（五）按照税收与价格的关系分类

按照税收与价格的关系不同，税收可分为价内税和价外税，见表1-5。

表1-5 **税收按税收与价格的关系分类表**

<table>
<tr><th>分类</th><th>定义</th><th>税种</th><th>提示</th></tr>
<tr><td>价内税</td><td>税款包含在应税商品价格内的税种，即税金是价格的组成部分。在价内税形式下，商品价格由成本、利润和税金构成</td><td>如消费税、关税等</td><td rowspan="2">对于价内税，消费者往往在购买商品时不易直接感受到税款的具体数额；而价外税则在交易过程中会明确显示出税款的金额。价外税的计算较为清晰和直观，价内税则相对隐蔽一些。在税收征管和经济影响等方面，两者也存在一定差异</td></tr>
<tr><td>价外税</td><td>税款不包含在商品价格内，而是在价格之外单独计算征收的税种。价外税的计税依据是不含税价格</td><td>如增值税</td></tr>
</table>

【例1-1】按照税收的管理和使用权限分类，税收分为（　　）。

A.中央税、地方税和中央地方共享税　　B.流转税、所得税和财产税

C.从价税和从量税　　D.价内税和价外税

【答案】A。

四、税法的概念

税法是指有权的国家机关制定的有关调整税收分配过程中形成的权利义务关系的法律规范总和，见表1-6。

表1-6 **税法的概念**

<table>
<tr><td rowspan="4">税法</td><td colspan="2">立法机关</td><td>有权的机关：在我国即全国人民代表大会及其常务委员会、地方立法机关、获得授权的行政机关</td></tr>
<tr><td colspan="2">调整对象</td><td>税收分配中形成的权利义务关系</td></tr>
<tr><td rowspan="2">范围</td><td>广义</td><td>包括各级有权机关制定的税收法律、法规、规章，是由税收实体法、税收程序法、税收争讼法等构成的法律体系</td></tr>
<tr><td>狭义</td><td>专指某一部法</td></tr>
</table>

五、税法的特点

税法按照分类标准有立法过程、法律性质、内容三个方面的特点，具体见表1-7。

表1-7　　税法的特点

	分类标准	定义	提示
税法的特点	从立法过程上看	税法属于制定法，而不属于习惯法	税法是由国家制定的，而不是由习惯做法或司法判例认可的
	从法律性质上看	税法属于义务性法规，而不属于授权性法规	(1) 税法是直接规定人们从事或不从事某种行为的法规，具有强制性，其强制力度仅次于刑法 (2) 从税法的角度来看，纳税人以尽义务为主，并不是税法没有规定纳税人的权利（主要是纳税人的程序性权利）
	从内容上看	税法属于综合法，而不属于单一法	税法是由实体法、程序法、争讼法等构成的综合法律体系，其内容涉及课税的基本原则、征纳双方的权利义务、税收管理规则、法律责任、解决税务争议的法律规范等

【了解一下】税收单行法受税收通则法（税收基本法）的约束和指导，是相对于税收通则法而言的。税收通则法以外的税法都属于税收单行法，包括规范各税种的法律、法规和规章。税收实体法、税收程序法、税收处罚法、税收争讼法的大部分内容都是以单行法的形式规范的。

税收单行法与税收通则法的分类与税法体系的结构有关。有些国家的税法典包含了税收单行法与税收通则法的全部内容，因此无法从立法上作这种划分。例如，我国只有税收单行法而没有税收基本法。

【例1-2】关于税法的特点，下列说法正确的是（　　）。

A.从法律性质上看，税法属于授权法

B.从立法内容上看，税法具有单一性

C.从立法形式上看，税法属于行政法规

D.从立法过程上看，税法属于制定法

【答案】D。解析：选项A，从法律性质上看，税法属于义务性法规；选项B，从立法内容上看，税法具有综合性；选项C，从立法形式上看，税法属于法律。

税收与税法一个是经济学的概念，一个是法学的概念，二者存在一定的区别。税收与税法的区别与联系见表1-8。

表1-8　　税收与税法区别与联系

项目	区别	联系
税收与税法	税收主要是一种经济活动和经济现象，强调的是国家凭借政治权力对社会财富进行的强制、无偿的分配	税法是税收的法律表现形式和依据，税收必须依据税法的规定来进行，税法保障了税收活动的合法性和规范性
	税法是关于税收的法律规范的总和，是一种法律制度，侧重于对税收行为的规范和约束	税收是税法所规范的对象和内容，税法的制定和实施都是围绕着税收活动展开的，离开了税收，税法也就失去了存在的意义

六、税法原则

（一）税法基本原则

从法理学的角度来看，税法基本原则可以概括成税收法定原则、税收公平原则、税收效率原则与实质课税原则。

（二）税法适用原则

税法适用原则是指税务行政机关和司法机关运用税收法律规范解决具体问题所必须遵循的准则。税法适用原则在一定程度上体现着税法基本原则，同时含有更多的法律技术性准则，更为具体化。

税法原则的具体内容见表1–9。

表1–9　　**税法原则**

两类原则	具体原则	定义
税法基本原则	税收法定原则	税法主体的权利义务必须由法律加以规定，税法的各类构成要素都必须且只能由法律予以明确规定，超越法律规定的课税是违法和无效的
	税收公平原则	税收负担必须根据纳税人的负担能力分配：负担能力相等，税负相同；负担能力不等，税负不同
	税收效率原则	税收效率原则包括两个方面：一是经济效率；二是行政效率。前者要求有利于资源的有效配置和经济体制的有效运行，后者要求提高税收行政效率
	实质课税原则	应根据客观事实确定是否符合课税要件，并根据纳税人的真实负担能力决定其税负，不能仅考核其表面是否符合课税要件
税法适用原则	法律优位原则	法律>法规>规章。税收法律的效力高于税收法规的效力，税收法规的效力高于税务规章和税务行政规范的效力，效力高的税法优于效力低的税法。在处理不同等级税法的关系时，若效力低的税法与效力高的税法发生冲突，则效力低的税法是无效的
	法律不溯及既往原则	不能用当前制定的法律指导人们过去的行为，更不能用当前的法律处罚人们过去从事的当时是合法而当前是违法的行为
	新法优于旧法原则	新法、旧法对同一事项有不同规定时，新法的效力高于旧法
	特别法优于普通法原则	对同一事项两部法律分别定有一般规定和特别规定时，特别规定的效力高于一般规定的效力。居于特别法地位的级别较低的税法，其效力可以高于作为普通法的级别较高的税法

续表

两类原则	具体原则	定义
税法适用原则	实体从旧、程序从新原则	实体法不具备溯及力，而程序法在特定条件下具备一定溯及力。实体性权利义务以其发生的时间为准；而对程序性问题（如税款征收方法、税务行政处罚等），新税法具有约束力
	程序优于实体原则	在税收争讼发生时，程序法优于实体法，以保证国家课税权的实现

【例1-3】下列属于税法基本原则的是（　　）。

A.新法优于旧法　　B.特别法优于普通法

C.税收效率原则　　D.程序优于实体

【答案】C。

【例1-4】自2016年12月1日起对超豪华小汽车在生产（进口）环节按现行税率征收消费税的基础上，在零售环节加征消费税。假定在2022年3月，汽车销售企业被查出在2016年10月隐瞒超豪华小汽车零售额，按照（　　）原则，2016年12月1日以前发生的超豪华小汽车销售额不应按照现行政策缴纳零售环节消费税。

A.新法优于旧法原则　　B.法律不溯及既往原则

C.实体从旧、程序从新原则　　D.法律优位原则

【答案】B。

【例1-5】我国企业所得税法中对于企业当年的公益性捐赠只有限额12%的扣除标准，没有全额扣除标准，但自2019年1月1日至2025年12月31日，企业通过公益性社会组织或者县级（含县级）以上人民政府及其组成部门和直属机构，用于目标脱贫地区的扶贫捐赠支出，准予在计算企业所得税应纳税所得额时据实扣除，该例子体现了税法的（　　）。

A.实体从旧、程序从新原则　　B.程序优于实体原则

C.特别法优于普通法原则　　D.法律优位原则

【答案】C。

第二节　税收法律关系

一、税收法律关系的概念与特点

（一）税收法律关系的概念

税收法律关系是税法所确认和调整的，国家与纳税人之间、国家与国家之间以及各级政府之间在税收分配过程中形成的权利义务关系。

（二）税收法律关系的特点

税收法律关系的特点体现在4个方面，见表1-10。

表1-10 **税收法律关系的特点**

特点	含义
主体的一方是国家	在税收法律关系中，国家不仅以立法者和执法者的姿态参与税收法律关系的运行与调整，而且直接以税收法律关系主体的身份出现，因为税收本身就是国家参与社会剩余产品分配而形成的特殊社会关系
体现国家单方面的意志	税收法律关系只体现国家单方面的意志，不体现纳税人一方主体的意志。税收法律关系的成立、变更、消灭不以主体双方意思表示一致为要件。只要当事人发生了税法规定的应纳税的行为或事件，就产生了税收法律关系
权利义务关系具有不对等性	税法作为一种义务性法规，其规定的权利义务是不对等的，即在税收法律关系中，国家享有较多的权利，承担较少的义务，而纳税人承担较多的义务，享有较少的权利
具有财产所有权或支配权单向转移的性质	在税收法律关系中，纳税人履行纳税义务并缴纳税款，就意味着将自己拥有或支配的一部分财物无偿地交给国家，国家不再直接返还给纳税人。所以，税收法律关系中的财产转移具有无偿、单向、连续等特点

【例1-6】税收法律关系的特点不包括（　　）。

A.主体的一方只能是国家

B.体现国家单方面的意志

C.权利义务关系具有对等性

D.具有财产所有权或支配权单向转移的性质

【答案】C。解析：在税收法律关系中，国家始终是一方主体，体现国家单方面意志，权利义务关系并不对等，且具有财产所有权或支配权单向转移的性质，所以C为正确选项。

二、税收法律关系的主体

征纳主体，即税收法律关系的主体，是指税收法律关系中依法享有权利和承担义务的双方当事人，一方为税务机关，另一方为纳税人。

（一）征税主体

征税主体是指在税收法律关系中行使税收征管权、依法进行税款征收行为的一方当事人。征税主体通常代表国家或政府，拥有法定的征税权力，负责依照税法规定的范围、对象、税率等对纳税人进行征税，以实现国家的财政收入和税收政策目标。它主要包括税务机关和海关等。税务机关行使的征税权极具程序性，不能自由放弃或转让。

（二）纳税主体

纳税主体又称纳税人，是指税法规定的负有纳税义务、直接向税务机关缴纳税款的单位和个人。纳税主体是税收法律关系的重要一方，其负有按照税法规定准确计算应纳税额并按时足额缴纳税款的义务。同时，纳税人在履行纳税义务过程中也依法享有相应的权利。

【了解一下】纳税主体主要有以下分类：

(1) 自然人：具有民事权利能力和民事行为能力的个人。

(2) 法人：包括企业法人、机关法人、事业单位法人、社会团体法人等各类依法成立的组织。

(3) 非法人组织：如个人独资企业、合伙企业等不具有法人资格但能够以自己的名义从事民事活动的组织。

三、税收法律关系的客体

税收法律关系的客体即税收法律关系主体的权利义务所共同指向的对象，也就是征税对象。例如，应税商品，如货物等；应税劳务；应税行为；货币和实物（税款缴纳通常采用货币形式，但在特定情况下也可能涉及实物）。

四、税收法律关系的内容

税收法律关系的内容主要包括征税主体的权利和义务以及纳税主体的权利和义务，见表1-11。

表1-11 征纳主体权利义务

项目	征税主体	纳税主体
权力	1.税收征管权，包括税收征收权、税收管理权等 2.税法解释权等	1.知悉税法权 2.要求保密权 3.申请减税、免税、退税权等
义务	1.依法征税的义务 2.为纳税人服务的义务，如提供纳税咨询等 3.依法保密的义务等	1.依法纳税的义务，包括按时足额缴纳税款 2.接受税务管理的义务 3.提供相关信息的义务等

五、税收法律关系的产生、变更、消灭

与其他社会关系一样，税收法律关系也是处于不断发展变化之中的，这一发展变化过程可以概括为税收法律关系的产生、变更、消灭。

（一）产生

税收法律关系的产生是指在税收法律关系主体之间形成权利义务关系。通常是纳税主体应税行为的出现，比如企业开始生产经营活动产生纳税义务、新的纳税主体成立、新企业注册登记等，使税收法律关系得以产生。

（二）变更

税收法律关系的变更是指由于某一法律事实的发生，税收法律关系的主体、内容和客体发生变化。税法的修订、纳税主体的经济活动发生变化（如经营范围改变、企业合并、企业进行重大资产重组等）、税收征管机关的变更等，都可能引起税收法律关系内容的改变。

（三）消灭

税收法律关系的消灭是指这一法律关系的终止即其主体间权利义务关系的终止。一般是纳税义务的依法履行完毕（如税款全部缴纳）、税法的废止、纳税主体的消失（如企业破产清算）等情况使得税收法律关系终止。

第三节　税法的构成要素

税法的构成要素又称课税要素、税收制度的构成要素，是指各种单行税法具有的共同的基本要素的总称。税法的构成要素包括总则、纳税义务人、征税对象、税目、税率、纳税期限、减税免税、纳税环节、纳税地点、罚则、附则等项目。纳税义务人、征税对象、税率是税法的三个基本构成要素。

一、税法的基本构成要素

（一）纳税义务人

纳税义务人又称纳税人，是税法中规定的直接负有纳税义务的单位或个人。纳税义务人是税收法律关系的重要主体之一，他们依照税法的规定，有义务向国家缴纳税款。纳税义务人可以是自然人，也可以是法人或其他组织。由于各具体的税收法律关系不同，各税种的税法具体调整对象也不同，因此纳税主体（纳税人）也有所不同。

负税人是指最终负担税款的单位和个人。虽然纳税义务人是直接向税务机关缴纳税款的主体，但税款可能通过经济交易等方式转嫁，最终由其他人实际承担税负，这个人就是负税人。在一些情况下，纳税义务人与负税人是一致的；而在存在税负转嫁的情况下，二者可能不一致。例如，所得税的纳税人与负税人是一致的，而增值税的纳税人与负税人并不总是一致的。

扣缴义务人是指依照法律、行政法规规定负有代扣代缴、代收代缴税款义务的单位和个人。其主要作用是在支付款项给纳税人时，按照税法规定代扣或代收税款，并按时将代扣或代收的税款缴入国库。比如，单位在向员工支付工资时，代扣员工应缴纳的个人所得税，此时单位就是扣缴义务人。扣缴义务人在税收征管中起到了重要的协助和保障作用，有助于加强税收的征收管理和保证税款的及时足额入库。

【了解一下】纳税人不一定就是负税人。在实际经济生活中，有的税收由纳税人自己负担，纳税人本身就是负税人，如企业所得税、个人所得税等；有的税收虽然由纳税人缴纳，但实际上是由他人（购买方）负担的，如增值税、消费税等。

纳税人相关概念总结见表1-12。

表1-12　**纳税人相关概念总结**

<table>
<tr><th colspan="2">概念</th><th>定义</th><th>举例</th></tr>
<tr><td colspan="2">纳税人</td><td>依法直接负有纳税义务的法人、自然人及其他组织</td><td rowspan="2">纳税人=负税人（直接税）
例如：所得税类
纳税人≠负税人（间接税）
例如：增值税</td></tr>
<tr><td colspan="2">负税人</td><td>实际负担税款的单位或个人</td></tr>
<tr><td rowspan="2">扣缴义务人</td><td>代扣代缴义务人</td><td>有义务从持有的纳税人收入中扣除其应纳税款并代为缴纳的单位或个人</td><td>支付给个人工资、薪金所得的企业为个人所得税的代扣代缴义务人</td></tr>
<tr><td>代收代缴义务人</td><td>有义务通过与纳税人的经济交往而向纳税人收取其应纳税款并代为缴纳的单位</td><td>委托加工应税消费品的受托方为消费税的代收代缴义务人（受托方为个人除外）</td></tr>
</table>

（二）征税对象

征税对象，又称课税对象、征税客体，是指税法规定对什么征税，是征税主体和纳税主体双方权利义务共同指向的客体或标的物。征税对象是税法最基本的构成要素，因为它体现着征税的最基本界限，决定着某一种税的基本征税范围，同时，征税对象也决定了各个税种的名称。所以，征税对象是区别一种税与另一种税的重要标志。例如，增值税是以商品（含应税劳务）在流转过程中产生的增值额作为计税依据而征收的流转税。

征税对象按其性质不同，可划分为流转额、所得额、资源、财产、行为、特定目的六大类，因此税收也可以划分为相应的六大类，即流转税、所得税、资源税、财产税、行为税、特定目的税。

与征税对象相关的两个基本概念是税基和税目。其中，税基又称计税依据，是计算征税对象应纳税款的直接数量依据或标准，是对征税对象的量的规定。它通常与征税对象密切相关。计税依据可以是征税对象的数量、价值、面积等具体指标。根据计税依据和相应的税率等，就可以计算出实际应缴纳的税额。

税目是对征税对象的具体分类和细化，它将征税对象进一步划分成不同的类别或项目，使征税范围更加明确和具体。税目反映征税的具体范围，是对征税对象质的界定。税目可以根据不同的标准来设置，比如按照商品种类、行业等。通过税目，可以更精准地确定具体的征税内容和适用税率等。例如，消费税的征税对象是特定的消费品，税目则具体规定了哪些消费品属于征税范围，而计税依据可能是这些消费品的销售额或销售量等。我国的消费税设置了烟、酒、高档化妆品等15个税目。

总的来说，征税对象是基础和前提，税目是对征税对象的细化和分类，计税依据是用于确定应纳税额的具体标准，它们相互配合，共同构成税收制度的重要组成部分。征税对象相关概念总结见表1-13。

表1-13 **征税对象相关概念总结**

征税对象（相关概念）	税目	反映具体的征税范围，是对征税对象质的界定	如消费税
	计税依据	征税对象的数量化，是对征税对象量的规定	从价计税、从量计税、复合计税

【了解一下】并非所有的税种都有税目，比如消费税有税目，企业所得税没有税目。

（三）税率

税率是对征税对象的征收比例或征收程度。税率是计算税额的尺度，也是衡量税负轻重与否的重要标志。我国现行的税率主要有三种，见表1-14。

1. 比例税率

比例税率是一种根据应税基础的一定比例来计算税额的税收方式。这种税率通常用于增值税、城市维护建设税等税种。比例税率的特点是税额与应税基础成正比，即应税基础越大，应纳税额也越大。

表1-14 税率的三种形式总结表

税率	定义	适用税种	备注
比例税率	对同一征税对象，不论其数额大小，都按照同一比例征税	增值税、城市维护建设税、企业所得税	**优点：** （1）计算简便：无须对具体数额进行复杂的分级计算 （2）税收负担相对公平：在一定程度上体现了对同等经济情况的主体同等对待 （3）便于征管：操作相对简单，有利于提高税收征管效率 **缺点：** （1）调节功能有限：不能充分体现按能力负担的原则，对于贫富差距的调节力度相对较弱 （2）难以体现特殊政策：不太容易针对不同情况进行有针对性的精细调节
定额税率	按征税对象确定的计算单位，直接规定一个固定的税额的税率	耕地占用税、城镇土地使用税、车船税等	**优点：** （1）计算简便：直接按照固定的税额计征，易于操作 （2）税收确定性强：纳税人能较为明确地知晓自己的纳税义务 **缺点：** （1）缺乏弹性：不能随经济情况的变化及时调整，难以灵活适应不同的经济形势和纳税人的实际情况 （2）调节功能较弱：对于不同收入水平和经济状况的纳税人区分度不够，难以充分体现量能负担原则 （3）不能准确反映实际税负能力：不能完全反映征税对象的实际价值或数量变化，可能存在一定程度的不公平
累进税率	把计税依据按一定标准划分为若干等级，从低到高分别规定逐级递增的税率	个人所得税、土地增值税	**优点：** （1）体现公平：按照纳税人的负担能力征税，收入越高，税负越重，有利于调节收入分配差距，能较好地体现税收的纵向公平原则 （2）调节作用强：对经济和社会有较强的调节作用，可在一定程度上抑制贫富差距的扩大 **缺点：** （1）计算复杂：相比其他税率形式，累进税率的计算较为复杂，增加了征管难度和成本 （2）易引发避税：可能导致一些纳税人通过各种方式来规避高税阶段，引发避税行为

2.定额税率

定额税率是一种固定税额的税收方式，通常用于某些特定的税种，如城镇土地使用税、车船税等。定额税率的特点是税额不随应税基础的变化而变化，而是按照固定的金额或单位面积、单位数量来征收。

3. 累进税率

累进税率按照其累进依据和累进方式不同，有全额累进税率、超额累进税率、超率累进税率三种形式。

（1）全额累进税率：对征税对象的全部数额都按与之相对应等级的税率计算税额。全额累进税率的特点包括：

① 计算简便：公式为全额累进税=全部课税对象数额×全额累进税率。

② 累进程度急剧：全部课税对象都适用相应的最高税率。

③ 累进的名义税率与实际税率一致。

④ 税负不合理：会出现税收增加额超过课税对象增加额的不合理现象。

在实际应用中，全额累进税率已经较少使用，我国现行税收实体法已经不再采用全额累进税率。

【了解一下】新中国成立初期征收的工商所得税，曾实行21级全额累进税率，最低一级为所得额未满300元的，税率为5.75%；最高一级为所得额在万元以上的，税率为34.5%。如果纳税人的所得额超过万元，则全部所得额都按34.5%的税率征税。全额累进税率的优点是计算简便、累进幅度大、调节收入效果明显，但在两个税率级距的交界处会出现税负跳跃式增加的不合理现象。

（2）超额累进税率：把征税对象按数额大小划分为若干等级，从低到高对每个等级分别规定相应的税率，各等级分别计算税额，一定数额的按相应等级税率计征，超过部分则按高一级的税率计征，各等级税额之和就是应纳税额。

超额累进税率具有以下特点：

① 计算方法复杂：征税对象越大，所包括的计税等级越多，税费的计算越复杂。

② 累进幅度缓和：累进幅度不大，体现了税收负担的合理性，有利于对纳税人税收的调控。

③ 解决边际税率与平均税率不一致和税收负担透明度低的问题：通过速算扣除数协助计征，有助于解决边际税率与平均税率不一致和税收负担透明度低的问题。

在实际应用中，个人所得税采用超额累进税率。其中，工资、薪金所得适用七级超额累进税率，个体工商户生产经营所得适用五级超额累进税率。

【例1-7】假定甲、乙、丙三人某月的应纳税所得额分别为3 000元、3 001元、13 000元。要求：根据表1-15分别按照全额累进方法和超额累进方法计算三人各自的应纳税额。

表1-15　　**某三级累进税率表**

级数	应纳税所得额	税率
1	不超过3 000元的部分	3%
2	超过3 000元至12 000元的部分	10%
3	超过12 000元至25 000元的部分	20%

【答案】计算过程与结果见表1–16。

表1–16　应纳税额计算过程表　金额单位：元

按照全额累进税率计算应纳税额	按照超额累进税率计算应纳税额
甲应纳税额=3 000×3%=90	甲应纳税额=3 000×3%=90
乙应纳税额=3 001×10%=300.1	乙应纳税额=3 000×3%+（3 001–3 000）×10%=90.1
丙应纳税额=13 000×20%=2 600	丙应纳税额=3 000×3%+（12 000–3 000）×10%+（13 000–12 000）×20%=1 190

从上述对比可以看出，全额累进税率计算方法简便，但税收负担不合理，特别是在划分级距的临界点附近，税负呈跳跃式递增，甚至会出现税额增加超过征税对象数额增加的不合理现象，不利于鼓励纳税人增加收入。因此，目前在我国没有采用该种税率形式的税种。

（3）超率累进税率：以征税对象数额的相对率划分若干级距，分别规定相应的差别税率，相对率每超过一个级距的，对超过的部分就按高一级的税率计算征税。

超率累进税率的特点包括：

① 计算方法复杂：征税对象越大，等级越多，计算越复杂。

② 累进幅度缓和：税收负担较为合理，不会出现增加部分的税率超过增加的征税对象数额的不合理现象。

③ 边际税率和平均税率不一致：税收负担透明度差。

在实际应用中，超率累进税率通常用于对土地增值等特殊情况的征税，以实现税收的公平和调节作用。我国现行税制中，土地增值税采用超率累进税率计税。

二、其他纳税要素

（一）纳税环节

纳税环节是指税法规定的征税对象在从生产到消费的流转过程中应当缴纳税款的环节。一种商品从生产到消费要经历生产、批发、零售诸多流转环节，各环节都存在销售额，都可能成为纳税环节。考虑到税收对经济的影响、财政收入的需要以及税收征管的能力等因素，国家常常对在商品流转过程中所征税种规定不同的纳税环节。按照某种税纳税环节的多少，可以将税种划分为一次课征制和多次课征制。例如，增值税实行多环节计征，在生产、批发、零售各个环节纳税。

（二）纳税期限

纳税期限是指税法规定的关于税款缴纳时间即纳税时限方面的限定。纳税人每次发生纳税义务后不可能马上去缴纳税款。税法规定了每种税的纳税期限，即每隔固定时间汇总一次纳税义务的时间。例如，企业所得税按年计征，分月或者分季预缴，年终汇算清缴，多退少补。企业所得税的纳税年度自公历1月1日起至12月31日止。企业在一个纳税年度中间开业，或者终止经营活动，使该纳税年度的实际经营期不足12个月的，应当以其实际经营期为1个纳税年度。企业依法清算时，应当以清算期间作为1个纳税年度。

税法关于纳税期限的规定，有两个相关概念。

1.纳税义务发生时间

纳税义务发生时间是指税法规定的纳税人应当承担纳税义务的起始时间点。它标志着从这个时间开始，纳税人就有了依法纳税的义务。不同的税种，对其纳税义务发生时间的规定通常有所不同。

2.缴库期限

缴库期限是指税法规定的纳税期满后，纳税人将应纳税款缴入国库的期限。例如，根据《中华人民共和国环境保护税法》，环境保护税按月计算，按季申报缴纳，不能按固定期限计算缴纳的，可以按次申报缴纳。具体来说，纳税人按季申报缴纳的，应当自季度终了之日起15日内向税务机关办理纳税申报并缴纳税款。纳税人按次申报缴纳的，应当自纳税义务发生之日起15日内向税务机关办理纳税申报并缴纳税款。

（三）纳税地点

纳税地点是指根据各个税种纳税对象的纳税环节和有利于对税款的源泉控制而规定的纳税人（包括代征、代扣、代缴义务人）具体申报缴纳税款的地点。

（四）减免税

减免税是指对某些纳税人和征税对象采取减少征税或者免予征税的特殊规定。减税是对应纳税额少征一部分税款，而免税是对应纳税额全部免征税款。减免税可以分为税基式减免、税率式减免、税额式减免三种形式。

1.税基式减免

税基式减免是指通过直接缩小计税依据的方式来实现的减免税。其涉及的概念有起征点、免征额、项目扣除等。

（1）起征点是征税对象开始征税的数额起点，当数额<起征点时，不征税；当数额≥起征点时，全额征税。不同数额下起征点计算举例见表1–17。

表1–17 **不同数额下起征点计算举例**

数额	起征点	比较	税额（税率3%）
1 000	5 000	1 000<5 000	0
3 000	5 000	3 000<5 000	0
5 000	5 000	5 000=5 000	5 000×3%=150
6 000	5 000	6 000>5 000	6 000×3%=180
10 000	5 000	10 000>5 000	10 000×3%=300

（2）免征额是在征税对象的全部数额中免予征税的数额，也是征税对象开始征税的数额，当数额≤免征额时，不征税；当数额>免征额时，差额征税。不同数额下免征额计算举例见表1–18。

表1-18　　不同数额下免征额计算举例

数额	起征点	比较	税额（税率3%）
1 000	5 000	1 000<5 000	0
3 000	5 000	3 000<5 000	0
5 000	5 000	5 000=5 000	0
6 000	5 000	6 000>5 000	（6 000−5 000）×3%=30
10 000	5 000	10 000>5 000	（10 000−5 000）×3%=150

【了解一下】在中国，个人所得税的起征点实际上是指免征额。这个概念意味着，只有当个人的应纳税所得额超过这个免征额时，才需要对超出部分缴纳个人所得税。免征额是一种税收优惠，旨在减轻低收入群体的税收负担。

【例1-8】某纳税人某月取得的应税收入为1 000元，假设税法规定的起征点为800元，税率为20%。要求：

（1）请计算该纳税人应纳税额。

（2）若税法规定的免征额是800元，请计算其应纳税额。

【答案】（1）起征点为800元时：应纳税额=1 000×20%=200（元）

（2）免征额为800元时：应纳税额=（1 000−800）×20%=40（元）

2.税率式减免

税率式减免即通过直接降低税率的方式实现的减免税。其涉及的概念包括重新确定税率、选用其他税率、零税率。

【了解一下】自2023年12月31日至2027年12月31日，对小型微利企业年应纳税所得额不超过300万元的部分，减按25%计入应纳税所得额，按20%的税率缴纳企业所得税。这个既涉及税基式减免，又涉及税率式减免。

3.税额式减免

税额式减免即通过直接减少应纳税额的方式实现的减免税。其涉及的概念包括全部免征、减半征收、核定减免率以及另定减征额等。

（五）附加与加成

附加也称地方附加，是指地方政府按照国家规定的比例随同正税一起征收的列入地方预算外收入的一种款项，如教育费附加。

加成是指在应纳税额的基础上额外征收的一定比例的税额。加成其实是税率的一种延伸，增强了税制的灵活性与适应性。

第四节　我国现行税法体系

税法体系就是通常所说的税收制度，是指一个国家不同的税收法律规范按照一定的逻辑结构和效力层级所组成的有机整体。它涵盖了各种具体的税法，如针对不同税种的法律规定，体现了税法之间的内在逻辑联系和相互关系，包括不同税种之间在征税范围、税率等方面的协调配合。税法体系明确了不同税法的效力层级，以保障法律的权威性和稳定性。它反映了国家在税收领域的政策导向和调控意图，是国家进行税收管理和实现经济社会目标的重要工具和制度保障。税法体系的合理构建对于保障国家财政收入、调节经济运行、维护社会公平正义等都具有至关重要的意义。

我国现行税法体系按照税法的职能作用不同，可分为税收实体法和税收程序法。

一、税收实体法

税收实体法主要是指确定税种立法，具体规定各税种的纳税主体、征税客体、计税依据、税目、税率、减免税等。我国现行的税收实体法在原有税制的基础上，经过几次较大的改革，形成了以增值税、消费税、关税、车辆购置税、企业所得税、个人所得税、资源税、房产税、城镇土地使用税、车船税、土地增值税、印花税、城市维护建设税、耕地占用税、契税、烟叶税、船舶吨税、环境保护税等18个税种为主体税种的实体法体系。根据财政管理体制，我国现行开征的税种中，海关负责征收关税、船舶吨税和代征进出口环节的增值税和消费税，其他税种均由税务机关负责征收，见表1-19。

表1-19　**征税主体及征税税种表**

征收机关	征收税种
海关系统	关税、船舶吨税、代征进出口环节的增值税和消费税
税务系统	其他税种

二、税收程序法

税收程序法是指除税收实体法外，我国对税收征收管理适用的法律制度，是按照税收管理机关的不同而分别规定的。

由税务系统负责征收的税种的征收管理，按照全国人大常委会发布实施的《中华人民共和国税收征收管理法》执行。

由海关系统负责征收的税种的征收管理，按照《中华人民共和国海关法》及《中华人民共和国进出口关税条例》等有关规定执行。

第五节　我国税收管理体制

一、税收管理体制概述

税收管理体制是指在中央和地方之间划分税收管理权限的制度。税收管理权限包括税收立法权的划分、税收管理权的分配和税收收入归属权的界定三个方面。

1.税收立法权的划分

税收立法权的划分是指确定哪些税收法规由中央制定，哪些可以由地方制定。税收立法权是指国家最高权力机关依据法定程序赋予税收法律效力时所具有的权力。税收立法权包括税法制定权、审议权、表决权和公布权。

2.税收征管权的分配

税收征管权的分配是指明确中央和地方在税收征收、管理、稽查等方面的职责和权限。税收管理权是指贯彻执行税法时所拥有的权限，它实质上是一种行政权力，属于政府及其职能部门的职权范围。

3.税收收入归属权的界定

税收收入归属权的界定是指规定税收收入归中央还是地方，或者如何在中央与地方之间进行分配。

合理的税收管理体制对于保障税收职能的发挥、协调中央与地方的关系、调动各级政府的积极性、促进经济社会的稳定发展具有重要意义。它需要在中央的统一领导下，充分考虑各地区的实际情况和发展需求，以实现税收管理的科学性、有效性和公平性。

二、税务管理机构的设置和税收收入的划分

（一）税务管理机构的设置

2018年3月13日，十三届全国人大一次会议第四次全体会议做了关于国务院机构改革方案的说明，指出："改革国税地税征管体制。将省级和省级以下国税地税机构合并，具体承担所辖区域内的各项税收、非税收入征管等职责。国税地税机构合并后，实行以国家税务总局为主与省（区、市）人民政府双重管理体制。"

（二）税收收入的划分

国税地税机构合并后税收收入划分的具体内容见表1-20。

表1-20　**税收收入划分**

类型	税种
中央政府固定收入	消费税（含进口环节海关代征部分）、车辆购置税、关税、海关代征的进口环节增值税等
地方政府固定收入	城镇土地使用税、耕地占用税、土地增值税、房产税、车船税、契税、环境保护税等
中央政府与地方政府共享收入	增值税（中央地方各占50%，海关代征的进口环节增值税除外）、企业所得税（中央60%、地方40%）、个人所得税（中央60%、地方40%）、资源税、城市维护建设税、印花税

【了解一下】（1）自2016年5月1日后，中央分享增值税的50%、地方按税收缴纳地分享增值税的50%。

（2）自2016年1月1日起，将证券交易印花税由按中央97%、地方3%的比例分享全部调整为中央收入。

（3）资源税：海洋石油资源税作为中央收入，其他资源税归地方政府。

（4）城市维护建设税：各银行总行、各保险总公司集中缴纳的部分归中央政府，其余部分归地方政府。

【例 1-9】下列税种中，其收入全部作为中央政府固定收入的是（　　）。

A.耕地占用税　　B.个人所得税　　C.车辆购置税　　D.企业所得税

【答案】C。

【例 1-10】下列税种中，属于中央政府固定收入的有（　　）。

A.增值税　　B.房产税　　C.消费税　　D.车辆购置税

【答案】CD。

【税事热议】

税收政策是国家宏观经济政策的重要组成部分，对经济增长有着深远的影响，例如，税率的高低直接影响企业和个人的税负。较高的税率可能会抑制投资和消费，因为企业和个人需要将更多的收入用于纳税，从而减少了可用于投资和消费的资金，可能导致经济增长放缓。相反，较低的税率可以减轻企业和个人的负担，鼓励投资和消费，促进经济增长。结合税收基本原理，从税收优惠、税收公平、财政收入、宏观经济调控等方面分析税收政策对经济增长的影响。

思维导图

第一章思维导图

练习题

一、即测即评

第一章单选题　　第一章多选题　　第一章判断题

二、小组讨论与分享

根据本章的内容，税收具有“强制性、无偿性、固定性”三个基本特征。这些特征共同构成了税收的本质特征，并在税收管理中发挥着重要作用。请同学们讨论税收的“三性”及其在实际税收管理中的应用。讨论问题如下：

1.税收的强制性是如何体现的？请结合实际例子说明强制性在税收管理中的作用。

2.解释税收的无偿性，并讨论其在税收管理中的意义。

3.税收的固定性如何为纳税人和税务机关提供确定性和可预测性？请举例说明。

第二章

增值税①

学习目标

知识目标：

(1) 理解增值税基本原理：清晰理解增值税的性质、征税对象、计税原理及其在税收体系中的地位和作用。

(2) 掌握增值税法律规定：熟悉增值税的征收范围、纳税义务人、税率和计税方法，包括一般计税方法和简易计税方法等相关规定。

能力目标：

(1) 应用能力：能够根据企业的实际经营情况，正确运用增值税的法律规定，进行应纳税额的计算，确保税务处理的准确性和合规性。

(2) 解决问题能力：能够运用所学知识，解决增值税相关的实际问题，如税务争议的处理、税务风险的防范等，提高税务处理能力。

思政目标：

(1) 增强纳税意识：通过学习增值税，增强纳税意识，认识到依法纳税是每个公民和企业的基本义务，自觉履行纳税责任。

(2) 培养法治精神：能够深入理解税收法治的重要性，遵守税收法规，维护税收秩序，树立法治观念，为构建法治社会贡献力量。

(3) 树立社会责任感：能够理解税收在国家治理和社会发展中的重要作用，增强社会责任感，为社会和谐稳定和发展贡献自己的力量。

税惠添彩

吉林：精细税费服务助力企业向好发展

春节后首个工作日，吉林省政府办公厅印发了《吉林省2024年营商环境优化重点

---

① 2024年12月25日第十四届全国人民代表大会常务委员会第十三次会议通过《中华人民共和国增值税法》（简称《增值税法》），自2026年1月1日起施行。本章内容按现行的《中华人民共和国增值税暂行条例》编写，涉及《增值税法》中变动的主要内容，将以脚注的形式呈现。

行动方案》（简称《方案》）。在税务方面，《方案》提出加强与民营企业高效沟通、破解中小微企业融资难题、推进“信用提升”行动等。2023年以来，国家税务总局吉林省税务局主动发力，厚植营商环境“沃土”，增便民之利，行惠企之策。

税企双向奔赴，离不开人与人的对接，确保精准服务落实到位。在这一点上，锦湖轮胎（长春）有限公司财务人员王丽利深有体会。2024年春节前夕，王丽利所在的公司因缺少部分数据无法准确申报进料加工业务免抵退税核销。长春新区税务局工作人员了解情况后，积极沟通对接，很快顺利解决了核销问题。“24小时内我们就收到了申请的退税款，极大地缓解了公司资金压力。”说起吉林税务，王丽利不断点赞：“企业定期会接到税务局的电话回访，了解企业近期遇到的困难和问题并快速高效地解决。每次来新区税务局办理相关业务，都能真切感受到吉林的营商环境越来越好。”

2023年冬天，东北三省各市在流量的聚焦放大之下，摇身一变成为网红城市，引爆一波波旅游消费热。为助力冰雪行业快速发展，吉林市冰雪试验区税务局青年税务团队多次深入吉林市桥山北大湖实业有限公司及吉林市北大湖滑雪度假区管理有限公司调研走访，详细了解企业场地规划、项目投入等建设情况和面临的实际困难，有的放矢精准推送税惠政策，纾困解难主动推出服务举措。吉林市桥山北大湖实业有限公司财务总监王女士感慨地说：“2023年企业享受了增值税留抵退税政策三千多万元，我们总说现在税惠政策给力，给力就给力在实实在在的福利，给力在增强了投资开发的实力。”

长白山税务局为确保税费优惠政策落实落细，坚持宣传辅导全程跟进。由青年干部组成的“长税帮”税费政策宣传落实小组，通过电话、税企微信群、税企征纳互动平台和致纳税人的一封信等形式，结合减税降费政策宣传，开展点对点、线连线的精准宣传辅导。长白山保护开发区欧亚购物广场有限公司通过“税企直连”精准辅导享受税费政策红利共计32万余元，其中享受蔬菜流通环节增值税减免15.54万余元。四平李连贵饮食服务股份有限公司在税务部门的“一企一策”专项服务下，2023年享受增值税优惠17万元，六税两费减免5.4万元……

吉林不断创新办税服务举措，着力为广大经营主体“强信心、增动能、添活力”。吉林税务部门主动发力，细化落实“便民办税春风行动”、深入开展“八对接”专项行动和税商联动服务举措，加强对经营主体的精准服务和政策落实，为吉林企业高质量发展蓄势赋能。数据显示，2023年，吉林省经营主体收入增长14%，为经营主体降本减负800亿元。

资料来源：国家税务总局吉林省税务局．吉林：精细税费服务助力企业向好发展［EB/OL］．(2024-03-12)［2024-11-21］．https：//www.chinatax.gov.cn/chinatax/n810 219/n810739/c5221708/content.html.

【税问我答】2016年5月1日，我国全面实施营业税改征增值税，营业税至此退出历史舞台。通过本章学习，结合增值税原理，归纳总结营改增的必要性及重要意义。

第一节　增值税概述

一、概述

增值税是在中华人民共和国境内（以下简称“境内”）发生增值税应税交易，以法定增值额为课税对象而征收的一种流转税。

（一）增值税基本原理

增值额为企业生产经营过程中新增加的价值。如图2–1所示，以布匹厂为例，从国外进口一批棉纱价值10元，棉纱在我国境内从无到有，产生了10元的增值额，由海关向布匹厂代征1.3元（10×13%）的增值税税额，布匹厂取得海关进口增值税专用缴款书，形成进项税额。布匹厂将棉纱织成布匹销售给制衣厂，并向制衣厂开具增值税专用发票收取22.6元，即价款20元、税款2.6元（20×13%），2.6元为布匹厂的销项税额。从棉纱到布匹，布匹厂创造了10元（20–10）的增值额，增值税应纳税额=增值额×税率=10×13%=（20–10）×13%=20×13%–10×13%=2.6–1.3=销项税额–进项税额=1.3（元）。由于在实务中，很难直接将每个流转环节所产生的增值额计算准确，因此，我国采用以票控税的方式征收增值税：交易发生时，一般由销售方向购买方开具增值税发票，发票上的金额往往包括两部分——价款和税款，税款对于销售方而言为销项税额，对于购买方而言为进项税额。换言之，购进时购买方需要支付两笔钱，即价款和税款，销售时同样收取价款和税款，购进时的税款为进项税额，销售时的税款为销项税额，销项税额减去进项税额为应纳税额，增值税只针对每个流转环节所产生的增值额征收，避免了重复征税。

同理，制衣厂以20元的价格购进布匹，产生2.6元的进项税额，共向布匹厂支付22.6元，将布匹制成衬衫后以30元的价格销售给批发商，并产生3.9元的销项税额，共收取33.9元。制衣厂创造了10元（30–20）的增值额，产生1.3元（10×13%=3.9–2.6）的应纳税额并缴纳给税务机关。批发商到零售商，零售商到最终消费者均为该原理。从进口棉纱到衬衫最终被消费，共出现五次流转，每次流转产生的增值额均为10元，共计50元，产生6.5元的增值税。不难看出，增值税作为价外税，最终6.5元的增值税税额均由最终消费者承担，即增值税作为间接税具有转嫁性，纳税人和负税人往往不是同一主体，纳税人一般为销售方，而最终负税人为消费者，所有流转环节所产生的增值税均由最终消费者来负担，流转环节越多，增值额越高，消费者所负担的增值税越高。

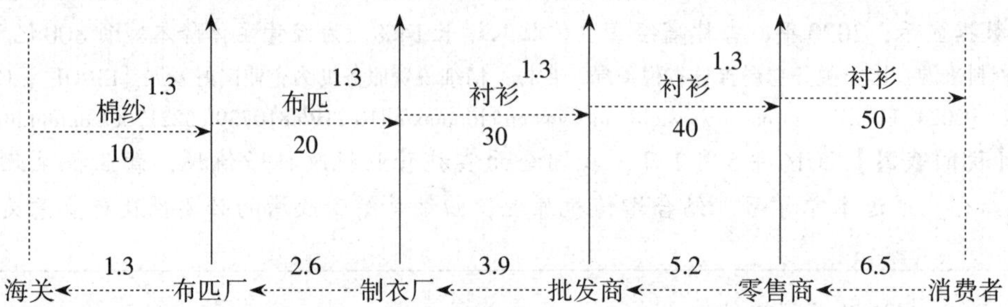

图2–1　增值税基本原理（单位：元）

【了解一下】 增值税的计算分为直接计算法和间接计算法两种。直接计算法即在计算增值税应纳税额时，先计算出增值额，再用增值额乘以适用税率计算出应纳税额的方法；间接计算法又称为购进扣税法，在计算增值税时不直接根据增值额计算应纳税额，而是先计算应税业务的整体税负，再从整体税负中扣除法定外购项目已负担的增值税税额，即通过销项税额减去进项税额的方法进行计算。

2016年5月1日全面营改增之前，我国增值税应纳税额的计算采用的是间接计算法；2016年全面营改增进程中为了平衡和降低税负，出现了扣额和扣税相结合计算增值税的方式，增加了增值税税额计算的复杂性。

（二）增值税特殊处理

根据上文所阐述的增值税基本原理，理论上，不论是单位还是个人，只要在我国境内创造了增值额就会产生增值税的纳税义务，需要按照销项税额减去进项税额的方式计算缴纳增值税，该方法称为增值税一般计税方法（该内容将在本章第四节进行详细介绍）。一般计税方法下，纳税人的销售收入对应销项税额，购进成本对应进项税额，在销项税额一定的情况下，进项税额越高，应纳税额越低，呈反向变动关系，进项税额的正误影响应纳税额计算的准确性。现实中，存在个人、不经常发生增值税纳税义务的单位、年销售额过少的企业等的会计核算不够健全，无法准确确定进项税额的情况；或者因行业的特殊性，无法取得原材料或货物等的增值税进项税额发票，导致按照一般计税方法计算的应纳税额税负过高的情况。因此，除一般计税方法外，我国还采用了以不含税的销售额乘以征收率的方法计算增值税应纳税额的计税方法，该方法称为增值税简易计税方法（该内容将在本章第四节进行详细介绍）。直接按不含税的销售额征收增值税，严格意义上不符合增值税针对增值额征收这一基本原理，存在重复征税问题，但这是客观条件限制下的计税方法，简易计税方法下的征收率（一般为3%，特殊业务为5%）比一般计税方法下的税率（除零税率外，为13%、9%、6%三档）要低，因此与一般计税方法下的税负基本持平，同时还简化了税收计算流程，降低了纳税人的遵从成本，减轻了税务部门的负担，提高了税收管理效率，保障了国家税收。

（三）法定增值额

增值税以法定增值额为征税对象，法定增值额不同于理论增值额，是实行增值税的国家根据各自的国情、政策要求等人为确定的增值额。属于法定增值额的依法征收增值税；不属于法定增值额的则不征收增值税。法定增值额可以等于理论增值额，也可以大于或者小于理论增值额。造成法定增值额与理论增值额不一致的主要原因有两个：一是固定资产进项税额的处理方式不同。在增值税应纳税额计算中，有固定资产的进项税额不得抵扣（生产型增值税）、固定资产的进项税额进行分期抵扣（收入型增值税）、固定资产的进项税额在购入时一次性抵扣（消费型增值税）3种处理方法，目前我国采用的是消费型增值税；二是存在一些难以征收增值税的业务或者增值税非应税项目，例如满足条件的政府性基金或行政事业性收费属于非应税项目，不征收增值税。因此并非在业务活动中产生增值额就征收增值税，必须是产生法定增值额才征收增值税，增值税应税销售行为产生法定增值额，征收增值税。这里的增值税应税销售行为是指经营活动中的销售行为，包括正常的销售行为，也包括增值税的视同销售行为相关内容将在后面的章节进行详细介绍。

二、增值税的特征

（一）以增值额为基础，避免重复征税

增值税只针对应税项目销售额中没有征过税的那部分增值额征税，对销售额中属于转移过来的、以前环节已征过税的那部分增值额则不再征税，从而有效避免了重复征税。一件货物无论是由一家企业制造完成，还是由几家、十几家甚至几十家企业共同完成，只要最终销售价格相同，那么该货物所负担的增值税税负就相同，体现了税收公平，促进了纳税遵从。增值税能够平衡税负的这种内在合理性使得增值税能够适应商品经济的发展，为市场经济下公平竞争提供了良好的条件。

（二）逐环节征税，逐环节扣税，由最终消费者承担全部税款

增值税属于链条税，在逐环节征税的同时，还实行逐环节扣税。各环节的经营者作为纳税人只是把从买方收取的税款抵扣自己支付给卖方的税款后的余额缴给国家，经营者本身实际上并未负担增值税税款，非增值税负税人。在各个交易环节，经营者在出售货物、劳务、服务、无形资产和不动产等的同时也出售该交易所产生的增值税税款，直到出售给最终消费者，最终消费者在支付价款的同时也要支付价款所带来的增值税税款，由于之后再无流转环节，增值税税款无法再进行转嫁，最终消费者成为全部税款的承担者。

（三）税基广阔，征收具有普遍性和连续性

无论是从横向还是从纵向来看，增值税都有广阔的税基。从生产经营的横向关系看，无论是工业、商业还是劳务、服务活动，只要有法定增值收入就要缴纳增值税；从生产经营的纵向关系来看，每件货物无论经过多少生产经营环节，都要按各个环节上发生的法定增值额逐环节征税。增值税的征收从业务范围和纳税环节上均具有普遍性和连续性，使得增值税有着充足的税源和众多的纳税人，通过增值税组织的财政收入具有稳定性和可靠性。近年来，在减税降费的大背景下，国家进行了增值税税率的连续下调，并制定实施了一系列的增值税税收优惠政策，但其仍是我国第一大税种。以2023年为例，全国税收总额为181 129.36亿元，增值税收入69 331.98亿元，占全国税收收入的比重为38.28%，稳居首位。[①]

（四）从价征收，实行比例税率

实行增值税的国家普遍实行比例税制，以价格作为税基，乘以比例税率计算税额，以贯彻征收简便易行的原则。我国现行的增值税税收制度中，不论是增值税一般计税还是简易计税方法，均采用从价计税。增值税一般计税方法下，采用零税率、6%、9%、13%四档税率；增值税简易计税方法下，采用3%、5%两档征收率。

（五）实行价外税制度，计税依据不含增值税税额

作为计算增值税应纳税额的计税依据——销售额，不包含随同销售额向购买方收取的增值税税额，增值税属于价外税，独立于销售额存在，这种税制安排确保了市场经济中的公平竞争，税收负担由最终消费者承担，有利于税负转嫁。在计算增值税应纳税额时，要重点关注增值税价税剥离问题。

① 国家统计局国家数据查询平台．2023年各项税收［EB/OL］．［2024-11-21］．https：//data.stats.gov.cn/easy-query.htm？cn=C01&zb=A0806&sj=2 023.

第二节　增值税的基本要素

一、增值税纳税人与扣缴义务人的基本规定

（一）纳税人

在中华人民共和国境内销售货物或者提供加工、修理修配劳务以及进口货物的单位和个人，为增值税的纳税人。[①]

单位，是指企业、行政单位、事业单位、军事单位、社会团体及其他单位。

个人，是指个体工商户和其他个人（即自然人，下同）。

【了解一下】（1）以承包、承租、挂靠方式经营的，承包人、承租人、挂靠人（以下统称承包人）以发包人、出租人、被挂靠人（以下统称发包人）名义对外经营并由发包人承担相关法律责任的，以该发包人为纳税人；否则以承包人为纳税人。

（2）资管产品运营过程中发生的增值税应税行为，以资管产品管理人为增值税纳税人。

（二）扣缴义务人

中华人民共和国境外的单位或个人在境内发生应税行为，在境内未设有经营机构的，以其境内代理人为扣缴义务人；在境内没有代理人的，以购买方为扣缴义务人。财政部和国家税务总局另有规定的除外。

（三）一般纳税人和小规模纳税人的登记

根据《中华人民共和国增值税暂行条例》（以下简称《增值税暂行条例》）及其实施细则的规定，增值税纳税人分为一般纳税人和小规模纳税人。其划分的基本标准是纳税人年应税销售额的大小和会计核算水平。

一般纳税人和小规模纳税人在税款计算方法、适用税率（征收率）、管理办法以及税收优惠政策上都存在差异。对增值税纳税人进行分类，主要是为了适应纳税人经营管理规模差异大、财务核算水平不一的实际情况。分类管理有利于税务机关加强重点税源管理，简化计算缴纳程序，提升纳税人的税收遵从度；也有利于对增值税专用发票正确使用，提高税收管理效率。

1.一般纳税人和小规模纳税人划分的具体标准

（1）年应税销售额

自2018年5月1日起，财政部、国家税务总局统一增值税小规模纳税人标准，即增值税小规模纳税人的认定标准为年应税销售额500万元（含）以下；除依规定选择按照小规模纳税人纳税的以外，年应税销售额500万元以上的，应当向其机构所在地主管税务机关办理一般纳税人登记。

【了解一下】年应税销售额，是指纳税人在连续不超过12个月或四个季度的经营期内累计应征增值税销售额，包括纳税申报销售额、稽查查补销售额、纳税评估调整销售额。关于年应税销售额，应注意以下几点：

---

① 《增值税法》第三条规定，中华人民共和国境内销售货物、服务、无形资产、不动产，以及进口货物的单位和个人，为增值税的纳税人。

①年应税销售额是不含增值税的销售额；

②纳税人偶然发生的销售无形资产、转让不动产的销售额，不计入应税行为年应税销售额；

③对于稽查查补销售额和纳税评估调整销售额，应计入查补税款申报当月的销售额，不应计入税款所属期销售额。

(2) 会计核算是否健全

年应税销售额不能达到规定标准但会计核算健全，能够准确提供税务资料的纳税人，也可以办理增值税一般纳税人资格登记。会计核算健全，是指能够按照国家统一的会计制度规定设置账簿，根据合法、有效凭证进行核算。

【了解一下】除国家税务总局另有规定外，一经登记为一般纳税人后，不得转为小规模纳税人。一般纳税人和小规模纳税人的具体划分如表2-1所示。

表2-1　**增值税纳税人类型划分**

经营规模	具体情况	纳税人类型
年应税销售额超过500万元	一般情形	应登记为一般纳税人
	不经常发生应税行为的单位和个体工商户/非企业性单位	可以选择按小规模纳税人纳税
	其他个人	不得办理一般纳税人登记
年应税销售额500万元(含)以下	一般情形	小规模纳税人
	会计核算健全，能够提供准确税务资料	可以申请办理一般纳税人登记

2.登记时间规定

纳税人应在年应税销售额超过规定标准的月份（或季度）的所属申报期结束后15日内按照规定办理资格登记手续（登记为一般纳税人）；未按规定时限办理的，主管税务机关应当在规定时限结束后5日内制作《税务事项通知书》，告知纳税人应当在5日内向主管税务机关办理相关手续；逾期仍不办理的，次月起按销售额依照增值税税率计算应纳税额，不得抵扣进项税额，直至纳税人办理相关手续为止。

纳税人在办理登记手续时自行选择办理登记的当月1日或次月1日为一般纳税人的生效之日。纳税人自一般纳税人生效之日起，按照增值税一般计税方法计算应纳税额。

【了解一下】按照现行税法的规定，税务机关对增值税一般纳税人和小规模纳税人采用不同的征收办法，国家在进行税收制度设计时，根据一般纳税人的税负率设计小规模纳税人的征收率，因此，增值税一般纳税人和小规模纳税人的税负基本相同。但企业具体情况不同，不同类型的企业，选择一般纳税人还是小规模纳税人的税收负担依然有所不同。企业的年应税销售额不超过一般纳税人标准且会计核算制度健全时，企业可以进行身份的选择，在做选择时，需要考虑以下因素：一是企业原材料的种类、获得服务的类型、采购途径以及所获得的增值税扣税凭证情况，这些将影响企业进项税额的抵扣，进而影响增值税的税负率；二是要考虑企业的客户，如果企业的客户主要是一般纳税人，则企业在销售过程中需要开具增值税专用发票，此种情况下，若企业本身是小规模纳税人，就只能开具增值税普通发票或者3%、5%的增值税专用发票，这将影响客户进项税额的抵扣，进而影响企业的销售和未来发展。因此，企业要全面考虑以上因素，对纳税人身份做出正确的选择。

二、征税范围

（一）确定增值税征税范围的基本条件

根据《增值税暂行条例》的规定，增值税是对在我国境内销售货物或者提供加工、修理修配劳务以及进口货物的单位和个人，就其应税销售行为和进口货物课征的一种流转税。

全面营改增后，纳税人所有的经营活动都应缴纳增值税。属于增值税征税范围的应税行为应同时具备以下四个条件：（1）应税行为发生在境内；（2）发生了税法规定的应税销售行为；（3）应税行为是为他人提供，非自我服务；（4）应税行为是有偿的。

1.应税行为发生在境内

根据《中华人民共和国增值税暂行条例实施细则》（以下简称《增值税暂行条例实施细则》）第八条，在境内销售货物或者提供加工、修理修配劳务的行为被界定为：销售货物的起运地或者所在地在境内，以及提供的应税劳务发生在境内。

对于"营改增"后的境内销售服务、无形资产、不动产，在《营业税改征增值税试点实施办法》中有明确规定：服务（租赁不动产除外）或者无形资产（自然资源使用权除外）的销售方或者购买方在境内；所销售或者租赁的不动产在境内；所销售自然资源使用权的自然资源在境内，都被视为在境内销售服务、无形资产、不动产。具体归纳如表2-2所示。

表2-2　**增值税应税行为发生在境内的具体规定**

业务类型	发生在境内的判断标准①
销售货物	销售货物的起运地或所在地在境内
销售加工、修理修配劳务	提供的应税劳务发生在境内
销售服务、无形资产或不动产	（1）所销售或租赁的不动产在境内 （2）所销售自然资源使用权的自然资源在境内 （3）除（1）和（2）外，销售方或者购买方在境内 （4）财政部和国家税务总局规定的其他情形

（1）完全在境外发生或者使用的，无须缴纳我国的增值税；完全在境内发生或者使用的、未完全在境外发生或者使用的，需要缴纳我国的增值税。

（2）除财政部和国家税务总局另有规定外，境外单位或者个人在境内发生应税行为，在境内未设有经营机构，以其境内代理人为扣缴义务人的，以及在境内没有代理人，以购买方为增值税扣缴义务人的，不区分一般纳税人和小规模纳税人，根据应税行为，按照适用税率由扣缴义务人代扣代缴。

应扣缴税额=接收方支付的价款÷（1+税率）×税率

2.是否发生了税法规定的应税销售行为

非经营活动不属于增值税征税范围，无须缴纳增值税，下列各项属于非经营活动：

（1）行政单位收取的同时符合三项条件的政府性基金或行政事业性收费。三项条件

① 《增值税法》第四条规定："在境内发生应税交易，是指下列情形：（一）销售货物的，货物的起运地或者所在地在境内；（二）销售或者租赁不动产、转让自然资源使用权的，不动产、自然资源所在地在境内；（三）销售金融商品的，金融商品在境内发行，或者销售方为境内单位和个人；（四）除本条第二项、第三项规定外，销售服务、无形资产的，服务、无形资产在境内消费，或者销售方为境内单位和个人。"

具体为：

① 由国务院或者财政部批准设立的政府性基金，由国务院或者省级人民政府及其财政、价格主管部门批准设立的行政事业性收费；

② 收取时开具省级以上（含省级）财政部门监（印）制的财政票据；

③ 所收款项全额上缴财政。

（2）单位或个体工商户聘用的员工为本单位或雇主提供取得工资的服务及加工、修理修配劳务；

（3）单位或个体工商户为聘用的员工提供服务；

（4）财政部和国家税务总局规定的其他情形。

3.是否为他人提供

应税行为是为他人提供的，非自我服务。下列两项不属于为他人服务：

（1）单位或个体工商户聘用的员工为本单位或雇主提供取得工资的服务及加工、修理修配劳务；

（2）单位或个体工商户为聘用的员工提供服务。

4.是否属于有偿

有偿，是指取得货币、货物或其他经济利益，例如以物易物、获取股权、豁免债务等。某些行为不符合有偿标准，但为了避免偷逃税行为发生，视同销售需要缴纳增值税。

（二）不征增值税的项目

（1）满足条件的政府性基金或行政事业性收费。

（2）单位或个体工商户聘用的员工为本单位或雇主提供取得工资的服务、劳务。

（3）单位或个体工商户为聘用的员工提供服务。

（4）根据国家指令无偿提供的铁路运输服务、航空运输服务。

（5）存款利息。

（6）被保险人获得的保险赔付。

（7）房地产主管部门或者其指定机构、公积金管理中心、开发企业以及物业管理单位代收的住宅专项维修基金。

（8）纳税人在资产重组过程中，通过合并、分立、出售、置换等方式，将全部或部分实物资产以及与其相关联的债权、负债和劳动力一并转让给其他单位和个人，其中涉及的货物、不动产、土地使用权转让行为，不征收增值税。

（9）财政部和国家税务总局规定的其他情形。

（三）征税范围的一般规定

1.销售或进口货物

货物，是指有形动产，包括电力、热力和气体在内。销售货物，是指有偿转让货物的所有权。有偿，不仅指从购买方取得货币，还包括取得货物或其他经济利益。

2.销售加工、修理修配劳务①

加工，是指受托方接收来料承做货物，加工后的货物所有权仍属于委托者的业务，

① 《增值税法》将“销售加工、修理修配劳务”归入“销售服务”中。

即通常所说的委托加工业务；修理修配，是指受托方对损伤和丧失功能的货物进行修复，使其恢复原状和功能的业务。

3.销售服务

销售服务，是指提供交通运输服务、邮政服务、电信服务、建筑服务、金融服务、现代服务以及生活服务。

（1）交通运输服务。交通运输服务，是指使用运输工具将货物或者旅客送达目的地，使其空间位置得到转移的业务活动，包括陆路运输服务、水路运输服务、航空运输服务和管道运输服务。

①陆路运输服务，是指通过陆路（地上或者地下）运送货物或者旅客的运输业务活动，包括铁路运输服务和其他陆路运输服务。

铁路运输服务，是指通过铁路运送货物或者旅客的运输业务活动。

其他陆路运输服务，是指铁路运输以外的陆路运输业务活动，包括公路运输、缆车运输、索道运输、地铁运输、城市轻轨运输等。

出租车公司向使用本公司自有出租车的出租车司机收取的管理费用，按陆路运输服务征收增值税。

②水路运输服务，是指通过江、河、湖、川等天然、人工水道或者海洋航道运送货物或者旅客的运输业务活动。

远洋运输的程租、期租业务，属于水路运输服务。

程租业务，是指远洋运输企业为租船人完成某一特定航次的运输任务并收取租赁费的业务。

期租业务，是指远洋运输企业将配备有操作人员的船舶承租给他人使用一定期限，承租期内听候承租方调遣，不论是否经营，均按天向承租方收取租赁费，发生的固定费用均由船东负担的业务。

③航空运输服务，是指通过空中航线运送货物或者旅客的运输业务活动。

航空运输的湿租业务，属于航空运输服务。

湿租业务，是指航空运输企业将配备有机组人员的飞机承租给他人使用一定期限，承租期内听候承租方调遣，不论是否经营，均按一定标准向承租方收取租赁费，发生的固定费用均由承租方承担的业务。

航天运输服务，按照航空运输服务征收增值税。航天运输服务，是指利用火箭等载体将卫星、空间探测器等空间飞行器发射到空间轨道的业务活动。

④管道运输服务，是指通过管道设施输送气体、液体、固体物质的运输业务活动。

下面是针对易于混淆知识的对比说明与总结：

第一，远洋运输中的期租、程租、光租业务。期租、程租均是服务提供方在提供运输工具的同时配备相应人员完成运输任务，因此按“水路运输服务”缴纳增值税；光租业务仅提供运输工具并收取固定租赁费，不配备操作人员，故按“有形动产租赁服务”缴纳增值税。

第二，航空运输中的湿租、干租业务。湿租是航空运输企业将配备有机组人员的飞机承租给他人使用一定期限并收取固定费用，因此按“航空运输服务”缴纳增值税；干租是航空运输企业仅提供飞机在一定期间内供他人使用，不配备机组人员的行为，故按“有形动产租赁服务”缴纳增值税。

第三，无运输工具承运业务，是指经营者以承运人身份与托运人签订运输服务合同，收取运费并承担承运人责任，然后委托实际承运人完成运输服务的经营活动，按“交通运输服务——无运输工具承运业务”缴纳增值税。交通运输服务中“利用运输工具将货物或者旅客送达目的地”并未要求必须是运输企业自己的运输工具。

表2-3为易混淆知识点的总结与归纳。

表2-3　　易混淆的经济业务总结（一）

<table>
<tr><th>业务内容</th><th colspan="2">所属增值税征税范围</th></tr>
<tr><td>出租车公司向使用本公司自有出租车的出租车司机收取的管理费用</td><td rowspan="3">交通运输服务</td><td>陆路运输服务</td></tr>
<tr><td>水路运输的程租、期租业务</td><td>水路运输服务</td></tr>
<tr><td>航空运输的湿租业务</td><td>航空运输服务</td></tr>
<tr><td>水路运输的光租业务</td><td rowspan="2">现代服务</td><td rowspan="2">租赁服务——有形动产租赁</td></tr>
<tr><td>航空运输的干租业务</td></tr>
<tr><td>无运输工具承运业务</td><td colspan="2">交通运输服务——无运输工具承运业务</td></tr>
<tr><td>货运代理服务</td><td>现代服务</td><td>商务辅助服务——经纪代理服务</td></tr>
<tr><td>已经售票但客户逾期未消费而取得的运输逾期票证收入</td><td colspan="2">交通运输服务</td></tr>
<tr><td>为客户办理退票而向客户收取的退票费、手续费等收入</td><td>现代服务</td><td>其他现代服务</td></tr>
</table>

（2）邮政服务。邮政服务，是指提供邮件寄递、邮政汇兑、机要通信和邮政代理等邮政基本服务的业务活动。包括：

①邮政普通服务，是指函件、包裹等邮件寄递、邮票发行、报刊发行和邮政汇兑等业务活动。

函件，是指信函、印刷品、邮资封片卡、无名址函件和邮政小包等。

包裹，是指按照封装上的名址递送给特定个人或者单位的独立封装的物品，其重量不超过50千克，任何一边的尺寸不超过150厘米，长、宽、高合计不超过300厘米。

②邮政特殊服务，是指义务兵平常信函、机要通信、盲人读物和革命烈士遗物的寄递等业务活动。

③其他邮政服务，是指邮册等邮品销售、邮政代理等业务活动。

【了解一下】邮政代理按照“邮政服务”缴纳增值税；其他代理按照“现代服务”中的“商务辅助服务——经纪代理服务”缴纳增值税。

（3）电信服务。电信服务，是指利用有线、无线的电磁系统或者光电系统等各种通信网络资源，提供语音通话服务，传送、发射、接收或者应用图像、短信等电子数据和信息的业务活动，包括基础电信服务和增值电信服务。

① 基础电信服务，是指利用固网、移动网、卫星、互联网，提供语音通话服务的业务活动，以及出租或者出售宽带、波长等网络元素的业务活动。

② 增值电信服务，是指利用固网、移动网、卫星、互联网、有线电视网络，提供短信和彩信服务、电子数据和信息的传输及应用服务、互联网接入服务等业务活动。

【了解一下】卫星电视信号落地转接服务，按照“增值电信服务”缴纳增值税。

（4）建筑服务。建筑服务，是指各类建筑物、构筑物及其附属设施的建造、修缮、装饰，线路、管道、设备、设施等的安装以及其他工程作业的业务活动，包括工程服务、安装服务、修缮服务、装饰服务和其他建筑服务。

①工程服务，是指新建、改建各种建筑物、构筑物的工程作业，包括与建筑物相连的各种设备或者支柱、操作平台的安装或者装设工程作业，以及各种窑炉和金属结构工程作业。

②安装服务，是指生产设备、动力设备、起重设备、运输设备、传动设备、医疗实验设备以及其他各种设备、设施的装配、安置工程作业，包括与被安装设备相连的工作台、梯子、栏杆的装设工程作业，以及被安装设备的绝缘、防腐、保温、油漆等工程作业。

固定电话、有线电视、宽带、水、电、燃气、暖气等经营者向用户收取的安装费、初装费、开户费、扩容费以及类似收费，按照“安装服务”缴纳增值税。

③修缮服务，是指对建筑物、构筑物进行修补、加固、养护、改善，使之恢复原来的使用价值或者延长其使用期限的工程作业。

④装饰服务，是指对建筑物、构筑物进行修饰装修，使之美观或者具有特定用途的工程作业。

⑤其他建筑服务，是指上述工程作业之外的各种工程作业，如钻井（打井）、拆除建筑物或者构筑物、平整土地、园林绿化、疏浚（不包括航道疏浚）、建筑物平移、搭脚手架、爆破、矿山穿孔、表面附着物（包括岩层、土层、沙层等）剥离和清理等工程作业。

表2-4为易混淆知识点的总结与归纳。

表2-4 **易混淆的经济业务（二）**

<table>
<tr><th>业务内容</th><th colspan="2">所属增值税征税范围</th></tr>
<tr><td>航道疏浚服务</td><td rowspan="3">现代服务</td><td>物流辅助服务——港口码头服务</td></tr>
<tr><td>工程勘察勘探服务</td><td>研发和技术服务</td></tr>
<tr><td>将建筑施工设备出租给他人，不配备操作人员</td><td>租赁服务——有形动产租赁</td></tr>
<tr><td>将建筑施工设备出租给他人并配备操作人员</td><td colspan="2" rowspan="4">建筑服务</td></tr>
<tr><td>物业服务企业为业主提供的装修服务</td></tr>
<tr><td>园林绿化</td></tr>
<tr><td>平整土地</td></tr>
<tr><td>苗木销售</td><td colspan="2">销售货物，农业生产者自产自销苗木免税</td></tr>
</table>

（5）金融服务。金融服务，是指经营金融保险的业务活动，包括贷款服务、直接收费金融服务、保险服务和金融商品转让。

①贷款服务，是指将资金贷与他人使用而取得利息收入的业务活动。

各种占用、拆借资金取得的收入，包括金融商品持有期间（含到期）利息（保本收益、报酬、资金占用费、补偿金等）收入、信用卡透支利息收入、买入返售金融商品利息收入、融资融券收取的利息收入，以及融资性售后回租、押汇、罚息、票据贴现、转贷等业务取得的利息及利息性质的收入，按照“贷款服务”缴纳增值税。

需要注意的是，“保本收益、报酬、资金占用费、补偿金”是指合同中明确承诺到期本金可全部收回的投资收益。

融资性售后回租，是指承租方以融资为目的，将资产出售给从事融资性售后回租业务的企业后，从事融资性售后回租业务的企业将该资产出租给承租方的业务活动。

②直接收费金融服务，是指为货币资金融通及其他金融业务提供相关服务并且收取费用的业务活动，包括提供货币兑换、账户管理、电子银行、信用卡、信用证、财务担保、资产管理、信托管理、基金管理、金融交易场所（平台）管理、资金结算、资金清算、金融支付等服务。

③保险服务，是指投保人根据合同约定，向保险人支付保险费，保险人对于合同约定的可能发生的事故因其发生所造成的财产损失承担赔偿保险金责任，或者当被保险人死亡、伤残、患病或者达到合同约定的年龄、期限等条件时承担给付保险金责任的商业保险行为，包括人身保险服务和财产保险服务。

人身保险服务，是指以人的寿命和身体为保险标的的保险业务活动。

财产保险服务，是指以财产及其有关利益为保险标的的保险业务活动。

④金融商品转让，是指转让外汇、有价证券、非货物期货和其他金融商品所有权的业务活动。

其他金融商品转让包括基金、信托、理财产品等各类资产管理产品和各种金融衍生品的转让。

表2-5为易混淆知识点的总结与归纳。

表2-5　**易混淆的经济业务（三）**

<table>
<tr><th colspan="2">业务内容</th><th colspan="2">所属增值税征税范围</th></tr>
<tr><td rowspan="4">金融商品</td><td>转让金融商品</td><td rowspan="3">金融服务</td><td>金融商品转让</td></tr>
<tr><td>以货币资金投资收取固定利润或保底利润</td><td rowspan="2">贷款服务</td></tr>
<tr><td>持有期间（含到期）取得的保本收益</td></tr>
<tr><td>持有期间（含到期）取得的非保本收益</td><td colspan="2">不属于增值税征税范围，不征收增值税</td></tr>
<tr><td rowspan="2">租赁</td><td>经营租赁、融资租赁</td><td>现代服务</td><td>租赁服务</td></tr>
<tr><td>融资性售后回租</td><td>金融服务</td><td>贷款服务</td></tr>
</table>

【了解一下】保本收益、固定利润、保底利润等属于利息性质的收入，按“金融服务——贷款服务”征收增值税；非保本收益、非固定利润、非保底利润等属于股息、红利收入，发生在分配环节，非销售环节，不征收增值税。原因在于，一是增值

税针对经营活动中的销售行为征收，二是销售过程中已就增值额征收过增值税，不能重复征收。

(6) 现代服务。现代服务，是指围绕制造业、文化产业、现代物流产业等提供技术性、知识性服务的业务活动，包括研发和技术服务、信息技术服务、文化创意服务、物流辅助服务、租赁服务、鉴证咨询服务、广播影视服务、商务辅助服务和其他现代服务。

①研发和技术服务，包括研发服务、合同能源管理服务、工程勘察勘探服务、专业技术服务。

研发服务，也称技术开发服务，是指就新技术、新产品、新工艺或者新材料及其系统进行研究与试验开发的业务活动。

合同能源管理服务，是指节能服务公司与用能单位以契约形式约定节能目标，节能服务公司提供必要的服务，用能单位以节能效果支付节能服务公司投入及其合理报酬的业务活动。

工程勘察勘探服务，是指在采矿、工程施工前后，对地形、地质构造、地下资源蕴藏情况进行实地调查的业务活动。

专业技术服务，是指气象服务、地震服务、海洋服务、测绘服务、城市规划、环境与生态监测服务等专项技术服务。

【了解一下】自2020年5月1日起，纳税人受托对垃圾、污泥、污水、废气等废弃物进行专业化处理（即运用填埋、焚烧、净化、制肥等方式，对废弃物进行减量化、资源化和无害化处理处置），按照以下规定进行税务处理：

一是，专业化处理后未产生货物的，以及专业化处理后产生货物，且货物归属受托方的，受托方属于提供“专业技术服务”；受托方将产生的货物用于销售，属于“销售货物”。

二是，专业化处理后产生货物，且货物归属委托方的，受托方属于提供“加工劳务”。

②信息技术服务。信息技术服务是指利用计算机、通信网络等技术对信息进行生产、收集、处理、加工、存储、运输、检索和利用，并提供信息服务的业务活动，包括软件服务、电路设计及测试服务、信息系统服务、业务流程管理服务和信息系统增值服务。

软件服务，是指提供软件开发服务、软件维护服务、软件测试服务的业务活动。

电路设计及测试服务，是指提供集成电路和电子电路产品设计、测试及相关技术支持服务的业务活动。

信息系统服务，是指提供信息系统集成、网络管理、网站内容维护、桌面管理与维护、信息系统应用、基础信息技术管理平台整合、信息技术基础设施管理、数据中心、托管中心、信息安全服务、在线杀毒、虚拟主机等业务活动，包括对非自有的网络游戏提供的网络运营服务。

业务流程管理服务，是指依托信息技术提供的人力资源管理、财务经济管理、审计管理、税务管理、物流信息管理、经营信息管理和呼叫中心等服务。

信息系统增值服务，是指利用信息系统资源为用户附加提供的信息技术服务，包括数据处理、数据分析和整合、数据库管理、数据备份、数据存储、容灾、电子商务平台等服务。

③文化创意服务，包括设计服务、知识产权服务、广告服务和会议展览服务。

设计服务，是指把计划、规划、设想通过文字、语言、图画、声音、视觉等形式传递出来的业务活动，包括工业设计、内部管理设计、业务运作设计、供应链设计、造型设计、服装设计、环境设计、平面设计、包装设计、动漫设计、网游设计、展示设计、网站设计、机械设计、工程设计、广告设计、创意策划、文印晒图等。

知识产权服务，是指处理知识产权事务的业务活动，包括对专利、商标、著作权、软件、集成电路布图设计的登记、鉴定、评估、认证、检索服务。

广告服务，是指利用图书、报纸、杂志、广播、电视、电影、幻灯、路牌、招贴、橱窗、霓虹灯、灯箱、互联网等各种形式为客户的商品、经营服务项目、文体节目或者通告、声明等委托事项进行宣传和提供相关服务的业务活动，包括广告代理和广告的发布、播映、宣传、展示等。

会议展览服务，是指为商品流通、促销、展示、经贸洽谈、民间交流、企业沟通、国际往来等举办或者组织安排各类展览和会议的业务活动。

④物流辅助服务，包括航空服务、港口码头服务、货运客运场站服务、打捞救助服务、装卸搬运服务、仓储服务和收派服务。

航空服务，包括航空地面服务和通用航空服务。航空地面服务，是指航空公司、飞机场、民航管理局、航站等向在境内航行或者在境内机场停留的境内外飞机或者其他飞行器提供的导航等劳务性地面服务的业务活动，包括旅客安全检查服务、停机坪管理服务、机场候机厅管理服务、飞机清洗消毒服务、空中飞行管理服务、飞机起降服务、飞行通信服务、地面信号服务、飞机安全服务、飞机跑道管理服务、空中交通管理服务等。通用航空服务，是指为专业工作提供飞行服务的业务活动，包括航空摄影、航空培训、航空测量、航空勘探、航空护林、航空吊挂播洒、航空降雨、航空气象探测、航空海洋监测、航空科学实验等。

港口码头服务，是指为船只提供服务的业务活动，包括港务船舶调度服务、船舶通信服务、航道管理服务、航道疏浚服务、灯塔管理服务、航标管理服务、船舶引航服务、理货服务、系解缆服务、停泊和移泊服务、海上船舶溢油清除服务、水上交通管理服务、船只专业清洗消毒检测服务和防止船只漏油服务等。

货运客运场站服务，是指货运客运场站提供的货物配载服务、运输组织服务、中转换乘服务、车辆调度服务、票务服务、货物打包整理、铁路线路使用服务、加挂铁路客车服务、铁路行包专列发送服务、铁路到达和中转服务、铁路车辆编解服务、车辆挂运服务、铁路接触网服务、铁路机车牵引服务等业务活动。

打捞救助服务，是指提供船舶人员救助、船舶财产救助、水上救助和沉船沉物打捞服务的业务活动。

装卸搬运服务，是指使用装卸搬运工具或者人力、畜力将货物在运输工具之间、装卸现场之间或者运输工具与装卸现场之间进行装卸和搬运的业务活动。

仓储服务，是指利用仓库、货场或者其他场所代客贮放、保管货物的业务活动。

收派服务，是指接受寄件人委托，在承诺的时限内完成函件和包裹的收件、分拣、派送的业务活动。收件服务，是指从寄件人收取函件和包裹，并运送到服务提供方同城的集散中心的业务活动；分拣服务，是指服务提供方在其集散中心对函件和包裹进行归类、分发的业务活动；派送服务，是指服务提供方从其集散中心将函件和包裹送达同城的收件人的业务活动。

⑤租赁服务，包括融资租赁服务和经营租赁服务。

融资租赁服务，是指具有融资性质和所有权转移特点的租赁活动，即出租人根据承租人所要求的规格、型号、性能等条件购入有形动产或者不动产租赁给承租人，合同期内租赁物所有权属于出租人，承租人只拥有使用权，合同期满付清租金后，承租人有权按照残值购入租赁物，以拥有其所有权。不论出租人是否将租赁物销售给承租人，均属于融资租赁。按照标的物的不同，融资租赁服务可分为有形动产融资租赁服务和不动产融资租赁服务。

经营租赁服务，是指在约定时间内将有形动产或者不动产转让他人使用且租赁物所有权不变更的业务活动。按照标的物的不同，经营租赁服务可分为有形动产经营租赁服务和不动产经营租赁服务。

将建筑物、构筑物等不动产或者飞机、车辆等有形动产的广告位出租给其他单位或者个人用于发布广告，按照“经营租赁服务”缴纳增值税。

车辆停放服务、道路通行服务（包括过路费、过桥费、过闸费等）等按照“不动产经营租赁服务”缴纳增值税。

⑥鉴证咨询服务，包括认证服务、鉴证服务和咨询服务。

认证服务，是指具有专业资质的单位利用检测、检验、计量等技术，证明产品、服务、管理体系符合相关技术规范、相关技术规范的强制性要求或者标准的业务活动。

鉴证服务，是指具有专业资质的单位受托对相关事项进行鉴证，发表具有证明力的意见的业务活动，包括会计鉴证、税务鉴证、法律鉴证、职业技能鉴定、工程造价鉴证、工程监理、资产评估、环境评估、房地产土地评估、建筑图纸审核、医疗事故鉴定等。

咨询服务，是指提供信息、建议、策划、顾问等服务的活动，包括金融、软件、技术、财务、税收、法律、内部管理、业务运作、流程管理、健康等方面的咨询。

翻译服务和市场调查服务按照“咨询服务”缴纳增值税。

⑦广播影视服务，包括广播影视节目（作品）的制作服务、发行服务和播映（含放映，下同）服务。

广播影视节目（作品）制作服务，是指进行专题（特别节目）、专栏、综艺、体育、动画片、广播剧、电视剧、电影等广播影视节目和作品制作的服务，具体包括与广播影视节目和作品相关的策划、采编、拍摄、录音、音视频文字图片素材制作、场景布置、后期的=剪辑、翻译（编译）、字幕制作、片头制作、片尾制作、片花制作、特效制作、影片修复、编目和确权等业务活动。

广播影视节目（作品）发行服务，是指以分账、买断、委托等方式，向影院、电台、电视台、网站等单位和个人发行广播影视节目（作品）以及转让体育赛事等活动的报道及播映权的业务活动。

广播影视节目（作品）播映服务，是指在影院、剧院、录像厅及其他场所播映广播影视节目（作品），以及通过电台、电视台、卫星通信、互联网、有线电视等无线或者有线装置播映广播影视节目（作品）的业务活动。

⑧商务辅助服务，包括企业管理服务、经纪代理服务、人力资源服务、安全保护服务。

企业管理服务，是指提供总部管理、投资与资产管理、市场管理、物业管理、日常综合管理等服务的业务活动。

经纪代理服务，是指各类经纪、中介、代理服务，包括金融代理、知识产权代理、货物运输代理、代理报关、法律代理、房地产中介、职业中介、婚姻中介、代理记账、拍卖等。货物运输代理服务，是指接受货物收货人、发货人、船舶所有人、船舶承租人或者船舶经营人的委托，以委托人的名义，为委托人办理货物运输、装卸、仓储和船舶进出港口、引航、靠泊等相关手续的业务活动；代理报关服务，是指接受进出口货物的收、发货人委托，代为办理报关手续的业务活动。

人力资源服务，是指提供公共就业、劳务派遣、人才委托招聘、劳动力外包等服务的业务活动。

安全保护服务，是指提供保护人身安全和财产安全，维护社会治安等的业务活动，包括场所住宅保安、特种保安、安全系统监控以及其他安保服务。

⑨其他现代服务，是指除研发和技术服务、信息技术服务、文化创意服务、物流辅助服务、租赁服务、鉴证咨询服务、广播影视服务和商务辅助服务以外的现代服务。

表2-6为易混淆知识点的总结与归纳。

表2-6　**易混淆的经济业务（四）**

<table>
<tr><th colspan="2">业务内容</th><th colspan="2">所属增值税征税范围</th></tr>
<tr><td colspan="2">宾馆、旅馆、旅社、度假村和其他经营性住宿场所提供会议场地及配套服务的活动</td><td rowspan="6">现代服务</td><td>文化创意服务——会议展览服务</td></tr>
<tr><td colspan="2">港口设施经营人收取的港口设施保安费</td><td>物流辅助服务——港口码头服务</td></tr>
<tr><td colspan="2">装卸搬运服务</td><td>物流辅助服务——装卸搬运服务</td></tr>
<tr><td colspan="2">车辆停放服务、道路通行服务（包括过路费、过桥费、过闸费等）等</td><td rowspan="2">租赁服务——不动产租赁服务</td></tr>
<tr><td colspan="2">将建筑物、构筑物等不动产的广告位出租给其他单位或者个人用于发布广告</td></tr>
<tr><td colspan="2">将飞机、车辆等有形动产的广告位出租给其他单位或者个人用于发布广告</td><td>租赁服务——有形动产租赁服务</td></tr>
<tr><td rowspan="3">关于“电梯”</td><td>销售电梯</td><td colspan="2">销售货物</td></tr>
<tr><td>提供电梯安装服务</td><td>建筑服务</td><td>安装服务</td></tr>
<tr><td>电梯安装运行后的维护保养服务</td><td>现代服务</td><td>其他现代服务</td></tr>
</table>

（7）生活服务。生活服务是指为满足城乡居民日常生活需求提供的各类服务活动，包括文化体育服务、教育医疗服务、旅游娱乐服务、餐饮住宿服务、居民日常服务和其他生活服务。

①文化体育服务，包括文化服务和体育服务。

文化服务，是指为满足社会公众文化生活需求提供的各种服务，包括文艺创作、文艺表演、文化比赛，图书馆的图书和资料借阅，档案馆的档案管理，文物及非物质遗产保护，组织举办宗教活动、科技活动、文化活动，提供游览场所。

体育服务，是指组织举办体育比赛、体育表演、体育活动，以及提供体育训练、体育指导、体育管理的业务活动。

②教育医疗服务，包括教育服务和医疗服务。

教育服务，是指提供学历教育服务、非学历教育服务、教育辅助服务的业务活动。学历教育服务，是指根据教育行政管理部门确定或者认可的招生和教学计划组织教学，并颁发相应学历证书的业务活动，包括初等教育、初级中等教育、高级中等教育、高等教育等。非学历教育服务，包括学前教育、各类培训、演讲、讲座、报告会等。教育辅助服务，包括教育测评、考试、招生等服务。

医疗服务，是指提供医学检查、诊断、治疗、康复、预防、保健、接生、计划生育、防疫服务等方面的服务，以及与这些服务有关的提供药品、医用材料器具、救护车、病房住宿和伙食的业务。

③旅游娱乐服务，包括旅游服务和娱乐服务。

旅游服务，是指根据旅游者的要求，组织安排交通、游览、住宿、餐饮、购物、文娱、商务等服务的业务活动。

娱乐服务，是指为娱乐活动同时提供场所和服务的业务，包括歌厅、舞厅、夜总会、酒吧、台球、高尔夫球、保龄球、游艺（包括射击、狩猎、跑马、游戏机、蹦极、卡丁车、热气球、动力伞、射箭、飞镖）等。

④餐饮住宿服务，包括餐饮服务和住宿服务。

餐饮服务，是指通过同时提供饮食和饮食场所的方式为消费者提供饮食消费服务的业务活动。

住宿服务，是指提供住宿场所及配套服务等的活动，包括宾馆、旅馆、旅社、度假村和其他经营性住宿场所提供的住宿服务。

⑤居民日常服务，是指主要为满足居民个人及其家庭日常生活需求提供的服务，包括市容市政管理、家政、婚庆、养老、殡葬、照料和护理、救助救济、美容美发、按摩、桑拿、氧吧、足疗、沐浴、洗染、摄影扩印等服务。

⑥其他生活服务，是指除文化体育服务、教育医疗服务、旅游娱乐服务、餐饮住宿服务和居民日常服务之外的生活服务。

表2-7为易混淆知识点的总结与归纳。

4.销售无形资产

销售无形资产是指转让无形资产所有权或者使用权的业务活动。无形资产是指不具

表2-7 **易混淆的经济业务（五）**

业务内容	所属增值税征税范围	
提供餐饮服务的纳税人销售的外卖食品	生活服务	餐饮住宿服务——餐饮服务
现场制作食品并直接销售给消费者		
在游览场所经营索道、摆渡车、电瓶车、游船等		旅游娱乐服务——文化体育服务
提供植物养护服务		其他生活服务

实物形态，但能带来经济利益的资产，包括技术、商标、著作权、商誉、自然资源使用权和其他权益性无形资产。

技术，包括专利技术和非专利技术。

自然资源使用权，包括土地使用权、海域使用权、探矿权、采矿权、取水权和其他自然资源使用权。

其他权益性无形资产，包括基础设施资产经营权、公共事业特许权、配额、经营权（包括特许经营权、连锁经营权、其他经营权）、经销权、分销权、代理权、会员权、席位权、网络游戏虚拟道具、域名、名称权、肖像权、冠名权、转会费等。

5.销售不动产

销售不动产，是指转让不动产所有权的业务活动。不动产，是指不能移动或者移动后会引起性质、形状改变的财产，包括建筑物、构筑物等。

建筑物，包括住宅、商业营业用房、办公楼等可供居住、工作或者进行其他活动的建造物；构筑物，包括道路、桥梁、隧道、水坝等建造物。

转让建筑物有限产权或者永久使用权的，转让在建的建筑物或者构筑物所有权的，以及在转让建筑物或者构筑物时一并转让其所占土地的使用权的，按照“销售不动产”缴纳增值税。

（四）征税范围特殊规定

1.征税范围的特殊项目

（1）执罚部门和单位查处的商品

根据现行罚没财物管理制度和税收制度的有关规定，执罚部门和单位依照国家有关法律、法规查处各类违法、违章案件的罚没物品变价收入的增值税征税问题如表2-8所示。

表2-8 **执罚部门和单位查处的商品增值税税务处理**

业务内容	税务处理
执罚部门和单位按规定程序取得的罚没物品的拍卖收入、变卖收入以及按收兑或收购价所取得的收入作为罚没收入如数上缴财政	不予征税
对经营单位购入拍卖物品再销售的	照章征收增值税
国家指定销售单位将罚没物品纳入正常销售渠道销售的；专管机关或专营企业经营属于应征增值税的货物的	

（2）财政补贴收入

根据《国家税务总局关于取消增值税扣税凭证认证确认期限等增值税征管问题的公告》〔2019年第45号〕第七条，自2020年1月1日起，财政补贴收入的增值税征税问题如表2-9所示。

表2-9 **财政补贴收入增值税税务处理**

业务内容	税务处理
与销售货物、劳务、服务、无形资产、不动产的收入或数量直接挂钩的	征收增值税
取得的其他情形的财政补贴收入	不征收增值税

（3）融资性售后回租

融资性售后回租业务中，承租方出售资产的行为不属于增值税的征税范围，不征收增值税。

（4）创新药的税收政策

药品生产企业销售自产创新药的销售额为向购买方收取的全部价款和价外费用，其提供给患者后续免费使用的相同创新药，不属于增值税视同销售。

2. 视同销售行为[①]

（1）视同销售货物

① 将货物交付其他单位或个人代销。

② 销售代销货物。

③ 设有两个以上机构并实行统一核算的纳税人，将货物从一个机构移送其他机构用于销售，但相关机构设在同一县（市）的除外。

用于销售，是指受货机构发生以下两项情形之一的经营行为：一是向购货方开具发票；二是向购货方收取货款。

受货机构的货物移送行为有上述两项情形之一的，应当向所在地税务机关缴纳增值税；未发生上述两项情形的，则应由总机构统一缴纳增值税。

如受货机构只就部分货物向购买方开具发票或收取货款，则应区别不同情况计算并分别向总机构所在地或分支机构所在地税务机关缴纳税款。

④ 将自产、委托加工的货物用于非应税项目。

⑤ 将自产、委托加工的货物用于集体福利或个人消费（包括纳税人的交际应酬消费）。

⑥ 将自产、委托加工或购进的货物作为投资，提供给其他单位或个体工商户。

⑦ 将自产、委托加工或购进的货物分配给股东或投资者。

⑧ 将自产、委托加工或购进的货物无偿赠送其他单位或个人。

（2）视同销售服务、无形资产或者不动产

① 单位或个体工商户向其他单位或个人无偿提供服务，但用于公益事业或以社会公众为对象的除外；

① 《增值税法》第五条规定："有下列情形之一的，视同应税交易，应当依照本法规定缴纳增值税：（一）单位和个体工商户将自产或者委托加工的货物用于集体福利或者个人消费；（二）单位和个体工商户无偿转让货物；（三）单位和个人无偿转让无形资产、不动产或者金融商品。"

② 单位或个人向其他单位或个人无偿转让无形资产或不动产，但用于公益事业或以社会公众为对象的除外；

③ 财政部和国家税务总局规定的其他情形。

【了解一下】纳税人出租不动产，租赁合同中约定免租期的，不属于视同销售服务。

对上述视同销售行为，按规定计算销售额并征收增值税。一是为了防止通过这些行为逃避纳税，造成税基被侵蚀，税款流失；二是为了避免税款抵扣链条的中断，导致各环节间税负的不均衡，出现重复征税。

3.混合销售和兼营行为的征税规定

混合销售，是指一项销售行为既涉及货物又涉及服务。例如，地板生产企业销售自产地板并负责安装；建筑施工企业包工包料承包工程，都属于混合销售。[①]

兼营行为，是指纳税人的经营范围既包括销售货物和加工修理修配劳务，又包括销售服务、无形资产或者不动产，即同一纳税人发生多项销售行为。

混合销售与兼营行为的辨别以及增值税的具体规定如表2-10所示。

表2-10　**混合销售与兼营行为的辨别及征税规定**

情形	界定	征税规定
混合销售	一项销售行为既涉及货物又涉及服务	从事货物的生产、批发或者零售的单位和个体工商户的混合销售行为，按照销售货物缴纳增值税
		其他单位和个体工商户的混合销售行为，按照销售服务缴纳增值税
兼营行为	多项销售行为适用不同税率或征收率	分别核算适用不同税率或征收率的销售额；未分别核算销售额的，从高适用税率或征收率
辨别标准：行为之间是否具有关联性和从属性		

纳税人销售活动板房、机器设备、钢结构件等自产货物的同时提供建筑、安装服务，不属于混合销售，按照兼营处理，应分别核算货物和建筑服务的销售额，分别适用不同的税率或者征收率。

三、税率和征收率

（一）税率

我国现行的增值税税率分为13%、9%、6%、零税率（适用于出口货物和财政部、国家税务总局规定的跨境应税行为），共四档。增值税税率限于一般纳税人一般计税使用；进口货物，除特殊业务外，不区分一般纳税人和小规模纳税人，均适用增值税税率。表2-11为我国现行的增值税税率表。

表2-11　**增值税税率表**

税率		适用范围
基本税率	13%	1.销售或进口货物（除适用9%低税率、征收率和零税率的外） 2.加工、修理修配劳务 3.有形动产租赁服务

① 《增值税法》第十三条规定："纳税人发生一项应税交易涉及两个以上税率、征收率的，按照应税交易的主要业务适用税率、征收率。"

续表

<table>
<tr><th colspan="2">税率</th><th colspan="3">适用范围</th></tr>
<tr><td rowspan="7">低税率</td><td rowspan="6">9%</td><td rowspan="5">货物类</td><td>1.生活必需品类</td><td>(1) 粮食、食用植物油
(2) 鲜奶、符合国标规定的巴氏杀菌乳和灭菌乳（不含调制乳）
(3) 食用盐
(4) 自来水、暖气、冷气、热水、煤气、石油液化气、天然气、沼气和居民用煤炭制品等</td></tr>
<tr><td>2.文化用品类</td><td>图书、报纸、杂志、音像制品和电子出版物</td></tr>
<tr><td>3.农业生产资料类</td><td>饲料、化肥、农机（不含农机零部件）、农药、农膜</td></tr>
<tr><td>4.初级农产品</td><td>挂面、干姜、姜黄、玉米胚芽、动物骨粒（不含麦芽、复合胶、人发、淀粉）</td></tr>
<tr><td>5.其他</td><td>二甲醚等</td></tr>
<tr><td>服务、无形资产、不动产类</td><td colspan="2">1.交通运输服务
2.邮政服务
3.基础电信服务
4.建筑服务
5.不动产租赁服务
6.销售不动产
7.转让土地使用权（不含转让补充耕地指标）</td></tr>
<tr><td>6%</td><td colspan="3">1.增值电信服务
2.金融服务
3.现代服务（租赁服务除外）
4.生活服务
5.转让（除土地使用权以外的）其他无形资产（含转让补充耕地指标）</td></tr>
<tr><td colspan="2">零税率</td><td colspan="3">1.出口货物（国务院另有规定的除外）
2.境内单位和个人提供的国际运输服务
(1) 在境内载运旅客或者货物出境
(2) 在境外载运旅客或者货物入境
(3) 在境外载运旅客或者货物
3.航天运输服务
4.境内单位和个人向境外单位提供完全在境外消费的下列服务
(1) 研发服务
(2) 合同能源管理服务
(3) 设计服务
(4) 广播影视节目（作品）的制作和发行服务
(5) 软件服务
(6) 电路设计及测试服务
(7) 信息系统服务
(8) 业务流程管理服务
(9) 离岸服务外包业务
(10) 转让技术
5.财政部和国家税务总局规定的其他服务</td></tr>
</table>

（1）按照国家有关规定应取得相关资质的国际运输服务项目，纳税人取得相关资质的，适用零税率政策；未取得相关资质的，适用增值税免税政策。

（2）放弃零税率的单位和个人，可以选择免税或按规定缴纳增值税。放弃适用增值税零税率后，36个月内不得再申请适用增值税零税率。

（3）我国增值税税率变化时间线，如表2-12所示。

表2-12　　**我国增值税税率变化时间表**

<table>
<tr><th>2017年6月30日之前</th><th>2017年7月1日至
2018年4月30日</th><th>2018年5月1日至
2019年3月31日</th><th>2019年4月1日之后</th></tr>
<tr><td>17%</td><td>17%</td><td>16%</td><td>13%</td></tr>
<tr><td>13%</td><td rowspan="2">11%</td><td rowspan="2">10%</td><td rowspan="2">9%</td></tr>
<tr><td>11%</td></tr>
<tr><td>6%</td><td>6%</td><td>6%</td><td>6%</td></tr>
<tr><td colspan="4">零税率</td></tr>
</table>

（二）征收率

1.征收率基本规定

一般情况下，增值税的征收率为3%，当发生特定应税行为时，适用5%的征收率。

增值税的征收率适用于：（1）小规模纳税人；（2）一般纳税人发生应税行为按规定简易计税或者可以选择简易计税。

2.征收率3%的规定

（1）一般纳税人销售自己使用过的属于税法规定不得抵扣且未抵扣进项税额的固定资产，按简易计税方法依照3%征收率减按2%征收增值税，对于此类业务，纳税人应开具增值税普通发票；纳税人可以放弃减税，按照简易计税办法依照3%的征收率缴纳税款，开具增值税专用发票。具体包括以下几种情形：

① 一般纳税人销售2008年12月31日前购进或者自制的固定资产（若固定资产是自用的应征消费税的摩托车、汽车、游艇，则为2013年7月31日前购进或者自制）。

② 纳税人购进或者自制固定资产时为小规模纳税人，转为一般纳税人后销售该使用过的固定资产。

③ 纳税人购进或者自制固定资产时为营业税纳税人，营改增后登记为增值税一般纳税人，销售该使用过的固定资产。

④ 一般纳税人购进固定资产（专门）用于简易计税项目、免税项目、集体福利、个人消费，按照税法规定进项税额不得抵扣且未抵扣，销售该使用过的固定资产。

一般纳税人销售自己使用过的固定资产的增值税税务处理如表2-13所示。

（2）小规模纳税人（除其他个人外）销售自己使用过的固定资产，减按2%的征收率征收增值税，具体规定见表2-14。

表2-13　一般纳税人销售自己使用过的固定资产税务处理方法

情形		税务处理
情形1：销售使用过的、已抵扣进项税额的固定资产		按适用税率征收增值税，可以开具增值税专用发票： 销项税额=含税售价/（1+13%或9%）×13%或9%
情形2：销售使用过的、不得抵扣且未抵扣进项税额的固定资产	享受减税，不得开具增值税专用发票	依照3%征收率减按2%征收增值税： 应纳税额=含税售价/（1+3%）×2%
	放弃减税，可开具增值税专用发票	依照3%征收率征收增值税： 应纳税额=含税售价/（1+3%）×3%

表2-14　小规模纳税人销售自己使用过的固定资产税务处理方法

情形	税务处理
情形1：享受减税，不得开具增值税专用发票	按3%的征收率减按2%征收增值税： 应纳税额=含税销售额/（1+3%）×2%
情形2：放弃减税，可开具增值税专用发票	依照3%征收率征收增值税： 应纳税额=含税销售额/（1+3%）×3%

（3）其他个人销售自己使用过的物品，免征增值税。

（4）纳税人销售旧货，按简易计税方法依照3%征收率减按2%征收增值税，只能开具增值税普通发票，不能开具增值税专用发票。旧货，是指进入二次流通的具有部分使用价值的货物（含旧汽车、旧摩托和旧游艇），但不包括自己使用过的物品。应纳税额=含税售价/（1+3%）×2%。

2020年5月1日起至2027年12月31日止，从事二手车经销业务的纳税人销售其收购的二手车，减按0.5%的征收率征收增值税。应纳税额=含税销售额÷（1+0.5%）×0.5%。

纳税人应当开具二手车销售统一发票，购买方索取增值税专用发票的，应当再开具征收率为0.5%的增值税专用发票。

（5）提供物业管理服务的纳税人，向服务接受方收取的自来水水费，以扣除其对外支付的自来水水费后的余额为销售额，按照简易计税方法依3%征收率计算缴纳增值税。

（6）一般纳税人销售自产的下列货物，可选择按3%征收率简易计税：

① 县级及县级以下小型水力发电单位生产的自产电力。

② 自产建筑用和生产建筑材料所用的砂、土、石料。

③ 以自己采掘的砂、土、石料或其他矿物连续生产的砖、瓦、石灰（不含黏土实心砖、瓦）。

④ 自己用微生物、微生物代谢产物、动物毒素、人或动物的血液或组织制成的生物制品。

⑤ 自产的自来水、自来水公司销售的自来水。

⑥ 商品混凝土（仅限于以水泥为原料生产的水泥混凝土）。

⑦ 单采血浆站销售非临床用人体血液。

（7）暂按3%征收率简易计税的情形：

① 寄售商店代销寄售物品（包括居民个人寄售的物品在内）；

② 典当业销售死当物品。

（8）其他可选3%征收率简易计税的情形：

① 药品经营企业销售生物制品。

② 公共交通运输服务。

③ 经认定的动漫企业为开发动漫产品提供的动漫脚本编撰、形象设计、背景设计、动画设计、分镜、动画制作、摄制、描线、上色、画面合成、配音、配乐、音效合成、剪辑、字幕制作、压缩转码（面向网络动漫、手机动漫格式适配）服务，以及在境内转让动漫版权（包括动漫品牌、形象或内容的授权及再授权）。

④ 电影放映服务、仓储服务、装卸搬运服务、收派服务和文化体育服务。

⑤ 提供非学历教育服务、教育辅助服务。

⑥ 在纳入“营改增”试点之前签订的尚未执行完毕的有形动产租赁合同。

⑦ 建筑业一般纳税人以清包工方式提供的建筑服务，可以选择简易计税，以收取的全部价款和价外费用扣除支付的分包款后的余额为销售额。

⑧ 建筑业一般纳税人为甲供工程提供的建筑服务，可以选择简易计税，以收取的全部价款和价外费用扣除支付的分包款后的余额为销售额。

⑨ 建筑业一般纳税人为建筑工程老项目提供的建筑服务，可以选择简易计税，以收取的全部价款和价外费用扣除支付的分包款后的余额为销售额。

3.征收率5%的规定

（1）出租和销售不动产。

① 转让2016年4月30日前取得的土地使用权，不论是一般纳税人还是小规模纳税人，不论是房地产企业还是非房地产企业，均可以选择适用简易计税方法，并且可按差额缴纳增值税，即以取得的全部价款和价外费用减去取得该土地使用权原价后的余额为销售额，按照5%的征收率计算缴纳增值税。纳税人不选择差额计税的，则应当按取得的全部价款和价外费用按照3%征收率计算缴纳增值税。

② 一般纳税人销售其2016年4月30日前取得（不含自建）的不动产，可以选择适用简易计税方法，以取得的全部价款和价外费用减去该项不动产购置原价或者取得不动产时的作价后的余额为销售额，按照5%的征收率计算应纳税额。

③ 一般纳税人销售其2016年4月30日前自建的不动产，可以选择简易计税方法，以取得的全部价款和价外费用为销售额，按照5%的征收率计算应纳税额。

④ 房地产开发企业中的一般纳税人，销售自行开发的房地产老项目，可以选择适用简易计税方法按照5%的征收率计税。

⑤ 一般纳税人出租其2016年4月30日前取得的不动产，可以选择适用简易计税方法，按照5%的征收率计算应纳税额。

⑥一般纳税人收取试点前开工的一级公路、二级公路、桥、闸通行费，可以选择适用简易计税方法，按照5%的征收率计算缴纳增值税。试点前开工，是指相关施工许可证注明的合同开工日期在2016年4月30日前。

表2-15为不同情形下出租和销售不动产适用征收率的归纳总结。

表2-15　**出租和销售不动产适用征收率**

<table>
<tr><th colspan="2">业务类型</th><th>征收率</th></tr>
<tr><td>小规模纳税人</td><td>除另有规定外，小规模纳税人出租和销售不动产</td><td>5%</td></tr>
<tr><td>一般纳税人</td><td>①销售原有不动产
②转让房地产老项目
③出租（包括融资租赁）原有不动产
④收取试点前开工的一级公路、二级公路、桥、闸通行费</td><td rowspan="2">可选择简易计税，5%</td></tr>
<tr><td colspan="2">纳税人转让原有土地使用权</td></tr>
<tr><td colspan="2">一般纳税人收取试点前开工的高速公路车辆通行费</td><td>可以选择简易计税，5%减按3%</td></tr>
<tr><td colspan="2">个人（含个体工商户和自然人）出租住房，住房租赁企业中的一般纳税人向个人出租住房选择简易计税方法，住房租赁企业中的小规模纳税人向个人出租住房</td><td>5%减按1.5%</td></tr>
</table>

【了解一下】根据上述内容，不难发现一般纳税人销售营改增前非自建取得的不动产、土地使用权，不仅可以选择简易计税，还可以选择差额计税。“可选择”往往就意味着有筹划的空间，因此纳税人要灵活运用税收政策，合理纳税筹划。

（2）个人销售住房。个人将购买不足2年的住房对外销售的，按照5%的征收率全额缴纳增值税；个人将购买2年以上（含2年）的住房对外销售的，免征增值税。具体规定如表2-16所示。

表2-16　**个人销售住房的增值税政策**

<table>
<tr><th>购置时间</th><th>地区</th><th>住房性质</th><th>税务处理</th></tr>
<tr><td>购买时间<2年</td><td>不区分地区</td><td>不区分住房性质</td><td>按5%，全额缴纳增值税</td></tr>
<tr><td rowspan="3">购买时间≥2年</td><td rowspan="2">北京、上海、广州、深圳</td><td>非普通住房</td><td>销售收入减去购买价款后的差额，按5%缴纳增值税</td></tr>
<tr><td>普通住房</td><td>免征增值税</td></tr>
<tr><td>其他地区</td><td>不区分住房性质</td><td>免征增值税</td></tr>
</table>

【了解一下】深圳市自2020年7月15日起、上海市自2021年1月22日起、广州市9个区（越秀区、海珠区、荔湾区、天河区、白云区、黄埔区、番禺区、南沙区、增城

区）自2021年4月22日起，将个人住房转让增值税征免年限由2年调整到5年。

（3）劳务派遣服务。劳务派遣服务是指劳务派遣公司为了满足用工单位对于各类灵活用工的需求，将员工派遣至用工单位，接受用工单位管理并为其工作的服务。

纳税人提供劳务派遣服务，可选择差额纳税，以取得的全部价款和价外费用，扣除代用工单位支付给劳务派遣员工的工资、福利和为其办理社会保险及住房公积金后的余额为销售额，适用5%的征收率。劳务派遣服务具体增值税税收政策如表2-17所示。

表2-17　　劳务派遣服务增值税政策

纳税人性质	计税方法	销售额	税率（征收率）
一般纳税人	一般计税（全额）	以取得的全部价款和价外费用为销售额。可以抵扣进项税额	6%
	简易计税（差额）	以取得的全部价款和价外费用，扣除代用工单位支付给劳务派遣员工的工资、福利和为其办理社会保险及住房公积金后的余额为销售额。不可抵扣进项税额	5%
小规模纳税人	简易计税（全额）	以取得的全部价款和价外费用为销售额	3%（2023年1月1日至2027年12月31日，减按1%）
	简易计税（差额）	以取得的全部价款和价外费用，扣除代用工单位支付给劳务派遣员工的工资、福利和为其办理社会保险及住房公积金后的余额为销售额	5%

（4）人力资源外包服务。人力资源外包服务是指企业根据需要将一项或几项人力资源管理工作流程或管理职能外包出去，由第三方专业的人力资源外包服务机构或公司进行管理，以降低经营成本，实现企业效益的最大化，即将本应由企业人力资源部门做的工作（如招聘员工，培训员工等）外包给第三方，并按规定支付服务费用的行为。

纳税人提供人力资源外包服务，按照“经纪代理服务”缴纳增值税，适用差额纳税，以取得的全部价款和价外费用，扣除代为向客户单位员工发放的工资和代理缴纳的社会保险、住房公积金后的余额为销售额。

一般纳税人提供人力资源外包服务，可以选择简易计税方法，按照5%的征收率计算缴纳增值税。人力资源外包服务具体增值税税收政策如表2-18所示。

表2-18　　人力资源外包服务增值税政策

纳税人性质	计税方法	销售额	税率（征收率）
一般纳税人	一般计税（差额）	以取得的全部价款和价外费用，扣除代为向客户单位员工发放的工资和代理缴纳的社会保险、住房公积金后的余额为销售额。可以抵扣进项税额	6%

续表

纳税人性质	计税方法	销售额	税率（征收率）
一般纳税人	简易计税（差额）	以取得的全部价款和价外费用，扣除代为向客户单位员工发放的工资和代理缴纳的社会保险、住房公积金后的余额为销售额。不可抵扣进项税额	5%
小规模纳税人	简易计税（差额）	以取得的全部价款和价外费用，扣除代为向客户单位员工发放的工资和代理缴纳的社会保险、住房公积金后的余额为销售额	3%（2023年1月1日至2027年12月31日，减按1%）

第三节　增值税税收优惠

一、增值税免税政策

（一）“三农”相关免税项目

（1）农业生产者销售的自产农产品。

（2）从事蔬菜批发、零售的纳税人销售的蔬菜[①]。

（3）从事农产品批发、零售的纳税人销售的部分鲜活肉蛋产品[②]。

（4）生产销售、批发、零售符合标准的有机肥产品。

（5）农业机耕、排灌、病虫害防治、植物保护、农牧保险以及相关技术培训业务，家禽、牲畜、水生动物的配种和疾病防治。

（6）将土地使用权转让给农业生产者用于农业生产。

（7）采取转包、出租、互换、转让、入股等方式将承包地流转给农业生产者用于农业生产。

（8）将国有农用地出租给农业生产者用于农业生产。

（9）对饮水工程运营管理单位向农村居民提供生活用水取得的自来水销售收入，免征增值税；对于既向城镇居民供水，又向农村居民供水的饮水工程运营管理单位，依据向农村居民供水收入占总供水收入的比例免征增值税。

（10）2027年12月31日前，对金融机构向农户发放小额贷款[③]取得的利息收入，免征增值税。

（二）居民生活类免税项目

（1）避孕药品和用具。[④]

（2）古旧图书。

（3）2027年12月31日前，免征图书批发、零售环节的增值税。

① 各种蔬菜罐头不属于免税蔬菜的范围。

② 鲜活肉产品是指猪、牛、羊、鸡、鸭、鹅及其整块或者分割的鲜肉、冷藏或者冷冻肉，内脏、头、尾、骨、蹄、翅、爪等组织；鲜活蛋产品是指鸡蛋、鸭蛋、鹅蛋，包括鲜蛋、冷藏蛋以及对其进行破壳分离的蛋液、蛋黄和蛋壳。

③ 小额贷款是指单户授信小于100万元（含本数）的农户贷款；没有授信额度的，是指单户贷款合同金额且贷款余额在100万元（含本数）以下的贷款。

④ 在《增值税法》中已删除。

（4）至2027年供暖期结束，对供热企业向居民个人供热取得的采暖费收入免征增值税。

（5）养老机构提供的养老服务。

（6）2019年6月1日至2025年12月31日，为社区提供养老、托育、家政等服务的机构，提供社区养老、托育、家政服务取得的收入免征增值税。

（7）婚姻介绍服务。

（8）殡葬服务。

（三）教育、科研、医疗、文化事业相关免税项目

（1）托儿所、幼儿园提供的保育和教育服务。

（2）从事学历教育的学校提供的教育服务。

（3）学生勤工俭学提供的服务。

（4）直接用于科学研究、科学试验和教学的进口仪器、设备。

（5）医疗机构提供的医疗服务。

（6）纪念馆、博物馆、文化馆、文物保护单位管理机构、美术馆、展览馆、书画院、图书馆在自己的场所提供文化体育服务取得的第一道门票收入。

（7）寺院、宫观、清真寺和教堂举办文化、宗教活动的门票收入。

（8）2027年12月31日前，对科普单位的门票收入，以及县级及以上党政部门和科协开展科普活动的门票收入，免征增值税。

（四）残疾人相关免税项目

（1）由残疾人组织直接进口供残疾人专用的物品。

（2）残疾人福利机构提供的育养服务。

（3）残疾人员本人为社会提供的服务。

（五）个人相关免税项目

（1）个人转让著作权。

（2）个人销售自建自用住房。

（3）涉及家庭财产分割的个人无偿转让不动产、土地使用权。

（4）其他个人，采取一次性收取租金形式出租不动产取得的租金收入，可在对应的租赁期内平均分摊，分摊后的月租金收入未超过10万元的，免征增值税。

（六）捐赠相关免税项目

（1）外国政府、国际组织无偿援助的进口物资和设备。

（2）2019年1月1日至2025年12月31日，对单位或者个体工商户将自产、委托加工或购买的货物通过公益性社会组织、县级及以上人民政府及其组成部门和直属机构，或直接无偿捐赠给目标脱贫地区的单位和个人，免征增值税。

（七）利息收入相关免税项目

（1）国家助学贷款。

（2）国债、地方政府债的利息收入。

（3）人民银行对金融机构的贷款。

（4）住房公积金管理中心用住房公积金在指定的委托银行发放的个人住房贷款。

（八）军队相关免税项目

（1）军队空余房产租赁收入。

（2）为安置随军家属就业而新开办的企业，自领取税务登记证之日起，其提供的应税服务3年内免征增值税。

（3）从事个体经营的随军家属，自办理税务登记事项之日起，其提供的应税服务3年内免征增值税。

（4）从事个体经营的军队转业干部，自领取税务登记证之日起，其提供的应税服务3年内免征增值税。

（九）海南离岛免税项目

离岛免税店销售离岛免税商品，按规定免征增值税。

（十）国产抗艾滋病病毒药品免税项目

2027年12月31日前，对国产抗艾滋病病毒药品免征生产环节和流通环节增值税。

【了解一下】（1）纳税人兼营增值税减税、免税项目的，应当单独核算增值税减税、免税项目的销售额；未单独核算的项目，不得减税、免税。

（2）纳税人发生应税交易适用减税、免税规定的，可以选择放弃减税、免税，依照规定缴纳增值税。

（3）纳税人同时适用两个以上减税、免税项目的，可以分不同减税、免税项目选择放弃；放弃减税、免税项目后，36个月内不得再申请减税、免税。

二、增值税即征即退政策

（1）软件产品的税务处理。

①增值税一般纳税人销售其自行开发生产的软件产品，按13%税率征收增值税后，对实际税负超过3%的部分实行即征即退。

②增值税一般纳税人将进口软件产品进行本地化改造[①]后对外销售，享受增值税即征即退政策。

（2）一般纳税人提供管道运输服务，对其增值税实际税负超过3%的部分实行增值税即征即退政策。

（3）经人民银行、国家金融监督管理总局或商务部批准从事融资租赁业务的纳税人中的一般纳税人，提供有形动产融资租赁服务和有形动产融资性售后回租服务，对其增值税实际税负超过3%的部分实行增值税即征即退政策。

（4）对安置残疾人的单位和个体工商户，由税务机关按纳税人安置残疾人的人数，限额即征即退增值税。

（5）纳税人销售自产符合规定的综合利用产品和提供符合规定的资源综合利用劳务，可享受即征即退30%、50%、70%、100%的政策。

三、增值税起征点政策

增值税起征点的适用范围限于个人，即个体工商户和其他个人，纳税人未达到增值税起征点的，免征增值税。

---

① 本地化改造是指对进口软件产品进行重新设计、改进、转换等，单纯对进口软件产品进行汉字化处理不包括在内。

增值税起征点的规定如下：按期纳税的，为月销售额5 000元至20 000元（含本数，下同）；按次纳税的，为每次（日）销售额300元至500元。省、自治区、直辖市财政厅（局）和国家税务局应在规定的幅度内，根据实际情况确定本地区适用的起征点。

第四节　增值税的计算

一、增值税计税方法

增值税的计税方法，包括一般计税方法、简易计税方法和扣缴计税方法，具体公式见表2-19。增值税为价外税，应税交易的计税价格不包含增值税税额。

表2-19　**增值税计税方法**

计税方法	适用情形	计税公式
1.一般计税	一般纳税人一般情况	应纳税额=销项税额-进项税额 当期销项税额<当期进项税额，不足抵扣时，其不足部分：一是可以结转下期继续抵扣；二是可以留抵退税
2.简易计税	（1）一般纳税人发生应税行为按规定简易计税或者可以选择简易计税	应纳税额=不含税的销售额×征收率
	（2）小规模纳税人	
3.扣缴计税	境外单位或者个人在境内发生应税行为，在境内未设有经营机构的，以其境内代理人为扣缴义务人；在境内没有代理人的，以购买方为增值税扣缴义务人，财政部和国家税务总局另有规定的除外	应扣缴税额=接收方支付的价款÷（1+税率）×税率

增值税价税剥离计算公式：不含税的价格=含税价格÷（1+税率或征收率）

【税问我答】增值税以法定增值额为征税对象，其最大的优点是可以避免重复征税，但增值税避免重复征税有一个重要前提：抵扣链条是完整的，即流转环节的上下游企业均为增值税一般纳税人，上游企业销售环节的销项税额就是下游企业采购环节的进项税额。交易链条上出现增值税小规模纳税人会造成抵扣链条弱化。假设现有某一般纳税人计划将该公司业务进行拆分，根据业务类型设立不同的公司，请问拆分后的企业在增值税纳税人认定中，需要注意什么问题？

二、一般计税方法应纳税额计算

（一）一般计税方法应纳税额的计算

除了一些特殊情形适用简易计税方法外，一般纳税人发生应税行为适用一般计税方法，即以当期销项税额抵扣当期进项税额后的余额为应纳税额。相应的计算公式如下：

当期应纳税额=当期销项税额-当期进项税额

=当期不含税的销售额×适用税率-当期进项税额

（或者）=当期销项税额-（当期进项税额-不得抵扣但已抵扣的进项税额）

（或者）=当期销项税额-当期进项税额-上期留抵税额

（二）销项税额

销项税额，是指纳税人销售货物、劳务、服务、无形资产或者不动产，按照销售额和税法规定的税率计算收取的增值税额。

应税行为销项税额的计算公式为：销项税额=不含税的销售额×适用税率

1.销售额的一般规定

销售额为纳税人发生应税销售行为收取的全部价款和价外费用，但不包括收取的销项税额。具体来说，应税销售额包括以下内容：

（1）销售货物或提供应税劳务从购买方收取的全部价款。

（2）向购买方收取的各种价外费用，具体包括手续费、补贴、基金、集资费、返还利润、奖励费、违约金、延期付款利息、滞纳金、赔偿金、包装费、包装物租金、储备费、优质费、运输装卸费、代收款项、代垫款项及其他各种性质的价外费用。无论其会计制度如何核算，价外费用都应并入销售额计税。但价外费用不包括以下费用：

① 受托加工应税消费品，由受托方向委托方代收代缴的消费税。

② 同时符合以下两个条件的代垫运费：承运部门的运费发票开具给购买方，并且由纳税人将该项发票转交给购买方的。

③ 销售货物的同时代办保险等而向购买方收取的保险费，以及向购买方收取的代购买方缴纳的车辆购置税、车辆牌照费。

④ 同时符合以下条件代为收取的政府性基金或者行政事业性收费：第一，由国务院或者财政部批准设立的政府性基金，由国务院或者省级人民政府及其财政、价格主管部门批准设立的行政事业性收费；第二，收取时开具省级以上财政部门印制的财政票据；第三，所收款项全额上缴财政。

【了解一下】（1）价外费用税率同主业务税率。

（2）由于消费税属于价内税，征收消费税的货物在计征增值税时，应税销售额应包括消费税税额。

（3）无论纳税人会计上如何核算，价外费用、包装物押金一般是含增值税的，要进行价税剥离。

（4）销售额以人民币计算。纳税人以人民币以外的货币结算销售额的，应当折合成人民币计算。折合率可以选择销售额发生的当天或者当月1日的人民币汇率中间价。纳税人应当在事先确定采用何种折合率，确定后1年内不得变更。

【例2-1】甲商场为增值税一般纳税人，2024年4月销售货物取得含税销售额101.7万元，销售设计服务取得含税销售额26.5万元。要求：计算甲商场当月增值税销项税额。

【答案】销项税额=101.7÷（1+13%）×13%+26.5÷（1+6%）×6%=13.2（万元）

2.需要核定的销售额

纳税人发生视同销售行为而无销售额的，或者纳税人发生应税销售行为的价格明显偏低且无正当理由的，由主管税务机关按照下列顺序核定销售额：

（1）按照纳税人最近时期同类货物、劳务、服务、无形资产或者不动产的平均销售价格确定。

（2）按照其他纳税人最近时期同类货物、劳务、服务、无形资产或者不动产的平均销售价格确定。

（3）用以上两种方法均不能确定其销售额的，按照组成计税价格确定销售额。公式为：

① 非应税消费品：组成计税价格=成本×（1+成本利润率）

② 应税消费品：

消费税从价征收：组成计税价格=成本×（1+成本利润率）÷（1−消费税税率）

消费税复合征收：组成计税价格=［成本×（1+成本利润率）+消费税从量税］÷（1−消费税税率）

消费税从量征收：组成计税价格=成本×（1+成本利润率）+消费税从量税

【例2-2】某糕点厂为增值税一般纳税人，2024年4月份将自产的月饼400盒分发给本企业职工，每盒月饼成本90元，该月饼为新产品，无产品售价。要求：判断该批月饼是否需要缴纳增值税，若需要缴纳，计算应缴纳的增值税销项税额。

【答案】该批月饼需要缴纳增值税，其应缴纳的增值税销项税额=400×90×（1+10%）×13%=5 148（元）

3.特殊销售方式的销售额

（1）折扣销售、销售折扣和销售折让

折扣销售，又称商业折扣，现行税法规定：纳税人采取折扣方式销售货物，如果销售额和折扣额在同一张发票“金额”栏上分别注明，可以按折扣后的销售额征收增值税；未在同一张发票“金额”栏注明折扣额，而仅在发票的“备注”栏注明折扣额，或是将折扣额另开发票的，不得从销售额中扣减折扣额。

销售折扣，又称现金折扣，销售折扣通常是为了鼓励购买方及时偿还货款而给予的折扣优惠，销售折扣发生在销货之后，不得从销售额中减除。

销售折让，通常是指由于货物品种或质量等原因，销货方给予购货方在售价上的减让，销售折让额可以通过开具红字发票从销售额中减除。

三种特殊销售方式下，具体的增值税税务处理总结见表2-20。

表2-20　**特殊销售方式增值税税务处理**

销售方式	税务处理	目的
折扣销售（商业折扣）	折扣额可以从销售额中折减（要求在同一发票“金额”栏上分别注明）	促销
	实物折扣，按增值税视同销售中“赠送他人”处理，实物价款不能从原销售额中减除	
销售折扣（现金折扣）	折扣额不得从销售额中减除	发生在销货之后，属于一种融资行为
销售折让	按规定开具红字发票，折让额可以从销售额中减除	保证企业信誉，对已售产品出现品种、质量问题而给予购买方的补偿和折让

【例2-3】甲企业向乙企业销售一批商品，开出的增值税专用发票上注明的销售价格为80 000元，增值税税额10 400元。乙公司在验收过程中发现商品质量不合格，要求在价格上给予5%的折让，假定甲企业已确认收入，发生的销售折让允许扣减当期增值税。要求：计算该笔业务增值税的销项税额。

【答案】销项税额=80 000×（1−5%）×13%=9 880（元）

【例2-4】2024年4月，某设备生产企业销售一批设备，设备不含税价款为300万元，考虑到与购买方长期合作，给予5%价格优惠（开一张发票）；由于购货方及时付款，给予2%的销售折扣，实收不含税价款279.3万元。要求：计算该生产企业应缴纳的销项税额。

【答案】销项税额=300×（1−5%）×13%=37.05（万元）

【例2-5】某企业采用买五送一的方式销售货物，单件产品不含税售价245元，要求：计算销售五件产品应缴纳的销项税额。

【答案】销项税额=245×6×13%=191.1（元）

【了解一下】在竞争日益激烈的市场中，企业通常会采取促销手段，例如打折销售、买一送一的实物折扣等。增值税相关法规规定：折扣销售的税收优惠仅适用于价格折扣（折扣额要求在同一发票“金额”栏上注明），而不适用于实物折扣，销售者进行实物折扣，该折扣额不能从销售额中扣除，且该实物折扣应视同销售计算缴纳增值税。因此，企业在进行促销时可以选择在价格上打折，这样不仅可以使企业多卖产品，也可以降低税负。

（2）以旧换新方式销售货物

以旧换新销售，是纳税人在销售过程中，折价收回同类旧货物，并以旧货收购价格冲减货物价款的一种销售方式。现行税法规定，纳税人采用以旧换新方式销售货物的（金银首饰除外），应按新货物的同期销售价格确定销售额，不得扣减旧货物的收购价格；金银首饰以旧换新业务，按销售方实际收取的不含增值税的全部价款计征增值税。

【了解一下】金银首饰在零售环节缴纳的消费税也是按销售方实际收取的不含增值税的全部价款计算。

【例2-6】某百货商场为增值税一般纳税人。2024年4月份零售金银首饰取得含税销售额10.17万元，其中含以旧换新首饰的含税销售额5.65万元。在以旧换新业务中，旧首饰作价的含税金额为3.39万元，百货商场实际收取的含税金额为2.26万元。要求：计算该百货商场应确认的销项税额。

【答案】销项税额=（10.17−5.65）÷（1+13%）×13% +2.26÷（1+13%）×13%

=0.78（万元）

（3）还本销售方式销售货物

还本销售，是指销货方将货物出售之后，按约定的时间，一次或分次将货款部分或全部退还给购货方，退还的货款即为还本支出。纳税人采取还本销售方式销售货物的，不得从销售额中减除还本支出。

（4）采取以物易物方式销售

以物易物是一种较为特殊的购销方式，是指购销双方不是以货币结算，而是以同等价款的货物相互结算，实现货物购销。现行税法规定，以物易物双方都做购销处理，以各自发出的货物核算销售额并计算销项税额，以各自收到的货物核算购货额及进项税额。在以物易物活动中，购销双方应各自开具合法的票据，如收到的货物未取得相应票据，不得抵扣进项税额。

【例2–7】甲企业为防水材料生产企业，乙企业为机器设备生产企业。甲企业用市场售价为30万元的防水材料换回乙企业市场售价为30万元的机器设备。双方各自向对方开具增值税专用发票。要求：分别计算甲企业和乙企业的增值税应纳税额。

【答案】甲企业增值税应纳税额=30×13%–30×13%=0（万元）

乙企业增值税应纳税额=30×13%–30×13%=0（万元）

【例2–8】甲企业为防水材料生产企业，乙企业为机器设备生产企业，甲企业用成本为30万元的防水材料换回乙企业成本为30万元的机器设备。双方各自向对方按成本开具专票。要求：分别计算甲企业和乙企业的增值税应纳税额。

【答案】甲企业增值税应纳税额=30×（1+10%）×13%–30×13%=0.39（万元）

乙企业增值税应纳税额=30×（1+10%）×13%–30×13%=0.39（万元）

【了解一下】增值税销项税额是按不含税的销售额乘以适用税率进行计算，而凭票抵扣的进项税额则是按扣税凭证上的税额进行抵扣。从例2–7和例2–8可以看出，在以物易物的业务中，若按销售额互开发票，销项税额就等于进项税额，应纳税额为零；若按成本互开发票，销项税额的计算不能用成本而应用销售额，而进项税额应按发票上的税额抵扣，出现了税差，需要缴纳增值税。因此，企业的以物易物业务可以选择按销售额互开发票以降低税负。

【例2–9】某汽车生产企业为增值税一般纳税人，2024年4月份业务如下：

（1）将生产的800辆汽车分两批出售，其中300辆增税专用发票注明金额4 500万元，税额为585万元，500辆增税专用发票注明金额6 500万元，税额845万元。

（2）将生产的100辆小汽车用于换取生产资料，以每辆成本12万元互相开具，增值税专用发票注明金额1 200万元，税额156万元。要求：计算本月该汽车生产企业应缴纳的增值税。

【答案】平均售价=（4 500+6 500）/800=13.75（万元）

销项税额=585+845+100×13.75×13%=1 608.75（万元）

进项税额=156（万元）

应纳增值税=1 608.75–156=1 452.75（万元）

（5）包装物押金计税问题

一般情况下，销货方向购货方收取包装物押金，购货方在规定的期限内退还包装物，销货方再将收取的包装物押金返还。现行税法规定，纳税人为销售货物而出租、出借包装物收取的押金，单独记账核算的，不并入销售额，不征收增值税（啤酒、黄酒以外的其他酒类产品另有规定）；但按合同约定实际逾期或者超过（含）一年未收回不再退还的包装物押金，应换算为不含税的价款并按所包装货物所适用的税率计算纳税；对于啤酒、黄酒以外的其他酒类产品所收取的包装物押金，不论是否退还以及会计如何核算，均应在收到时换算成不含税的价款缴纳增值税。表2–21是包装物押金增值税税务处理总结。

表2-21　　　　　　　　**包装物押金增值税税务处理**

业务类型		增值税处理
非酒类产品、啤酒、黄酒的包装物押金	单独记账核算，时间<1年，又未逾期的	不做销售处理，不征税（收取时不征税）
	按合同约定实际逾期或时间≥1年未收回包装物不再退还押金的	价税剥离后并入销售额，征税
（除啤酒、黄酒外）其他酒类的包装物押金	无论是否返还以及会计上如何核算，均应在收取时进行价税剥离并入销售额，征税	
包装物押金适用税率为所包装货物适用税率		

【例2-10】某酒厂为一般纳税人，2024年4月向一小规模纳税人销售白酒，开具的普通发票上注明金额89 530元，同时收取单独核算的包装物押金2 000元（尚未逾期）。要求：计算此业务酒厂应确认的销项税额。

【答案】销项税额=（89 530+2 000）÷（1+13%）×13%=10 530（元）

【例2-11】某商场为增值税一般纳税人，6个月前收取一餐厅啤酒包装物押金10 000元，本月初到期（2024年4月），餐厅未返还包装物，按照销售时的约定，这部分押金即收归商场所有。要求：计算该商场销售啤酒逾期的包装物押金应缴纳的增值税。

【答案】应缴纳的增值税=10 000÷（1+13%）×13%=1 150.44（元）

（6）贷款服务

贷款服务，以提供贷款服务取得的全部利息及利息性质的收入为销售额。银行提供贷款服务按期计收利息的，结息日当日计收的全部利息收入，应计入结息日所属期的销售额，按照现行规定计算缴纳增值税。

（7）直接收费金融服务

直接收费金融服务，以提供直接收费金融服务收取的手续费、佣金、酬金、管理费、服务费、经手费、过户费、结算费、转托管费等各类费用为销售额。

4.按差额确定的销售额

现行增值税政策规定，增值税的销售额为纳税人发生的应税销售行为收取的全部价款和价外费用。目前，仍然有无法通过抵扣机制避免重复征税的情况存在，即一些购进项目无法抵扣进项税额，如从政府部门受让土地、购入股票等，会增加纳税人税收负担。因此，引入了差额征税的办法，以下业务采用差额征税：

（1）金融商品转让，以卖出价扣除买入价后的余额为销售额。

（2）经纪代理服务，以取得的全部价款和价外费用，扣除向委托方收取并代为支付的政府性基金或行政事业性收费后的余额为销售额。

（3）融资租赁和融资性售后回租业务。

经中国人民银行、国家金融监督管理总局或商务部批准从事融资租赁业务的试点纳税人，提供融资租赁服务，以收取的全部价款和价外费用，扣除支付的两息一税（借款利息、发行债券利息、车辆购置税）后的余额为销售额。

经中国人民银行、国家金融监督管理总局或商务部批准从事融资租赁业务的试点纳税人，提供融资性售后回租服务，以收取的全部价款和价外费用（不含本金），扣除对外支付的两息（借款利息、发行债券利息）后的余额为销售额。

（4）客运场站服务。

试点纳税人中的一般纳税人提供的客运场站服务，以其取得的全部价款和价外费用，扣除支付给承运方运费后的余额为销售额。

（5）旅游服务。

试点纳税人提供旅游服务，可以选择以取得的全部价款和价外费用，扣除向旅游服务购买方收取并支付给其他单位或个人的住宿费、餐饮费、交通费、签证费、门票费和支付给其他接团旅游企业的旅游费用后的余额为销售额。

（6）纳税人提供建筑服务适用简易计税方法的（一般纳税人甲供工程、清包工程、建筑工程老项目选择简易计税方法），以取得的全部价款和价外费用扣除支付的分包款后的余额为销售额。

（7）房地产开发企业中的一般纳税人销售其开发的房地产项目（选择简易计税方法的房地产老项目除外），以取得的全部价款和价外费用，扣除受让土地时向政府部门支付的土地价款后的余额为销售额。在取得土地时向其他单位或者个人支付的拆迁补偿费用也允许在计算销售额时扣除。

（8）提供劳务派遣服务的销售额。

一般纳税人提供劳务派遣服务，可以选择差额计税，以取得的全部价款和价外费用，扣除代用工单位支付给劳务派遣员工的工资、福利和为其办理社会保险及住房公积金后的余额为销售额。

（9）纳税人提供人力资源外包服务，按照经纪代理服务缴纳增值税，其销售额不包括受客户单位委托代为向客户单位员工发放的工资和代理缴纳的社会保险、住房公积金。

（10）提供物业管理服务的纳税人，向服务接受方收取的自来水水费，以扣除其对外支付的自来水水费后的余额为销售额。

【例2-12】甲公司为增值税一般纳税人，2024年4月转让金融商品的卖出价为106万元，所转让金融商品的买入价为90.1万元，上一纳税期转让金融商品出现负差5.25万元。要求：计算甲公司当月金融商品转让的增值税销项税额。

【答案】销项税额=（106-90.1-5.25）÷（1+6%）×6%=0.60（万元）

（三）进项税额

进项税额，是指纳税人购进货物、劳务、服务、无形资产、不动产支付或者负担的增值税税额。购销业务涉及两笔钱——价款和税款，对于卖方而言，价款为销售收入，税款为销项税额；对于买方而言，价款为采购成本，税款为进项税额。换言之，进项税额和销项税额是两个相互对应的概念，卖方收取的销项税额就是买方支付的进项税额。

增值税的三种计税方法中，只有一般计税方法才使用销项税额减去进项税额的方法计算应纳税额，涉及进项税额抵扣问题。增值税一般纳税人在经营过程中，既以卖方的身份存在，也以买方的身份存在，会发生销售业务，也会发生购进业务。增值税进项税额的抵扣一般需要满足：一是增值税纳税人类型为一般纳税人且采用一般计税方法计税；

二是有对应的销项税额；三是取得能够抵扣进项税额的合法扣税凭证。因此，并不是所有购进业务所支付的进项税额都能进行抵扣，现行的税收制度对哪些业务能够抵扣进项税额、哪些业务不能抵扣进项税额、哪些凭证能作为增值税扣税凭证进行进项税额的抵扣等进行了严格规定，增值税进项税额的抵扣分两种类型——凭票抵扣和计算抵扣。

1.准予从销项税额中抵扣的进项税额

（1）进项税额凭票抵扣

① 从销售方或者提供方取得的增值税专用发票（含机动车销售统一发票、税务局代开增值税专用发票）上注明的增值税额，可从销项税额中抵扣。自2020年3月1日起，2017年1月1日后开具的增值税专用发票，取消认证查询期的规定。纳税人在进行增值税纳税申报时，应当通过本省（自治区、直辖市和计划单列市）增值税发票综合服务平台对上述扣税凭证信息进行用途确认。

② 从海关取得的海关进口增值税专用缴款书上注明的增值税额，可从销项税额中抵扣。海关进口增值税专用缴款书，是进口货物的纳税人在海关缴纳进口环节增值税时，由海关出具的完税凭证。税务机关将属于增值税抵扣范围的海关进口增值税专用缴款书信息与海关采集的缴款信息进行稽核比对。经稽核比对相符后，海关进口增值税专用缴款书上所列增值税税额可作为进项税额进行抵扣；稽核比对不相符的，所列税额暂不得抵扣，待核查确认海关进口增值税专用缴款书票面信息与纳税人实际进口业务一致后，方可抵扣。

③ 自境外单位或个人购进劳务、服务、无形资产或不动产的，从税务机关或者扣缴义务人处取得的代扣代缴税款的完税凭证上注明的增值税税额，可从销项税额中抵扣。

（2）进项税额凭票抵扣或者计算抵扣

①购进农产品，除取得增值税专用发票或者海关进口增值税专用缴款书外，按照农产品收购发票或者销售发票上注明的农产品买价乘以扣除率计算进项税额进行抵扣。表2–22为不同情形下，农产品增值税进项税额抵扣相关规定总结。

表2–22 **农产品增值税进项税额抵扣**

<table>
<tr><th>扣税凭证类型</th><th>用途</th><th>可抵进项税额</th><th colspan="2">抵扣方式</th></tr>
<tr><td rowspan="2">9%增值税专用发票、海关进口增值税专用缴款书</td><td>用于生产或提供税率为9%、6%的货物、服务</td><td>扣税凭证上注明的增值税税额</td><td>凭票抵扣</td><td rowspan="4">不论凭票抵扣还是计算抵扣，农产品进项税额的抵扣，在取得扣税凭证时先抵扣9%，用途确定后，再确定是否加计扣除1%</td></tr>
<tr><td>用于生产或加工税率为13%的货物</td><td>扣税凭证上注明的增值税税额，再加计1%</td><td>凭票抵扣，再加计1%</td></tr>
<tr><td rowspan="2">农产品收购发票或者销售发票</td><td>用于生产或提供税率为9%、6%的货物、服务</td><td>买价×9%</td><td>计算抵扣</td></tr>
<tr><td>用于生产或加工税率为13%的货物</td><td>买价×（9%+1%）</td><td>计算抵扣</td></tr>
<tr><td>从流通环节取得农产品普通发票</td><td colspan="4">不得抵扣进项税额</td></tr>
</table>

农产品增值税进项税额的计算抵扣出于多方面的原因，具体如下：

首先，扶持农业发展。农业生产者销售自产农产品免税有助于减轻农民的负担，促进农产品的流通，增加农民的收入。同时，为了促进农产品的收购和流通，鼓励更多的企业参与农产品的经营，允许农产品收购企业按照买价乘以特定扣除率进行增值税进项税额的抵扣。

其次，计算抵扣进项税额有助于减轻农产品收购企业的税负。如果不允许农产品收购企业抵扣进项税额，那么收购企业在购买农产品时将面临更高的成本，可能导致农产品收购量的减少，影响农业的发展。允许抵扣可以确保农产品流通链条的顺畅，促进农业生产和市场供应的稳定。

最后，从增值税的基本原理来看，抵扣进项税额是增值税链条中的一个重要环节。增值税是以应税行为的增值额为计税依据，对生产和流通各个环节的新增价值进行征税。计算抵扣进项税额能够确保增值税链条的完整性和连续性，防止增值税链条断裂和重复征税，使得税收更加公平合理。

综上所述，农产品增值税进项税额的计算抵扣是国家为了扶持农业发展、促进农产品流通、减轻企业税负以及保障增值税链条的完整性和连续性而采取的一项政策措施。

值得一提的是，农业生产者自产自销农产品免征增值税，农产品收购发票和销售发票上仅列有买价，增值税进项税额进行计算抵扣。如图2-2所示，从买价中剥离出买价的9%或10%作为增值税进项税额进行抵扣，买价减去进项税额后剩下部分计入收购方的农产品采购成本，此种情形下，增值税属于价内税。

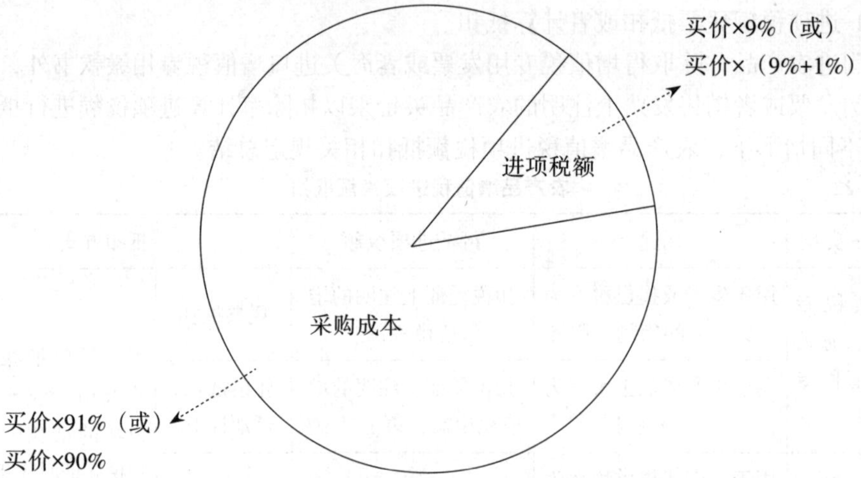

图2-2　农产品收购发票/销售发票的买价

【例2-13】某食品厂2024年4月从养鸡场购进家禽加工熟食制品，农产品收购发票上注明价款50 000元；支付运费，取得运输企业增值税专用发票上注明运费2 000元；该批家禽已全部用于熟食加工。要求：（1）计算该食品厂可以抵扣的进项税额；（2）计算该批家禽的采购成本。

【答案】（1）进项税额=50 000×（9%+1%）+2 000×9%=5 180（元）

（2）采购成本=50 000×90%+2 000=47 000（元）

【了解一下】（1）购进烟叶可以抵扣进项税额，买价包括价款和烟叶税。

购进烟叶可抵扣进项税额=（收购价款+价外补贴+烟叶税）×9% 或（9%+1%）

注意增值税和烟叶税对价外补贴界定的不同：①增值税按照实际支付的价外补贴计算；②烟叶税按照收购价款的10%确定价外补贴。

（2）为调整和完善农产品增值税抵扣机制，自2012年7月1日起，以购进农产品为原料生产销售液体乳及乳制品、酒及酒精、植物油的增值税一般纳税人，纳入农产品增值税进项税额核定扣除试点范围。核定扣除方法包括投入产出法、成本法、参照法。

【税问我答】结合上文所述，农业生产者自产自销农产品免征增值税。同时，为了避免加重农产品流通、加工环节的税收负担，增值税纳税人购进免税农产品，可以按照农产品收购发票和销售发票上注明金额的9%或者10%抵扣进项税额。即农业生产者销售自产农业品无须缴纳增值税，但其下游环节可以抵扣进项税额。某肉牛养殖企业，随着规模不断扩大，计划建造熟食加工车间。请问：对于新增的熟食加工业务，该公司应该设立子公司还是应该设立一个加工车间？

②自2019年4月1日起，一般纳税人购进国内旅客运输服务，并取得现行合法有效的增值税扣税凭证，其进项税额允许从销项税额中抵扣。具体内容见表2-23。

表2-23 **国内旅客运输服务进项税额抵扣情形**

扣税凭证类型	可抵扣进项税额	抵扣方式
增值税专用发票	发票上注明的增值税税额	凭票抵扣
增值税电子普通发票（无须注明旅客身份信息）	发票上注明的增值税税额	凭票抵扣
注明旅客身份信息的航空运输电子客票行程单	（票价+燃油附加费）÷（1+9%）×9%	计算抵扣
注明旅客身份信息的铁路车票	票面金额÷（1+9%）×9%	计算抵扣
注明旅客身份信息的公路、水路等其他客票	票面金额÷（1+3%）×3%	计算抵扣

【了解一下】（1）国际运输服务免税或者零税率，因此国际旅客运费不得抵扣进项税额。

（2）国内旅客运输服务进项税额抵扣仅限于与本单位签订了劳动合同的员工，以及本单位作为用工单位接受的劳务派遣员工发生的国内旅客运输服务。

（3）纳税人购进国内旅客运输服务，以取得的增值税电子普通发票上注明的税额为进项税额的，电子普通发票上注明的购买方“名称”“纳税人识别号”等信息，应当与实际抵扣税款的纳税人一致，否则不予抵扣。

（4）对于国内旅客运费，除增值税专用发票和电子普通发票外，其他票据要抵扣进项税额，必须注明旅客身份信息；纸质的票、定额发票不得抵扣进项税额。

【例2-14】某公司员工王某2024年4月出差，取得飞机票，上面注明了旅客身份信

息，票价1 820元，燃油费附加60元，机场建设费50元。要求：计算该项业务可以抵扣的进项税额。

【答案】可抵扣进项税额=（1 820+60）÷（1+9%）×9%=155.23（元）

③纳税人支付道路通行费，按照收费公路通行费增值税电子普通发票上注明的增值税税额抵扣进项税额。具体内容见表2-24。

表2-24　**道路通行费进项税额抵扣情形**

扣税凭证类型		可抵扣进项税额	抵扣方式
财政票据、通行费不征税发票		不得抵扣进项税额	
高速公路通行费	通行费电子发票（征税发票）	发票上注明的增值税税额	凭票抵扣
一级公路、二级公路通行费	通行费电子发票（征税发票）	发票上注明的增值税税额	凭票抵扣
桥、闸通行费	通行费发票	通行费发票上注明的金额÷（1+5%）×5%	计算抵扣

（3）进项税额抵扣需要关注的其他问题

①保险服务进项税额抵扣：

提供保险服务的纳税人以实物赔付方式承担机动车辆保险责任的，即由保险公司向车辆修理劳务提供方购进车辆修理劳务（修理劳务的购买方为保险公司），其进项税额可以按规定从保险公司销项税额中抵扣；提供保险服务的纳税人以现金赔付方式承担机动车辆保险责任的，将应付给被保险人的赔偿金直接支付给车辆修理劳务提供方（修理劳务的购买方为被保险人），不属于保险公司购进车辆修理劳务，其进项税额不得从保险公司销项税额中抵扣。

纳税人提供的其他财产保险服务，比照上述规定执行。

②纳税人租入固定资产、不动产，既用于一般计税方法计税项目，又用于简易计税方法计税项目、免征增值税项目、集体福利或者个人消费的，其进项税额准予从销项税额中全额抵扣。

③自2023年1月1日至2027年12月31日，允许先进制造业企业按照当期可抵扣进项税额加计5%抵减应纳增值税税额。

2.不得从销项税额中抵扣的进项税额

下列项目的进项税额不得从销项税额中抵扣：

（1）未按规定取得并保存增值税扣税凭证，扣税凭证不合法。

（2）用于简易计税方法计税项目、免征增值税项目、集体福利或者个人消费（包括交际应酬）的购进货物、加工修理修配劳务、服务、无形资产（不包括其他权益性无形资产）和不动产。需要注意的是，其中涉及的固定资产、无形资产、不动产仅指专用于上述项目的固定资产、无形资产（不包括其他权益性无形资产）、不动产。

不同资产在不同使用情形下，进项税额抵扣情形不同，具体情况如表2-25所示。

表2-25　　　　**不同类型的资产在不同使用情形下进项税额抵扣情况表**

购进资产类型	资产不同使用情形下进项税额抵扣情况		
	用于一般计税项目	既用于一般计税项目，又用于简易计税项目、免征增值税项目、集体福利、个人消费	专用于简易计税项目、免征增值税项目、集体福利、个人消费
其他权益性无形资产	可以抵扣		
固定资产、无形资产（不包括其他权益性无形资产）、不动产	可以抵扣		不得抵扣
（除上述资产外的）其他资产	可以抵扣	划分后进行抵扣； 无法划分的，按比例抵扣	不得抵扣

购进其他资产（即除固定资产、无形资产、不动产外的资产），当可抵扣进项税额与不得抵扣进项税额无法划分时，按比例抵扣：

情形1：一般企业按照销售额比例计算不得抵扣的进项税额：

$$\text{不得抵扣的进项税额}=\text{当月无法划分的全部进项税额}\times(\text{简易计税、免征增值税项目销售额}\div\text{当期全部销售额})$$

情形2：房地产开发企业按照建设规模计算不得抵扣的进项税额：

$$\text{不得抵扣的进项税额}=\text{当期无法划分的全部进项税额}\times(\text{简易计税、免税房地产项目建设规模}\div\text{房地产项目总建设规模})$$

【例2-15】某制药厂（增值税一般纳税人）2024年4月份销售抗生素药品取得含税收入113万元，销售免税药品取得收入50万元。当月购入生产用原材料一批，取得的增值税专用发票上注明税款6.8万元，抗生素药品与免税药品无法划分耗料情况。要求：计算该制药厂当月不得抵扣的进项税额。

【答案】3月销售抗生素不含税销售额=113÷（1+13%）=100（万元）

3月总销售额=100+50=150（万元）

当月不得抵扣的进项税额=6.8×（50÷150）=2.27（万元）

（3）以下非正常损失项目对应的进项税额不得抵扣：

①非正常损失的购进货物，以及相关的加工修理修配劳务和交通运输服务。

②非正常损失的在产品、产成品所耗用的购进货物（不包括固定资产）、劳务和交通运输服务。

③非正常损失的不动产在建工程所耗用的购进货物、设计服务和建筑服务。

④非正常损失的不动产，以及该不动产所耗用的购进货物、设计服务和建筑服务。

【了解一下】非正常损失，是指因管理不善造成货物被盗、丢失、霉烂变质，以及因违反法律法规造成货物或不动产被依法没收、销毁、拆除的情形。

（1）自然灾害的损失不属于非正常损失，因自然灾害导致的损失，进项税额准予抵扣。

（2）合理损耗的进项税额允许抵扣。

【例2-16】某连锁超市从农民处收购一批水果对外销售，向农民开具农产品收购发票注明买价2万元，该批水果在运输途中遭遇暴雨造成损失。已知，购进水果适用的扣除率为9%。要求：计算该连锁超市上述业务可以抵扣的进项税额。

【答案】可抵扣进项税额=2×9%=0.18（万元）

【例2-17】某连锁超市从农民处收购一批水果对外销售，向农民开具农产品收购发票注明买价2万元，管理不善造成了20%的损失。已知，购进水果适用的扣除率为9%。要求：计算该连锁超市上述业务可以抵扣的进项税额。

【答案】可抵扣进项税额=2×9%×（1-20%）=0.14（万元）

（4）购进的餐饮服务、居民日常服务、娱乐服务、贷款服务，进项税额不得抵扣。[①]

①纳税人接受贷款服务向贷款方支付的与该笔贷款直接相关的投融资顾问费、手续费、咨询费等费用，其进项税额不得从销项税额中抵扣。

②住宿费的进项税额允许抵扣。

（5）财政部和国家税务总局规定的其他情形。

3.进项税额转出

（1）已抵扣进项税额的购进货物（不含固定资产），发生非正常损失，或者改变用途，用于简易计税项目、免税项目、集体福利、个人消费的，应当将该进项税额从当期进项税额中扣减。

（2）已抵扣进项税额的固定资产、无形资产，发生非正常损失，或者改变用途，用于简易计税项目、免税项目、集体福利或者个人消费的，按照下列公式计算不得抵扣的进项税额，并从当期进项税额中扣减：

不得抵扣的进项税额=固定资产、无形资产净值[②]×适用税率

（3）已抵扣进项税额的不动产，发生非正常损失，或者改变用途，专用于简易计税方法计税项目、免征增值税项目、集体福利或者个人消费的，按照下列公式计算不得抵扣的进项税额，并从当期进项税额中扣减：

不得抵扣的进项税额=已抵扣进项税额×不动产净值率

不动产净值率=（不动产净值÷不动产原值）×100%

（4）纳税人适用一般计税方法计税的，因销售折让、中止或者退回而收回的增值税额，应当从当期的进项税额中扣减。

【例2-18】某白酒生产企业为增值税一般纳税人，本月外购食用酒精100吨，每吨不含税价8 000元，取得的增值税专用发票上注明金额800 000元、税额104 000元；取得的运输业增值税专用发票上注明运费金额50 000元、税额4 500元；取得的增值税专用发票上注明装卸费30 000元、税额1 800元。月末盘存时发现，由于管理不善当月购进的酒精被盗2.5吨，经主管税务机关确认作为损失转营业外支出处理。要求：计算应转出的进项税额。

【答案】应转出的进项税额=（2.5÷100）×（104 000+4 500+1 800）=2 757.5（元）

【例2-19】实木地板生产企业为增值税一般纳税人，2024年4月末盘库时发现因管理不善，2月已经抵扣进项税额的国产原木被盗400立方米。该原木购自林场，损失成本29.7万元（其中运输费2.7万元）。要求：计算该业务应转出的进项税额。

---

① 在《增值税法》第二十二条中，该项内容改为“购进并直接用于消费的餐饮服务、居民日常服务和娱乐服务对应的进项税额不得抵扣”。

② 固定资产、无形资产或者不动产净值，是指纳税人根据财务会计制度计提折旧或摊销后的余额。

【答案】应转出的进项税额=（29.7-2.7）÷（1-9%）×9%+2.7×9%=2.91（万元）

【了解一下】取得农产品收购发票或销售发票的外购农产品发生非正常损失：

应转出的进项税额=买价×扣除率=损失货物的账面价值÷（1-扣除率）×扣除率

4.转增进项税额

（1）按照税法规定不得抵扣且未抵扣进项税额的固定资产、无形资产，发生用途改变，用于允许抵扣进项税额项目的，依据合法有效的扣税凭证，按照下列公式在改变用途的次月计算可以抵扣的进项税额：

可抵扣进项税额=固定资产、无形资产净值÷（1+适用税率）×适用税率

（2）按照税法规定不得抵扣进项税额的不动产，发生用途改变，用于允许抵扣的进项税额项目的，按照下列公式在改变用途的次月计算可以抵扣的进项税额：

可抵扣进项税额=增值税扣税凭证注明或者计算的进项税额×不动产净值率

【例2-20】某生产企业为增值税一般纳税人，2024年4月有关生产经营业务如下（假设相关票据均符合税法的规定）：

（1）销售甲产品给某大商场，开具增值税专用发票，取得不含税销售额80万元；另外，取得销售甲产品的送货运输费收入5.45万元（含增值税价格，且该企业具备运输资质）。

（2）销售乙产品，开具普通发票，取得含税销售额29万元。

（3）将试制的一批新产品用于本企业厂房装修；成本价为20万元，国家税务总局规定的成本利润率为10%，该新产品无同类产品市场销售价格。

（4）销售2015年10月份购进作为固定资产使用过的进口摩托车5辆，当时已抵扣过进项税额，开具增值税专用发票，上面注明销售额每辆1万元。

（5）购进货物取得增值税专用发票，注明支付的货款60万元，进项税额7.8万元，另外支付购货的运输费用6万元（不含税价），取得运输公司开具的增值税专用发票。

（6）向农业生产者购进免税农产品一批，取得的农产品收购发票上注明买价35万元；已知该批农产品最终生产出的货物适用9%的增值税税率。本月下旬将购进的农产品的20%用于本企业职工福利。要求：

（1）计算销售甲产品的销项税额。

（2）计算销售乙产品的销项税额。

（3）计算自用新产品的销项税额。

（4）计算销售使用过的摩托车的销项税额或应纳税额。

（5）计算外购货物应抵扣的进项税额。

（6）计算外购免税农产品应抵扣的进项税额。

（7）计算该企业4月份合计应缴纳的增值税额。

【答案】（1）销售甲产品的销项税额=80×13%+5.45÷（1+9%）×9%=10.85（万元）

（2）销售乙产品的销项税额=29÷（1+13%）×13%=3.34（万元）

（3）销项税额为0，因为属于将自产产品用于增值税应税项目，无须视同销售。

（4）销售使用过的摩托车的销项税额=1×13%×5=0.65（万元）

（5）外购货物应抵扣的进项税额=7.8+6×9%=8.34（万元）

（6）外购免税农产品应抵扣的进项税额=（35×9%）×（1-20%）=2.52（万元）

（7）该企业4月份应缴纳的增值税额=10.85+3.34+0.65-8.34-2.52=3.98（万元）

三、简易计税方法应纳税额计算

除增值税小规模纳税人外，增值税一般纳税人的一些特殊业务也适用或者可选择简易计税方法计算缴纳增值税，具体内容已在前面增值税的税率和征收率部分进行了介绍。

（一）销售额的确认

简易计税方法的销售额不包括增值税应纳税额，纳税人采用销售额和应纳税额合并定价的，需要进行价税剥离，具体公式如下：

不含税的销售额=含税销售额÷（1+征收率）

（1）2023年1月1日至2027年12月31日，增值税小规模纳税人发生增值税应税销售行为，合计月销售额未超过10万元（以1个季度为1个纳税期的，季度销售额未超过30万元，下同）的，免征增值税。

小规模纳税人发生增值税应税销售行为，合计月销售额超过10万元，但扣除本期发生的销售不动产的销售额后未超过10万元的，其销售货物、劳务、服务、无形资产取得的销售额免征增值税。

按固定期限纳税的小规模纳税人可以选择以1个月或1个季度为纳税期限，一经选择，一个会计年度内不得变更。

（2）2023年1月1日至2027年12月31日，增值税小规模纳税人适用3%征收率的应税销售收入，减按1%征收率征收增值税，应按照1%征收率开具增值税发票。纳税人可就该笔销售收入选择放弃减税并开具增值税专用发票。

（二）应纳税额的计算

应纳税额=不含税的销售额×征收率

【例2-21】某租赁企业为增值税小规模纳税人，以1个月为纳税期限，2024年4月出租商铺取得含增值税租金收入6 300元。要求：计算该纳税人当月的应纳税额。

【答案】不含税的销售额=6 300÷（1+5%）=6 000（元）

该企业可以享受免税优惠，因为小规模纳税人增值税起征点为10万元/月，而该纳税人4月份销售额为6 000元，符合免税条件，无须缴纳税款。

【例2-22】某租赁企业为增值税小规模纳税人，以1个月为纳税期限，2024年4月出租商铺取得含增值税租金收入16.8万元。要求：计算该纳税人当月的应纳税额。

【答案】不含税的销售额=16.8÷（1+5%）=16（万元）>10万元

应纳税额=16×5%=0.8（万元）

【例2-23】某超市为增值税小规模纳税人，以1个月为纳税期限，2024年4月销售商品取得含税销售收入为20.2万元。要求：计算该纳税人当月的应纳税额。

【答案】不含税的销售额=20.2÷（1+1%）=20（万元）>10万元

应纳税额=20×1%=0.2（万元）

【例2-24】某服装企业为增值税一般纳税人，2024年4月该企业销售旧设备一台，取得含税收入67.8万元，开具增值税普通发票，该设备于2006年购进。要求：计算该企业销售此设备的应纳税额。

【答案】应纳税额=67.8÷（1+3%）×2%=1.32（万元）

四、进口货物应纳增值税政策

纳税人进口货物，除另有规定外，无论是一般纳税人还是小规模纳税人，均应按照组成计税价格和规定的税率计算应纳税额，不允许抵扣发生在境外的任何税金。

对进口抗癌药品、罕见病药品，减按3%征收进口环节增值税。

（一）进口非应税消费品

应纳税额=组成计税价格×增值税税率

=（关税完税价格+关税税额）×增值税税率

进口货物的关税完税价格，由海关以该货物的成交价格为基础审查确定，并且应当包括货物运抵中华人民共和国境内输入地点起卸前的运输及其相关费用、保险费。

（二）进口应税消费品

应纳税额=组成计税价格×增值税税率

=（关税完税价格+关税税额+消费税税额）×增值税税率

【例2-25】某商场2024年4月进口货物一批。该批货物在国外的买价为40万元，另该批货物运抵我国海关前发生的包装费、运输费、保险费等共计20万元。货物报关后，商场按规定缴纳了进口环节的增值税并取得了海关开具的完税凭证。假定该批进口货物在国内全部销售，取得不含税销售额80万元。假定货物进口关税税率为15%，增值税税率为13%。要求：

（1）计算关税的组成计税价格。

（2）计算进口环节应纳的进口关税。

（3）计算进口环节增值税的组成计税价格。

（4）计算进口环节应缴纳的增值税税额。

（5）计算国内销售环节的销项税额。

（6）计算国内销售环节应缴纳的增值税税额。

【答案】（1）关税的组成计税价格=40+20=60（万元）

（2）应纳进口关税=60×15%=9（万元）

（3）进口环节增值税的组成计税价格=60+9=69（万元）

（4）进口环节应缴纳的增值税税额=69×13%=8.97（万元）

（5）国内销售环节的销项税额=80×13%=10.4（万元）

（6）国内销售环节应缴纳的增值税税额=10.4−8.97=1.43（万元）

第五节　出口环节增值税政策

出口环节退（免）税，是指国际贸易业务中，对报关出口的货物或劳务、服务退还在国内各生产和流转环节按税法规定已缴纳（已负担）的增值税，是一种在国际贸易中通常采用并为世界普遍接受的，目的在于鼓励各国出口货物、劳务公平竞争的税收措施。出口退税政策对我国对外出口贸易发展起到了重要的支持和鼓励作用。

出口货物、劳务和跨境应税行为退（免）税的税种仅限于增值税和消费税。

一、出口货物、劳务和跨境应税行为的增值税基本政策

我国现行税法规定：纳税人出口货物，税率为零，但国务院另有规定的除外①。零税率不同于免税，免税往往指某一环节免税；而零税率是指整体税负为零，意味着出口环节免税并且退还以前纳税环节的已纳税款，也就是我们所说的“出口退税”。

我国出口环节增值税采取退税与免税相结合的政策，大致可以分为以下三种形式：出口免税并退税、出口免税不退税以及出口不免税也不退税，具体内容见表2-26。

表2-26 **我国出口环节不同增值税政策的适用情形**

基本政策		一般适用情形
出口免税并退税	免、抵、退税办法	适用于出口货物、劳务和跨境应税行为以往环节已缴纳过增值税而需要退税的情况
	免、退税办法	
出口免税不退税		适用于出口货物、劳务和跨境应税行为以往环节未缴纳过增值税而无须退税、以往环节税金缴纳情况不明无法准确计算退税等情况
出口不免税也不退税		适用于国家限制或者禁止某些货物、劳务和跨境应税行为出口而视同内销照常征收增值税的情况，对这些货物、劳务和跨境应税行为不退还出口环节以前所负担的税款

二、增值税退（免）税政策

适用增值税退（免）税政策的出口货物、视同出口货物、对外提供加工修理修配劳务、融资租赁货物、零税率的跨境应税行为实行增值税免、抵、退税办法或者免、退税办法。

（一）增值税免、抵、退税办法

1.增值税免、抵、退税的含义

免税，是指对生产企业出口的自产货物，在出口时免征本企业生产销售环节的增值税。

抵税，是指生产企业出口自产货物所耗用的原材料、零部件、燃料、动力等应予退还的进项税额，抵顶内销货物的应纳税额。生产外销货物的进项税额分为：应予退还的进项税额；不予退还的进项税额（免抵退税不予免征和抵扣税额）。

退税，是指生产企业出口的自产货物在当月内应抵顶的进项税额大于应纳税额时，对未抵顶完的部分予以退税。

免、抵、退税即出口环节免征增值税，相应的进项税额抵减应纳增值税税额，未抵减完的部分予以退还。

2.增值税免、抵、退税办法的具体范围

我国对外出口贸易中采用增值税免、抵、退税办法的有：适用增值税一般计税方法

① 境内的单位和个人提供适用增值税零税率应税行为的，可以放弃适用增值税零税率，选择免税或按规定缴纳增值税。放弃适用增值税零税率后，36个月内不得再申请适用增值税零税率。

的生产企业出口自产货物和视同自产货物及对外提供加工修理修配劳务，以及列名的生产企业出口非自产货物；适用一般计税方法的零税率应税行为提供者发生零税率应税行为；外贸企业将自己提供的研发服务和自行研发的设计服务出口。

3.增值税免、抵、退税办法的计算

（1）一般贸易方式的出口退税

生产企业出口货物劳务及发生应税行为（进料加工复出口货物除外）增值税退（免）税的计税依据为出口货物劳务的实际离岸价（FOB），增值税免、抵、退税额的计算流程如下：

①免税。

Step1.出口货物不计算销项税额。

②抵税。

Step2.剔税：增值税征税税率与退税率之间存在差异的，将免抵退税不得免征和抵扣的税额，做进项税额转出。公式为：

当期免抵退税不得免征和抵扣税额=出口货物离岸价格×（出口货物征税税率-退税率）

Step3.抵税：计算应纳税额。公式为：

当期应纳税额=内销销项税额-进项税额+当期免抵退税不得免征和抵扣税额-上期留抵税额

若应纳税额>0，则已抵完不退税；若应纳税额<0，则退税。

③退税。

Step4.算限额，即出口退税的最高限额，公式为：

当期免抵退税额=出口货物离岸价格×出口货物的退税率

Step5.比较确定应退税额，即实际退税额，公式为：

当期应退税额=Min（|step3|，step4）

Step6.确定免抵税额，公式为：

免抵税额=当期免抵退税额-当期应退税额

【了解一下】退税率低于出口货物征税税率的，计算出的差额部分的税款计入出口货物的成本。

【例2-26】某自营出口的生产企业为增值税一般纳税人，出口货物的征税税率为13%，退税税率为9%。2024年7月的有关经营业务如下：购进原材料一批，取得的专票上注明价款500万元，外购货物准予抵扣的进项税额65万元通过认证。上月末留抵税款7万元，本月内销货物不含税销售额200万元，收款226万元存入银行，本月出口货物的销售额折合人民币300万元。要求：计算该企业当期的免、抵、退税额。

【答案】（1）出口货物不计算销项税额，免税。

（2）抵税：

当期免抵退税不得免征和抵扣税额=300×（13%-9%）=12（万元）

当期应纳税额=200×13%-（65-12）-7=-34（万元）

（3）退税：

免抵退税额=300×9%=27（万元）

27<|-34|，因此，当期应退税额为27万元。

当期免抵税额=27-27=0（万元），留抵税额7万元。

（2）进料加工方式的出口退税

进料加工复出口货物，增值税退（免）税的计税依据为离岸价扣除出口货物所耗用的保税进口料件的金额，即净出口额。进料加工方式下，增值税免、抵、退税额的计算分为实耗法和购进法两种。

①实耗法。采用实耗法的，按以下流程进行免、抵、退税额计算：

免税：

Step1.出口货物不计算销项税额

抵税：

Step2.当期免抵退税不得免征和抵扣税额=（出口货物离岸价格-出口货物离岸价格×进料加工计划分配率）×（出口货物征税税率-退税率）

进料加工计划分配率=计划进口总值÷计划出口总值×100%

Step3.当期应纳税额=内销销项税额-进项税额+当期免抵退税不得免征和抵扣税额-上期留抵税额

若应纳税额>0，则已抵完不退税；若应纳税额<0，则退税。

退税：

Step4.当期免抵退税额=（出口货物离岸价格-出口货物离岸价格×进料加工计划分配率）×退税率

Step5.当期应退税额=Min（｜step3｜，step4）

Step6.免抵税额=当期免抵退税额-当期应退税额

②购进法。采用购进法的，按以下流程进行免、抵、退税额计算：

免税：

Step1.出口货物不计算销项税额

抵税：

Step2.当期免抵退税不得免征和抵扣税额=（出口货物离岸价格-保税进口料件价格）×（出口货物征税税率-退税率）

Step3.当期应纳税额=内销销项税额-进项税额+当期免抵退税不得免征和抵扣税额-上期留抵税额

若应纳税额>0，则已抵完不退税；若应纳税额<0，则退税。

退税：

Step4.当期免抵退税额=（出口货物离岸价格-保税进口料件价格）×退税率

Step5.当期应退税额=Min（｜step3｜，step4）

Step6.免抵税额=当期免抵退税额-当期应退税额

（二）增值税免、退税办法

增值税免、退税办法，即出口环节免征增值税，相应的进项税额予以退还。不具有生产能力的出口企业（即外贸企业）或其他单位出口货物劳务、外贸企业外购服务和无形资产出口适用增值税免、退税办法。增值税应退税额的计算如下：

1.外贸企业出口委托加工修理修配货物

增值税应退税额=委托加工修理修配费用增值税专票注明的金额×出口货物退税率

2.外贸企业出口委托加工修理修配货物以外的货物、应税服务

增值税应退税额=购进货物、应税服务的增值税专用发票注明的金额或海关进口增值税专用缴款书注明的完税价格×出口货物退税率

三、增值税免税政策

适用增值税免税政策的出口货物劳务，是指：

1.出口企业或其他单位出口规定的货物

（1）增值税小规模纳税人出口的货物，即采用简易计税办法的纳税人出口的货物，免税不退税。

（2）避孕药品和用具，古旧图书。

（3）海关税则号前四位为“9803”的软件产品。

（4）符合条件的含黄金、铂金成分的货物，钻石及其饰品。

（5）国家计划内出口的卷烟。

（6）购进时未取得增值税专用发票、海关进口增值税专用缴款书但其他相关单证齐全的已使用过的设备。

（7）非出口企业委托出口的货物。

（8）非列名生产企业出口的非视同自产货物。

（9）符合条件的农业生产者自产农产品。

（10）油画、花生果仁、黑大豆等财政部和国家税务总局规定的出口免税的货物。

（11）外贸企业取得普通发票、废旧物资收购凭证、农产品收购发票、政府非税收入票据的货物。

（12）来料加工复出口的货物①。

（13）特殊区域内的企业出口的特殊区域内的货物。

（14）以人民币现金作为结算方式的边境地区出口企业从所在省（自治区）的边境口岸出口到接壤国家的一般贸易和边境小额贸易出口货物。

（15）以旅游购物贸易方式报关出口的货物。

2.出口企业或其他单位视同出口的货物和劳务

（1）国家批准设立的免税店销售的免税货物［包括进口免税货物和已实现退（免）税的货物］。

（2）特殊区域内的企业为境外的单位或个人提供加工修理修配劳务。

（3）同一特殊区域、不同特殊区域内的企业之间销售特殊区域内的货物。

第六节　征收管理

一、纳税义务发生时间

增值税纳税义务发生时间，是指纳税人依照税法规定负有纳税义务的时间，纳税义务发生时间一经确定，纳税人必须按此时间计算应纳税额。增值税纳税义务发生时间为纳税人发生应税行为并收讫销售款项或取得索取销售款项凭据的当天；先开具发票的，

---

① 来料加工与进料加工的区别：来料加工，是指进口时免税，出口时也免税，所耗用的国内进项税额转出，未分别核算的，按来料加工销售额占全部销售额的比例计算应转出的进项税额；进料加工，一般来说，进口时免税，出口时按免抵退税办法计算退税，但因为进口的材料是免税的，所以要计算“免抵退税不得免征和抵扣税额抵减额”。

为开具发票的当天。增值税扣缴义务发生时间为纳税人纳税义务发生的当天。

纳税人销售货物或者提供应税劳务的，销售结算方式不同，纳税义务发生时间不同，具体如表2-27所示。

表2-27　不同结算方式下增值税纳税义务发生时间的确定

结算方式	纳税义务发生时间
托收承付、委托银行收款	发出货物并办妥托收手续的当天
赊销、分期收款	书面合同约定的收款日期的当天；无书面合同的或者书面合同没有约定收款日期的，为货物发出的当天
预收货款	货物发出的当天；但生产销售、生产工期超过12个月的大型机械设备、船舶、飞机等货物，为收到预收款或者书面合同约定的收款日期的当天
先开具发票的，纳税义务发生时间为发票开具的当天	

"营改增"后，销售服务、无形资产、不动产的纳税义务发生时间：

（1）纳税人发生应税行为并收讫销售款项或者取得索取销售款项凭据的当天；先开具发票的，为开具发票的当天。

（2）纳税人提供租赁服务采取预收款方式的，其纳税义务发生时间为收到预收款的当天。

【了解一下】收讫销售款项，是指纳税人销售服务、无形资产、不动产过程中或者完成后收到款项；取得索取销售款项凭据的当天，是指书面合同确定的付款日期；未签订书面合同或者书面合同未确定付款日期的，为服务、无形资产转让完成的当天或者不动产权属变更的当天。

二、纳税期限

增值税纳税期限分别为1日、3日、5日、10日、15日、1个月或1个季度。①

以1个季度为纳税期限的规定适用于小规模纳税人、银行、财务公司、信托投资公司、信用社以及财政部和国家税务总局规定的其他纳税人。

按固定期限纳税的小规模纳税人可以选择以1个月或1个季度为纳税期限，一经选择，一个会计年度内不得变更。

增值税纳税人以1个月或1个季度为一期纳税的，期满之日起15日内申报纳税；纳税人进口货物，应当自海关填发进口增值税专用缴款书之日起15日内缴纳税款。

三、纳税地点

（一）固定业户纳税的地点

固定业户应当向机构所在地主管税务机关纳税。总机构和分支机构不在同一县（市）的，应当分别向各自所在地主管税务机关申报纳税；经批准，可由总机构汇总向总机构所在地主管税务机关申报纳税。

固定业户到外县（市）销售货物或劳务，应当向其机构所在地主管税务机关报告外出经营事项，并向其机构所在地主管税务机关申报纳税；未报告的，应当向销售地或劳务发生地主管税务机关申报纳税；未向销售地或者劳务发生地主管税务机关申报纳税

① 《增值税法》第三十条规定："增值税的计税期间分别为十日、十五日、一个月或者一个季度。"删除了"一日、三日、五日"的纳税期限。

的，由其机构所在地主管税务机关补征税款。

（二）非固定业户纳税的地点

非固定业户应当向销售地、劳务发生地主管税务机关申报纳税，未申报纳税的，由其机构所在地或居住地主管税务机关补征税款。

（三）进口货物的纳税地点

进口货物的，应当由进口人或者其代理人向报关地海关申报纳税。

（四）代扣代缴义务人的扣税地点

代扣代缴义务人应当向其机构所在地或居住地主管税务机关申报缴纳其扣缴的税款。

【税事热议】

2024年12月25日第十四届全国人民代表大会常务委员会第十三次会议通过《中华人民共和国增值税法》，自2026年1月1日起施行。税收立法再进一程。查找资料，谈谈增值税立法的必然性和重大意义。

思维导图

第二章思维导图

练习题

一、即测即评

第二章单选题　　第二章多选题　　第二章判断题

二、计算题

1. 某商业零售企业为增值税小规模纳税人，2024年4月购进货物（商品）取得普通发票，共计支付金额120 000元；本月销售货物取得零售收入共计150 000元，另外取得包装费8 080元。本月还销售自己使用过的设备一台（2005年购入），开具增值税普通发票，取得含税收入45 000元。要求：计算该企业4月份应缴纳的增值税。

2. 甲超市2024年4月购进暖手宝1 000只，其中600只在“来店即送”活动中送给顾客，400只发给职工作为福利，同类暖手宝含增值税售价为45.2元/只，取得的增值税扣税凭证均符合抵扣规定。要求：计算甲超市当月暖手宝业务增值税销项税额。

3. 某企业是增值税一般纳税人，2024年4月有关生产经营业务如下：销售三批同一规格、质量的货物，每批各2 000件，不含增值税销售价格分别为每件200元、180元和60元。经税务机关认定，第三批销售价格每件60元明显偏低且无正当理由。要求：计算该企业销售三批货物的增值税销项税额。

4. 甲公司为增值税一般纳税人，2024年4月采取折扣方式销售一批货物，不含增值税销售额100万元，由于购买方购买数量较大给予10%的折扣。销售额和折扣额在同一张发票金额栏内分别注明，已知增值税税率为13%。要求：计算甲公司当月该笔业务增值税销项税额。

5. 某金店为增值税一般纳税人，2024年4月采取以旧换新方式零售金银首饰，向顾客收取差价20万元。已知旧款金银首饰回收折价5万元。要求：计算该金店当月增值税销项税额。

6. 甲商场为增值税一般纳税人，2024年4月销售某型号电热水器500台，每台含增值税售价为4 520元，另外采取以旧换新方式销售同型号电热水器100台，收回的旧电热水器每台作价200元，实际每台收款4 320元。要求：计算甲商场2024年4月上述业务的增值税销项税额。

7. 某工业企业为增值税一般纳税人，2024年4月销售货物，开具的增值税专用发票注明金额300万元，在同一张发票金额栏注明折扣金额50万元，为鼓励买方及早付款，实行现金折扣N/90，1/45，2/30，买方于第45天付款。要求：计算该企业上述业务增值税销项税额。

8. 某公司为增值税一般纳税人，2024年4月销售M型彩电，取得含增值税价款6 780 000元，另收取包装物租金56 500元。要求：计算甲公司当月销售M型彩电增值税销项税额。

9. 甲企业为增值税一般纳税人，2024年4月销售空调取得含增值税价款610.2万元，另收取包装物押金5.65万元，约定3个月返还。当月确认逾期不予退还的包装物押金为11.3万元。要求：计算甲企业当月上述业务的增值税销项税额。

10. 甲旅游公司为增值税一般纳税人，主要从事旅游服务。2024年4月提供旅游服务取得含增值税收入720.8万元，替游客向其他单位支付交通费53万元、住宿费25.44万元、门票费22.26万元、另支付本单位导游工资2.12万元。要求：计算甲旅游公司当月提供旅游服务的增值税销项税额。

11. 甲旅游公司为增值税一般纳税人，主要从事旅游服务。2024年1月将本年购入商铺对外出租，一次性收取3个月的含增值税租金32.7万元。要求：计算甲旅游公司当月出租商铺的增值税销项税额。

12. 甲公司为增值税一般纳税人，主要从事墙布的生产和销售业务。2024年4月销售绣花墙布取得含增值税价款319万元，同时提供墙布安装服务取得含增值税价款29万元。要求：计算甲公司上述业务的增值税销项税额。

13. 某超市为增值税一般纳税人。从农民手中收购一批番茄，农产品收购发票上注明的收购价款为8 000元，该超市对番茄做了清洗包装后，出售给了甲企业，开具的增值税专用发票上注明的价税合计金额为13 080元。已知该超市销售农产品适用的税率为

9%。计算该超市应缴纳的增值税税额。

14. 某公司报销销售人员国内差旅费，取得网约车增值税电子普通发票，注明税额0.09万元；取得住宿费增值税普通发票，注明税额0.6万元；取得注明销售人员身份信息的铁路车票，票面金额合计10.9万元；取得注明销售人员身份信息的公路客票，票面金额合计5.15万元。要求：计算该公司上述业务能抵扣的进项税额。

15. 2024年9月甲公司进口生产设备一台，海关审定的货价为45万元，运抵我国关境内输入地点起卸前的运费为4万元、保险费为2万元，已知关税税率为10%。要求：计算甲公司当月该笔业务应当缴纳的增值税税额。

三、综合题

甲商业银行为增值税一般纳税人，主要从事人民币与外汇的各类经营业务。2024年第四季度有关经营情况如下：

1. 销售贷款服务，取得含增值税利息收入2 120 000万元，其中127 200万元利息收入免征增值税；销售直接收费金融服务，取得含增值税收入339 200万元。

2. 转让金融商品，含税卖出价为318 000万元，含税买入价为315 615万元，甲商业银行上一纳税期金融商品转让未出现负差。

3. 销售使用过的办公设备一批，开具增值税普通发票，取得含增值税销售额52.53万元，该批办公设备按固定资产核算，购入时按规定不得抵扣且未抵扣进项税额。

4. 购进各类办公用品，取得的增值税专用发票注明税额6.5万元；支付营业网点租金，取得的增值税专用发票注明税额5万元；购进办公用小轿车一辆，取得的税控机动车销售统一发票注明税额2.6万元；购进办公软件，取得的增值税专用发票注明税额7.8万元。

已知：销售金融服务的增值税税率为6%；销售使用过的固定资产按简易办法依照3%征收率减按2%征收增值税。取得的增值税扣税凭证均符合抵扣规定，且均用于一般计税项目。

要求：根据上述资料，不考虑其他因素，分析回答下列问题。

1. 计算甲商业银行第四季度销售贷款服务及直接收费金融服务的增值税销项税额。
2. 计算甲商业银行第四季度金融商品转让业务的增值税销项税额。
3. 计算甲商业银行第四季度销售使用过的办公设备应缴纳的增值税。
4. 计算甲商业银行第四季度准予从销项税额中抵扣的进项税额。
5. 计算甲商业银行第四季度应缴纳的增值税。

四、小组讨论与分享

通过本章的学习，不难发现，增值税是以在我国境内发生的法定增值额为征税对象的一种流转税。在一般计税方法下，采用销项税额减去进项税额的方法计算应纳税额，有对应的销项税额，进项税额才能抵扣。但也有例外，例如购进农业生产者自产自销的农产品（对农业生产者免征增值税），取得农产品销售发票或者收购发票（发票上只有买价，没有税款）。购进方可以采用计算抵扣的方法抵扣进项税额，从买价中分离出一部分作为进项税额抵扣，剩余部分作为采购成本。又如，不论是非正常损失还是不可抗力造成的损失，实际上都已经造成了损失，进项税额都不应该抵扣，但增值税的规定是：非正常损失进项税额不得抵扣，不可抗外力造成的损失进项税额正常抵扣。

运用本章所学知识并查阅相关资料，分组讨论以下问题，并进行分享：

1.针对特殊业务国家制定特殊政策的原因有哪些？请展开说明。

2.除上述政策，增值税法律制度中还有哪些特殊政策？结合实际案例、数据等，说明政策的意义及深远影响。

第三章

消费税

学习目标

知识目标：

（1）理解基本原理：了解消费税的概念与特点，掌握征税范围、税率及计税原理。

（2）掌握应纳税额的计算方法：掌握消费税的不同税率设定及其适用条件，同时了解从价定率、从量定额及复合计税等计税方法。

能力目标：

（1）应用能力：熟练掌握消费税的计算方法（一看产品，二看环节），准确计算应纳税额，正确处理具体的涉税问题。

（2）纳税筹划能力：在合法合规的前提下，运用消费税政策进行纳税筹划，优化企业的税负结构，提高企业的经济效益。

思政目标：

（1）树立理性消费观：通过学习消费税法，树立理性消费观念，主动减少使用不可再生资源及高污染、高耗能产品。

（2）践行社会主义核心价值观：深入理解消费税对调节消费行为和消费结构的重要作用，倡导绿色低碳生活，注重环保及可持续发展。

（3）增强社会责任感：理解消费税对于调节经济、维护公共利益的重要意义，从而激发对社会的责任感，提升纳税遵从度。

（4）树立正确财富观：明白利用税收调节财富分配的必要性，树立正确的财富观念，避免过度追求物质享受和奢侈消费。

税惠添彩

加快释放绿色税制红利

习近平主席在亚太经合组织第三十次领导人非正式会议上的讲话中指出，中国坚持走生态优先、绿色发展之路，积极稳妥推进碳达峰碳中和，加快发展方式绿色转型。绿色发展是对生产方式、生活方式、思维方式和价值观念的全方位变革，是将绿色发展理念融入经济社会发展全过程。而绿色税制作为实现生态环境保护、资源节约集约利用、推动绿色生产和消费的一种税收制度，以保护环境、促进人类可持续发展为宗旨，为加快生态文明与美丽中国建设提供了有力的经济支持。

近年来，我国绿色税收体系建设步伐显著加速，绿色税制改革在调整能源结构、促进节能减排以及增加财政收入方面发挥了重要作用。自2018年《中华人民共和国环境保护税法》实施起，我国已逐步形成以环境保护税为主体，以资源税、消费税、耕地占用税等具备环境保护性质的绿色税种为重点，以降碳、减污、扩绿、增长四方面绿色税费优惠政策为辅助，覆盖资源开采、生产、流通、消费、排放多环节的具备中国特色的绿色税收体系。2012—2021年，我国煤炭消费比重由68.5%下降至56.0%，能耗强度累计下降26.2%。一系列数据反映了绿色税收在推动环境保护、促进可持续发展方面发挥了积极作用。可以说，绿色税制在促进经济发展方式转变、产业结构转型升级、节能环保技术创新、能源结构优化调整以及绿色消费模式构建等方面都提供了支持，助力经济社会发展全面绿色转型。

资料来源：代志新. 加快释放绿色税制红利［N］. 经济日报，2023-12-11（05）.

【税问我答】消费税征税范围相对较窄，只对特定的应税消费品征收。为促进节能环保，经国务院批准，自2015年2月1日起，对电池、涂料征收消费税。自2015年5月10日起，卷烟批发环节从价税税率由5%提高至11%，并按0.005元/支加征从量税。这是我国继2009年5月之后时隔6年再度调整烟草消费税。自2016年12月1日起，对超豪华小汽车在零售环节加征10%的消费税。请同学们思考国家扩大消费税征税范围和纳税环节加征的重大意义。

第一节　消费税概述

一、消费税的概念

根据《中华人民共和国消费税暂行条例》（以下简称《消费税暂行条例》）的规定，消费税是对在我国境内从事生产、委托加工和进口应税消费品的单位和个人，就其销售额或销售数量，在特定环节征收的一种税。消费税是典型的间接税，是在对货物普遍征收增值税的基础上，选择少数消费品再征收的一个税种。

消费税的历史悠久，在古罗马时期就已经有了类似的税种，近代的消费税始于美国。中华人民共和国成立后，1951年曾开征过特种消费行为税，但很快就废除了。1994年，随着分税制改革，我国的消费税制度正式诞生，征税范围选择了烟、酒、化妆品、护肤护发品、贵重首饰及珠宝玉石、鞭炮及焰火、汽油、柴油、汽车轮胎、摩托车、小汽车等11类产品。之后，为了适应经济社会的发展，我国对消费税进行了多次改革和调整，旨在进一步完善消费税制度，发挥其在调节消费、引导投资、促进环保等方面的作用。

2006年4月1日，我国对消费税税目、税率及相关政策再次进行调整。此次调整是

1994年税制改革以来，消费税制一次最大规模的调整。这次消费税政策的调整，对于完善消费税制、进一步增强消费税的调控功能、促进环境保护和资源节约、更好地引导有关产品的生产和消费，以及强化税收征管等都具有重要的意义。主要内容包括：

（1）新增税目：新增高尔夫球及球具、高档手表、游艇、木制一次性筷子、实木地板税目。

（2）取消税目：取消汽油、柴油税目，增列成品油税目。同时，取消护肤护发品税目，将原属于护肤护发品征税范围的高档护肤类化妆品列入化妆品税目。

（3）调整税目税率：调整小汽车税目税率，取消小汽车税目下的小轿车、越野车、小客车子目，在小汽车税目下分设乘用车、中轻型商用客车子目；调整摩托车税率，将摩托车税率改为按排量分档设置；调整汽车轮胎税率，将汽车轮胎10%的税率下调到3%；调整白酒税率，将粮食白酒、薯类白酒的比例税率统一为20%，定额税率为0.5元/斤（500克）或0.5元/500毫升。

2008年，我国对消费税政策进行了又一次调整，主要是调整汽车消费税政策。从2008年9月1日起，提高大排量乘用车的消费税税率：排气量在3.0升以上至4.0升（含4.0升）的乘用车，税率由15%上调至25%；排气量在4.0升以上的乘用车，税率由20%上调至40%。降低小排量乘用车的消费税税率：排气量在1.0升（含1.0升）以下的乘用车，税率由3%下调至1%。2008年11月5日，国务院第34次常务会议对《消费税暂行条例》进行了修订，自2009年1月1日起施行。

2014—2015年，我国继续提高成品油消费税税率，同时将电池、涂料纳入消费税征收范围，以促进节能环保。

2016年，财政部、国家税务总局联合下发了《关于调整化妆品消费税政策的通知》，自2016年10月1日起执行。该通知规定，取消对普通美容、修饰类化妆品征收消费税，将“化妆品”税目名称更名为“高档化妆品”，税率调整为15%。高档美容、修饰类化妆品和高档护肤类化妆品是指生产（进口）环节销售（完税）价格（不含增值税）在10元/毫升（克）或15元/片（张）及以上的美容、修饰类化妆品和护肤类化妆品。2016年11月30日，财政部和国家税务总局颁布财税〔2016〕129号文件，规定自2016年12月1日起，对超豪华小汽车在零售环节加征10%的消费税。超豪华小汽车是指单价在130万元以上的小汽车。

为进一步理顺中央与地方财政分配关系，支持地方政府落实减税降费政策、缓解财政运行困难，国务院于2019年10月9日印发了《实施更大规模减税降费后调整中央与地方收入划分改革推进方案》，提出在征管可控的前提下，将部分在生产（进口）环节征收的现行消费税品目逐步后移至批发或零售环节征收，拓展地方收入来源，引导地方改善消费环境。

2020年2月28日，国家发展改革委等23个部门联合印发《关于促进消费扩容提质加快形成强大国内市场的实施意见》，提出改善进口商品供给，落实好降低日用消费品进口关税的措施，调整优化部分消费税品目征收环节，将高档手表、贵重首饰及珠宝玉石的消费税由进口环节后移至零售环节征收。

2022年11月1日起，电子烟被纳入消费税征收范围，在烟税目下增设电子烟子目。

二、消费税的特点

1. 征税项目具有选择性

消费税不像增值税那样针对所有的应税销售行为征收，而是有针对性地选择特定消费品进行课税，体现了明确的选择性，这种选择性往往基于国家特定的经济、社会和政策目标。目前我国消费税税目有15个。

2. 单一环节征税

我国的消费税通常只在应税消费品的生产、委托加工或进口环节一次征收，而不是在应税消费品的生产、流通、消费环节多次课征（卷烟、电子烟在批发环节加征，超豪华小汽车在零售环节加征，金银首饰、铂金首饰、钻石及钻石饰品在零售环节一次征收），这使得征税过程相对集中和明确。

3. 价内税

消费税税款包含在应税消费品的价格之内，与价格紧密结合，消费者在购买时往往并不会明确感知其所负担的具体消费税税额。

4. 税负转嫁性

消费税是一种流转税，由于消费税通常包含在商品价格中，所以生产经营者往往会通过定价策略将税负向前转嫁给消费者，或者向后转嫁给原材料供应商等，具有较强的税负转嫁性。消费税纳税人和负税人不一致，所以消费税具有间接税的特征。

5. 调节性

消费税能够通过对特定消费品的征税，有效地发挥调节消费结构、引导消费方向、抑制不良消费行为以及调节收入分配等作用，具有突出的调节功能。

6. 征收方法的多样性

消费税可以根据不同的应税消费品采用不同的征收方法，如从价计征、从量计征或者从价从量复合计征等，以适应不同商品的特点和征管需求。

消费税和增值税虽然都属于流转税，但是其存在差异，异同比较见表3–1。

表3–1　**消费税与增值税异同比较**

<table>
<tr><th rowspan="2">项目</th><th colspan="2">不同</th><th rowspan="2">相同</th></tr>
<tr><th>消费税</th><th>增值税</th></tr>
<tr><td>征收范围</td><td>15种应税消费品类</td><td>销售或进口货物、提供加工修理修配劳务、销售服务、销售无形资产和不动产</td><td rowspan="4">都属于流转税，都属于间接税</td></tr>
<tr><td>征税环节</td><td>单一环节征收（一般情况）</td><td>生产、批发、零售环节普遍征收</td></tr>
<tr><td>计税方法</td><td>从价计税、从量计税、复合计税</td><td>从价计税</td></tr>
<tr><td>税收与价格的关系</td><td>价内税</td><td>价外税</td></tr>
</table>

三、消费税的作用

1.调节消费结构和收入分配

消费税作为一种选择性征收的税种，通过对不同应税消费品设置不同的税率，引导消费者的购买行为，从而优化消费结构。例如，对高污染、高耗能产品征收较高的消费税，可以抑制人们对这类产品的消费，鼓励消费者使用环保、节能的产品。同时，由于高收入阶层对价格变化的敏感度较低，他们更有可能消费高税率的奢侈品等商品，因此，对这类商品征收较高的消费税，可以在一定程度上减少高收入阶层的可支配收入，从而缩小贫富差距。

2.筹集财政收入

消费税是国家财政收入的重要来源之一。消费税通常针对特定的消费品征收，这些消费品往往具有较高的消费额或较广泛的市场。通过对其征税，可以较为稳定地获得财政收入。例如，2023年，全国一般公共预算收入为216 784亿元，税收收入为181 129亿元，国内消费税为16 118亿元，消费税占总税收收入的8.9%。

3.保护生态环境

消费税将那些对环境造成污染的产品纳入征税范围，如鞭炮、焰火、汽油、柴油，以及部分高污染的摩托车、小汽车等。这种选择性征税方式可以引导消费者减少对这些产品的消费，从而降低环境污染。

第二节　纳税人、征税对象与税率

一、纳税人和扣缴义务人

（一）纳税人

在中华人民共和国境内生产、委托加工和进口《消费税暂行条例》规定的消费品的单位和个人，以及国务院确定的销售《消费税暂行条例》规定的消费品的其他单位和个人，为消费税的纳税人，包括：

（1）从事应税消费品生产的各类企业、单位和个体经营者等。

（2）委托加工应税消费品的委托方（非金银首饰）。

（3）进口货物的收货人或办理报关手续的单位和个人。

（4）从事金银首饰、铂金首饰、钻石及钻石饰品零售业务的单位和个人。需要注意的是，委托加工（除另有规定外）、委托代销金银首饰的，受托方也是纳税人。

（5）从事超豪华小汽车零售业务的单位和个人。

（6）从事卷烟、电子烟批发业务的单位和个人。

表3-2是对消费税纳税人的总结。

（二）扣缴义务人

消费税的扣缴义务人是指依照税法规定负有代扣代缴、代收代缴消费税义务的单位和个人。以下是一些常见的消费税扣缴义务人：

表3-2 **消费税纳税人总结表**

情形	纳税人
一般情况	我国境内生产、委托加工、进口应税消费品的单位和个人
特殊情况	卷烟、电子烟批发单位和个人（批发环节加征）
	超豪华小汽车（≥130万元）零售单位和个人（零售环节加征）
	金银钻零售单位和个人（零售环节征收）

1.受托加工企业

在委托加工应税消费品业务中，受托方（受托方为个人除外）在向委托方交货时，代收代缴消费税。

2.跨境电子商务零售进口商品的相关企业

购买跨境电子商务零售进口商品的个人作为纳税义务人，电子商务企业、电子商务交易平台企业或物流企业可作为代收代缴义务人，按照货物征收进口环节消费税。

二、征税对象

我国现行消费税征税对象有15个税目。

1.烟

烟是指以烟叶为原料加工生产的特殊消费品。本税目下设卷烟、雪茄烟和烟丝、电子烟4个子目。

（1）卷烟。卷烟按价格和来源分为两类：甲类卷烟是指每标准条（200支）不含增值税调拨价在70元（含）以上的卷烟、进口卷烟和政府规定的其他卷烟（如白包卷烟、手工卷烟）；乙类卷烟是指每标准条不含增值税调拨价在70元以下的卷烟。

（2）雪茄烟。雪茄烟包括各种规格、型号的雪茄烟。

（3）烟丝。烟丝包括以烟叶为原料生产加工的未经卷制的散装烟，如斗烟、莫合烟、烟末、水烟、黄红烟丝等。

（4）电子烟。自2022年11月1日起，电子烟也被纳入消费税征收范围，在烟税目下增设电子烟子目。

2.酒

酒是指酒精度在1度以上的各种酒类饮料。本税目下设白酒、黄酒、啤酒和其他酒4个子目。

（1）白酒。白酒是指以高粱、玉米、大米、小麦、薯类等为原料，经过糖化、发酵后，采用蒸馏方法酿制的酒。

（2）黄酒。黄酒是指以糯米、粳米、玉米、大米、小麦、薯类等为原料，经加温、糖化、发酵、压榨酿制的酒。其征税范围包括各种原料酿制的黄酒和酒精度超过12度（含）的土甜酒。

（3）啤酒。啤酒是指以大麦或其他粮食为原料，加入啤酒花，经糖化、发酵、过滤酿制的含有二氧化碳的酒。其征税范围包括各种包装和散装啤酒。

啤酒可按照出厂价格（含包装物押金，不含供重复使用的塑料周转箱的押金）进行分类：

① 甲类啤酒是指每吨不含增值税出厂价（含包装物押金）在3 000元（含）以上的啤酒；

② 乙类啤酒是指每吨不含增值税出厂价不足3 000元的啤酒，从量税率为220元/吨。

饮食业、商业、娱乐业举办的啤酒屋（啤酒坊）利用啤酒生产设备生产的啤酒应当征收消费税，所适用的从量税率为250元/吨。

(4) 其他酒。其他酒是指除白酒、黄酒、啤酒以外的，酒精度在1度以上的各种酒，包括糠麸白酒、其他原料白酒、土甜酒、复制酒、果木酒、汽酒、药酒等。根据国家税务总局公告2011年第53号的规定，对以蒸馏酒或食用酒精为酒基，同时符合以下条件的配制酒，按其他酒适用税率征收消费税：

①具有国家相关部门批准的国食健字或卫字健字文号；

②酒精度低于38度（含）。

以发酵酒为酒基，酒精度低于29度（含）的酿制酒，也按“其他酒”征税。其他配制酒，按白酒税率征收消费税。

【了解一下】调味料酒不征消费税。

3.高档化妆品

高档化妆品是指生产（进口）环节销售（完税）价格（不含增值税）在10元/毫升（克）或15元/片（张）及以上的美容、修饰类化妆品和护肤类化妆品，包括高档美容、修饰类化妆品，高档护肤类化妆品和成套化妆品。

舞台、戏剧、影视演员化妆用的上妆油、卸妆油、油彩、发胶和头发漂白剂等，不属于消费税征税范围。自2016年10月1日起，取消对普通美容、修饰类化妆品征收消费税。

4.贵重首饰及珠宝玉石

贵重首饰包括以金、银、白金、宝石、珍珠、钻石、翡翠、珊瑚、玛瑙等贵重、稀有物质及其他金属、人造宝石等制作的纯金银首饰及镶嵌首饰。

珠宝玉石包括钻石、珍珠、松石、青金石、欧泊石、橄榄石、长石、玉、石英、玉髓、石榴石、锆石、尖晶石、黄玉、碧玺、金绿玉、刚玉、琥珀、珊瑚、煤玉、龟甲、合成刚玉、合成宝石、双合石、玻璃仿制品等。

宝石坯是经采掘、打磨、初级加工的珠宝玉石半成品，应按规定征收消费税。

5.鞭炮、焰火

鞭炮是指多层纸密裹火药，接以药引线制成的一种爆炸品；焰火是指烟火剂，一般系包扎品，内装药剂，点燃后烟火喷射，呈各种颜色，有的还变幻成各种景象，分平地小焰火和空中大焰火两类。

体育上用的发令纸、鞭炮药引线，不属于本税目征税范围。

6.成品油

本税目下设汽油、柴油、溶剂油、航空煤油、石脑油、润滑油、燃料油7个子目。

(1) 汽油。汽油是指用原油或其他原料生产的辛烷值不小于66的可用作汽油发动机燃料的各种轻质汽油。以汽油、汽油组分调和生产的甲醇汽油、乙醇汽油也属于本税目。

（2）柴油。柴油是轻质石油产品、复杂烃类（碳原子数约10～22）混合物，为柴油机燃料，主要由原油蒸馏、催化裂化、热裂化、加氢裂化、石油焦化等过程生产的柴油馏分调配而成，也可由页岩油加工和煤液化制取，分为轻柴油（沸点范围约180～370℃）和重柴油（沸点范围约350～410℃）两大类。

（3）溶剂油。溶剂油是用原油或其他原料生产的用于涂料、油漆、食用油、印刷油墨、皮革农药、橡胶、化妆品生产和机械清洗、胶粘行业的轻质油。橡胶填充油、溶剂油原料，属于溶剂油征税范围。

（4）航空煤油。航空煤油也叫喷气燃料，是以原油或其他原料生产的可用作喷气发动机和喷气推进系统燃料的各种轻质油。航空煤油暂缓征收消费税。

（5）石脑油。石脑油又叫化工轻油，是以原油或其他原料生产的用于化工原料的轻质油。

（6）润滑油。润滑油是用原油或其他原料生产的用于内燃机、机械加工过程的润滑产品。

（7）燃料油。燃料油也称重油、渣油，是用原油或其他原料生产的主要用于电厂发电、锅炉用燃料、加热炉燃料、冶金和其他工业炉燃料的各种燃料油。自2012年11月1日起，催化料、焦化料属于燃料油的征税范围，应征收消费税。

变压器油、导热类油等绝缘油类产品不征收消费税。

7.摩托车

本税目为气缸容量为250毫升（含）以上的摩托车。

【了解一下】摩托车气缸容量小于250毫升则不需要计征消费税。

8.小汽车

小汽车是指由动力驱动，具有4个或4个以上车轮的非轨道承载的车辆。本税目下设乘用车、中轻型商用客车和超豪华小汽车3个子目。

（1）乘用车包括含驾驶员座位在内最多不超过9个座位的、在设计和技术特性上用于载运乘客和货物的各类乘用车。

（2）中轻型商用客车包括含驾驶员座位在内的座位数在10~23座的、在设计和技术特性上用于载运乘客和货物的各类中轻型商用客车。用排气量小于1.5升（含）的乘用车底盘（车架）改装、改制的车辆属于乘用车征收范围。用排气量大于1.5升的乘用车底盘（车架）或用中轻型商用客车底盘（车架）改装、改制的车辆属于中轻型商用客车征收范围。

（3）超豪华小汽车为每辆零售价格130万元（不含增值税）及以上的乘用车和中轻型商用客车，即乘用车和中轻型商用客车子税目中的超豪华小汽车。

【了解一下】（1）车身长度大于7米（含），并且座位在10～23座（含）的商用客车，不属于中轻型商用客车，不征收消费税。

（2）电动汽车、沙滩车、雪地车、卡丁车、高尔夫车，不征收消费税。

9.高尔夫球及球具

高尔夫球及球具是指从事高尔夫球运动所需的各种专用装备，包括高尔夫球、高尔夫球杆、高尔夫球包（袋）等。高尔夫球杆的杆头、杆身和握把属于本税目征税范围。

10.高档手表

高档手表是指不含增值税销售价格每只在10 000元（含）以上的各类手表。

11.游艇

游艇是指艇身长度大于8米（含）小于90米（含），内置发动机，可以在水上移动，主要用于水上运动和休闲娱乐等非牟利活动的各类机动艇。

12.木制一次性筷子

木制一次性筷子是指以木材为原料，经锯断、浸泡、旋切、刨切、烘干、筛选、包装等环节加工而成的一次性使用的筷子。未经打磨、倒角的木制一次性筷子也属于本税目征税范围。竹制一次性筷子不征收消费税。

13.实木地板

实木地板是指以木材为原料，经锯割、干燥、刨光、截断、开榫等工序加工而成的地面装饰材料，包括各种规格的实木地板、实木指接地板、实木复合地板，以及用于装饰墙壁、天棚的侧端面为榫、槽的实木装饰板。未经涂饰的素板属于本税目征税范围。

14.电池

电池是一种将化学能、光能等直接转换为电能的装置，一般由电极、电解质、容器、极端，通常还有隔离层组成的基本功能单元，以及用一个或多个基本功能单元装配成的电池组，包括原电池、蓄电池、燃料电池、太阳能电池和其他电池。

对无汞原电池、金属氢化物镍蓄电池（又称“氢镍蓄电池”或“镍氢蓄电池”）、锂原电池、锂离子蓄电池、太阳能电池、燃料电池和全钒液流电池，免征消费税。

15.涂料

涂料是指涂于物体表面，能形成具有保护、装饰或特殊性能的固态涂膜的一类液体或固体材料的总称。对施工状态下挥发性有机物含量低于420克/升（含）的涂料，免征消费税。

【了解一下】外购电池、涂料大包装改成小包装或者外购电池、涂料不经加工只贴商标的行为，视同应税消费品的生产行为。

三、征税环节

根据规定，消费税一般在应税消费品的生产、委托加工、进口环节（即基本环节）征收，特殊应税消费品在批发或零售环节征收。具体如下：

（一）生产环节

（1）纳税人生产应税消费品直接对外销售的，在销售时征税。

（2）纳税人自产自用的应税消费品，用于连续生产应税消费品的，不征税。

（3）纳税人生产应税消费品用于其他方面的，于移送使用时征税。

（二）委托加工环节

（1）纳税人委托加工应税消费品，委托方是消费税的纳税义务人，由受托方（个人除外）在向委托方交货时，代收代缴消费税税款。

（2）委托个人加工的应税消费品，由委托方收回后缴纳消费税。

（3）委托加工的应税消费品，委托方用于连续生产应税消费品的，所纳税款准予按规定抵扣。

（三）进口环节

进口应税消费品，在进口环节缴纳消费税，进口环节的消费税由海关负责代征。

（四）批发环节

批发环节的应税消费品主要是卷烟和电子烟。

（五）零售环节

（1）金银首饰、铂金首饰、钻石及钻石饰品在零售环节征收消费税。

（2）超豪华小汽车在零售环节加征一道消费税。

消费税具体税目对应的纳税环节总结见表3–3。

表3–3　**消费税具体税目对应的纳税环节总结表**

税目	生产、委托加工、进口环节	批发环节	零售环节	备注
一般应税消费品	消费税	×	×	一次课征
金银首饰、铂金首饰、钻石及钻石饰品	×	×	消费税	一次课征
卷烟、电子烟	消费税	消费税	×	双环节征税
超豪华小汽车	消费税	×	消费税	双环节征税

四、税率

（一）税率形式

我国现行消费税税率有比例税率、定额税率和复合税率3种。适用定额税率的税目有啤酒、黄酒、成品油，适用复合税率的税目有卷烟、白酒。消费税税目税率（税额）表见表3–4。

表3–4　**消费税税目税率（税额）表**[①]

税目/征税环节				税率
一、烟	1.卷烟	基本环节	甲类卷烟	56%
				0.003元/支
			乙类卷烟	36%
				0.003元/支
		批发环节		11%
				0.005元/支
	2.雪茄烟			36%
	3.烟丝			30%
	4.电子烟	基本环节		36%
		批发环节		11%

① 本表中，除特别标明征税环节外，均在基本环节征收，即在生产、委托加工和进口环节征税。

续表

税目/征税环节			税率
二、酒	1.白酒		20%
			0.5元/500g（毫升）
	2.啤酒（含果啤）	甲类啤酒	250元/吨
		乙类啤酒	220元/吨
	3.黄酒		240元/吨
	4.其他酒		10%
三、高档化妆品			15%
四、贵重首饰及珠宝玉石	零售环节：金银首饰、铂金首饰、钻石及钻石饰品		5%
	基本环节：其他贵重首饰及珠宝玉石		10%
五、鞭炮、焰火			15%
六、成品油	1.汽油		1.52元/升
	2.柴油		1.2元/升
	3.溶剂油		1.52元/升
	4.润滑油		1.52元/升
	5.石脑油		1.52元/升
	6.燃料油		1.2元/升
	7.航空煤油		1.2元/升
七、摩托车		气缸容量=250毫升	3%
		气缸容量>250毫升	10%
八、小汽车	1.乘用车	气缸容量≤1.0升	1%
		1.0升<气缸容量≤1.5升	3%
		1.5升<气缸容量≤2.0升	5%
		2.0升<气缸容量≤2.5升	9%
		2.5升<气缸容量≤3.0升	12%
		3.0升<气缸容量≤4.0升	25%
		4.0升>气缸容量	40%
	2.中轻型商用客车		5%
	3.超豪华小汽车	基本环节	按乘用车和中轻型商用客车的规定征收
		零售环节	10%

续表

税目/征税环节	税率
九、高尔夫球及球具	10%
十、高档手表	20%
十一、游艇	10%
十二、木制一次性筷子	5%
十三、实木地板	5%
十四、电池	4%
十五、涂料	4%

（二）从高适用税率规定

纳税人兼营不同税率的应当缴纳消费税的消费品（以下简称应税消费品），应当分别核算不同税率应税消费品的销售额、销售数量；未分别核算销售额、销售数量，或者将不同税率的应税消费品组成成套消费品销售的，从高适用税率。

（三）适用税率的特殊规定

1.卷烟适用税率

（1）生产环节卷烟适用复合税率。从量税率为0.003元/支；从价税率按以下类别选择确定：甲类卷烟，56%；乙类卷烟，36%。

（2）卷烟批发环节适用复合税率。从价税率，11%；从量税率，0.005元/支。

【了解一下】卷烟每标准箱250条，每标准条200支。具体换算见3-5。

表3-5 **卷烟从量部分换算**

类型	换算			
甲类卷烟基本环节	0.003元/支	0.06元/包	0.6元/条	150元/箱
乙类卷烟基本环节	0.003元/支	0.06元/包	0.6元/条	150元/箱
卷烟批发环节	0.005元/支	0.1元/包	1元/条	250元/箱

2.超豪华小汽车适用税率

对超豪华小汽车，在生产（进口）环节按现行税率征收消费税的基础上，在零售环节加征消费税，税率为10%。

第三节　计税依据的确定

消费税计征方式有从价计征、从量计征和复合计征3种。从价计征计税依据要确定销售额；从量计征计税依据要确定销售数量、容积等；复合计征计税依据既要确定销售额，又要确定销售数量等。

一、一般情况下计税依据的确定

（一）从价计征销售额的确定

从价计征的销售额包括全部价款和价外费用。价外费用一般含增值税，具体销售额的确定见表3-6。

表3-6　　从价计征销售额的确定

包括	全部价款	不包括向购买方收取的增值税税额（注意价税剥离）
	价外费用	具体包括手续费、补贴、基金、集资费、返还利润、奖励费、违约金、延期付款利息、滞纳金、赔偿金、包装费、包装物租金、储备费、优质费、运输装卸费、代收款项、代垫款项及其他各种性质的价外费用
不包括	1.同时符合以下两个条件的代垫运费：第一，承运部门的运费发票开具给购买方；第二，由纳税人将该发票转交给购买方 2.同时符合以下条件代为收取的政府性基金或者行政事业性收费： （1）由国务院或者财政部批准设立的政府性基金，由国务院或者省级人民政府及其财政、价格主管部门批准设立的行政事业性收费 （2）收取时开具省级以上财政部门印制的财政票据 （3）所收款项全额上缴财政	

含增值税销售额的换算公式为：

应税消费品的销售额=含增值税的销售额÷（1+增值税税率或征收率）

（二）从量计征销售数量的确定

（1）销售应税消费品的，为应税消费品的销售数量。

（2）自产自用应税消费品的，为应税消费品的移送使用数量。

（3）委托加工应税消费品的，为纳税人收回的应税消费品数量。

（4）进口应税消费品的，为海关核定的应税消费品进口征税数量。

（三）复合计征销售额和销售数量的确定

销售额为纳税人生产销售卷烟、白酒向购买方收取的全部价款和价外费用。

销售数量为纳税人生产销售、进口、委托加工、自产自用卷烟、白酒的销售数量、海关核定数量、委托方收回数量和移送使用数量。

【例3-1】某卷烟生产企业为增值税一般纳税人，2024年1月销售乙类卷烟1 500标准条，取得含增值税销售额84 750元。已知：乙类卷烟消费税比例税率为36%，定额税率为0.003元/支，每标准条有200支；增值税税率为13%。要求计算该企业应纳消费税的计税依据。

【答案】不含增值税销售额=84 750÷（1+13%）=75 000（元）

从价定率应纳消费税的计税依据=75 000元

从量定额应纳消费税的计税依据=1 500条

二、特殊情形下销售额和销售数量的确定

（1）纳税人应税消费品的计税价格明显偏低并且无正当理由的，应税消费品计税价

格的确定见表3-7。

表3-7 特殊情形下应税消费品计税价格的确定

卷烟、白酒、小汽车	计税价格由国家税务总局核定，送财政部备案
其他应税消费品	计税价格由省、自治区和直辖市税务局核定
进口的应税消费品	计税价格由海关核定

（2）纳税人通过自设非独立核算门市部销售的自产应税消费品，应当按照门市部对外销售额或者销售数量征收消费税。

（3）纳税人用于换（换取生产资料和消费资料）、投（投资入股）、抵（抵偿债务）等方面的应税消费品，以纳税人同类应税消费品的最高销售价格作为计税依据。

（4）白酒生产企业向商业销售单位收取的“品牌使用费”应并入白酒的销售额中缴纳消费税。

（5）包装物。

②包装物销售收入。应税消费品连同包装物销售的，无论包装物是否单独计价，也无论在会计上如何核算，均应并入应税消费品的销售额征收消费税。

②包装物押金收入。如果包装物不作价随同应税消费品销售，而是收取押金，此项押金是否计入销售额需要分情况处理。表3-8是包装物押金增值税和消费税的处理对比。

表3-8 包装物押金增值税和消费税的处理对比

被包装的应税消费品类型	收取时（未逾期）	逾期未归还
一般应税消费品	×增值税 ×消费税	√增值税 √消费税
啤酒、黄酒、成品油	×增值税 ×消费税	√增值税 ×消费税
（除啤酒、黄酒外的）其他酒	√增值税 √消费税	×增值税 ×消费税

（6）以旧换新（含翻新改制）销售的金银首饰，应按实际收取的不含增值税的全部价款确定计税依据，征收消费税。

【了解一下】增值税和消费税对于金银首饰以旧换新的处理方式都是以实际收取的不含增值税的全部价款确定计税依据。

（7）生产、批发电子烟。

①生产、批发电子烟的，按照生产、批发电子烟的销售额计算纳税。

②采用代销方式销售电子烟的，按照经销商（代理商）销售给电子烟批发企业的销售额计算纳税。

③进口电子烟的，按照组成计税价格计算纳税。

④电子烟生产环节纳税人如果同时从事电子烟代加工业务，应当分开核算持有商标电子烟的销售额和代加工电子烟的销售额；未分开核算的，一并缴纳消费税。

（8）以人民币以外的货币结算销售额的，其销售额的人民币折合率可以选择销售额发生的当天或者当月1日的人民币汇率中间价。折合率应事先确定，确定后1年内不得变更。

三、组成计税价格

从价计税和复合计税（涉及从价部分）应税消费品，在以下3种情形下需要进行组价：第一，自产自用应税消费品，纳税人无同类应税消费品价格；第二，委托加工应税消费品，受托方无同类应税消费品价格；第三，进口应税消费品。

（一）自产自用组成计税价格

1.从价计征下的组成计税价格

其计算公式为：

$$组成计税价格=\frac{成本\times(1+成本利润率)}{1-比例税率}$$

2.复合计征下的组成计税价格

其计算公式为：

$$组成计税价格=\frac{成本\times(1+成本利润率)+移送使用数量\times定额税率}{1-比例税率}$$

3.从量计征消费税，无须组价

（二）委托加工组成计税价格

1.从价计征下的组成计税价格

其计算公式为：

$$组成计税价格=\frac{材料成本+加工费}{1-比例税率}$$

2.复合计征下的组成计税价格

其计算公式为：

$$组成计税价格=\frac{材料成本+加工费+委托加工收回数量\times定额税率}{1-比例税率}$$

3.从量计征消费税，无须组价

【例3-2】某白酒厂2024年春节前，将新研制的薯类白酒1吨作为过节福利发放给员工，该薯类白酒无同类产品市场销售价格。已知：该批薯类白酒生产成本为20 000元，成本利润率为5%，白酒消费税比例税率为20%，定额税率为0.5元/500克。要求计算该批薯类白酒应纳消费税的计税依据。

【答案】组成计税价格=［20 000×（1+5%）+（1×2 000×0.5）］÷（1−20%）

=27 500（元）

解析：由于薯类白酒无同类产品市场销售价格，需要计算组成计税价格。由于薯类白酒属于复合计征的消费品，所以此题需要计算复合计征下的组成计税价格。

（三）进口环节应纳消费税的组成计税价格

1.从价计征下的组成计税价格

其计算公式为：

$$组成计税价格 = \frac{关税完税价格 + 关税}{1 - 比例税率}$$

2.复合计征下的组成计税价格

其计算公式为：

$$组成计税价格 = \frac{关税完税价格 + 关税 + 海关核定进口数量 \times 定额税率}{1 - 比例税率}$$

3.从量计征消费税，无须组价

【了解一下】关税完税价格就是海关核定的关税计税价格。进口环节消费税除国务院另有规定外，一律不得给予减税、免税。关税完税价格是指海关根据有关规定，对进出口货物进行审定或估定后确定的价格，它是计征关税的基础。关税完税价格的计算公式为：进口货物完税价格=货价+采购费用（包括货物运抵我国关境内输入地点起卸前的运输、保险及其他相关费用）。

【例3-3】某汽车贸易公司2024年1月从国外进口小汽车50辆，海关核定的每辆小汽车关税完税价格为28万元。已知：小汽车关税税率为20%，消费税税率为25%。要求计算该公司进口小汽车组成计税价格。

【答案】应纳关税税额=50×28×20%=280（万元）

组成计税价格=（50×28+280）÷（1−25%）=2 240（万元）

第四节　应纳税额的计算

一、生产环节应纳税额的计算

生产环节应纳消费税税额的计算主要涉及两种情形：一是自产销售应税消费品应纳税额的计算；二是自产自用应税消费品应纳税额的计算。

（一）自产销售应税消费品应纳税额的计算

按照现行消费税法律制度的规定，消费税应纳税额的计算方法有从价定率、从量定额、复合计税3种，见表3-9。

表3-9　**消费税应纳税额计算方法**

计税方法	公式	适用范围
从价定率	应纳税额=销售额×比例税率	除适用从量定额、复合计税外的其他税目
从量定额	应纳税额=销售数量×定额税率	啤酒、黄酒、成品油
复合计税	应纳税额=销售额×比例税率+销售数量×定额税率	白酒、卷烟

【例3-4】某高档化妆品厂为增值税一般纳税人，2024年1月销售高档化妆品取得不含税收入80 000元。要求计算该高档化妆品厂上述业务应纳消费税税额。

【答案】应纳消费税税额=80 000×15%=12 000（元）

解析：高档化妆品属于从价计征的应税消费品，适用的比例税率为15%。

【例3-5】某啤酒厂为增值税一般纳税人，2024年1月销售甲类啤酒5吨，取得不含税收入20 000元，取得包装物押金1 000元（单独记账核算）。要求计算该啤酒厂上述业务应纳消费税税额。

【答案】啤酒、黄酒属于从量计征，甲类啤酒定额税率为250元/吨。

应纳消费税税额=5×250=1 250（元）

【例3–6】某酒厂为增值税一般纳税人，2024年1月销售粮食白酒5吨，取得不含税收入40 000元，取得包装物押金1 300元（单独记账核算）。要求计算该酒厂上述业务应纳消费税税额。

【答案】应纳消费税税额=［40 000+1 300÷（1+13%）］×20%+5×2 000×0.5=13 230.09（元）

解析：对酒类产品生产企业销售啤酒、黄酒以外的其他酒类产品而收取的包装物押金，无论押金是否归还，也无论会计上如何核算，均应并入酒类产品销售额中征收消费税。白酒消费税适用比例税率为20%，定量税额为0.5元/500克。

【例3–7】某卷烟生产企业为增值税一般纳税人，2024年1月销售乙类卷烟1 500标准条，取得含增值税销售额84 750元。已知：乙类卷烟消费税比例税率为36%，定额税率为0.003元/支，每标准条有200支；增值税税率为13%。要求计算该企业当月应纳消费税税额。

【答案】（1）不含增值税销售额=84 750÷（1+13%）=75 000（元）

（2）从价定率应纳税额=75 000×36%=27 000（元）

（3）从量定额应纳税额=1 500×200×0.003=900（元）

（4）应纳消费税税额合计=27 000+900=27 900（元）

（二）自产自用应税消费品应纳税额的计算

自产自用是指纳税人生产应税消费品后，不是直接用于对外销售，而是用于连续生产应税消费品或用于其他方面。

1.征收管理

（1）纳税人自产自用的应税消费品，用于连续生产应税消费品的，不纳税。这一规定体现了税不重征和计税简便的原则。

（2）纳税人自产自用的应税消费品，用于其他方面的，于移送使用时纳税。用于其他方面是指：

① 用于生产非应税消费品。

② 用于在建工程，如用于企业自行建造的固定资产等项目。

③ 用于管理部门、非生产机构，比如用于企业内部办公等。

④ 用于提供劳务。

⑤ 用于馈赠、赞助、集资、广告、样品、职工福利、奖励等。

2.应纳税额计算

（1）有同类产品销售价格的，按照纳税人生产的同类产品销售价格计征消费税。同类产品销售价格是指纳税人当月销售的同类消费品的销售价格。如果当月同类产品各期销售价格高低不同，应按销售数量加权平均计算。但销售的应税消费品有下列情况之一的，不得列入加权平均计算：第一，销售价格明显偏低又无正当理由的；第二，无销售价格的。

（2）没有同类产品销售价格的，按组成计税价格计征消费税。

①实行从价计税的，其计算公式为：

$$组成计税价格=\frac{成本\times(1+成本利润率)}{1-比例税率}$$

应纳税额=组成计税价格×比例税率

【例3-8】某化妆品厂2024年1月将一批自产高档化妆品用于企业内部福利，生产成本为80 000元，上述产品已全部发出，无同类产品售价。已知：高档化妆品成本利润率为5%，适用的消费税税率为15%。要求计算该化妆品厂上述业务应纳消费税税额。

【答案】应纳消费税税额=80 000×（1+5%）÷（1-15%）×15% =14 823.53（元）

解析：高档化妆品用于企业内部福利应视同销售计征消费税。无同类产品售价的，按组成计税价格计税。

②实行从量计税的，其计算公式为：

应纳税额=移送使用数量×定额税率

【例3-9】某啤酒厂将自产啤酒10吨用于企业内部福利，每吨啤酒成本2 900元，无同类产品售价。已知：该啤酒消费税从量税率为220元/吨。要求计算上述业务应纳消费税税额。

【答案】应纳消费税税额=10×220=2 200（元）

③实行复合计税的，其计算公式为：

$$组成计税价格=\frac{成本\times(1+成本利润率)+移送使用数量\times定额税率}{1-比例税率}$$

应纳税额=组成计税价格×比例税率+移送使用数量×定额税率

这里的成本是指应税消费品的生产成本，利润是指根据应税消费品的全国平均成本利润率计算的利润。

应税消费品全国平均成本利润率见表3-10。

表3-10 **应税消费品全国平均成本利润率**

货物名称	平均成本利润率	货物名称	平均成本利润率
1.甲类卷烟	10%	11.摩托车	6%
2.乙类卷烟	5%	12.乘用车	8%
3.雪茄烟	5%	13.中轻型商用客车	5%
4.烟丝	5%	14.高尔夫球及球具	10%
5.粮食白酒	10%	15.高档手表	20%
6.薯类白酒	5%	16.游艇	10%
7.其他酒	5%	17.木质一次性筷子	5%
8.高档化妆品	5%	18.实木地板	5%
9.鞭炮、焰火	5%	19.电池	4%
10.贵重首饰及珠宝玉石	6%	20.涂料	7%

【例 3-10】2024年春节前，某白酒厂将新研制的薯类白酒1吨作为过节福利发放给员工，该薯类白酒无同类产品市场销售价格。已知：该批薯类白酒生产成本为20 000元，成本利润率为5%，白酒消费税比例税率为20%、定额税率为0.5元/500克。要求计算该批薯类白酒应纳消费税税额。

【答案】组成计税价格=［20 000×（1+5%）+1×2 000×0.5］÷（1−20%）=27 500（元）

应纳消费税税额=27 500×20%+1×2 000×0.5=6 500（元）

3.用外购应税消费品连续生产应税消费品应纳税额的计算

为了避免重复征税，现行消费税法律制度规定，对外购、进口应税消费品和委托加工收回的应税消费品（在"委托加工环节应纳税额计算"部分阐述）连续生产应税消费品销售的，计算征收消费税时，应按当期生产领用数量计算准予扣除的应税消费品已纳消费税税款。

（1）扣税范围。

现行消费税法律制度规定，准予从应纳消费税税额中扣除的已纳消费税税额的应税消费品范围如下：

① 用外购的已税烟丝为原料生产的卷烟。

② 用外购的已税高档化妆品为原料生产的高档化妆品。

③ 用外购的已税珠宝玉石为原料生产的贵重首饰及珠宝玉石。

④ 用外购的已税鞭炮、焰火为原料生产的鞭炮、焰火。

⑤ 用外购的已税杆头、杆身和握把为原料生产的高尔夫球杆。

⑥ 用外购的已税木制一次性筷子为原料生产的木制一次性筷子。

⑦ 用外购的已税实木地板为原料生产的实木地板。

⑧ 用外购的已税汽油、柴油、石脑油、燃料油、润滑油为原料生产的应税成品油。

⑨ 用从葡萄酒生产企业购进、进口的葡萄酒为原料生产的应税葡萄酒。

⑩ 啤酒集团内部企业间用啤酒液连续灌装生产的啤酒。[①]

上述应税消费品中，在零售环节纳税的金银首饰、钻石和钻石饰品不得抵扣外购珠宝玉石已纳的消费税；[②]在批发环节纳税的卷烟，不得扣除生产环节已纳的消费税。

【例 3-11】根据消费税法律制度的规定，在对下列连续生产出来的应税消费品计算征税时，准予扣除外购的应税消费品已纳消费税税额的是（　　）。

A.外购已税溶剂油生产的涂料

B.外购已税珠宝生产的铂金镶嵌首饰

C.外购已税白酒生产的药酒

---

① 相关规定见《国家税务总局关于啤酒集团内部企业间销售（调拨）啤酒液征收消费税问题的批复》（国税函〔2003〕382号。

② 一般情况下，如果企业使用外购的已税珠宝玉石作为原料生产贵重首饰及珠宝玉石，这些产品同样在生产销售环节征收消费税。根据税法的规定，已缴纳的消费税税额可以在新产品中抵扣。这就意味着企业可以避免对已税珠宝玉石原料重复征税，从而减轻税收负担。

然而，需要注意的是，并非在所有情况下都可以抵扣已纳的消费税税额，特别是当使用外购已税珠宝玉石作为原料生产的改在零售环节征收消费税的金银首饰（包括镶嵌首饰）时，情况就有所不同。根据相关政策的规定，这些产品在计税时一律不得扣除外购珠宝玉石的已纳消费税税额。这是因为金银首饰的消费税是在零售环节征收的，与珠宝玉石的生产销售环节不同，因此不能跨环节抵扣。

D.外购已税烟丝生产的卷烟

【答案】D。

（2）抵扣税款的计算方法。

①从价计税应税消费品抵扣税款的计算公式为：

$$\text{当期准予扣除的外购应税消费品已纳税额}=\text{当期准予扣除的外购应税消费品买价}\times\text{外购应税消费品适用税率}$$

$$\text{当期准予扣除的外购应税消费品买价}=\text{期初库存的外购应税消费品买价}+\text{当期购进的应税消费品买价}-\text{期末库存的外购应税消费品买价}$$

②从量计税应税消费品抵扣税款的计算公式为：

$$\text{当期准予扣除的外购应税消费品已纳税额}=\text{当期准予扣除的外购应税消费品数量}\times\text{外购应税消费品单位税额}$$

$$\text{当期准予扣除的外购应税消费品数量}=\text{期初库存的应税消费品数量}+\text{当期购进的应税消费品数量}-\text{期末库存的应税消费品数量}$$

上述公式中的买价是指纳税人取得外购应税消费品增值税专用发票上注明的销售额，数量是指纳税人取得外购应税消费品增值税专用发票上注明的应税消费品的销售数量。

【例3-12】2024年8月，某卷烟加工厂从某烟丝厂购进烟丝，不含税价为50 000元，当月这些烟丝被用于生产甲类卷烟。当月完工销售甲类卷烟6箱，价款150 000元，增值税税额19 500元。要求计算卷烟厂应纳消费税税额。

【答案】烟丝（从价定率）已纳消费税=50 000×30%=15 000（元）

卷烟（复合计征）应纳消费税=150 000×56%+6×150-15 000=69 900（元）

解析：用外购的已税烟丝作为原料生产的卷烟，根据现行消费税法律制度的规定，准予从应纳消费税税额中扣除已纳消费税税额。

二、委托加工环节应纳税额计算

（一）委托加工应税消费品的概念

委托加工应税消费品是指由委托方提供原料和主要材料，受托方只收取加工费和代垫部分辅助材料。无论是受托方还是委托方，凡不符合上述规定的，都不能按委托加工应税消费品进行税务处理，只能按照销售自制应税消费品缴纳消费税。

【了解一下】不属于委托加工的3种情形：一是由受托方提供原材料生产的应税消费品；二是受托方先将原材料卖给委托方，然后再委托加工的应税消费品；三是受托方以委托方名义购进原材料生产的应税消费品。

（二）代收代缴税款规定

（1）委托加工应税消费品，受托方（除个人（含个体工商户）外）负有代收代缴义务，在受托方向委托方交货时代收代缴消费税。纳税人委托个人（含个体工商户）加工应税消费品的，于委托方收回后在委托方所在地缴纳消费税。

【了解一下】在委托加工业务中，受托方未履行代收代缴消费税义务，税务机关对受托方进行相应的处罚，同时委托方也需要补缴税款。具体规定如下：

（1）受托方（消费税代收代缴义务人）：受托方有代收代缴义务未履行的，按未代收代缴税额的50%以上3倍以下罚款。

(2) 委托方（消费税纳税人）：委托方需要补缴税款，如果收回的应税消费品已直接销售，按销售额计税补征；如果收回的应税消费品尚未销售或用于连续生产等，按组成计税价格计税补征。

(2) 在委托加工业务中，受托方是增值税纳税人，按加工费乘以13%计算增值税税额；委托方是增值税负税人。

(三) 委托加工应税消费品应纳消费税税额计算

不同计税方法下，委托加工业务消费税应纳税额计算方法见表3-11。

表3-11 **委托加工业务消费税应纳税额计算方法**

计税方法	应纳消费税税额计算公式
从价定率	1.受托方有同类产品销售价格的，其计算公式为： 应纳税额=同类产品销售价格×比例税率 2.受托方没有同类产品销售价格的，其计算公式为： $组成计税价格=\frac{材料成本+加工费}{1-比例税率}$ 应纳税额=组成计税价格×比例税率
从量定额	应纳税额=委托加工收回数量×定额税率
复合计税	1.受托方有同类产品销售价格的，其计算公式为： 应纳税额=同类产品销售价格×比例税率+委托加工收回数量×定额税率 2.受托方没有同类产品销售价格的，其计算公式为： $组成计税价格=\frac{材料成本+加工费+委托加工收回数量\times定额税率}{1-比例税率}$ 应纳税额=组成计税价格×比例税率+委托加工收回数量×定额税率

【了解一下】从价定率计税方法下，材料成本是指委托方所提供加工材料的实际成本。委托加工应税消费品的纳税人必须在委托加工合同上如实注明（或者以其他方式提供）材料成本；凡未提供材料成本的，受托方主管税务机关有权核定材料成本。加工费是指受托方加工应税消费品向委托方所收取的全部费用（包括代垫辅助材料的实际成本）。

【例3-13】某高档化妆品公司委托A企业加工一批高档化妆品，委托加工合同上注明该高档化妆品公司提供的原材料实际成本为8 000元，应支付A企业加工费500元，其中包括代垫辅助材料300元。A企业无同类产品销售价格。要求计算A企业应代收代缴的消费税。

【答案】组成计税价格=（8 000+500）÷（1−15%）=10 000（元）

应代收代缴消费税=1 0000×15%=1 500（元）

解析：高档化妆品属于消费税应税范围，应计征消费税。上述行为是委托加工，且受托方无同类产品销售价格，因此，应按组成计税价格确定计税依据，消费税适用税率为15%。

（四）委托方收回应税消费品的后续税务处理

（1）委托加工应税消费品，受托方在交货时代收代缴消费税，委托方收回后直接销售的，不再征收消费税。根据有关规定，委托方将收回的应税消费品以不高于受托方的计税价格直接销售的，不再缴纳消费税；委托方以高于受托方的计税价格出售的，应按规定申报缴纳消费税，但在计税时准予扣除受托方已代收代缴的消费税。

（2）纳税人用委托加工收回的下列应税消费品连续生产应税消费品的，在计算消费税时，可以扣除委托加工收回应税消费品已纳的消费税：

①用委托加工收回的已税烟丝为原料生产的卷烟。

②用委托加工收回的已税高档化妆品为原料生产的高档化妆品。

③用委托加工收回的已税珠宝玉石为原料生产的贵重首饰及珠宝玉石。

④用委托加工收回的已税鞭炮、焰火为原料生产的鞭炮、焰火。

⑤用委托加工收回的已税杆头、杆身和握把为原料生产的高尔夫球杆。

⑥用委托加工收回的已税木制一次性筷子为原料生产的木制一次性筷子。

⑦用委托加工收回的已税实木地板为原料生产的实木地板。

⑧用委托加工收回的已税汽油、柴油、石脑油、燃料油、润滑油为原料生产的应税成品油。

用上述8种委托加工收回的应税消费品连续生产应税消费品的，准予扣除已纳税额的计算公式如下：

$$\begin{array}{c}\text{当期准予扣除的}\\\text{应税消费品已纳税额}\end{array}=\begin{array}{c}\text{期初库存的应税}\\\text{消费品已纳税额}\end{array}+\begin{array}{c}\text{当期收回的委托加工}\\\text{应税消费品已纳税额}\end{array}-\begin{array}{c}\text{期末库存的委托加工}\\\text{应税消费品已纳税额}\end{array}$$

【例3-14】某企业委托外单位加工一批应税消费品，发出原材料成本为200万元，支付加工费70万元。该批应税消费品收回后用于连续生产应税消费品，生产出的最终应税消费品销售额为500万元，消费税税率为10%。要求计算：

（1）受托方应代收代缴的消费税。

（2）委托方应缴纳的消费税。

【答案】（1）受托方代收代缴的消费税=（200+70）÷（1-10%）×10%=30（万元）

（2）委托方应缴纳的消费税=500×10%-30=20（万元）

委托方收回应税消费品的消费税处理总结见表3-12。

表3-12　**委托方收回应税消费品的消费税处理总结**

委托加工收回后的情形		消费税处理规定
收回后对外出售	以不高于受托方的计税价格出售【直接出售】	不再缴纳消费税
	以高于受托方计税价格出售【加价出售】	出售时纳税，允许扣除受托方已代收代缴的消费税
收回后继续生产	生产非应税消费品	不再缴纳消费税
	生产应税消费品	出售新应税消费品时纳税，允许扣除受托方已代收代缴的消费税

三、进口环节应纳税额的计算

（一）进口一般消费品应纳税额的计算

进口应税消费品于报关进口时由海关代征消费税，应纳税额计算方法汇总见表3-13。

表3-13　进口应税消费品应纳税额计算方法汇总

计税方法	应纳消费税税额计算公式
从价定率	$组成计税价格=\frac{关税完税价+关税}{1-比例税率}$ 应纳税额=组成计税价格×比例税率
从量定额	应纳税额=海关核定进口数量×定额税率
复合计税	$组成计税价格=\frac{关税完税价+关税+海关核定进口数量\times定额税率}{1-比例税率}$ 应纳税额=组成计税价格×比例税率+海关核定进口数量×定额税率

【例3-15】某公司进口高档化妆品一批，关税完税价格为50万元，关税税率为40%。已知：高档化妆品消费税税率为15%。要求计算上述业务海关应代征的消费税税额。

【答案】组成计税价格= 50×（1+40%）÷（1-15%）=82.35（万元）

应纳消费税税额=82.35×15%=12.35（万元）

【例3-16】某外贸公司进口一批小汽车，支付国外买价2 000万元；支付到达我国海关前的装卸费、运输费50万元，保险费10万元；从海关运往该外贸公司所在地，支付运输费4万元。已知：关税税率为25%，消费税税率为12%。要求计算该外贸公司进口小汽车应缴纳的消费税。

【答案】关税完税价格=2 000+50+10=2 060（万元）

消费税组成计税价格=2 060×（1+25%）÷（1-12%）=2 926.14（万元）

进口环节应纳消费税=2 926.14×12%=351.14（万元）

解析：关税完税价包含在国外支付的买价，中途发生的运费、保险费。

（二）进口卷烟消费税应纳税额的计算

为统一进口卷烟与国产卷烟的消费税，进口卷烟消费税适用的比例税率必须按国家统一规定的方法确定。进口卷烟消费税应纳税额的计算应按下列程序进行：

第一步，计算确定进口卷烟消费税适用的比例税率，其计算公式为：

$$每标准条进口卷烟确定消费税适用比例税率的价格=\frac{每条进口卷烟的关税完税价格\times(1+关税税率)+每条卷烟消费税从量定额税率}{1-36\%}$$

适用的比例税率选择原则：上式计算结果≥70元时，适用的比例税率为56%；上式计算结果<70元时，适用的比例税率为36%。

第二步，计算进口卷烟消费税组成计税价格，其计算公式为：

$$组成计税价格=\frac{关税完税价格+关税+海关核定进口数量\times定额税率}{1-比例税率}$$

第三步，计算进口卷烟应纳消费税税额，其计算公式为：

应纳税额=组成计税价格×比例税率+海关核定进口数量×定额税率

四、特殊环节征收消费税的规定

（一）卷烟批发环节征收消费税的规定

1.纳税义务人

纳税义务人为在境内从事卷烟批发业务的单位和个人。

2.征税范围

征税范围是纳税人批发销售的所有牌号、规格的卷烟。

3.计税方法及税率

复合计税，比例税率为11%，定额税率为0.005元/支。

4.计税依据

纳税人批发卷烟的销售额（不含增值税）和销售数量。

卷烟批发企业的总机构与分支机构不在同一地区的，由总机构申报纳税。纳税人应将卷烟销售额与其他商品销售额分开核算；未分开核算的，一并征收消费税。纳税人销售给纳税人以外的单位和个人的卷烟于销售时纳税，纳税人之间销售的卷烟不缴纳消费税；卷烟消费税在生产和批发两个环节征收后，批发企业在计算应纳税额时不得扣除已含的生产环节的消费税税额。

【例3-17】某烟草销售公司为增值税一般纳税人，持有烟草批发许可证，2024年1月从卷烟厂批发乙类卷烟500条，每标准条200支。该烟草销售公司将其中的300条转手销售给烟草批发商A，取得含税销售收入24万元。另外200条销售给烟草零售商D专卖店，取得不含税销售收入16万元。要求计算该烟草销售公司当月应缴纳的消费税。

【答案】当月应纳消费税税额=160 000×11%+200×200×0.005=17 800（元）

解析：由于A为烟草批发商，烟草批发商之间销售卷烟不征消费税。

（二）零售环节征收消费税的规定

1.金银首饰、铂金首饰、钻石及钻石饰品

（1）纳税义务人：在我国境内从事金银首饰、铂金首饰、钻石及钻石饰品零售业务的单位和个人，以及委托加工（除另有规定外）、委托代销金银首饰的受托方。

（2）征税范围：仅限于金、银和金基、银基合金首饰，以及金、银和金基、银基合金的镶嵌首饰，铂金首饰、钻石及钻石饰品。

（3）纳税环节及税率：在零售环节按照5%的税率纳税。

（4）计税依据：

一般规定：不含增值税的销售额。

具体规定：

①金银首饰与其他产品组成成套消费品销售的，应按销售额全额征收消费税。

②金银首饰连同包装物销售的，无论包装是否单独计价，也无论会计上如何核算，均应并入金银首饰的销售额，计征消费税。

③带料加工的金银首饰，按受托方销售同类金银首饰的销售价格确定计税依据，征收消费税。没有同类金银首饰销售价格的，按照组成计税价格计算纳税。其计算公式为：

$$组成计税价格=\frac{材料成本+加工费}{1-金银首饰消费税税率}$$

④以旧换新（含翻新改制）销售金银首饰的，按实际收取的不含增值税的全部价款确定计税依据，征收消费税。

⑤既销售金银首饰又销售非金银首饰的生产经营单位，应将两类商品划分清楚，分别核算销售额。凡划分不清或不能分别核算的，在生产环节销售的，一律从高适用税率征收消费税；在零售环节销售的，一律按金银首饰征收消费税。

【了解一下】个人携带、邮寄金银首饰进境，按海关现行规定征收消费税。

【例3-18】2024年1月，某金银首饰店采用以旧换新方式销售金银首饰，该批首饰市场零售价为30.12万元，旧首饰作价含税金额为3万元，商场实际收到27.12万元。已知：金银首饰消费税税率为5%。要求计算该批首饰应纳消费税税额。

【答案】该批首饰应纳消费税税额=27.12÷（1+13%）×5%=1.2（万元）

2.超豪华小汽车

（1）纳税义务人：将超豪华小汽车销售给消费者的单位和个人。

（2）征税范围：每辆零售价格130万元（不含增值税）及以上的乘用车和中轻型商用客车。

（3）纳税环节及税率：在零售环节按照10%的税率纳税。

（4）加征消费税计算：应纳税额=零售环节不含增值税销售额×10%。

以下两个问题需要注意：

第一，进口自用超豪华小汽车，需要在进口环节加征一道10%的消费税。

第二，国内汽车生产企业直接销售给消费者的超豪华小汽车，消费税税率按照生产环节税率和零售环节税率加总计算：应纳税额=不含增值税销售额×（生产环节税率+零售环节税率10%）。

第五节　消费税出口退（免）税

一、消费税出口退（免）税的基本规定

（一）出口免税并退税

有出口经营权的外贸企业购进应税消费品直接出口、外贸企业受其他外贸企业委托代理出口应税消费品，在出口环节免征消费税并且可以退还生产环境的消费税。需要注意的是，外贸企业只有受其他外贸企业委托，代理出口应税消费品才可办理退税；外贸企业受其他企业（主要是非生产性的商贸企业）委托，代理出口应税消费品是不予退（免）税的。

出口免税并退税的具体范围为：

（1）具备出口条件，给予退税的消费品。这类消费品必须具备4个条件：

①属于消费税征税范围的消费品；

②取得消费税税收（出口货物专用）缴款书、增值税专用发票（税款抵扣联）、出口货物报关单（出口退税联）、出口收汇核销单；

③必须报关离境；

④在财务上做出口销售处理。

（2）不具备出口条件，也给予退税的消费品。这类消费品包括对外承包工程公司运出境外用于对外承包项目的应税消费品，外轮供应公司、远洋运输供应公司销售给外轮、远洋货轮收取外汇的应税消费品等。

（二）出口免税但不退税

有出口经营权的生产企业自营出口或生产企业委托外贸企业代理出口自产的应税消费品，依据其实际出口数量免征消费税，不予办理退还消费税。免征消费税是指对生产企业按其实际出口数量，免征生产环节的消费税。不予办理退还消费税是因为已经免征生产环节的消费税，该应税消费品出口时，已不含消费税，所以无须退还消费税。

（三）出口不免税也不退税

除生产企业、外贸企业外的其他企业，具体是指一般商贸企业，该类企业委托外贸企业代理出口应税消费品一律不予退（免）税。出口货物消费税应退税额的计税依据，按购进出口货物的消费税专用缴款书和海关进口消费税专用缴款书确定。

二、消费税出口退（免）税的计算

（一）消费税的退税率

计算出口应税消费品应退消费税的税率或单位税额，应严格按照《消费税暂行条例》所附的《消费税税目税率表》执行。当出口货物是应税消费品时，其退还增值税要按规定的增值税退税率计算，而其退还消费税则按应税消费品所适用的消费税税率计算。企业应将不同消费税税率的出口应税消费品分开核算和申报；凡划分不清适用税率的，一律从低适用税率计算应退消费税税额。

（二）消费税退税的计税依据

出口货物消费税应退税额的计税依据，应按购进出口货物消费税专用缴款书和海关进口消费税专用缴款书确定。

属于从价定率计征消费税的，为已征且未在内销应税消费品应纳税额中抵扣的购进出口货物金额；属于从量定额计征消费税的，为已征且未在内销应税消费品应纳税额中抵扣的购进出口货物数量；属于复合计征消费税的，按从价定率和从量定额的计税依据分别确定。

（三）消费税退税的计算

1.从价计征

其计算公式为：

消费税应退税额=购进出口货物金额×比例税率

2.从量定额

其计算公式为：

消费税应退税额=购进出口货物数量×定额税率

3.复合计征

其计算公式为：

消费税应退税额=购进出口货物金额×比例税率+购进出口货物数量×定额税率

三、消费税出口退（免）税的其他规定

外贸企业自营出口或委托其他外贸企业代理出口的应税消费品办理退税后，发生退关或者国外退货，进口时予以免税的，报关出口者必须及时向其机构所在地或者居住地主管税务机关申报补缴已退的消费税。

生产企业出口或委托外贸企业代理出口的应税消费品办理免税后，发生退关或者国外退货，进口时予以免税的，经机构所在地或者居住地主管税务机关批准，可暂不办理补税，待其转为国内实际销售时，再申报补缴消费税。

第六节　征收管理

一、纳税义务发生时间

消费税纳税义务发生时间，以货款结算方式或行为发生时间分别确定，具体见表3-14。

表3-14　消费税纳税义务发生时间

情形	结算方式	纳税义务发生时间
销售	赊销和分期收款	书面合同规定的收款日期的当天；书面合同没有约定或者没有书面合同的，为发出应税消费品的当天
	预收货款	发出应税消费品的当天
	托收承付和委托银行收款	发出应税消费品并办妥托收手续的当天
	其他结算方式	收讫销售款或者取得索取销售款凭据的当天
自产自用		移送使用的当天
委托加工		纳税人提货的当天
进口		报关进口的当天

二、纳税期限

按照《消费税暂行条例》的规定，消费税的纳税期限分别为1日、3日、5日、10日、15日、1个月或者1个季度。纳税人的具体纳税期限由主管税务机关根据纳税人应纳税额的大小分别核定；不能按照固定期限纳税的，可以按次纳税。

纳税人以1个月或1个季度为一期纳税的，自期满之日起15日内申报纳税；以1日、3日、5日、10日或者15日为一期纳税的，自期满之日起5日内预缴税款，于次月1日起至15日内申报纳税并结清上月应纳税款。

纳税人进口应税消费品，应当自海关填发海关进口消费税专用缴款书之日起15日内缴纳税款。

纳税人不能按照规定的纳税期限依法纳税，将按《税收征收管理法》的有关规定处理。

三、纳税地点

消费税的纳税地点按属地原则确定，具体规定见表3-15。

表3-15　　不同情形下消费税纳税地点的具体规定

情形	纳税地点的具体规定
纳税人销售的应税消费品	应当向纳税人机构所在地或者居住地的主管税务机关申报纳税
委托加工的应税消费品	除受托方为个人外，由受托方向机构所在地或者居住地主管税务机关解缴消费税税款；受托方为个人的，由委托方向其机构所在地或者居住地主管税务机关申报纳税
进口的应税消费品	由进口人或者其代理人向报关地海关申报纳税
纳税人自产自用的应税消费品	除国务院财政、税务主管部门另有规定外，应当向纳税人机构所在地或者居住地主管税务机关申报纳税
纳税人的总机构与分支机构不在同一县（市）	应当分别向各自机构所在地主管税务机关申报纳税。经审批同意，可以由总机构汇总向总机构所在地主管税务机关申报缴纳消费税
纳税人到外县（市）销售或者委托外县（市）代销自产应税消费品	应当于应税消费品销售后，向机构所在地或者居住地主管税务机关申报纳税

四、纳税申报

自2021年8月1日起，消费税与城市维护建设税、教育费附加、地方教育附加申报表整合。纳税人对消费税进行纳税申报时，应当填报“本期准予扣除税额计算表”“本期准予扣除税额计算表（成品油消费税纳税人适用）”“本期减（免）税额明细表”“本期委托加工收回情况报告表”“卷烟批发企业月份销售明细清单（卷烟批发环节消费税纳税人适用）”“卷烟生产企业合作生产卷烟消费税情况报告表（卷烟生产环节消费税纳税人适用）”“消费税附加税费计算表”“消费税及附加税费申报表”。

【税事热议】

回顾消费税的改革历程，2019年以前，改革重点在征税范围和税率调整上。近年来，消费税征收环节和收入划分改革成为学界和公众共同关注的热点问题。随着减税降费规模不断扩大和强度不断提高，地方财政收支矛盾凸显。2019年国务院出台的《实施更大规模减税降费后调整中央与地方收入划分改革推进方案》以及《中华人民共和国国民经济和社会发展第十四个五年规划和2035年远景目标纲要》均提出，在征管可控的前提下后移消费税征收环节，并稳步下划给地方，拓宽地方财政收入来源。请同学们谈谈消费税征收环节逐步后移有哪些重大的意义；在税收征管可控的前提下，你觉得应优先考虑哪些消费税税目，理由是什么。

思维导图

第三章思维导图

练习题

一、即测即评

第三章单选题

第三章多选题

二、计算题

1.2024年9月，甲酒厂销售自产红酒，取得含增值税价款56.5万元，另收取包装物押金2.26万元、手续费1.13万元。已知：红酒增值税税率为13%，消费税税率为10%。要求计算甲酒厂该笔业务应缴的消费税税额。

2. 甲鞭炮厂为增值税一般纳税人，2024年9月受托加工一批烟火，委托方提供的原材料成本为48 025元。甲鞭炮厂收取含增值税加工费9 605元。甲鞭炮厂无同类焰火销售价格。已知：增值税税率为13%，消费税税率为15%。要求计算甲鞭炮厂该笔业务应代收代缴的消费税。

3.2024年9月，甲化妆品厂受托为乙商场加工一批高档化妆品，收取不含增值税加工费120万元，乙商场提供的原材料成本为730万元，甲化妆品厂相同数量的同类高档化妆品不含增值税售价为1 100万元。已知：消费税税率为15%。要求计算甲化妆品厂该笔业务应代收代缴的消费税。

4.2024年9月，甲珠宝厂进口钻石一批，海关核定的关税完税价格为85.5万元，缴纳关税4.5万元。已知：消费税税率为10%。要求计算甲珠宝厂当月上述业务应缴纳的消费税税额。

5. 甲公司为增值税一般纳税人，2024年9月进口白酒3吨，海关核定的关税完税价格为900 000元。已知：关税税率为10%；消费税比例税率为20%，定额税率为0.5元/500克；1吨=1 000千克。要求计算甲公司当月该笔业务应缴纳的消费税税额。

三、综合题

1.甲涂料生产公司为增值税一般纳税人，2024年7月发生如下业务：

（1）5日，以直接收款方式销售涂料，取得不含税销售额350万元；以预收货款方式销售涂料，取得不含税销售额200万元，本月已发出销售涂料的80%。

（2）12日，赠送给某医院20桶涂料用于装修，将100桶涂料用于换取其他厂家的原材料。当月不含税平均销售价格为500元/桶，最高不含税销售价格为540元/桶。

（3）15日，委托乙涂料厂加工涂料，双方约定由甲公司提供原材料，材料成本为80万元；乙涂料厂开具的增值税专用发票上注明加工费10万元（含代垫辅助材料费用1万元）、增值税1.3万元。乙涂料厂无同类产品对外销售价格。

（4）28日，收回委托乙涂料厂加工的涂料并于当月售出80%，取得不含税销售额85万元。（其他相关资料：涂料消费税税率为4%。）

要求：

（1）计算业务（1）甲涂料生产公司应缴纳的消费税。

（2）计算业务（2）甲涂料生产公司应缴纳的消费税。

（3）计算业务（3）由乙涂料厂代收代缴的消费税。

（4）业务（4）甲涂料生产公司是否应缴纳消费税？如应缴纳，计算消费税应纳税额。

2.甲卷烟厂为增值税一般纳税人，2024年5月发生下列业务：

（1）以分期收款方式销售A牌卷烟180箱，销售额为650万元，合同约定当月收取货款的70%，实际收到40%。采用直接收款方式销售B牌卷烟80箱，取得销售额380万元。

（2）进口一批烟丝，货物成交价300万元，甲卷烟厂另行承担并支付运抵我国口岸前的运费和保险费8万元。

（3）将200箱B牌卷烟移送给下设的非独立核算门市部，该门市部当月将其对外销售，取得销售额900万元。

（4）外购一批烟丝，取得的增值税专用发票上注明价款165万元、税额21.45万元；当月领用80%用于连续生产卷烟。

（5）税务机关检查发现，2023年3月，甲卷烟厂接受乙厂委托加工一批烟丝，甲卷烟厂未代收代缴消费税。已知：乙厂提供烟叶的成本为95万元，甲卷烟厂收取加工费20万元，乙厂尚未销售收回的烟丝。

（其他相关资料：以上销售额和费用均不含增值税，A牌、B牌卷烟均为甲类卷烟，甲类卷烟增值税税率为13%，消费税税率为56%加每箱150元；烟丝消费税税率为30%，进口烟丝关税税率为10%。）

根据上述资料，不考虑其他因素，分析计算：

（1）业务（1）当月应缴纳的消费税税额。

（2）业务（2）应缴纳的增值税、消费税税额。

（3）业务（3）应缴纳的消费税税额。

（4）甲卷烟厂国内销售卷烟应缴纳的消费税税额。

（5）乙厂应补缴的消费税税额。

3.2024年10月，甲实木地板厂（增值税一般纳税人）从农业生产者手中收购了一批原木，税务机关认可的收购凭证上注明收购价款为20万元；支付收购运费，取得增值税专用发票，运费金额为2万元；将该批原木委托乙实木地板厂加工成素板（实木地板的一种），乙实木地板厂收取加工费和辅料费（不含增值税）3万元，乙实木地板厂无同类地板销售价格。甲实木地板厂收回素板后，将其中的80%继续加工成实木地板成品销售，取得不含税销售收入35万元。不考虑其他因素。

要求计算：

（1）甲实木地板厂被代收代缴的消费税是多少？

（2）甲实木地板厂销售实木地板成品应纳的消费税是多少？（成本利润率为5%，消费税率为5%。）

4.甲公司为位于市区的增值税一般纳税人，主要从事化妆品生产和销售业务，2024年12月有关经营情况如下：

（1）销售自产高档美容类化妆品，取得不含增值税销售额300万元。

（2）将100套自产高档美容类化妆品无偿赠送给客户，当月同类化妆品不含增值税单价为1 000元/套。

（3）将40套自产高档护肤类化妆品奖励给优秀员工，当月同类化妆品不含增值税单价为500元/套。

（4）进口一批高档化妆品，海关审定该批货物在国外的买价为900 000元，该批货物运抵我国海关前发生的包装费、运输费、保险费等共计35 000元，货物报关后取得海关进口增值税专用缴款书。

已知：销售高档化妆品增值税税率为13%，消费税税率为15%，关税税率为5%，取得的扣税凭证符合抵扣规定。不考虑其他因素。

要求计算：

（1）业务（1）的销项税额；

（2）业务（2）的销项税额；

（3）业务（3）的销项税额；

（4）业务（4）的进项税额；

（5）甲公司当月应向税务机关缴纳的增值税税额；

（6）业务（1）应纳的消费税；

（7）业务（2）应纳的消费税；

（8）业务（3）应纳的消费税；

（9）业务（4）应纳的消费税；

（10）甲公司当月应向税务机关缴纳的城市维护建设税；

（11）甲公司当月应向税务机关缴纳的教育费附加及地方教育附加。

四、小组讨论与分享

通过本章学习，不难发现，我国消费税是1994年国家税制改革中新设置的一个税种，当时将11类应税产品作为征税对象；2015年2月1日起对电池、涂料征收消费税，目前我国将15类应税产品作为征税对象。根据目前消费税征税对象的特征，我国主要对奢侈品类、不可再生类、对环境有污染类应税消费品计征消费税。在征税环节上，目前消费税相对于增值税来说，计税环节单一。2020年2月28日，国家发展改革委等23个部门联合印发《关于促进消费扩容提质加快形成强大国内市场的实施意见》，调整优化部分消费税品目征收环节，将高档手表、贵重首饰及珠宝玉石的消费税由进口环节后移至零售环节征收。以高档手表为例，假设某款进口高档手表进口环节消费税税率为20%、零售环节消费税税率为13%、进口环节关税税率为10%，如果将消费税的征收环节后移至零售环节，则该高档手表的进口环节税负将降低，零售环节税负将提高，但是考虑到关税税率和零售环节增值税税率等因素，最终零售价格可能有所下降，能吸引消费者在国内购买。结合目前我国的政策，运用本章所学知识并查阅相关资料，分组讨论以下问题并进行分享：

1. 目前我国对奢侈品包没有计征消费税，结合国家政策讨论是否有开征的必要。

2. 将高档手表、贵重首饰及珠宝玉石的消费税由进口环节后移至零售环节征收有什么重大意义？结合案例、数据等，说明这一政策的意义及深远影响。

第四章

关税①

学习目标

知识目标：

（1）理解基本原理：了解关税的纳税人，熟悉征税范围以及税收征收管理的法律规定。

（2）掌握计税方法：掌握进口货物和出口货物关税完税价格的计算方法，掌握加工贸易内销货物和特殊进口货物关税完税价格的确定以及关税应纳税额的计算方法。

能力目标：

（1）理解分析能力：深入理解关税的概念、种类、作用机制等，分析不同关税政策对经济、贸易等方面的影响。

（2）创新思考能力：运用所学知识并结合目前的国家政策，理解关税在国家调控中的作用。

（3）国际视野拓展能力：增强对国际经济关系和贸易格局的认识，拓展国际视野。

思政目标：

（1）培养创新思维：关注关税政策调整背后的技术创新、产业升级等重要因素，激发创新思维。

（2）树立正确的价值观：理解合理的关税政策对于公平贸易和经济健康发展的意义，树立公平、正义的价值观。

（3）增强民族自豪感：通过了解我国关税政策的制定及关税政策在执行中取得的成就，激发民族自豪感。

（4）弘扬爱国主义精神：理解关税在国家经济发展中的作用，进而激发爱国情怀，立志为国家经济建设贡献力量。

① 根据2024年4月26日十四届全国人大常委会第九次会议通过的《中华人民共和国关税法》编写。

税惠添彩

部分药品、原材料等商品进出口关税下调

——更多“零关税”来了

2024年1月1日起，关税开启新一轮调整，“零关税”成为高频词——对部分抗癌药、罕见病药的药品和原料等实施“零关税”；氯化锂、碳酸钴、种用甜玉米进口暂定税率降至零；中国和尼加拉瓜对各自约60%税目的产品立即实施“零关税”……专家表示，近年来，中国关税总水平持续降低，越来越多的商品进出口迈入“零关税时代”。这既有利于增强国内国际两个市场、两种资源的联动效应，增进民生福祉、惠及企业发展，维护国内产业链、供应链稳定顺畅；也有利于推进高水平对外开放，让世界共享更多中国发展机遇。

进口商品——部分抗癌药物、资源性商品等暂定税率调整为零

根据《2024年关税调整方案》(以下简称《方案》)，1月1日起，中国对1 010项商品实施低于最惠国税率的进口暂定税率。

梳理《方案》，记者发现，一些药品和原料进口暂定税率直接调整为零，如用于治疗肝部恶性肿瘤的抗癌药物、治疗特发性肺动脉高压的罕见病药品原料，还有在临床上可广泛用于儿童哮喘类疾病治疗的药物吸入用异丙托溴铵溶液。

“对部分抗癌药、罕见病药的药品和原料等实施‘零关税’，有助于降低药品成本，减轻广大患者，特别是癌症患者药费负担，并使其有更多用药选择，进一步保障人民生命健康。”商务部国际贸易经济合作研究院学术委员会副主任张建平说。事实上，在近几年的关税调整中，医药一直是降税的重点领域，不少抗癌药、罕见病药及相关原料的进口关税已降至零。

2018年5月1日，中国对部分药品进口关税进行调整，取消了28项药品的进口关税，其中包括多类进口抗癌药。相关措施很快见效，当年10月，17种抗癌药纳入医保报销目录，与之前平均零售价相比，平均降幅达56.7%。

此后，中国接连取消了多项药品和原料的进口关税：2019年，抗癌药原料奥沙利铂、卡铂、奈达铂、顺铂等进口暂定税率调整为零；2020年，对治疗哮喘的药品及生产新型糖尿病药品的原料恩格列净、利格列汀、维格列汀实施“零关税”；2021年，对第二批抗癌药和罕见病药原料实行“零关税”；2022年，对新型抗癌药氯化镭注射液实行“零关税”。

入列“零关税”的不只是药品，《方案》还明确降低了氯化锂、碳酸钴、低砷萤石以及甜玉米、芫荽、牛蒡种子等商品的进口关税，进口暂定税率均达到零。专家分析，氯化锂、碳酸钴等商品是新能源汽车行业的关键原材料，萤石是重要的矿产资源，这些产品的进口关税明显下调有助于支持企业在全球范围内配置资源，降低生产成本，提升产业链、供应链韧性。

“此次降关税提到了芫荽，也就是大家常说的香菜，这对我们企业进口是重大利好。”山东金种子农业发展有限公司副总经理许明辉说。该公司每年进口芫荽种子300吨左右，以往成本大约是每千克15元，降低关税后，每年仅进口成本就能省下60多万

元，这将帮助企业实现更好的发展。

资料来源：邱海峰．1月1日起，部分药品、原材料等商品进出口关税下调——更多“零关税”来了［N］．人民日报海外版，2024-01-09（06）．有改动。

【税问我答】2024年4月26日，十四届全国人大常委会第九次会议通过了《中华人民共和国关税法》（以下简称《关税法》），自2024年12月1日起施行。总体来看，《关税法》最突出的特点是以习近平法治思想为指导，使中国关税的实际情况和法律实践相结合，具有鲜明的中国关税立法特色。关税立法不仅优化了贸易环境，有助于规范关税征管，营造更加公平、透明、可预期的贸易环境，吸引更多外资，促进国际贸易的健康发展；还能保障国家经济安全，使我国能够有效运用关税手段来保护国内产业，应对国际经济风险和挑战，维护国家经济主权和安全。

结合当前的政策，谈谈关税立法的特征以及重大意义。

第一节　关税概述

2024年4月26日，十四届全国人大常委会第九次会议通过了《关税法》，这是我国第一部关税法。关税以进出口货物和进境物品为征税对象，联系国内国际两个市场。《关税法》以关税为调整对象，既是国内法又是涉外法，既是税法的一部分又涉及海关法，既是关税实体法又是关税征收程序法。《关税法》共7章72条，包括总则、税目和税率、应纳税款、税收优惠和特殊情形关税征收、税收管理、法律责任、附则。《关税法》是从法律上对关税作出的全面规定。中华人民共和国准许进出口的货物、进境物品由海关依照《关税法》和有关法律、行政法规的规定征收关税。

一、关税的概念

关税是指一国政府对进出本国关境的货物所征收的税款，关税的征收对象包括进出口货物和进境物品。关税的特点包括征收对象是进出境的货物和进境物品、是单一环节的价外税、有较强的涉外性等。其主要作用包括增加国家财政收入、保护国内产业、调节国民经济和对外贸易等。

二、关税的分类

（一）按征收对象划分

按征收对象划分，可将关税分为进口关税、出口关税和过境关税。

1.进口关税

进口关税是指进口商品进入一国关境时所征收的关税，通常是关税的主要形式。进口关税可以保护本国产业，防止外国商品过度竞争，同时也可以为国家带来财政收入。

2.出口关税

出口关税是指出口商品离开一国关境时所征收的关税。出口关税的目的是控制某些商品的出口，保护本国资源，增加财政收入。在现代国际贸易中，出口关税的使用相对较少。

3.过境关税

过境关税是指对通过本国关境运往其他国家（或地区）的货物所征收的关税。过境关税的目的主要是增加财政收入，但由于其可能影响国际贸易的流畅性，许多国家已经取消了过境关税。

（二）按征税目的划分

按征税目的划分，可将关税分为财政关税、保护关税、报复关税或调节关税等。

1.财政关税

财政关税是以增加国家财政收入为主要目的而征收的关税，通常选择那些需求弹性较小、消费量较大的商品。

2.保护关税

保护关税旨在保护本国产业免受外国商品竞争冲击，通过提高进口商品的成本来限制其进口数量，促进本国相关产业的发展。

3.报复关税

报复关税是当一国受到其他国家不公正贸易对待时，作为报复手段而征收的具有惩罚性的高关税，目的是迫使对方改变其行为。

4.调节关税

调节关税可用于调节国内经济和产业结构，根据不同时期的经济发展目标对特定商品的关税进行调节。

（三）按征税标准划分

按征税标准划分，可将关税分为从量税、从价税、复合税、选择税、滑准税。

1.从量税

从量税是以货物的数量、重量、容量等计量单位为计税标准征收的关税。从量税的优点是计算简单，缺点是不能反映货物的价值差异。

2.从价税

从价税是以货物的价格为计税标准征收的关税。从价税的优点是能够反映货物的价值差异，缺点是计算相对复杂。

3.复合税

复合税是同时采用从量税和从价税两种计税标准征收的关税。复合税结合了从量税和从价税的优点，可以灵活地适用于不同的商品，如录像机等进口商品的关税。

4.选择税

选择税是在从量税和从价税中选择税率较高的来征收的关税。选择税可以根据货物的具体情况，灵活选择更有利的计税方式。

5.滑准税

滑准税是根据货物价格的变化而调整税率的关税。滑准税的目的是保持进口货物的价格稳定，避免价格波动对国内市场的冲击，如棉花的进口关税。

【了解一下】关税中选择税和滑准税的性质有别于其他税种，在国际经济贸易往来中使用这两种税，能实现关税在国家经济调控中的作用。

（四）按征税性质划分

按征税性质划分，可将关税分为普通关税、优惠关税、差别关税。

1.普通关税

普通关税适用于与本国没有签订贸易协定的国家的货物，税率通常较高。

2.优惠关税

优惠关税适用于与本国签订了贸易协定的国家的货物，税率通常低于普通关税。优惠关税可以进一步分为特定优惠关税、普遍优惠关税和最惠国关税等。

【了解一下】最惠国关税是适用于WTO成员间（“互不适用”者除外）及与本国签订了有最惠国待遇条款的贸易协定的国家（或地区）进口商品的关税。最惠国关税税率比普通关税税率低，二者相差往往很大。最惠国关税税率高于特定优惠关税税率。目前，150多个国家（或地区）加入了世界贸易组织，其他国家（或地区）也太部分签订了双边贸易协定，相互提供最惠国待遇，享受最惠国关税税率，因此，最惠国关税通常称为正常关税。

3.差别关税

差别关税是根据不同情况对不同国家的货物征收不同税率的关税。差别关税可以保护本国产业、应对贸易摩擦、实施贸易制裁等。

【了解一下】（1）对来自不同国家（或地区）的进口商品征收差别关税，如报复关税或特定优惠关税等；（2）因进口商品销售价格不同而征收差别关税，如反倾销税、反补贴税等；（3）由于进口方法不同而征收差别关税，如对利用不同船只（本国船只或外国船只）或来自不同国家（或地区）的进口货物规定不同税率。一般来说，征收进口关税的原则是不论货物来自何国或产自何国均应一视同仁，对同一种商品使用同样的税率征收关税。但是由于政治、经济、外交等方面的原因，一直存在对同一种商品因其生产国或出口国不同或输入情况不同而使用有差别的不同税率征收关税的情况。

（五）按保护形式和程度划分

按保护形式和程度划分，可将关税分为关税壁垒和非关税壁垒。

1.关税壁垒

关税壁垒通过提高关税税率来限制外国商品的进口，保护本国产业。关税壁垒是一种传统的贸易保护手段。

2.非关税壁垒

非关税壁垒是指除关税以外的其他限制外国商品进口的措施，如进口配额、进口许可证、技术性贸易壁垒、绿色贸易壁垒等。非关税壁垒的形式多种多样，且更加隐蔽和灵活。

【了解一下】根据WTO《技术性贸易壁垒协定》的有关规定，WTO成员有权制定和实施旨在保护国家或地区安全利益，保障人类、动物或植物的生命或健康，保护环境，防止欺诈行为，保证出口产品质量等的技术法规、标准以及确定产品是否符合这些技术法规和标准的合格评定程序。

（六）按税率制定划分

按税率制定划分，可将关税分为自主关税、协定关税等。

1.自主关税

自主关税又称国定关税，是一个国家基于其主权，独立自主地制定并有权修订的关税，包括关税税率及各种法规、条例。国定关税税率一般高于协定关税税率，适用于没有签订关税贸易协定的国家。

2.协定关税

协定关税是指两个或两个以上国家，通过缔结关税贸易协定而制定的关税税率。协定关税有双边协定税率、多边协定税率和片面协定税率：

（1）双边协定税率：指两个国家达成协定而相互减让的关税税率。

（2）多边协定税率：指两个以上国家达成协定而相互减让的关税税率，如关税及贸易总协定中的相互减让税率的协定。

（3）片面协定税率：指一国对他国输入的货物降低税率，为其输入提供方便，而他国并不以降低税率作为回报的税率。

第二节　纳税人、征税对象与税率

一、纳税人

关税的纳税人是指进口货物的收货人、出口货物的发货人及进境物品的所有人。进口货物的收货人是直接接收进口货物进入本国境内的一方，有义务按照规定缴纳相应的关税；出口货物的发货人即负责将货物发送出国境的一方，在特定情况下需要承担出口货物关税的缴纳责任；此外，还有进境物品的所有人，包括携带、邮寄物品入境的个人，他们同样也是关税的纳税义务人，需要依法缴纳关税，以确保国际贸易和人员往来中的税收秩序得以维护。

【了解一下】从事跨境电子商务零售进口的电子商务平台经营者、物流企业和报关企业，以及法律、行政法规规定负有代扣代缴、代收代缴关税税款义务的单位和个人，是关税的扣缴义务人。

个人合理自用的进境物品，按照简易征收办法征收关税。超过个人合理自用数量的进境物品，按照进口货物征收关税。个人合理自用的进境物品，在规定数额以内的，免征关税。

【例4-1】下列关于关税纳税人及征税对象的说法中，错误的是（　　）。

A.携带进境的物品，其携带人为所有人

B.分离运输的行李，进出境旅客为所有人

C.以邮递方式进境的物品，寄件人为所有人

D.关税的征税对象是准许进出境的货物和物品

【答案】C。

解析：以邮递方式进境的物品，其收件人为所有人，而不是寄件人，故C选项错误。

【例4-2】下列不属于关税纳税义务人的是（　　）。

A.进口货物的收货人

B.出口货物的发货人

C.邮递出口物品的寄件人

D.邮递进境物品的发件人

【答案】D。

解析：邮递进境物品的收件人为关税的纳税义务人，而不是发件人，故D选项错误。

二、征税对象

关税的征税对象是准许进出境的货物和物品。货物是指贸易性商品，物品是指入境旅客随身携带的行李物品、个人邮递物品、各种运输工具上的服务人员携带进口的自用物品、馈赠物品以及以其他方式进境的个人物品。

三、税率

我国进口关税设置了最惠国税率、协定税率、特惠税率、普通税率、关税配额税率等，此外对进口货物可以在一定期限内实行暂定税率。我国出口关税设置出口税率，对出口货物可以在一定期限内实行暂定税率。

【了解一下】关税税率的适用应当符合相应的原产地规则。完全在一个国家或者地区获得的货物，以该国家或者地区为原产地；两个以上国家或者地区参与生产的货物，以最后完成实质性改变的国家或者地区为原产地。国务院根据我国缔结或者共同参加的国际条约、协定对原产地的确定另有规定的，依照其规定。

（一）进口关税税率形式

1.最惠国税率

原产于共同适用最惠国待遇条款的世界贸易组织成员的进口货物，原产于与我国缔结或者共同参加含有相互给予最惠国待遇条款的国际条约、协定的国家或者地区的进口货物，以及原产于我国境内的进口货物，适用最惠国税率。

2.协定税率

原产于与我国缔结或者共同参加含有关税优惠条款的国际条约、协定的国家或者地区且符合国际条约、协定有关规定的进口货物，适用协定税率。

3.特惠税率

原产于我国给予特殊关税优惠安排的国家或者地区且符合国家原产地管理规定的进口货物，适用特惠税率。

4.普通税率

原产于上述3条税率规定以外的国家或者地区的进口货物，以及原产地不明的进口货物，适用普通税率。

【了解一下】适用最惠国税率的进口货物有暂定税率的，应适用暂定税率；适用协定税率、特惠税率的进口货物有暂定税率的，应当从低适用税率；适用普通税率的进口货物，经国务院关税税则委员会特别批准，可以适用最惠国税率，但不适用暂定税率；征收报复性关税的货物、适用国别、税率、期限和征收办法，由国务院关税税则委员会公布。

5.关税配额税率

实行关税配额管理的进出口货物，关税配额内的适用关税配额税率，有暂定税率的适用暂定税率；关税配额外的，其税率按上述4条税率规定执行。

【了解一下】(1) 依法对进口货物征收反倾销税、反补贴税、保障措施关税的，其税率的适用按照有关反倾销、反补贴和保障措施的法律、行政法规的规定执行。

(2) 任何国家或者地区不履行与中华人民共和国缔结或者共同参加的国际条约、协定中的最惠国待遇条款或者关税优惠条款，国务院关税税则委员会可以提出按照对等原则采取相应措施的建议，报国务院批准后执行。

(3) 任何国家或者地区违反与中华人民共和国缔结或者共同参加的国际条约、协定，对中华人民共和国在贸易方面采取禁止、限制、加征关税或者其他影响正常贸易的措施的，对原产于该国家或者地区的进口货物可以采取征收报复性关税等措施。

采取上述3种措施的进口货物，纳税人未提供证明材料，或者提供了证明材料但经海关审核仍无法排除该货物原产于被采取规定措施的国家或者地区的，对该货物适用下列两项税率中的较高者：①因采取规定措施对相关货物所实施的最高税率与按照最惠国税率、协定税率、特惠税率、普通税率、关税配额税率规定适用的税率相加后的税率；②普通税率。

(二) 出口关税税率形式

我国出口税则为一栏税率，即出口税率。我国仅对少数资源性产品及易于竞相杀价、盲目出口、需要规范出口秩序的半制成品征收出口关税。

(三) 关税税率调整的规定

(1) 需要调整中华人民共和国在加入世界贸易组织议定书中承诺的最惠国税率、关税配额税率和出口税率的，由国务院关税税则委员会提出建议，经国务院审核后报全国人民代表大会常务委员会决定。

(2) 根据实际情况，在中华人民共和国加入世界贸易组织议定书中承诺的范围内调整最惠国税率、关税配额税率和出口税率，调整特惠税率适用的国别或者地区、货物范围和税率，或者调整普通税率的，由国务院决定，报全国人民代表大会常务委员会备案。

(3) 特殊情况下最惠国税率的适用，由国务院决定，报全国人民代表大会常务委员会备案。

(4) 协定税率在完成有关国际条约、协定的核准或者批准程序后，由国务院关税税则委员会组织实施。

(5) 实行暂定税率的货物范围、税率和期限，由国务院关税税则委员会决定。

(6) 与关税税目调整相关的税率的技术性转换，由国务院关税税则委员会提出建议，报国务院批准后执行。

(四) 进出口关税税率的适用

(1) 进出口货物，应适用海关接受该货物申报进口或出口之日实施的税率。

(2) 进口货物到达前，经海关核准先行申报的，应适用装载该货物的运输工具申报进境之日实施的税率。

(3) 有下列情形之一的，应当适用纳税人、扣缴义务人办理纳税手续之日实施的税率：

①保税货物不复运出境，转为内销；

②减免税货物经批准转让、移作他用或者进行其他处置；

③暂时进境货物不复运出境或者暂时出境货物不复运进境；

④租赁进口货物留购或者分期缴纳税款。

（4）补征或者退还关税税款，按照上述3条规定确定适用的税率。因纳税人、扣缴义务人违反规定需要追征税款的，应当适用违反规定行为发生之日实施的税率；行为发生之日不能确定的，适用海关发现该行为之日实施的税率。

第三节　关税完税价格

一、关税完税价格的含义

关税完税价格是指海关根据有关规定对进出口货物进行审定或估定后通过估价确定的价格，它是海关征收关税的依据。审定后的关税完税价格就是进出口货物应当缴纳关税的价值，或者说是对进出口货物计征应交税款时所使用的价格，也称为海关价格。关税完税价格的审定以成交价格为基础，关税完税价格要能够反映市场的实际状况，更符合实际。我国关税的基本计税方法主要为从量税和从价税，这也是国际上通常采用的计税方法。从价税是以进出口货物的价格作为计税依据，计税时，货物价格乘以税率即得出其应纳税额。

进出口货物完税价格的确定是贯彻我国关税政策的一个重要环节，也是能够对关税税负产生直接影响的重要因素。《海关法》第55条对关税完税价格作出了基本规定："进出口货物的完税价格，由海关以该货物的成交价格为基础审查确定。成交价格不能确定时，完税价格由海关依法估定。"

二、进口货物的关税完税价格

进口货物的关税完税价格包括货物的货价、货物运抵我国境内输入地点起卸前的运输及其相关费用、保险费等。根据《海关法》第55条的规定，进出口货物的完税价格确定形式有两种：一种是海关以该货物的成交价格为基础确定；另一种是成交价格不能确定时，由海关依法估定。

（一）以成交价格为基础确定的完税价格

1.进口货物的成交价格

进口货物的成交价格是指出口方向我国境内销售该货物时，买方为进口该货物向卖方实付、应付并按规定调整后的价款总额，包括直接支付的价款和间接支付的价款。

（1）进口货物的成交价格应当符合下列条件：

① 对买方处置或者使用该货物不予限制，但法律、行政法规规定的限制、对货物转售地域的限制和对货物价格无实质性影响的限制除外；

② 该货物的成交价格没有因搭售或者其他因素的影响而无法确定；

③ 卖方不得从买方直接或者间接获得因该货物进口后转售、处置或者使用而产生的任何收益，或者虽有收益但能够按照下列（2）、（3）条的规定进行调整；

④ 买卖双方没有特殊关系，或者虽有特殊关系但未对成交价格产生影响。

（2）进口货物的下列费用应当计入计税价格：

① 由买方负担的购货佣金以外的佣金和经纪费；

② 由买方负担的与该货物视为一体的容器的费用；

③ 由买方负担的包装材料费用和包装劳务费用；

④ 与该货物的生产和向我国境内销售有关的，由买方以免费或者以低于成本方式提供并可以按适当比例分摊的料件、工具、模具、消耗材料及类似货物的价款，以及在我国境外开发、设计等相关服务的费用；

⑤ 作为该货物向我国境内销售的条件，买方必须支付的、与该货物有关的特许权使用费；

⑥ 卖方直接或者间接从买方获得的该货物进口后转售、处置或者使用的收益。

（3）进口时在货物的价款中列明的下列费用、税收，不计入该货物的计税价格：

① 厂房、机械、设备等货物进口后进行建设、安装、装配、维修和技术服务的费用，但保修费用除外；

② 进口货物运抵我国境内输入地点起卸后的运输及其相关费用、保险费；

③ 进口关税及国内税收。

2.进口货物相关费用的核定

根据《中华人民共和国海关审定进出口货物完税价格办法》，进口货物的相关费用核定方法如下：

（1）进口货物的运费。

① 按照实际支付的费用计算；

② 如果进口货物的运费无法确定，海关应当按照该货物的实际运输成本或者该货物进口同期运输行业公布的运费率（额）计算运费。

（2）进口货物的保险费。

① 按实际支付的费用计算；

② 如果进口货物的保险费无法确定或者未实际发生，海关应当按照“货价加运费”二者总额的3‰计算保险费，其计算公式如下：

保险费=（货价+运费）×3‰

一般情况下，关税完税价格=离岸价+运费+保险费。

【了解一下】（1）邮运进口的货物，应当以邮费作为运输及相关费用、保险费。

（2）以境外边境口岸价格条件成交的铁路或公路运输进口货物，海关应按境外边境口岸价格的1%计算运输及相关费用、保险费。

【例4-3】A公司从境外进口100吨原料，每吨价格为20万元，运抵我国海关前发生的运费、保险费无法确定。申报进境后，经海关查实，其他运输公司同类业务的运费为货价的4%，保险费率为3‰。要求计算A公司进口原料的关税完税价格。

计算分析：若进口货物的运费无法确定，海关应按该货物的实际运输成本或该货物进口同期运输行业公布的运费率（额）计算运费，因此，该例可按货价的4%计算运费。若进口货物的保险费无法确定，海关应按“货价”和“运费”总额的3‰计算保险费。

【答案】进口原料的运费=100×200 000×4%=800 000（元）

进口原料的保险费=（100×200 000+800 000）×3‰=62 400（元）

进口原料的关税完税价格=100×200 000+800 000+62 400=20 862 400（元）

（二）进口货物完税价格海关依法估定

进口货物的成交价格不符合规定条件，或者成交价格不能确定的，海关进行估价。海关进行暂估入价时，应尽可能使用实际成交价格；若实际成交价格难以确定，经海关了解有关情况并与纳税义务人进行价格磋商后，依次以下列价格估定该货物的完税价格：

1. 相同货物成交价格估价方法

相同货物成交价格估价方法是指海关以与进口货物同时或者大约同时向我国境内销售的相同货物的成交价格为基础，审查确定进口货物完税价格的估价方法。

2. 类似货物成交价格估价方法

类似货物成交价格估价方法是指海关以与进口货物同时或者大约同时向我国境内销售的类似货物的成交价格为基础，审查确定进口货物完税价格的估价方法。

【了解一下】按照相同或者类似货物成交价格估价方法审查确定进口货物的完税价格时，应当首先使用同一生产商生产的相同或者类似货物的成交价格。

没有同一生产商生产的相同或者类似货物的成交价格的，可以使用同一生产国或者地区其他生产商生产的相同或者类似货物的成交价格。如果有多个相同或者类似货物的成交价格，应当以最低的成交价格为基础审查确定进口货物的完税价格。

3. 倒扣价格估价方法

倒扣价格估价方法是指海关以进口货物、相同或者类似进口货物在境内的销售价格为基础，扣除境内发生的有关费用后，审查确定进口货物完税价格的估价方法。

4. 计算价格估价方法

采用计算价格估价方法时，可以按下列各项总和计算价格：生产该货物所使用的料件成本和加工费用，向我国境内销售同等级或同种类货物通常的利润和一般费用，该货物运抵境内输入地点起卸前的运输及相关费用、保险费。

5. 合理估价方法

合理估价方法即在使用上述任何一种估价方法都无法确定完税价格时，海关可以用客观量化的数据资料为基础审查确定进口货物的完税价格。但是，合理估价方法不允许使用以下价格：境内生产的货物在境内的销售价格；可供选择的价格中较高的价格；货物在出口地市场的销售价格；以估价方法中所含价值或费用之外的价值或者费用计算的相同或者类似货物的价格；出口到第三国或地区的货物的销售价格；最低限价或武断、虚构的价格。

三、出口货物的完税价格

出口关税不计入完税价格。出口货物的完税价格包括货物的货价、货物运至我国境内输出地点装载前的运输及相关费用、保险费，但是其中包含的出口关税税额应当予以扣除。

（一）以成交价格为基础确定的完税价格

出口货物的成交价格是指该货物出口销售时，卖方为出口该货物应当向买方直接和间接收取的价款总额。但下列税收、费用不计入出口货物的完税价格：

（1）出口关税。

（2）在货物价款中单独列明的货物运至我国境内输出地点装载后的运输及其相关费用、保险费。

（3）在货物价款中单独列明由卖方承担的佣金。

（二）出口货物完税价格确定的其他方法

出口货物的成交价格不能确定的，海关经了解有关情况并与纳税义务人进行价格磋商后，依次以下列价格审查确定该货物的完税价格：

（1）同时或者大约同时向同一国家或者地区出口的相同货物的成交价格。

（2）同时或者大约同时向同一国家或者地区出口的类似货物的成交价格。

（3）根据境内生产相同或者类似货物的成本、利润和一般费用（包括直接费用和间接费用）、境内发生的运输及相关费用、保险费计算所得的价格。

（4）按照合理方法估定的价格。

【例4-4】A公司出口一批商品，成交价格为800万元人民币，其中包含货物运至我国境内输出地点装载前的运输费60万元、保险费20万元。该批货物的出口关税税率为20%。要求计算出口关税完税价格。

【答案】完税价格=（800-60-20）÷（1+20%）=600（万元）

四、特殊进口货物的完税价格

（一）运往境外修理的货物

运往境外修理的机械器具、运输工具或其他货物，出境时已向海关报明，并在海关规定的期限内复运进境的，应以境外修理费和料件费为基础审查确定完税价格。

（二）运往境外加工的货物

运往境外加工的货物，出境时已向海关报明，并在海关规定的期限内复运进境的，应以境外加工费和料件费，以及该货物复运进境的运输及相关费用、保险费为基础审查确定完税价格。

（三）暂时进境的货物

经海关批准的暂时进境的货物应缴纳税款的，按一般进口货物完税价格确定的有关规定审查确定完税价格。经海关批准留购的暂时进境的货物，以海关审查确定的留购价格为完税价格。

（四）租赁方式进口的货物

租赁方式进口的货物中，以租金方式对外支付的租赁货物，在租赁期间以海关审查确定的租金作为完税价格，利息应计入；留购的租赁货物，以海关审定的留购价格作为完税价格；纳税义务人申请一次性缴纳税款的，可选择申请按一般进口货物估价办法的规定估计确定完税价格，或以海关审查确定的租金总额作为完税价格。

（五）予以补税的减免税货物

减税或免税进口的货物需补税时，应以海关审定的该货物原进口时的价格扣除折旧部分后的余额作为完税价格。其计算公式为：

$$完税价格 = 海关审定的该货物原进口时的价格 \times (1 - \frac{补税时已实际进口的时间(月)}{监管年限 \times 12})$$

【了解一下】补税时实际已进口的时间按月计算，不足1个月但超过15日的，按1个月计算；不超过15日的，不予计算。

第四节　税收优惠

一、法定减免优惠

法定减免税是税法中明确列出的减税或免税。符合税法规定可予以减免税的进出口货物，纳税义务人无须提出申请，海关可按规定直接予以减免税。海关对法定减免税货物一般不进行后续管理。

（一）免征关税的进出口货物

（1）国务院规定的免征额度内的一票货物；

（2）无商业价值的广告品和货样；

（3）进出境运输工具装载的途中必需的燃料、物料和饮食用品；

（4）在海关放行前损毁或者灭失的货物、进境物品；

（5）外国政府、国际组织无偿赠送的物资；

（6）我国缔结或者共同参加的国际条约、协定规定免征关税的货物、进境物品；

（7）依照有关法律规定免征关税的其他货物、进境物品。

【了解一下】国务院规定的免征额度为关税税额在人民币50元以下。

（1）海关放行前遭受损坏的货物，可以根据海关认定的受损程度减征关税。

（2）因品质或者规格原因，出口货物自出口之日起1年内原状复运进境的，不征收进口关税；因品质或者规格原因，进口货物自进口之日起1年内原状复运出境的，不征收出口关税。

（二）减征关税的进出口货物、进境物品

（1）在海关放行前遭受损坏的货物、进境物品；

（2）我国缔结或者共同参加的国际条约、协定规定减征关税的货物、进境物品；

（3）依照有关法律规定减征关税的其他货物、进境物品。

【了解一下】保税货物复运出境的，免征关税；不复运出境转为内销的，按照规定征收关税。加工贸易保税进口料件或者其制成品内销的，除按照规定征收关税外，还应当征收缓税利息。

（三）可暂不缴纳关税的进出口货物

经海关批准的暂时进境或暂时出境的下列货物，在进境或出境时，纳税义务人向海关缴纳相当于应纳税款的保证金或提供其他担保的，可暂不缴纳关税，并应自进境或出境之日起6个月内复运出境或复运进境；经纳税义务人申请，海关可根据海关总署的规定，延长复运出境或者复运进境的期限：

（1）在展览会、交易会、会议及类似活动中展示或使用的货物。

（2）文化、体育交流活动中使用的表演、比赛用品。

（3）进行新闻报道或摄制电影、电视节目使用的仪器、设备及用品。

（4）开展科研、教学、医疗活动使用的仪器、设备及用品。

（5）在第1项至第4项所列活动中使用的交通工具及特种车辆。

（6）货样。

（7）供安装、调试、检测设备时使用的仪器、工具。

（8）盛装货物的容器。

（9）其他用于非商业目的的货物。

暂时进境的上述货物在规定期限内未复运出境的，或暂时准予出境货物在规定的期限内未复运进境的，海关应依法征收关税。

二、特殊情形减免

（一）特殊情形

（1）因品质、规格原因或者不可抗力，出口货物自出口之日起1年内原状复运进境的，不征收进口关税。因品质、规格原因或者不可抗力，进口货物自进口之日起1年内原状复运出境的，不征收出口关税。

（2）因残损、短少、品质不良或规格不符原因，由进出口货物的发货人、承运人或保险公司免费补偿或更换的相同货物，进出口时不征收关税。被免费更换的原进口货物不退运出境或原出口货物不退运进境的，海关应对该免费补偿或更换的进出口货物重新按照规定征收关税。

纳税人应当在原进出口合同约定的请求赔偿期限内且不超过原进出口放行之日起3年内，向海关申报办理免费补偿或者更换货物的进出口手续。

（二）进出口少征、多征等特殊处理

进出口货物放行后，海关发现少征或者漏征税款的，应当自缴纳税款或者货物放行之日起1年内，向纳税义务人补征税款。但因纳税义务人违反规定造成少征或者漏征税款的，海关可以自缴纳税款或者货物放行之日起3年内追征税款，并从缴纳税款或者货物放行之日起，按日加收少征或者漏征税款5‰的滞纳金。

海关发现多征税款的，应当立即通知纳税义务人办理退还手续。

纳税义务人发现多缴税款的，自缴纳税款之日起1年内，可以用书面形式要求海关退还多缴的税款并加算银行同期活期存款利息，海关应当自受理退税申请之日起30日内查实并通知纳税义务人办理退还手续。

纳税义务人应当自收到通知之日起3个月内办理有关退税手续。

第五节　应纳税额计算

关税从价计征、从量计征或复合计征。实行从价计征的，应纳税额按照计税价格乘以比例税率计算。实行从量计征的，应纳税额按照货物数量乘以定额税率计算。实行复合计征的，应纳税额按照计税价格乘以比例税率与货物数量乘以定额税率之和计算。

一、从价计征应纳税额的计算

从价计征应纳关税税额的计算公式如下：

应纳关税税额=单位完税价格×关税税率

进口货物常用的价格条款有FOB、CFR和CIF三种。

（一）FOB

FOB（Free on Board）是“船上交货”价格术语的简称，指卖方在合同规定的装运港把货物装上买方指定的船，并负责货物装上船为止的一切费用和风险，指的是离岸价格。

进口货物完税价格=FOB+运费+保险费 =（FOB+运费）×（1+保险费率）

$$出口货物完税价格 = \frac{FOB}{1 + 出口关税税率}$$

（二）CFR

CFR（Cost and Freight）是“成本加运费”价格术语的简称，指卖方负责将合同规定的货物装上买方指定运往目的港的船，并负责货物装上船为止的一切费用和风险，并支付运费。CFR可以理解成离岸价格+运费。

进口货物完税价格=CFR+保险费 =CFR×（1+保险费率）

$$出口货物完税价格 = \frac{CFR - 运费}{1 + 出口关税税率}$$

（三）CIF

CIF（Cost，Insurance and Freight）是“成本加运费加保险费”价格术语的简称，指卖方负责将合同规定的货物装上买方指定运往目的港的船，并负责支付运费和保险费。CIF可以理解成到岸价格。

进口货物完税价格=CIF

$$出口货物完税价格 = \frac{CIF - 运费 - 保险费}{1 + 出口关税税率}$$

【了解一下】在计算出口货物完税价格时，若出口货物成交价格中单独列明了由卖方承担的佣金，应予以扣除。

【例4-5】A公司从国外进口30辆小汽车，成交价格为FOB每辆10万元，每辆运费为1万元，保险费率为2%，进口关税税率为10%。要求计算A公司进口小汽车应缴纳的关税税额。

计算分析：进口货物以FOB成交时，完税价格应加上运费和保险费。

【答案】应缴纳关税税额=（10+1）×30×（1+2%）×10%=33.66（万元）

二、从量计征应纳税额的计算

从量计征应纳关税税额的计算公式如下：

应纳关税税额=应税进（出）口货物数量×单位货物税额

【例4-6】A公司进口国外黄酒3 000箱，每箱12瓶，每瓶500毫升，成交价格折合人民币为CIF 15万元，关税税率为3元人民币/500毫升。要求计算A公司进口黄酒应缴纳的关税税额。

【答案】应纳关税税额=3 000×12×3=108 000（元）

三、复合计征应纳税额的计算

复合计征应纳关税税额的计算公式如下：

$$\text{应纳关税税额}=\text{应税进（出）口货物数量}\times\text{单位完税价格}\times\text{税率}+\text{应税进（出）口货物数量}\times\text{单位货物税额}$$

【例4-7】A公司进口5台美国产数字照相机，成交价为CIF 35 000美元。征税日美元中间价为1美元=7.2元人民币。假定每台完税价格低于6 000美元的，关税税率为30%；每台完税价格高于6 000美元的，关税税率为40%。此外，还要加收8 000元人民币/台的从量税。要求计算A公司应缴纳的进口关税税额。

【答案】应纳关税税额=35 000×7.2×40%+8 000×5=140 800（元）

解析：数字照相机完税价格为7 000美元/台，适用复合关税税率。

四、滑准税应纳税额的计算

滑准税应纳关税税额的计算公式如下：

应纳关税税额=应税进（出）口货物数量×单位完税价格×滑准税税率

第六节　征收管理

关税的征收管理实施货物放行与税额确定相分离的模式。关税的征收管理应当适应对外贸易新业态、新模式发展需要，提升信息化、智能化、标准化、便利化水平。

一、关税纳税期限

（一）一般情形

进出口货物的纳税人、扣缴义务人应当自完成申报之日起15日内缴纳税款；符合海关规定条件并提供担保的，可以于次月第5个工作日结束前汇总缴纳税款。因不可抗力或者国家税收政策调整，不能按期缴纳的，经向海关申请并提供担保，可以延期缴纳，但最长不得超过6个月。

【了解一下】纳税人、扣缴义务人未在规定的纳税期限内缴纳税款的，自规定的期限届满之日起，按日加收滞纳税款5‱的滞纳金。税款尚未缴纳，纳税人、扣缴义务人依照有关法律、行政法规的规定申请提供担保要求放行货物的，海关应当依法办理担保手续。关税滞纳金的计算公式为：

关税滞纳金=滞纳关税税额×滞纳金征收比率×滞纳天数

【例4-8】A公司2023年5月4日从境外进口一批原材料，价款折合人民币80万元，运抵我国境内输入地点起卸前发生运费、保险费合计2万元。A公司2023年5月5日（周三）向海关申报缴纳关税，海关于当日填发了税收缴款书，但A公司于2023年5月28日缴纳关税，关税税率为10%。要求计算A公司应缴纳的关税滞纳金。

【答案】应纳关税滞纳金=（80+2）×10 000×10%×5‱×9=369（元）

解析：海关于2023年5月5日填发税收缴款书，A公司最晚应于2023年5月19日向指定银行缴纳税款。2023年5月20日至2023年5月28日滞纳天数为9天。

（二）特殊情形

1.未按照规定的期限缴纳税款

纳税人、扣缴义务人未按照规定的期限缴纳或者解缴税款的，由海关责令其限期缴纳。逾期仍未缴纳且无正当理由的，经直属海关关长或者其授权的隶属海关关长批准，海关可以实施下列强制执行措施：

（1）书面通知银行业金融机构划拨纳税人、扣缴义务人金额相当于应纳税款的存款、汇款；

（2）查封、扣押纳税人、扣缴义务人价值相当于应纳税款的货物或者其他财产，依法拍卖或者变卖所查封、扣押的货物或者其他财产，以拍卖或者变卖所得抵缴税款，剩余部分退还纳税人、扣缴义务人。

海关实施强制执行措施时，对未缴纳的滞纳金同时强制执行。

【了解一下】纳税人未缴清税款、滞纳金且未向海关提供担保的，经直属海关关长或者其授权的隶属海关关长批准，海关可以按照规定通知移民管理机构对纳税人或者其法定代表人依法采取限制出境措施。

2.多征税款

海关发现多征税款的，应当及时通知纳税人办理退还手续。纳税人发现多缴税款的，可以自缴纳税款之日起3年内，向海关书面申请退还多缴的税款。海关应当自受理申请之日起30日内查实并通知纳税人办理退还手续，纳税人应当自收到通知之日起3个月内办理退还手续。

有下列情形之一的，纳税人自缴纳税款之日起1年内，可以向海关申请退还关税：

（1）已征进口关税的货物，因品质、规格原因或者不可抗力，1年内原状复运出境；

（2）已征出口关税的货物，因品质、规格原因或者不可抗力，1年内原状复运进境，并已重新缴纳因出口而退还的国内环节有关税收；

（3）已征出口关税的货物，因故未装运出口，申报退关。

【了解一下】申请退还关税应当以书面形式提出，并提供原缴款凭证及相关资料。海关应当自受理申请之日起30日内查实并通知纳税人办理退还手续，纳税人应当自收到通知之日起3个月内办理退还手续。按照其他有关法律、行政法规规定应当退还关税的，海关应当依法予以退还。按照规定退还关税的，应当加算银行同期活期存款利息。

3.少征、漏征关税

因纳税人、扣缴义务人违反规定造成少征或者漏征税款的，海关可以自缴纳税款或者货物放行之日起3年内追征税款，并自缴纳税款或者货物放行之日起，按日加收少征或者漏征税款5‱的滞纳金。

【了解一下】对走私行为，海关追征税款、滞纳金的，不受3年期限的限制，并有权核定应纳税额。

4.转移、藏匿其应税货物的特殊规定

进出口货物的纳税人在规定的纳税期限内有转移、藏匿其应税货物以及其他财产的明显迹象，或者存在其他可能导致无法缴纳税款风险的，海关可以责令其提供担保；纳税人不提供担保的，经直属海关关长或者其授权的隶属海关关长批准，海关可以实施下列强制措施：

（1）书面通知银行业金融机构冻结纳税人金额相当于应纳税款的存款、汇款；

（2）查封、扣押纳税人价值相当于应纳税款的货物或者其他财产。

纳税人在规定的纳税期限内缴纳税款的，海关应当立即解除强制措施。

二、关税应纳税额的确认

自纳税人、扣缴义务人缴纳税款或者货物放行之日起3年内，海关有权对纳税人、扣缴义务人的应纳税额进行确认。

海关确认的应纳税额与纳税人、扣缴义务人申报的税额不一致的，海关应当向纳税人、扣缴义务人出具税额确认书。纳税人、扣缴义务人应当按照税额确认书载明的应纳税额，在海关规定的期限内补缴税款或者办理退税手续。经海关确认应纳税额后需要补缴税款但未在规定的期限内补缴的，自规定的期限届满之日起，按日加收滞纳税款5‱的滞纳金。

三、关税报关连带责任情形

（一）报关企业接受纳税人的委托情形

报关企业接受纳税人的委托，以纳税人的名义办理报关纳税手续，因报关企业违反规定造成海关少征、漏征税款的，报关企业对少征或者漏征的税款及滞纳金与纳税人承担纳税连带责任。报关企业接受纳税人的委托，以报关企业的名义办理报关纳税手续的，报关企业与纳税人承担纳税连带责任。

（二）海关监管货物情形

除不可抗力外，在保管海关监管货物期间，海关监管货物损毁或者灭失的，对海关监管货物负有保管义务的单位或者个人应当承担相应的纳税责任。

（三）企业合并、分立情形

未履行纳税义务的纳税人有合并、分立情形的，在合并、分立前，应当向海关报告，依法缴清税款、滞纳金或者提供担保。纳税人合并时未缴清税款、滞纳金或者未提供担保的，由合并后的法人或者非法人组织继续履行未履行的纳税义务；纳税人分立时未缴清税款、滞纳金或者未提供担保的，分立后的法人或者非法人组织对未履行的纳税义务承担连带责任。

纳税人在减免税货物、保税货物监管期间，有合并、分立或者其他资产重组情形的，应当向海关报告；按照规定需要缴税的，应当依法缴清税款、滞纳金或者提供担保；按照规定可以继续享受减免税、保税的，应当向海关办理变更纳税人的手续。

纳税人未履行纳税义务或者在减免税货物、保税货物监管期间，有解散、破产或者其他依法终止经营情形的，应当在清算前向海关报告。海关应当依法清缴税款、滞纳金。

四、关税效力

海关征收的税款优先于无担保债权，法律另有规定的除外。纳税人欠缴税款发生在纳税人以其财产设定抵押、质押之前的，税款应当先于抵押权、质权执行。

纳税人欠缴税款，同时被行政机关处以罚款、没收违法所得，其财产不足以同时支付的，应当先缴纳税款。

【了解一下】税款、滞纳金应当按照国家有关规定及时缴入国库。税款、滞纳金、利息等应当以人民币计算。进出口货物、进境物品的价格以及有关费用以人民币以外的货币计算的，按照纳税人完成申报之日的计征汇率折合为人民币计算。计征汇率是指按照海关总署的规定确定的日期当日的人民币汇率中间价。

【税事热议】

2020年6月29日，中共中央、国务院印发《海南自由贸易港建设总体方案》，确定了以“零关税、低税率、简税制”为主要特征的自由贸易港税收政策制度体系，随后海南离岛购物免税购物政策、部分进口商品“零关税”政策相继出台。请各位同学查查相关的政策，谈谈在海南实施离岛免税政策的意义。

思维导图

第四章思维导图

练习题

一、即测即评

第四章单选题

第四章多选题

二、计算题

1. 某企业海运进口一批货物，海关审定的货价折合人民币5 000万元，运抵境内输入地点起卸前的运费折合人民币20万元，该批货物进口关税税率为5%。要求计算该企业应纳关税税额。

2. 某公司从国外进口一批货物，价值100万元人民币，中途没有产生其他费用，进口关税税率为10%。要求计算该公司应缴纳的进口关税。

3. 某公司从国外进口10 000瓶啤酒，每瓶啤酒的完税价格为100元人民币，进口关税税率为5元/瓶。要求计算该公司应缴纳的进口关税。

4. 某公司从国外进口1 000件货物，每件价值1万元人民币，中途没有产生其他费用，进口关税税率为10%，每件货物还要征收0.2万元的固定税额。要求计算该公司应缴纳的进口关税。

5. 某公司从国外进口一批货物，完税价格为100万元人民币，根据完税价格的不同，进口关税税率为 10% 或 20%。当完税价格低于 50 万元时，适用 10% 的税率；当完税价格高于 50 万元时，适用 20% 的税率。中途没有产生其他费用。要求计算该公司应缴纳的进口关税。

三、小组讨论与分享

《关税法》保持了现行关税税制基本稳定、税负水平总体不变，完善了现行制度和有关政策内容。《关税法》是我国推进高水平对外开放，稳步扩大规则、规制、管理、标准等制度型开放，打造市场化、法治化、国际化营商环境，统筹国内法治和涉外法治的重要法律实践。具体表现为：

(1)《关税法》保持了现行关税税制基本稳定、税负水平总体不变，这为企业和投资者提供了稳定预期，有助于营造市场化、法治化、国际化的营商环境。

(2)《关税法》完善了现行制度和有关政策内容，有助于提升我国开放型经济水平，推动更高层次的对外开放。

(3)《关税法》的发布标志着我国稳步扩大规则、规制、管理、标准等制度型开放，有助于我国更好地融入全球经济体系，增强我国的国际竞争力。

结合目前政策以及本章内容，请同学们谈谈关税立法还有什么样的法律贡献。

第五章

城市维护建设税、教育费附加及地方教育附加

学习目标

知识目标：

（1）理解基本原理：了解附加税的概念、纳税人、征收范围与税率、减免优惠政策。

（2）掌握计税（费）原理：理解城市维护建设税和教育费附加、地方教育附加的计税（费）依据是依法实际缴纳增值税、消费税税额之和。

能力目标：

能够根据计税原理进行附加税应纳税额的计算，并且关注到城市维护建设税的地区差别比例税率，并进行相应的应用。

思政目标：

（1）践行社会主义核心价值观：通过学习城市维护建设税的征税作用，形成对美好城市生活共建共享的意识，践行社会主义核心价值观。

（2）增强社会责任感：认识到缴纳这些税费对于支持城市建设、发展教育事业、促进地方发展的积极作用，激发为社会发展贡献力量的责任感。

税惠添彩

税惠政策为文化企业添动力

2023年前三季度，北京市规模以上文化及相关产业法人单位实现收入合计14 641.4亿元，同比增长13.8%。国家税务总局北京市税务局已通过电子税务局向纳税人全方位推送政策、提示提醒，并编写税费优惠政策指引和操作指引，帮助企业准确享受优惠，推动文化企业蓬勃发展。

能够满足周边数万人需求的美术馆和书坊、设计灵感取材自《罗马假日》等经典电影的主题酒店、三座合计近3 000平方米的演播大厅……在朝阳区通惠河沿岸的国家文化产业创新实验区，东亿国际传媒产业园是其中的“明星”。

据悉，东亿国际传媒产业园内现有文化产业企业92家，小微企业占比超过6成。在日常运营过程中，除了做好公共资源调配供给等工作外，园区管理方还与税务等部门建立沟通机制，定期为入驻企业提供专场政策宣讲和交流服务。

“2022年国家推出组合式税费支持政策后，我们就与朝阳区税务部门合作为园区入驻企业提供了政策解读、实务交流等服务。”产业园财务总监梁丽介绍，近期国家推出的个税专项附加扣除标准提高，税务部门也第一时间到园区为企业开展讲解工作。“文化行业员工中青年占比大，新政策减轻了个人负担，讲解得到了大家的热烈响应。”梁丽说。

作为《消失的她》《封神》《唐人街探案3》等电影联合投资出品方的华文映像（北京）影业有限公司是东亿国际传媒产业园入驻企业。“税务工作人员根据增值税加计抵减政策，结合我们公司实际情况，上门服务，仅这一项政策我们已累计享受税收优惠超过60万元。”该公司财务总监孟令宸表示，这让企业受益匪浅。

朝阳区税务局高碑店税务所副所长田蔓介绍，高碑店地区中小型文化企业较为密集，为此，该所开展了关于“六税两费”以及其他中小文化企业急需的政策宣讲活动，并通过入户、给企业发放专属信封、派发宣传资料等方式，确保第一时间把优惠政策送到企业手中。

老字号企业也是本市文化产业发展的主力军。北京金漆镶嵌工艺是“燕京八绝”之一，北京金漆镶嵌艺术博物馆创办仅一年，就已成为小有名气的“打卡地”。2023年8月，博物馆举办的“梦回宫廷——北京金漆镶嵌艺术博物馆开馆一周年庆祝活动”和非遗传承人的“博物馆之夜首秀”吸引了大量观众欣然前往。

“作为文化类企业，税务部门给我们提供了很大的支持，税收人员都是一对一辅导，让我们享受到最新的优惠政策。”博物馆创办人柏群介绍，2023年以来已陆续享受一系列税收优惠政策，后续将把税惠红利用于展馆建设、展品保护等方面，“我们的发展信心更足了!”

北京市税务局相关负责人介绍，文化企业涉及的税惠政策较为复杂。例如，符合条件的文化创意小微企业可按照50%税额幅度减征城市维护建设税、房产税等“六税两费”；符合条件的文化创意企业取得高新技术企业资格证书后，可按照15%的税率享受优惠。因此，税务部门编写了税费优惠政策指引和操作指引，通过门户网站、微信、视频会、宣传辅导会等多种方式开展宣传辅导，并依托电子税务局向纳税人推送政策，确保100%覆盖。

资料来源：国家税务总局北京市税务局．北京：税惠政策为文化企业添动力［EB/OL］．(2023-11-16)［2024-11-22］．https：//www.chinatax.gov.cn/chinatax/n810219/n810739/c5216467/content.html.

【税问我答】观看国家税务总局《城市维护建设税法来了！90秒科普新税法新变化》视频（播放网址：https：//www.chinatax.gov.cn/chinatax/c102197/c5177477/content.html)，请同学们讨论并分享开征城市维护建设税的重大意义。

第一节 城市维护建设税

一、城市维护建设税的概念

城市维护建设税是对在中华人民共和国境内缴纳增值税、消费税的单位和个人征收的一种税。

二、城市维护建设税的特点

1. 税款专款专用

城市维护建设税专款专用，用来保证城市的公共事业和公共设施的维护与建设，是一种具有受益税性质的税种。

2. 属于一种附加税

城市维护建设税没有独立的征税对象或税基，而是以增值税、消费税“两税”实际缴纳的税额之和为计税依据，随“两税”征收而征收，本质上属于附加税。

3. 地区差别比例税率

城市维护建设税按纳税人所在地的不同，设置了三档地区差别比例税率。

4. 征收范围较广

除了减免税等特殊情况以外，任何从事生产经营活动的企业单位和个人只要缴纳增值税和消费税，都要缴纳城市维护建设税，征税范围比较广。

三、城市维护建设税的历史渊源

（一）起源

1985年2月8日，国务院发布了《中华人民共和国城市维护建设税暂行条例》（简称《城市维护建设税暂行条例》），标志着城市维护建设税的正式设立，至今已有近40年的历史。

（二）改革

在近40年的实施过程中，《城市维护建设税暂行条例》仅在2011年1月8日根据《国务院关于废止和修改部分行政法规的决定》进行了一次小幅度的修改，主要是将条文中的“产品税”修改为“消费税”。

流转税改革：1993年12月13日，国务院颁布了《中华人民共和国增值税暂行条例》，自1994年1月1日起施行，同时废止了之前的《中华人民共和国增值税条例（草案）》和《中华人民共和国产品税条例（草案）》，产品税被并入增值税。

消费税的引入：国务院还颁布了《中华人民共和国消费税暂行条例》，自1994年1月1日起施行。消费税是一种针对特定消费品的税种，属于流转税范畴。

营业税的取消：随着“营改增”（即营业税改征增值税）的实施，营业税被取消，城市维护建设税的纳税义务人也随之减少，仅限于消费税和增值税的纳税人。

（三）法律地位的确立

2020年8月11日，第十三届全国人民代表大会常务委员会第二十一次会议通过了《中华人民共和国城市维护建设税法》（简称《城市维护建设税法》），该法自2021年9

月1日起施行，取代了《城市维护建设税暂行条例》，从法律层面完善了城市维护建设税制度。

《城市维护建设税法》明确了城市维护建设税的附加税性质，规定了计税依据和税率，以及对进口货物或境外单位和个人向境内销售劳务、服务、无形资产缴纳的增值税、消费税税额不征收城市维护建设税等内容。

《城市维护建设税法》规定了根据纳税人所在地不同，税率分别为市区7%，县城、镇5%，不在上述区域的1%。

城市维护建设税的发展历程体现了中国税制改革的深化和完善，以及对地方财政收入和城市建设维护的重视。

四、纳税人、征税范围与税率

（一）纳税义务人

城市维护建设税的纳税人是在中华人民共和国境内依法实际缴纳增值税、消费税的单位和个人，即只要缴纳了“两税”就要缴纳城市维护建设税。

【了解一下】缴纳了“两税”指至少产生增值税、消费税其中的一种税。

单位，是指各类企业（含外商投资企业、外国企业）、行政单位、事业单位、军事单位、社会团体及其他单位。个人，是指个体工商户和其他个人（含外籍个人）。

城市维护建设税的扣缴义务人是指负有增值税、消费税扣缴义务的单位和个人。其在扣缴增值税、消费税的同时扣缴城市维护建设税。

（二）征税范围

城市维护建设税的征税范围是城市市区、县城、建制镇，以及征收“两税”的其他地区。其中，城市、县城、建制镇的范围应以行政区划为标准，不能随意扩大或缩小各自行政区域的管辖范围。

（三）税率

城市维护建设税按纳税人所在地的不同，设置了三档地区差别比例税率，如表5-1所示。

表5-1　**城市维护建设税地区差别比例税率表**

档次	纳税人所在地	税率
1	市区	7%
2	县城、镇	5%
3	不在市区、县城、镇	1%

【了解一下】由受托方代扣代缴、代收代缴增值税、消费税的单位和个人，其代扣代缴、代收代缴的城市维护建设税按受托方所在地适用税率执行。

五、城市维护建设税税收优惠

由于城市维护建设税有附加税的特征，所以税收优惠减免一般情况是跟随“两税”减免而减免，但针对一些特殊情况，财政部和国家税务总局作了特殊税收优惠规定：

（1）对进口货物或者境外单位和个人向境内销售劳务、服务、无形资产缴纳的增值税、消费税税额，不征收城市维护建设税。

（2）对出口货物、劳务和跨境销售服务、无形资产以及因优惠政策退还增值税、消费税的，不退还已缴纳的城市维护建设税。

（3）对由于减免增值税、消费税而发生的退税，同时退还已纳的城市维护建设税。

（4）对国家重大水利工程建设基金免征城市维护建设税。

（5）根据国民经济和社会发展的需要，国务院对重大公共基础设施建设、特殊产业和群体以及重大突发事件应对等情形可以规定减征或者免征城市维护建设税，报全国人民代表大会常务委员会备案。

【了解一下】对增值税、消费税“两税”实行先征后返、先征后退、即征即退办法的，除另有规定外，对随“两税”附征的城市维护建设税，一律不予退（返）还。城市维护建设税出口不退，进口不征。

2022年1月1日至2024年12月31日，由省、自治区、直辖市人民政府根据本地区实际情况，以及宏观调控需要确定，对增值税小规模纳税人、小型微利企业和个体工商户可以在50%的税额幅度内减征城市维护建设税、教育费附加和地方教育附加。

六、应纳税额的计算

应纳城市维护建设税的计算公式如下：

应纳税额=（实际缴纳的增值税+实际缴纳的消费税）×适用税率

【了解一下】城市维护建设税的计税依据是依法实际缴纳增值税、消费税税额之和。

（1）依法实际缴纳的增值税税额=纳税人依照增值税相关法律法规和税收政策规定计算应当缴纳的增值税税额+增值税免抵税额-直接减免的增值税税额-留抵退税额

（2）依法实际缴纳的消费税税额=纳税人依照消费税相关法律法规和税收政策规定计算应当缴纳的消费税税额-直接减免的消费税税额

“两税”被查补和被处以罚款时，也要对其未缴的城市维护建设税进行补税和罚款。“两税”加收的滞纳金和罚款，不作为城市维护建设税的计税依据。

【例5-1】位于某县县城的乙企业（城建税适用税率为5%），2023年10月申报期，享受直接减免增值税优惠后申报缴纳增值税90万元，享受直接减免消费税优惠后申报缴纳消费税30万元，要求计算该企业10月应申报缴纳的城市维护建设税。

【答案】应纳税额=（90+30）×5%=6（万元）

【例5-2】位于某市市区的甲企业（城建税适用税率为7%），2023年10月申报期，申报缴纳增值税100万元，其中50万元增值税是进口货物产生的，要求计算该企业10月应申报缴纳的城建税。

【答案】应纳税额=（100-50）×7%=3.5（万元）

解析：地处市区城市维护建设税税率为7%。对进口货物或者境外单位和个人向境内销售劳务、服务、无形资产缴纳的增值税、消费税税额，不征收城市维护建设税。

七、征收管理

1.纳税义务发生时间

城市维护建设税的纳税义务发生时间与增值税、消费税的纳税义务发生时间一致，分别与增值税、消费税同时缴纳。城市维护建设税的扣缴义务人为负有增值税、消费税扣缴义务的单位和个人，在扣缴增值税、消费税的同时扣缴城市维护建设税。

2.纳税地点

城市维护建设税纳税地点为实际缴纳增值税、消费税的地点。扣缴义务人应当向其机构所在地或者居住地的主管税务机关申报缴纳其扣缴的税款。有特殊情况的，按下列原则和办法确定纳税地点：

（1）代扣代缴、代收代缴增值税、消费税的单位和个人，同时也是城市维护建设税的代扣代缴、代收代缴义务人，其纳税地点为代扣代收地。

（2）对流动经营等无固定纳税地点的单位和个人，应随同增值税、消费税在经营地纳税。

3.纳税期限

城市维护建设税的纳税期限与增值税、消费税的纳税期限一致。根据增值税法和消费税法规定，增值税、消费税的纳税期限分别为1日、3日、5日、10日、15日、1个月或者1个季度；纳税人的具体纳税期限，由税务机关根据纳税人应纳税额的大小分别核定；不能按照固定期限纳税的，可以按次纳税。

4.纳税申报

2021年8月1日起，全国推行增值税、消费税及附加税费申报表整合，纳税人在申报增值税、消费税时，应一并完成城市维护建设税的申报。

第二节　教育费附加及地方教育附加

一、概念

教育费附加是国家为了支持教育事业的发展而设立的一项政府性基金收入，它属于一般公共预算的一部分。教育费附加和地方教育附加的征收范围与增值税、消费税的征收范围相同，即所有实际缴纳增值税、消费税的单位和个人都应当依法缴纳教育费附加和地方教育附加。教育费附加是一种附加费，国务院于1986年4月28日颁布了《征收教育费附加的暂行规定》，同年7月1日开始在全国范围内征收教育费附加。2010年财政部下发了《关于统一地方教育附加政策有关问题的通知》，对各省、自治区、直辖市的地方教育附加进行了统一。

二、征收范围与计征比率

（一）征收范围

教育费附加和地方教育附加对缴纳增值税、消费税的单位和个人征收，以其实际缴纳的增值税、消费税税额为计税依据，分别与增值税、消费税同时缴纳。

（二）计征比率

教育费附加征收比率为3%，地方教育附加征收比率为2%。

三、纳费义务人

凡缴纳增值税、消费税的单位和个人，均为教育费附加的纳费义务人（简称纳费人）。凡代征增值税、消费税的单位和个人，亦为代征教育费附加的义务人。

农业、乡镇企业，由乡镇人民政府征收农村教育事业附加，不再征收教育费附加。

国务院（国发〔2010〕35号）和财政部、国家税务总局（财税〔2010〕103号）文件明确了外商投资企业、外国企业和外籍人员适用于现行有效的城市维护建设税和教育费附加政策规定，凡是缴纳增值税、消费税的外商投资企业、外国企业和外籍人员纳税人均需按规定缴纳城市维护建设税和教育费附加。自2010年12月1日起，对外商投资企业、外国企业及外籍个人开始征收教育费附加。

四、税收优惠

（1）对进口货物或者境外单位和个人向境内销售劳务、服务、无形资产缴纳的增值税、消费税税额，不征收教育费附加。

（2）对出口货物、劳务和跨境销售服务、无形资产以及因优惠政策退还增值税、消费税的，不退还已缴纳的教育费附加。

（3）对由于减免增值税、消费税而发生的退税，同时退还已纳的教育费附加。

（4）对国家重大水利工程建设基金免征教育费附加。

【了解一下】对增值税、消费税“两税”实行先征后返、先征后退、即征即退办法的，除另有规定外，对随“两税”附征的教育费附加，一律不予退（返）还。

五、税费计算

计算公式如下：

应纳教育费附加=（实际缴纳的增值税+实际缴纳的消费税）×3%

应纳地方教育附加=（实际缴纳的增值税+实际缴纳的消费税）×2%

【例5-3】2024年1月，某市区A企业应缴纳增值税100万元，实际缴纳增值税100万元，实际缴纳消费税50万元。计算A企业当月应缴纳的教育费附加和地方教育附加。

【答案】应纳教育费附加和地方教育附加=（100+50）×3%+（100+50）×2%=7.5（万元）

解析：我国现行教育费附加征收比率为3%，地方教育附加征收比率为2%。

六、征收管理

教育费附加的征收管理，按照消费税、增值税的有关规定办理。

教育费附加纳入预算管理，作为教育专项资金，根据“先收后支、列收列支、收支平衡”的原则使用和管理。地方各级人民政府应当依照国家有关规定，使预算内教育事业费逐步增长，不得因教育费附加纳入预算专项资金管理而抵顶教育事业费拨款。企业缴纳的教育费附加，一律在销售收入（或营业收入）中支付。

依照现行有关规定，除铁道系统、中国人民银行总行、各专业银行总行、保险总公司的教育费附加上缴中央财政外，其余单位和个人的教育费附加均就地上缴地方财政。

地方征收的教育费附加，按专项资金管理，由教育部门统筹安排，提出分配方案，商同级财政部门同意后，用于改善中小学教学设施和办学条件，不得用于职工福利和发放奖金。

地方征收的教育费附加，主要留归当地安排使用。省、自治区、直辖市可根据各地征收教育费附加的实际情况，适当提取一部分数额，用于地区之间的调剂、平衡。

凡办有职工子弟学校的单位，应当先按《征收教育费附加的暂行规定》缴纳教育费附加；教育部门可根据它们办学的情况酌情返还给办学单位，作为对所办学校经费的补贴。办学单位不得借口缴纳教育费附加而撤并学校，或者缩小办学规模。

征收教育费附加以后，地方各级教育部门和学校，不准以任何名目向学生家长和单位集资，或者变相集资，不准以任何借口不让学生入学。

【税事热议】

目前，我国针对实际缴纳的增值税和消费税来缴纳“一税两费”。增值税和消费税是覆盖面非常广的税种，几乎所有的企业在销售商品或提供劳务时都需要缴纳增值税，而消费税则针对特定的消费品征收。将“一税两费”附加在这两种税上，可以确保税收来源的广泛性和稳定性。那么，请思考“一税两费”在计算时能不能针对企业的总收入或利润征收，请谈谈自己的见解。

思维导图

第五章思维导图

练习题

一、即测即评

第五章单选题

第五章多选题

二、计算题

1. 位于市区的一般纳税人软件公司，经营业务为软件开发销售，2024年8月销售自行开发的软件产品应纳增值税30万元，享受即征即退优惠政策，退还了增值税10万元，计算该公司当月的城市维护建设税、教育费附加和地方教育附加。

2. 位于市区的甲企业2024年7月销售产品缴纳增值税和消费税共计50万元，被税务机关查缴增值税15万元并处罚款5万元。计算甲企业7月应缴纳的城市维护建设税、教育费附加和地方教育附加。

三、小组讨论与分享

城市维护建设税以纳税人依法实际缴纳的增值税、消费税税额（以下简称两税税额）为计税依据。依法实际缴纳的两税税额，是指纳税人依照增值税、消费税相关法律法规和税收政策规定计算的应当缴纳的两税税额（不含因进口货物或境外单位和个人向境内销售劳务、服务、无形资产缴纳的两税税额），加上增值税免抵税额，扣除直接减免的两税税额和期末留抵退税退还的增值税税额后的金额。城市维护建设税以两税作为税基有很多原因，例如，增值税和消费税是主要的税收来源之一，具有较高的税收稳定性和可预测性。增值税覆盖了商品和服务的生产、流通各个环节，消费税则主要针对特定消费品征收。这两种税种的税收规模大，税基广泛，能够为附加税提供稳定的税基等。

根据本章节内容回答下列问题：

1. 城市维护建设税的计税依据是增值税和消费税而不是其他税种的原因。

2. 探讨城建税的征收对城市基础设施建设有哪些积极影响。

第六章

土地增值税

学习目标

知识目标：

（1）理解土地增值税基本原理：了解我国征收土地增值税的背景和意义，掌握土地增值税的概念、特征等，理解土地增值税的计税原理。

（2）掌握土地增值税税收法律制度：牢固掌握土地增值税的纳税义务人、征税范围和税率等，掌握计税方法。

能力目标：

（1）应用能力：掌握不同类型企业、不同类型的房地产转让业务，扣除项目金额计算中存在的差异，能够准确计算出土地增值税应纳税额。

（2）实务能力：掌握房地产开发企业土地增值税清算条件，能够将所学知识运用于实务工作，尤其是房地产企业实务工作中，提高具体业务处理能力。

思政目标：

（1）培养保护国家土地资源的意识：了解土地增值税对土地资源合理利用的促进作用，认识到土地资源的有限性，培养珍惜和保护土地资源的意识。

（2）普及税收的公平公正性：通过学习土地增值税的征收方式和政策、比较不同情形下的税收待遇，理解税收制度的公平性和公正性，认识到税收政策的公平性。

（3）坚定制度自信：通过比较不同国家的税收制度，认识到我国制度的优越性，坚定对国家税收制度的自信。

税惠添彩

支柱地方财政，调节地方经济

我国现行的税制体系中，与房地产相关的税种主要有房产税、城镇土地使用税、耕地占用税、土地增值税、城市维护建设税、契税、印花税、增值税、所得税等。

改革开放前，我国土地管理制度一直采取行政划拨方式，土地实行无偿无期限使用，但不允许买卖土地。这种土地使用管理制度不利于提高土地资源的使用效益。自1987年我国对土地使用制度进行改革，实行国有土地使用权的有偿出让和转让后，极大地促进了我国房地产业的发展和房地产市场的建立，对提高土地使用效益、增加国家财政收入、改善城市基础设施和人民生活居住条件，以及带动国民经济相关产业的发展都发生了积极作用。但是，由于有关土地管理的各项制度滞后，以及行政管理上的偏差，在房地产业发展中也出现了一些问题。特别是1992年及1993年上半年，我国部分地区出现了房地产持续高温现象，炒买炒卖房地产情况严重，使得很多资金流向了房地产，极大地浪费了国家的资源和财力，国家土地资产收益大量流失，严重冲击和危害了国民经济的协调健康发展。为扭转这一局面，国家采取了一系列宏观调控措施，其中一项就是开征土地增值税，这也是社会主义市场经济发展的客观需要。

开征土地增值税，适应了我国社会主义市场经济发展的新形势，国家运用税收杠杆引导房地产经营的方向，规范房地产市场的交易程序，合理调节土地增值收益分配，维护国家权益，促进了房地产开发的健康发展。根据2013—2022年10年的地方财政数据（见表6-1），除去广泛征收的增值税和所得税两大共享税对地方财政的影响，土地增值税与契税交替居于地方税种的首位，在地方税体系中的地位愈发彰显，土地增值税不仅是组织地方财政收入的重要来源，更是调节地方经济和收入分配的重要手段。

表6-1　**土地增值税收入、占地方财政收入比重及在地方税种中的排名情况表**①

年度	土地增值税收入（亿元）	地方财政收入（亿元）	土地增值税收入/地方财政收入（%）	土地增值税收入在各地方税种中的排名
2013	3 293.91	69 011.16	4.77	第二
2014	3 914.68	75 876.58	5.16	第二
2015	3 832.18	83 002.04	4.62	第二
2016	4 212.19	87 239.35	4.83	第二
2017	4 911.28	91 469.41	5.37	第一
2018	5 641.38	97 903.38	5.76	第二
2019	6 465.14	101 080.61	6.40	第一
2020	6 468.51	100 143.16	6.46	第二
2021	6 896.02	111 084.23	6.21	第二
2022	6 349.11	108 762.15	5.84	第一

资料来源：国家税务总局浙江省税务局．国家税务总局土地增值税宣传提纲［EB/OL］．［2024-11-21］．https：//zhejiang.chinatax.gov.cn/art/1995/3/16/art_8409_11961.html.

【税问我答】与其他纳税人不同，房地产开发企业开发的房地产项目在确定扣除项目金额时，多一项“财政部确定的其他扣除项目”，学完本章内容后，谈谈你对国家政

① 国家统计局国家数据查询平台．地方财政主要收入项目［EB/OL］．［2024-11-21］．https：//data.stats.gov.cn/easyquery.htm？cn=C01&zb=A0802&sj=2022.

策如此制定的理解。

第一节　土地增值税概述

一、概述

土地增值税（又称，反房地产暴利税）是以纳税人转让国有土地使用权[①]、地上的建筑物[②]及其附着物[③]（即转让房地产）所取得的增值额为征税对象，依照规定税率征收的一种税。

【了解一下】(1) 注意辨别“转让”与“出让”。

(2)“转让国有土地使用权”与“出让国有土地使用权”不同的规定：对转让国有土地使用权的行为征收土地增值税；对出让国有土地使用权的行为不征土地增值税。

1993年12月13日，国务院发布了《中华人民共和国土地增值税暂行条例》（以下简称《条例》），自1994年1月1日起对转让国有土地使用权、地上建筑物及其附着物的单位和个人征收土地增值税。根据《条例》授权，财政部于1995年1月印发了《中华人民共和国土地增值税暂行条例实施细则》。《条例》施行多年以来，税制比较健全，运行平稳，上升为法律的条件和时机日益成熟，2019年7月16日，《中华人民共和国土地增值税法（征求意见稿）》公开征求意见，将出让集体土地使用权、地上建筑物加入。

我国土地增值税制度出台的初衷是抑制房地产业投机和调节暴利，控制房地产行业的野蛮生长。土地增值税以转让房地产所取得的增值额为征税对象，设置四级超率累进税率，以增值额与扣除项目金额的比率为标准，划分四级不同的税率，比率越高，意味着转让房地产的利润越高，适用税率越高，税负越重。土地增值税从计税依据增值额和税率两个维度对房地产业，尤其是房地产开发经营业的过高利润起到规制作用，能有效抑制炒买炒卖房产、地产的暴利行为。目前，我国的土地增值税尚未立法，本章所述的内容为现行《条例》下的土地增值税税收政策。

二、土地增值税的特征

（一）征税面比较广

凡在我国境内转让国有土地使用权、地上的建筑物及其附着物并取得收入的单位和个人，除税法规定免税外，均应依照税法规定缴纳土地增值税。换言之，凡发生应税行为的单位和个人，不论其经济性质，也不分内外资企业或者中外籍人员，无论专营或者兼营房地产业务，均有义务缴纳土地增值税。

（二）以增值额为计税依据

我国的土地增值税属于“土地使用权转让增值税”类型，将土地、房屋的转让收入合并征收。作为计税依据的增值额，是纳税人转让房地产的收入减除税法规定准予扣除项目金额后的余额。值得注意的是，与增值税的征税对象增值额不同的是，土地增值税

① 国有土地，是指按国家法律规定属于国家所有的土地。
② 地上的建筑物，是指建于土地上的一切建筑物，包括地上地下的各种附属设施。
③ 附着物，是指附着于土地上的不能移动、一经移动即遭损坏的物品。

的增值额是指土地、地上建筑物及其附着物的增值额，主要来自于国家投入和经济社会发展。

（三）采用扣除法和评估法计算增值额

根据现行的税收制度，土地增值税的计算方法分为扣除法和评估法两种。一般情况下，以纳税人转让房地产取得的收入扣减税法规定准予扣除项目金额后的余额为计税依据，即采用扣除法；但是对旧房及建筑物的转让，以及对纳税人转让房地产申报不实、成交价格偏低又无正当理由的，采用评估法计算增值额，计算征收土地增值税。

（四）实行超率累进税率

土地增值税的税率实行四级超率累进税率，即以转让房地产的增值率为依据，按照累进原则设计，实行分级计税。增值率越高，适用的税率越高，纳税越多；增值率越低，适用的税率越低，纳税越少，有效规制炒买炒卖房地产获取暴利的行为。

（五）实行按次征收

土地增值税在房地产转让环节征收，每发生一次转让行为，就根据每次取得的增值额征一次，实行按次征收。这种征收方式确保了税收的公平性和有效性，同时也体现了税收的及时性和准确性。

第二节　纳税人、征税范围及税率

一、纳税人

土地增值税的纳税人是转让国有土地使用权、地上建筑物和其他附着物并取得收入的单位[①]和个人[②]。转让国有土地使用权、地上的建筑物及其附着物并取得收入，是指以出售或者其他方式有偿转让房地产的行为。

【了解一下】不论法人与自然人，不论经济性质，不论内资与外资企业，不论中国公民与外籍个人，不论行业与部门，只要有偿转让房地产，都是土地增值税的纳税人。

二、征税范围

（一）土地增值税的基本征税范围

土地增值税的基本征税范围：第一，转让国有土地使用权；第二，地上建筑物及其附着物连同国有土地使用权一并转让。

同时满足以下三个条件，属于土地增值税征税范围，否则不征土地增值税：

(1) 国有土地使用权或者地上建筑物及其附着物连同国有土地使用权一并转让；

(2) 转让后的房地产产权发生转移；

(3) 转让行为是有偿行为（非公益、非直系、非赡养的赠与视为有偿）。

判断与房地产相关的业务是否征收土地增值税，需要通过以上三个条件进行辨别，表6-2为常见易出错业务的总结。

① 单位，是指各类企业单位、事业单位、国家机关和社会团体及其他组织。
② 个人，包括个体经营者。

表6-2　　　　　　　　　　**土地增值税易出错业务总结表**

<table>
<tr><th colspan="2">业务类型</th><th>是否为土地增值税征税范围</th></tr>
<tr><td colspan="2">1.房地产出租</td><td>否</td></tr>
<tr><td colspan="2">2.房地产的代建房行为</td><td>否</td></tr>
<tr><td colspan="2">3.房地产评估增值</td><td>否</td></tr>
<tr><td rowspan="2">4.房地产抵押</td><td>（1）抵押期间</td><td>否</td></tr>
<tr><td>（2）抵押期满后以房地产抵债</td><td>是</td></tr>
<tr><td colspan="2">5.房地产的继承</td><td>否</td></tr>
<tr><td rowspan="4">6.房地产的赠与</td><td>（1）赠与直系亲属</td><td>否</td></tr>
<tr><td>（2）赠与承担直接赡养义务人</td><td>否</td></tr>
<tr><td>（3）公益性赠与</td><td>否</td></tr>
<tr><td>（4）其他情形</td><td>是</td></tr>
<tr><td rowspan="2">7.房地产开发企业的开发产品</td><td>（1）转为企业自用或出租</td><td>否</td></tr>
<tr><td>（2）用于职工福利、奖励、对外投资、分配给股东或投资人、抵偿债务、换取其他单位和个人的非货币性资产等</td><td>是</td></tr>
</table>

（二）税收优惠

（1）对于一方出土地，一方出资金，双方合作建房，建成后按比例分房自用的，暂免征收土地增值税；建成后转让的，应征收土地增值税。

（2）个人之间互换自有居住用房地产的，经当地税务机关核实，可以免征土地增值税。

（3）自2008年11月1日，对个人销售住房暂免征收土地增值税。

（4）纳税人建造普通标准住宅出售，增值额未超过扣除项目金额20%的，免征土地增值税；如果超过20%的，应就其全部增值额按规定计税。

（5）因国家建设需要依法征用、收回的房地产，免征土地增值税。

（6）因城市实施规划、国家建设需要而搬迁，由纳税人自行转让原房地产的，免征土地增值税。

（7）对企事业单位、社会团体以及其他组织转让旧房作为改造安置住房或公共租赁住房房源，且增值额未超过扣除项目金额20%的，免征土地增值税。

（8）为支持企业改制重组，优化市场环境，自2021年1月1日至2027年12月31日，企业改制重组有关土地增值税政策如下：

①企业按照《中华人民共和国公司法》有关规定整体改制[①]，包括非公司制企业改制为有限责任公司或股份有限公司，有限责任公司变更为股份有限公司，股份有限公司变更为有限责任公司，对改制前的企业将房地产转移、变更到改制后的企业，暂不征收

① 整体改制是指不改变原企业的投资主体，并承继原企业权利、义务的行为。

土地增值税。

②按照法律规定或者合同约定，两个或两个以上企业合并为一个企业，且原企业投资主体存续的，对原企业将房地产转移、变更到合并后的企业，暂不征收土地增值税。

③按照法律规定或者合同约定，企业分设为两个或两个以上与原企业投资主体相同的企业，对原企业将房地产转移、变更到分立后的企业，暂不征收土地增值税。

④单位、个人在改制重组时以房地产作价入股进行投资，对其将房地产转移、变更到被投资的企业，暂不征收土地增值税。

⑤上述改制重组有关土地增值税政策不适用于房地产转移任意一方为房地产开发企业的情形。

三、税率

我国的土地增值税从税率角度看税负差异较大，最低税率30%，最高税率60%，以增值率为依据实行四级超率累进税率（见表6-3），增值率高，税率高，多征税；增值率低，税率低，少征税；无增值不征税。这样的税率设计，一方面，对处于正常利润空间的房地产开发经营，通过较低税率可以体现优惠政策；另一方面，对增值率较高的房地产项目规定较高的税率，体现了特殊的调节目的，起到一定的抑制作用。土地增值税是我国唯一采用超率累进税率的税种。

表6-3 **土地增值税四级超率累进税率表**

级数	增值额与扣除项目金额的比率①（增值率）	税率（%）	速算扣除系数（%）
1	未超过50%的部分	30	0
2	超过50%、未超过100%的部分	40	5
3	超过100%、未超过200%的部分	50	15
4	超过200%的部分	60	35

第三节 计税依据

一、计税依据

土地增值税的计税依据是转让房地产所取得的增值额。转让房地产的增值额，是转让房地产的收入减除税法规定的扣除项目金额后的余额，即增值额的大小取决于转让房地产的收入额和扣除项目金额两个因素。

二、收入额的确定

根据《条例》及其实施细则的规定，纳税人转让房地产所取得的应税收入，包括货币收入、实物收入和其他收入，即包括转让房地产的全部价款及有关的经济收益。

（1）货币收入，是指纳税人转让房地产取得的现金、银行存款、支票、银行本票、汇票等各种信用票据和国库券、金融债券、企业债券、股票等有价证券。

① 四级超率累进税率中，每级次未超过“增值额与扣除项目金额的比率”均包括本比率数。

（2）实物收入，是指纳税人转让房地产取得的各种实物形态的收入。对取得的实物收入，要按取得时的市场价格折算成货币收入。

（3）其他收入，是指纳税人转让房地产取得的无形资产收入或具有财产价值的权利，如专利权、商标权、著作权、专有技术使用权、土地使用权、商誉权等。这种类型的收入需要进行专门的评估。

【了解一下】2016年5月"营改增"后，土地增值税纳税人转让房地产取得的收入为不含增值税收入：（1）适用增值税一般计税方法的纳税人，其转让房地产的土地增值税应税收入不含销项税额；（2）适用增值税简易计税方法的纳税人，其转让房地产的土地增值税应税收入不含增值税应纳税额。

三、扣除项目及其金额

土地增值税以纳税人房地产成本核算的最基本的核算项目或者核算对象为单位计算。准予从转让收入额中减除的扣除项目，需要区分新建房转让和旧房及建筑物（存量房）转让，包括以下几项：

（一）取得土地使用权所支付的金额（适用新建房转让、旧房及建筑物转让）

取得土地使用权所支付的金额，是指纳税人为取得土地使用权所支付的地价款和按国家统一规定缴纳的有关费用。

（1）纳税人为取得土地使用权支付的地价款。具体分为三种形式：一是以出让方式取得土地使用权的，地价款为所支付的土地出让金；二是以行政划拨方式取得土地使用权的，地价款为转让土地使用权时按规定补缴的出让金；三是以转让方式取得土地使用权的，地价款为原土地使用权人实际支付的地价款。

（2）纳税人为取得土地使用权按国家统一规定缴纳的有关费用。它是指纳税人在取得土地使用权过程中为办理有关手续，按国家统一规定缴纳的有关登记、过户手续费以及房地产开发企业为取得土地使用权所支付的契税。

（二）房地产开发成本（适用新建房转让）

房地产开发成本，即开发土地和新建房及配套设施的成本，是指纳税人开发房地产项目实际发生的成本，这些成本允许按实际发生数扣除。它包括土地征用及拆迁补偿费、前期工程费、建筑安装工程费、基础设施费、公共配套设施费、开发间接费用。

（1）土地征用及拆迁补偿费，包括土地征用费、耕地占用税、劳动力安置费及有关地上、地下附着物拆迁补偿的净支出、安置动迁用房支出等。

（2）前期工程费，包括规划、设计、项目可行性研究和水文、地质、勘察、测绘、"三通一平"等支出。

（3）建筑安装工程费，是指以出包方式支付给承包单位的建筑安装工程费，以自营方式发生的建筑安装工程费。

（4）基础设施费，包括开发小区内道路、供水、供电、供气、排污、排洪、通信、照明、环卫、绿化等工程发生的支出。

（5）公共配套设施费，包括不能有偿转让的开发小区内公共配套设施发生的支出。

（6）开发间接费用，是指直接组织、管理开发项目发生的费用，包括工资、职工福利费、折旧费、修理费、办公费、水电费、劳动保护费、周转房摊销等。

（三）房地产开发费用（适用新建房转让）

房地产开发费用，指与房地产开发项目有关的销售费用、管理费用、财务费用。为了便于计算操作，房地产开发费用按照《中华人民共和国土地增值税暂行条例实施细则》规定的标准进行扣除，不按纳税人房地产项目实际发生的费用扣除：

情况1：财务费用中的利息支出，凡能够按转让房地产项目计算分摊并提供金融机构证明的，允许据实扣除，但最高不能超过按商业银行同类同期贷款利率计算的金额。其他房地产开发费用，按取得土地使用权所支付的金额与房地产开发成本计算的金额之和的5%以内计算扣除。

允许扣除的房地产开发费用=利息+（取得土地使用权所支付的金额+房地产开发成本）×5%以内

【了解一下】（1）利息的上浮幅度按国家的有关规定执行，超过上浮幅度的部分不允许扣除。（2）对于超过贷款期限的利息部分和加罚的利息不允许扣除。

情况2：凡不能按转让房地产项目计算分摊利息支出或者不能提供金融机构证明的，房地产开发费用按取得土地使用权所支付的金额与房地产开发成本计算的金额之和的10%以内计算扣除。

允许扣除的房地产开发费用=（取得土地使用权所支付的金额+房地产开发成本）×10%以内

【了解一下】（1）全部使用自有资金，没有利息支出的，按照情况2的办法扣除。

（2）上述计算扣除的具体比例由省、自治区、直辖市人民政府规定。

（3）房地产开发企业既向金融机构借款，又有其他借款的，其房地产开发费用计算扣除时不能同时适用上述两种情况所述的两种办法。

（四）与转让房地产有关的税金（适用新建房转让、旧房及建筑物转让）

与转让房地产有关的税金，是指在转让房地产时缴纳的城市维护建设税、印花税（非房地产开发企业），教育费附加也可视同税金扣除，具体内容见表6-4。

表6-4　**不同业务类型“与转让房地产有关的税金”规定表**

<table>
<tr><th>企业类型</th><th>转让房地产情形</th><th>与转让房地产有关的税金</th><th>备注</th></tr>
<tr><td>房地产开发企业</td><td>转让新建房</td><td>转让房地产时缴纳的：
1.城市维护建设税
2.教育费附加</td><td>“营改增”前，印花税通过“管理费用”科目核算，在土地增值税的“房地产开发费用”项下扣除，在“与转让房地产有关的税金”项中不能再次重复扣除；“营改增”后，印花税通过“税金及附加”科目核算，但税法的规定没有进行更改</td></tr>
<tr><td>非房地产企业</td><td>转让新建房</td><td rowspan="2">转让房地产时缴纳的：
1.城市维护建设税
2.教育费附加
3.印花税</td><td rowspan="3">1.房地产开发企业以外的企业，转让房地产时点缴纳的印花税，计入固定资产清理，并未计入开发费用中（旧房及建筑物转让，无“房地产开发费用”扣除项），因此在计算土地增值额时，可以单独扣除
2.印花税税率为0.5‰，属于产权转移书据</td></tr>
<tr><td rowspan="2">各类企业</td><td>转让有评估价格的旧房及建筑物</td></tr>
<tr><td>转让无评估价格的旧房及建筑物，能提供取得时的契税完税凭证</td><td>转让房地产时缴纳的：
1.城市维护建设税
2.教育费附加
3.印花税
4.原购入环节缴纳的契税</td></tr>
</table>

【了解一下】《条例》及其实施细则中没有地方教费附加扣除的规定；现实中，各省对地方教育附加能否扣除有不同的规定。

（五）财政部确定的其他扣除项目（适用房地产开发企业新开发房地产的转让）

房地产开发项目具有投入资金量大、开发周期长的特点，在房地产开发和转让过程中，除了常规的扣除项目外，还可能存在一些特殊的、合理的费用支出。将这些费用纳入扣除范围，并给予纳税人合理的投资回报（正常利润），有助于调动从事房地产开发的积极性，确保纳税人的税收负担更加公平合理，引导社会资本的投资方向，促进房地产市场的健康发展。因此，准予按取得土地使用权时所支付的金额和房地产开发成本之和的20%进行扣除，此项优惠只适用于从事房地产开发的纳税人的房地产开发项目，除此之外的其他纳税人不适用该项优惠。

财政部确定的其他扣除项目=（取得土地使用权所支付的金额+房地产开发成本）×20%

（六）转让旧房及建筑物的评估价格（适用旧房及建筑物的转让）

旧房，是指已使用一定时间或者达到一定磨损程度的房地产。[①]税法规定，纳税人转让旧房的，应按房屋及建筑物的评估价格、取得土地使用权所支付的地价款、按国家统一规定缴纳的有关费用以及在转让环节缴纳的税金（不含增值税）作为扣除项目金额征收土地增值税。

转让旧房及建筑物计算土地增值税，具体分为三种不同的情形：

（1）转让旧房及建筑物能够取得评估价格的：旧房及建筑物的评估价格，是指转让已使用过的房屋及建筑物时，由政府批准设立的房地产评估机构评定的重置成本价乘以成新度折扣率后的价格。评估价格须经当地税务机关确认。

旧房及建筑物的评估价格=重置成本价×成新度折扣率

（2）转让旧房及建筑物不能取得评估价格，但能提供购房发票的：纳税人转让旧房及建筑物，凡不能取得评估价格，但能够提供购房发票的，经当地税务部门确认，取得土地使用权所支付的金额、旧房及建筑物的评估价格，可按发票所载金额并从购买年度起至转让年度止每年加计5%计算扣除。

取得土地使用权所支付的金额、旧房及建筑物的评估价格=发票所载金额×（1+年限数×5%）

【了解一下】(1) 计算扣除项目时“每年”按购买发票所载日期起至售房发票开具之日止，每满12个月计1年；超过1年，未满12个月但超过6个月的，可以视同1年，即不满12个月不得加计5%；1年5个月计1年，加计1个5%；1年7个月计2年，加计2个5%。

(2) 纳税人购房时缴纳的契税，凡能提供契税完税凭证的，准予作为“与转让房地产有关的税金”予以扣除，但不作为加计5%的基数。

（3）转让旧房及建筑物不能取得评估价，也不能提供购房发票的：对转让旧房及建筑物，既没有评估价格，又不能提供购房发票的，税务机关可以根据《中华人民共和国税收征收管理法》第三十五条的规定，实行核定征收。

① 判定是否属于旧房，其使用时间和磨损程度标准由各省、自治区、直辖市财政厅（局）和税务局具体规定。

第四节　应纳税额的计算

一、扣除法

土地增值税按照纳税人转让房地产所取得的增值额和规定的税率计算征收。计算的基本步骤为：

第一步，计算转让房地产取得的收入。

第二步，计算扣除项目金额。

第三步，计算增值额：

增值额=转让房地产取得的收入-扣除项目金额

第四步，计算增值率：

增值率=增值额÷扣除项目金额×100%

根据增值率确定适用税率和速算扣除系数。

第五步，计算土地增值税应纳税额：

土地增值税应纳税额=增值额×适用税率-扣除项目金额×速算扣除系数

表6-5为不同企业、不同业务类型下，土地增值税扣除项目金额具体内容：

表6-5　不同企业、不同业务类型下土地增值税扣除项目金额具体规定表

企业类型	转让房地产情形	可扣除项目
房地产开发企业	转让新建房	1.取得土地使用权所支付的金额 2.房地产开发成本 3.房地产开发费用 4.与转让房地产有关的税金：城市维护建设税、教育费附加 5.财政部确定的其他扣除项目
非房地产开发企业	转让新建房	1.取得土地使用权所支付的金额 2.房地产开发成本 3.房地产开发费用 4.与转让房地产有关的税金：城市维护建设税、教育费附加、印花税
各类企业	转让有评估价格的旧房及建筑物	1.取得土地使用权所支付的金额 2.房屋及建筑物的评估价格 3.与转让房地产有关的税金：城市维护建设税、教育费附加、印花税
	转让无评估价格的旧房及建筑物，能提供取得时的契税完税凭证	1.取得土地使用权所支付的金额、房屋及建筑物的评估价格=发票所载金额×（1+年限数×5%） 2.与转让房地产有关的税金：城市维护建设税、教育费附加、印花税、原购入环节缴纳的契税
	转让旧房及建筑物，既没有评估价格，又不能提供购房发票	实行核定征收土地增值税
	单独转让未经开发的土地使用权	1.取得土地使用权所支付的金额 2.转让土地使用权有关的税金

【了解一下】(1) 营改增后，房地产开发企业实际缴纳的城市维护建设税、教育费附加，凡能够按清算项目准确计算的，允许据实扣除；凡不能按清算项目准确计算的，则按该清算项目预缴增值税时实际缴纳的城市维护建设税、教育费附加扣除。

(2) 计算扣除项目金额时，只有已售（包含视同销售、产权属于全体业主所有、无偿移交政府等）房地产所对应的取得土地使用权所支付的金额、房地产开发成本、(房地产开发费用中）单独扣除的利息可以扣除，未开发或者已开发未出售的不可扣除。

二、评估法

《条例》第九条规定，纳税人有下列情形之一的，按照房地产评估价格计算征收。

（一）隐瞒、虚报房地产成交价格

隐瞒、虚报房地产成交价格的情况主要有两种：一是纳税人不报转让房地产的成交价格，即不申报；二是纳税人有意低报转让土地使用权、地上建筑物及其附着物价款，即少申报。对隐瞒、虚报房地产成交价格的，应由评估机构参照同类房地产的市场交易价格进行评估，确定转让房地产的收入。

（二）提供扣除项目金额不实

提供扣除项目金额不实，指纳税人在纳税申报时，不据实提供扣除项目金额，而是虚增被转让房地产扣除项目的内容或者金额，以达到少缴或者不缴税款的目的。提供扣除项目金额不实的，用评估机构对该房屋按照评估出的房屋重置成本价乘以房屋的成新度折扣率确定房产的扣除项目金额；用该房产所坐落土地取得时的基准地价或者标定地价来确定土地的扣除项目金额。房产和土地的扣除项目金额之和即为该房地产的扣除项目金额。

（三）转让房地产的成交价格低于房地产评估价格，又无正当理由的

转让房地产的成交价格低于房地产评估价格，又无正当理由的，应按评估的市场交易价确定其实际成交价，并以此作为转让房地产的收入计算征收土地增值税。

【例6-1】某房地产开发企业转让新建的一处房地产，取得不含税收入2 000万元。已知该公司为取得土地使用权所支付的金额为150万元，房地产开发成本为400万元，房地产开发费用为70万元（经税务机关批准可全额扣除），与转让房地产有关的税金为80万元（不含印花税）。要求计算该笔业务应缴纳的土地增值税。

【答案】扣除项目金额合计=150+400+70+80+（150+400）×20%=810（万元）

增值额=2 000−810=1 190（万元）

增值率=1 190÷810×100%=146.91%（万元）

适用税率50%，速算扣除系数15%。

应缴纳土地增值税=1 190×50%−810×15%=473.5（万元）

【例6-2】某企业2015年1月在市区购置一栋办公楼，支付价款9 500万元。2024年5月，该企业将办公楼转让，取得含增值税收入11 000万元（增值税未单独列明），该企业增值税选择简易计税方法。办公楼经税务机关认定的重置成本价为14 000万元，成新度折扣率为65%。已知城市维护建设税、教育费附加、地方教育附加、印花税的税率分别为7%、3%、2%、0.05%。要求计算该企业在缴纳土地增值税时的增值额。

【答案】转让环节缴纳的增值税=（11 000−9 500）/（1+5%）×5%=71.43（万元）

不含税收入=11 000−71.43=10 928.57（万元）

办公楼的评估价格=14 000×65%=9 100（万元）

城市维护建设税、教育费附加、地方教育附加=71.43×（7%+3%+2%）=8.57（万元）

应纳印花税=11 000×0.05%=5.5（万元）

扣除项目金额合计=9 100+8.57+5.5=9 114.07（万元）

增值额=10 928.57−9 114.07=1 814.5（万元）

【例6-3】位于县城的甲企业（一般纳税人）在2024年7月出售一幢办公楼，取得不含税收入960万元，缴纳的相关税费9.12万元。该办公楼原始购买发票金额为320万元，日期为2020年8月1日，缴纳契税9.6万元。该房地产无评估价格。要求计算该笔业务应缴纳的土地增值税。

【答案】取得土地使用权所支付的金额、旧房及建筑物的评估价格=320×（1+4×5%）=384（万元）

允许扣除的税金=9.12+9.6=18.72（万元）

扣除项目金额合计=384+18.72=402.72（万元）

增值额=960−402.72=557.28（万元）

增值率=557.28÷402.72×100%=138.38%

适用税率50%，速算扣除系数15%。

应缴纳土地增值税=557.28×50%−402.72×15%=218.23（万元）

三、房地产开发企业土地增值税清算

土地增值税清算，是指纳税人在符合土地增值税清算条件后，依照税收法律、法规及土地增值税有关政策规定，计算房地产开发项目应缴纳的土地增值税税额，并填写土地增值税清算申报表，向主管税务机关提供有关资料，办理土地增值税清算手续，结清该房地产项目应缴纳土地增值税税款的行为。

（一）土地增值税的清算单位

土地增值税以国家有关部门审批的房地产开发项目为单位进行清算，对于分期开发的项目，以分期项目为单位清算；开发项目中同时包含普通住宅和非普通住宅的，应分别计算增值额。

（二）土地增值税的清算条件

房地产开发项目土地增值税实行先预缴后清算的办法。从事房地产开发的纳税人应当自纳税义务发生月份终了之日起15日内，向税务机关报送预缴土地增值税纳税申报表，预缴税款。符合条件的，纳税人应该进行清算或者主管税务机关可要求纳税人进行清算：

1.纳税人符合下列条件之一的，应进行土地增值税的清算

（1）房地产开发项目全部竣工、完成销售的；

（2）整体转让未竣工决算房地产开发项目的；

（3）直接转让土地使用权的。

2.纳税人符合以下条件之一的，主管税务机关可要求纳税人进行清算

（1）已竣工验收的房地产开发项目，已转让的房地产建筑面积占整个项目可售建筑面积的比例在85%以上，或该比例虽未超过85%，但剩余的可售建筑面积已经出租或自用的；

（2）取得销售（预售）许可证满3年仍未销售完毕的；

（3）纳税人申请注销税务登记但未办理土地增值税清算手续的，应在办理注销登记前进行土地增值税清算；

（4）省（自治区、直辖市、计划单列市）税务机关规定的其他情况。

（三）土地增值税的清算时间

（1）符合应办理土地增值税清算条件的项目，纳税人应当在满足条件之日起90日内到主管税务机关办理清算手续，结清应缴税款或向税务机关申请退税。

（2）属于税务机关要求纳税人进行土地增值税清算的项目，纳税人应当在接到主管税务机关下发的清算通知之日起90日内，到主管税务机关办理清算手续，结清应缴税款或向税务机关申请退税。

【例6-4】某房地产开发公司是增值税一般纳税人，2024年7月，拟对其开发的位于市区的写字楼项目进行土地增值税清算。该项目资料如下：

（1）2015年9月以6 000万元竞得国有土地一宗，并按规定缴纳契税。

（2）2015年11月开始动工建设，发生房地产开发成本14 000万元，其中包括装修费用2 000万元。

（3）发生利息支出2 500万元，但不能提供金融机构贷款证明。

（4）2024年5月，该项目全部销售完毕，共计取得含税销售收入52 500万元。

（5）该项目已预缴土地增值税562.5万元。

其他相关资料：契税税率为5%；利息支出不能提供金融机构贷款证明，当地省政府规定的房地产开发费用的扣除比例为10%；计算土地增值税允许扣除的有关税金及附加共计300万元；该公司对项目选择简易计税方法计缴增值税。

要求：根据上述资料，按照下列序号回答问题。

（1）说明该项目应进行土地增值税清算的原因。

（2）计算该房地产项目不含税收入。

（3）计算土地增值税时允许扣除的取得土地使用权支付的金额。

（4）计算土地增值税时允许扣除的开发费用。

（5）计算土地增值税时允许扣除项目金额的合计数。

（6）计算该房地产开发项目应补缴的土地增值税额。

【答案】（1）房地产开发项目全部竣工、完成销售的，纳税人应进行土地增值税的清算。

（2）不含税收入=52 500÷（1+5%）=50 000（万元）

（3）允许扣除的取得土地使用权所支付的金额=6 000×（1+5%）=6 300（万元）

（4）允许扣除的房地产开发费用=（6 300+14 000）×10%=2 030（万元）

（5）计算扣除项目金额合计数，还需要计算：

允许扣除的房地产开发成本=14 000（万元）

允许扣除的税金及附加=300（万元）

其他扣除项目=（6 300+14 000）×20%=4 060（万元）

扣除项目合计=6 300+14 000+2 030+300+4 060=26 690（万元）

（6）增值额=50 000−26 690=23 310（万元）

增值率=23 310÷26 690×100%=87.34%

适用税率40%，速算扣除系数5%。

应纳土地增值税=23 310×40%-26 690×5%=7 989.5（万元）

应补缴土地增值税=7 989.5-562.5=7 427（万元）

第五节　征收管理

一、纳税义务发生时间

土地增值税纳税义务发生时间为房地产转移合同签订的当日。

二、纳税地点

土地增值税的纳税人应向房地产所在地主管税务机关办理纳税申报。房地产所在地，是指房地产的坐落地，纳税人转让的房地产坐落在两个或两个以上地区的，应按房地产所在地分别申报纳税。

三、纳税申报

土地增值税纳税人应在转让房地产合同签订后7日内，到房地产所在地主管税务机关申报纳税。

【税事热议】

2019年7月16日，《中华人民共和国土地增值税法（征求意见稿）》公开征求意见，将出让、转让集体土地使用权、地上的建筑物及其附着物（即集体房地产）纳入征税范围。同时，拟将目前对集体房地产征收的土地增值收益调节金取消。结合已学内容，查找相关资料、数据，谈谈土地增值税立法的可行性和必要性。

思维导图

第六章思维导图

练习题

一、即测即评

第六章单选题

二、计算题

1.某房地产开发企业注册地在甲市，2024年5月对其在乙市开发的一房地产项目进行土地增值税清算，该项目相关资料如下：

（1）2023年3月以24 000万元竞得国有土地一宗，并已按规定缴纳契税。

（2）2023年4月起，对受让土地进行项目开发建设，发生房地产开发成本15 000万元，开发费用6 400万元。

（3）银行贷款凭证显示归属于该项目利息支出3 000万元。

（4）2024年4月整体转让该项目，取得不含税收入75 000万元。

其他相关资料：当地适用的契税税率为5%，当地省政府规定的房地产开发费用的扣除比例为5%，计算土地增值税允许扣除的有关税金及附加共计360万元。

根据上述资料，回答下列问题：

（1）计算土地增值税时该项目允许扣除的取得土地使用权支付的金额；

（2）计算土地增值税时该项目允许扣除的开发费用金额；

（3）计算土地增值税时该项目允许扣除项目金额的合计数；

（4）计算该项目应缴纳的土地增值税额。

2.某药厂2024年7月1日转让其位于市区的一栋办公楼，取得不含增值税销售收入24 000万元。2013年建造该办公楼时，为取得土地使用权支付金额6 000万元，发生建造成本8 000万元。转让时经政府批准的房地产评估机构评估后，确定该办公楼的重置成本价为16 000万元，成新度折扣率为60%，允许扣除的有关税金及附加1 356万元。

根据上述资料，回答下列问题：

（1）计算土地增值税时该企业办公楼的评估价格。

（2）计算土地增值税时允许扣除项目金额的合计数。

（3）计算转让办公楼应缴纳的土地增值税。

3.某房地产开发公司是增值税一般纳税人，2024年5月，拟对其开发的位于市区的写字楼项目进行土地增值税清算。该项目相关资料如下：

（1）2018年1月取得土地使用权支付的地价款及相关税费共计8 400万元。

（2）2018年3月开始动工建设，发生房地产开发成本15 000万元，其中包括装修费用4 000万元。

（3）发生利息支出3 000万元，但不能提供金融机构贷款证明。

（4）2024年3月，该项目全部销售完毕，共计取得含税销售收入42 000万元。

（5）该项目已预缴土地增值税450万元。

其他相关资料：契税税率为5%，利息支出不能提供金融机构贷款证明，当地省政府规定的房地产开发费用的扣除比例为10%，计算土地增值税允许扣除的有关税金及附加共计240万元。该公司对项目选择简易计税方法计缴增值税。

根据上述资料，回答下列问题：

（1）计算土地增值税时允许扣除的开发费用；

（2）计算土地增值税时允许加计扣除的金额；

（3）计算土地增值税时允许扣除项目金额的合计数；

（4）计算该房地产开发项目应补缴的土地增值税额。

三、小组讨论与分享

中华人民共和国中央人民政府在2024年4月16日发布《关于农村集体产权制度改革土地增值税政策的公告》，根据财政部和国家税务总局的公告，为推进农村集体产权制度改革，村民委员会、村民小组将国有土地使用权、地上的建筑物及其附着物转移、变更到农村集体经济组织名下时，暂不征收土地增值税。相关农村集体经济组织需要在农业农村部门办理注册登记，并取得《农村集体经济组织登记证》。该政策自2024年1月1日起执行。根据公告及本章节内容请同学们讨论并思考下列问题：

1.农村集体产权制度改革为农民带来了哪些好处？

2.在土地制度改革中，农民有哪些新的权利和机会？

第七章

企业所得税

学习目标

知识目标：

（1）理解基本概念：掌握企业所得税的定义、性质及在我国税收体系中的地位和作用。了解企业所得税的纳税人、居民企业和非居民企业的界定。

（2）熟悉法律法规：深入了解《中华人民共和国企业所得税法》及相关法律法规，明确其立法宗旨、基本原则和主要规定，掌握企业所得税的基本要素。

能力目标：

（1）准确核算能力：能够准确核算企业的各项收入、成本、费用等，以确定应纳税所得额。

（2）政策运用能力：熟练掌握并灵活运用企业所得税的各项政策，包括优惠政策、扣除政策等。掌握应纳税所得额的计算方法，包括直接法和间接法的应用。

思政目标：

（1）树立法治观念：清楚企业必须在税法框架内进行经营活动，从而强化法治观念，自觉遵守法律法规。

（2）理解国家经济调控作用：领会企业所得税政策对于国家宏观经济调控的意义，理解国家通过税收手段促进经济健康发展的意图，培养大局观和对国家政策的认同感。

税惠添彩

增加申报时点 支持企业研发创新

科技创新是企业发展壮大的核心竞争力，研发费用加计扣除是我国推进创新驱动发展的重要政策措施。2023年3月，国家将符合条件的企业研发费用加计扣除比例由75%统一提高到100%，作为制度性安排长期实施。同时，新增7月预缴申报期作为政策享受时点，引导企业更快更好加大研发投入。数据显示，2023年7月，全国共有30.8万户企业提前办理研发费用加计扣除，可享受减免税额约2 300亿元。

在此次发布的第五批“便民办税春风行动”举措中，税务部门进一步明确，对纳税人因各种原因未在2023年7月征期内及时享受研发费用加计扣除政策的，可在8月、9月份由纳税人通过变更第二季度（或6月份）企业所得税预缴申报的方式补充享受。“2023年7月预缴新政策出台后，我们第一时间就收到了网格员的信息提醒。当月我们申报享受到了500多万元的研发费用加计扣除政策优惠，这让我们研发新技术的动力更足了。”河北汇能欣源电子技术有限公司财务会计白涛说，“现在税务部门允许企业在8月、9月还可以变更的方式享受优惠，想得真周到。这样一来，2023年企业享受研发费用加计扣除优惠的时点，从以前的年度汇缴1次增加到至少3次，极大地缓解了我们的资金压力。”西南财经大学刘蓉教授表示，增加企业享受研发费用加计扣除优惠时点，带来的利好是显而易见的，是切切实实在为企业“减负松绑”。“特别是对于科技型初创企业和资金链较为紧张的研发企业而言，新增7月申报期和允许8月、9月变更申报，让企业能够提早兑现政策红利，有效帮助他们缓解资金压力。”刘蓉说。

税务总局减税办有关负责人表示，下一步，税务部门将全力以赴高质量做好征管服务，高标准抓好政策执行，多渠道强化政策辅导，多举措解决问题诉求，多部门强化风险应对，持续抓好政策落实“最后一公里”，确保经营主体便利快捷享受政策红利，不断推动经济运行持续好转、内生动力持续增强，为服务高质量发展作出更大贡献。

资料来源：杨志聪. 以税费服务之“优”促经营主体之“活”[N]. 中国税务报，2023-08-25（01）.

【税问我答】税法规定和会计核算存在差异，企业需要根据税法规定进行纳税申报和汇算清缴，同时要按会计准则进行会计核算，确保税务和财务信息的准确性和合规性。例如，从会计的角度，所得税是一种费用，用于计算企业净利润；从税法角度，所得税是一种义务，根据纳税人的实际纳税能力确定应纳税额。收入确认也存在差异：会计按照权责发生制确认收入，税法在考虑权责发生制的同时，还需考虑实际税收实现难度，可能会根据实际经济业务进行调整。学完本章内容，根据企业所得税基本原理，谈谈税法和会计还存在哪些差异？企业在做所得税汇算清缴时，如何调整这些差异？

第一节　企业所得税概述

一、企业所得税的概念

企业所得税是对我国境内的企业和其他取得收入的组织[①]的生产经营所得、其他所得和清算所得征收的一种所得税。我国现行的企业所得税法律的基本规范是2018年12月29日第十三届全国人民代表大会常务委员会第七次会议第二次修改通过的《中华人民共和国企业所得税法》（以下简称《企业所得税法》）和2019年4月23日国务院令第714号修改通过的《中华人民共和国企业所得税法实施条例》（以下简称《企业

① 组织，是指法人制组织。

所得税法实施条例》)。

二、企业所得税的特点

(一)普遍征收

普遍征收是指，无论何种类型、何种规模、何种行业的企业，只要符合税法规定的纳税条件，都需要依法缴纳企业所得税，这体现了广泛的适用性和全面的覆盖性。

(二)计税依据为年应纳税所得额

企业所得税以应纳税所得额为计税依据，通过对企业收入、成本、费用等的核算和调整来确定。通过对企业的各项收入与准予扣除的成本、费用等进行精确核算和界定，能够较为准确地反映企业的实际盈利状况和纳税能力。

(三)直接税，纳税人与负税人一致

企业所得税的纳税人不分所有制、地区、行业，实行统一的比例税率，缴纳的所得税不易转嫁，由纳税人实际负担。

(四)税率固定性

征收企业所得税时，通常采用比例税率，体现了相对的稳定性和公平性。企业所得税税率相对固定，使得企业在同等经营状况和盈利水平下承担相近的税收负担，有助于营造公平竞争的市场环境。

(五)实行按年计征、分期预缴、年终汇算清缴的征收管理方法

企业所得税采取按年计征、分期预缴、年终汇算清缴的征收管理方法，有利于税款及时入库，保障财政收入。

三、企业所得税的作用

(一)筹集财政收入

企业所得税是国家财政收入的重要来源之一，为国家各项公共事业和基础设施建设提供资金支持，确保国家在经济领域有稳定的财政支撑，增强国家应对各种经济风险的能力。

(二)调节经济和公平税负

企业所得税通过税率的高低、税收优惠政策等，可以引导企业的投资方向和经营行为，促进产业结构调整和经济健康发展。对不同规模和盈利能力的企业征税，有助于实现企业间的税负公平，营造公平竞争的市场环境。

(三)宏观调控和优化资源配置

根据经济形势的需要，灵活运用税收政策，能实现对宏观经济的调控，如刺激或抑制经济增长等，引导资源在不同行业和地区间合理流动和配置，推动经济的协调发展。

第二节　纳税人、征税对象与税率

一、企业所得税的纳税人

在中华人民共和国境内，企业和其他取得收入的组织(以下统称企业)为企业所得税的纳税人，按照规定缴纳企业所得税。这里所说的在中国境内成立的企业，包括

依照中国法律、行政法规在中国境内成立的企业、事业单位、社会团体以及其他取得收入的组织。

《企业所得税法》第一条规定，个人独资企业、合伙企业不适用本法。根据《企业所得税法实施条例》第二条，《企业所得税法》第一条所称个人独资企业、合伙企业，是指依照中国法律、行政法规成立的个人独资企业、合伙企业。

为了明确税收管辖权以及实施有针对性的税收政策，我国将企业按纳税人分为居民企业和非居民企业，分别确定不同的纳税义务。

（一）居民企业

居民企业是指依法在中国境内成立，或者依照外国（地区）法律成立但实际管理机构在中国境内的企业。这里的企业包括国有企业、集体企业、私营企业、联营企业、股份制企业、外商投资企业、外国企业，以及经国家有关部门批准，依法注册、登记的事业单位、社会团体等组织。

【了解一下】根据《企业所得税法实施条例》第四条，实际管理机构，是指对企业的生产经营、人员、账务、财产等实施实质性全面管理和控制的机构。

（二）非居民企业

非居民企业是指依照外国（地区）法律成立且实际管理机构不在中国境内，但在中国境内设立机构、场所，或者在中国境内未设立机构、场所，但有来源于中国境内所得的企业。根据《企业所得税法实施条例》第五条，上述机构、场所是指在中国境内从事生产经营活动的机构、场所，包括：

（1）管理机构、营业机构、办事机构；

（2）工厂、农场、开采自然资源的场所；

（3）提供劳务的场所；

（4）从事建筑、安装、装配、修理、勘探等工程作业的场所；

（5）其他从事生产经营活动的机构、场所。

非居民企业委托营业代理人在中国境内从事生产经营活动的，包括委托单位或者个人经常代其签订合同，或者储存、交付货物等，该营业代理人视为非居民企业在中国境内设立的机构、场所。

居民企业与非居民企业划分总结见表7-1。

表7-1 **居民企业与非居民企业划分总结表**

纳税人身份	构成条件	
	在中国境内成立（注册法人）	实际管理机构在境内
居民企业	√	×
	×	√
	√	√
非居民企业	×	×

【例7-1】依据《企业所得税法》的规定，判定居民企业的标准有（　　）。

A.登记注册地标准

B.所得来源地标准

C.经营行为实际发生地标准

D.实际管理机构所在地标准

【答案】AD。解析：区分居民企业与非居民企业的依据是根据登记注册地或实际管理机构所在地来确定的。

二、企业所得税的征税对象

企业所得税的征税对象是指纳税人取得的生产经营所得、其他所得和清算所得。

（一）居民企业的征税对象

居民企业应当就其来源于中国境内、境外的所得缴纳企业所得税，包括销售货物所得、提供劳务所得、转让财产所得、股息红利等权益性投资所得、利息所得、租金所得、特许权使用费所得、接受捐赠所得和其他所得。

（二）非居民企业的征税对象

非居民企业在中国境内设立机构、场所的，应当就其所设机构、场所取得的来源于中国境内的所得，以及发生在中国境外但与其所设机构、场所有实际联系的所得，缴纳企业所得税。

非居民企业在中国境内未设立机构、场所的，或者虽设立机构、场所但取得的所得与其所设机构、场所没有实际联系的，应当就其来源于中国境内的所得缴纳企业所得税。

表7-2为居民企业与非居民企业纳税义务总结表。

表7-2　**居民、非居民企业纳税义务总结表**

居民企业	全面纳税义务：来源于中国境内、境外的所得
非居民企业	有限纳税义务：来源于中国境内的所得以及发生在中国境外但与其在中国境内所设机构、场所有实际联系的所得

【了解一下】实际联系，是指非居民企业在中国境内设立的机构、场所拥有据以取得所得的股权、债权，以及拥有、管理、控制据以取得所得的财产等。

（三）所得来源地的确定

依据《企业所得税法》及《企业所得税法实施条例》第七条，来自中国境内、境外的所得按照表7-3确定来源地。

表7-3　**企业所得税所得来源地确定**

所得类型	所得来源的确定
销售货物所得	按照交易活动发生地确定
提供劳务所得	按照劳务发生地确定

续表

所得类型		所得来源的确定
转让财产所得	不动产	按照不动产所在地确定
	动产	按照转让动产的企业或者机构、场所所在地确定
	权益性投资资产	按照被投资企业所在地确定
股息、红利等权益性投资所得		按照分配所得的企业所在地确定
利息、租金、特许权使用费所得		按照负担、支付所得的企业或者机构、场所所在地，或者按照负担、支付所得的个人的住所地确定
其他所得		由国务院财政、税务主管部门确定

【例 7–2】下列关于所得来源地确定方法的表述中，符合《企业所得税法》规定的有（　　）。

A.提供劳务所得按照劳务发生地确定

B.特许权使用费所得按照收取特许权使用费所得的企业所在地确定

C.股息所得按照分配股息的企业所在地确定

D.动产转让所得按照转让动产的企业所在地确定

【答案】ACD。

【例 7–3】依据《企业所得税法》的规定，下列各项中按负担所得的所在地确定所得来源地的是（　）。

A.销售货物所得

B.股息红利所得

C.动产转让所得

D.特许权使用费所得

【答案】D。解析：销售货物所得按交易活动发生地确定；股息红利所得按分配所得的企业所在地确定；动产转让所得按转让动产的企业或机构、场所所在地确定；利息、租金、特许权使用费所得按负担、支付所得的企业或机构、场所所在地确定。

【了解一下】增值税中境内外的划分与企业所得税有所差异，具体表现为：

（1）对于增值税而言，境外单位或个人向境内单位或个人销售完全在境外发生的服务、销售完全在境外使用的无形资产、出租完全在境外使用的有形动产不属于在境内销售服务或无形资产。

（2）对于企业所得税而言，居民企业就来源于境内外的全部所得履行纳税义务；非居民企业就来源于中国境内的所得以及发生在中国境外但与其在中国境内所设机构、场所有实际联系的所得履行纳税义务。

三、税率

我国对居民企业以及非居民企业的企业所得税税率现行规定如表 7–4 所示。

表7-4 **企业所得税税率表**

种类	税率	适用范围
基本税率	25%	居民企业
		在中国境内设有机构、场所且取得的所得与机构场所有联系的非居民企业
优惠税率	20%	符合条件的小型微利企业
	15%	1. 国家重点扶持的高新技术企业 2. 技术先进型服务企业 3. 注册在海南自由贸易港并实质性运营的鼓励类产业企业 4. 西部地区鼓励类产业企业（2030年12月31日前） 5. 符合条件的从事污染防治的第三方企业（2027年12月31日前） 6. 平潭综合实验区符合条件的企业（2025年12月31日前）等
其他	20%（实际适用10%）	适用于在中国境内未设立机构、场所的，或者虽设立机构、场所但取得的所得与其所设机构、场所没有实际联系的非居民企业

【例7-4】下列所得，实际适用10%企业所得税税率的是（　）。

A.居民企业来自境外的所得

B.小型企业来自境内的所得

C.高新技术企业来自境内的所得

D.在中国境内未设立经营机构的非居民企业来自境内的股息所得

【答案】D。

第三节　应纳税所得额的计算

应纳税所得额是企业所得税的计税依据。按照《企业所得税法》的规定，企业每一纳税年度的收入总额，减除不征税收入、免税收入、各项扣除以及允许弥补的以前年度亏损后的余额，为应纳税所得额。基本公式如表7-5所示。

表7-5 **应纳税所得额计征公式**

直接法	应纳税所得额=收入总额-不征税收入-免税收入-各项扣除-允许弥补的以前年度亏损
间接法	应纳税所得额=会计利润+纳税调整增加额-纳税调整减少额

【了解一下】应纳税所得额与会计利润是两个不同的概念，两者既有联系，又有区别。会计利润是计算应纳税所得额的基础。在很多情况下，应纳税所得额是在会计利润的基础上进行调整得到的。会计利润依据会计准则计算，而应纳税所得额依据《企业所得税法》的规定计算。应纳税所得额会对一些会计利润中的项目进行调整，比如有些税法规定不允许扣除的费用在计算会计利润时扣除了，在计算应纳税所得额时需要加回

来；有些税法规定的优惠、免税项目等，在计算应纳税所得额时需要减除或不计入。总之，两者存在紧密联系，但由于税法和会计准则的差异，导致它们并不完全等同。

一、收入总额

企业的收入总额包括以货币形式和非货币形式从各种来源取得的收入，具体有：销售货物收入，提供劳务收入，转让财产收入，股息、红利等权益性投资收益，利息收入，租金收入，特许权使用费收入，接受捐赠收入，其他收入。

根据《企业所得税法实施条例》第十二条，企业取得收入的货币形式，包括现金、存款、应收账款、应收票据、准备持有至到期的债券投资以及债务的豁免等。企业取得收入的非货币形式，包括固定资产、生物资产、无形资产、股权投资、存货、不准备持有至到期的债券投资、劳务以及有关权益等。《企业所得税法》第六条所称企业以非货币形式取得的收入，应当按照公允价值确定收入额。

（一）一般收入的确认

（1）销售货物收入是指企业销售商品、产品、原材料、包装物、低值易耗品以及其他存货取得的收入。

（2）提供劳务收入是指企业从事建筑安装、修理修配、交通运输、仓储租赁、金融保险、邮电通信、咨询经纪、文化体育、科学研究、技术服务、教育培训、餐饮住宿、中介代理、卫生保健、社区服务、旅游、娱乐、加工以及其他劳务服务活动取得的收入。

（3）转让财产收入是指企业转让固定资产、生物资产、无形资产、股权、债权等财产取得的收入。

（4）股息、红利等权益性投资收益是指企业因权益性投资从被投资方取得的收入。股息、红利等权益性投资收益，除国务院财政、税务主管部门另有规定外，按照被投资方作出利润分配决定的日期确认收入的实现。

（5）利息收入是指企业将资金提供他人使用但不构成权益性投资，或者因他人占用本企业资金取得的收入，包括存款利息、贷款利息、债券利息、欠款利息等收入。利息收入，按照合同约定的债务人应付利息的日期确认收入的实现。

（6）租金收入是指企业提供固定资产、包装物或者其他有形资产的使用权取得的收入。租金收入，按照合同约定的承租人应付租金的日期确认收入的实现。

（7）特许权使用费收入是指企业提供专利权、非专利技术、商标权、著作权以及其他特许权的使用权取得的收入。特许权使用费收入，按照合同约定的特许权使用人应付特许权使用费的日期确认收入的实现。

（8）接受捐赠收入是指企业接受的来自其他企业、组织或者个人无偿给予的货币性资产、非货币性资产。接受捐赠收入，按照实际收到捐赠资产的日期确认收入的实现。

（9）其他收入是指企业取得的除以上收入外的其他收入，包括企业资产溢余收入、逾期未退包装物押金收入、确实无法偿付的应付款项、已作坏账损失处理后又收回的应收款项、债务重组收入、补贴收入、违约金收入、汇兑收益等。

（二）特殊收入的确认

（1）以分期收款方式销售货物的，按照合同约定的收款日期确认收入的实现。

（2）企业受托加工制造大型机械设备、船舶、飞机，以及从事建筑、安装、装配工程业务或者提供其他劳务等，持续时间超过12个月的，按照纳税年度内完工进度或者完成的工作量确认收入的实现。

（3）采取产品分成方式取得收入的，按照企业分得产品的日期确认收入的实现、其收入额按照产品的公允价值确定。

（4）企业发生非货币性资产交换，以及将货物、财产、劳务用于捐赠、偿债、赞助、集资、广告、样品、职工福利或者利润分配等用途的，应当视同销售货物、转让财产或者提供劳务，但国务院财政、税务主管部门另有规定的除外。

（三）处置资产收入的确认

企业处置资产可以分为内部处置和外部处置两种情形，企业发生的处置资产收入的确认按表7-6执行。

表7-6 **处置资产收入的确认**

分类	具体资产处置行为	计量	判断标准
内部处置资产	将资产用于生产、制造、加工另一产品	不视同销售，无须确认收入，相关资产的计税基础延续计算	以法人为中心，资产的所有权是否发生转移：所有权发生转移，视同销售，确认收入；所有权未发生转移，无须视同销售
	改变资产形状、结构或性能		
	改变资产用途（如自建商品房转为自用或经营）		
	将资产在总机构及其分支机构之间转移		
	上述两种或两种以上情形的混合		
	其他不改变资产所有权属的用途		
外部处置	用于市场推广或销售	视同销售，确定收入，应按照被移送资产的公允价值确认销售收入	
	用于交际应酬		
	用于职工奖励或福利		
	用于股息分配		
	用于对外捐赠		
	其他改变资产所有权属的用途		

【了解一下】企业向公益性社会团体实施的股权捐赠，应按规定视同转让股权，股权转让收入额以企业所捐赠股权取得时的历史成本确定。

【例7-5】企业在境内发生处置资产的下列情形中，应视同销售，确认企业所得税应税收入的是（　　）。

A.将资产用于职工奖励或福利

B.将资产用于加工另一种产品

C.将资产用于在总、分支机构之间转移

D.将资产用于结构或性能改变

【答案】A。解析：企业所得税收入的确认条件是所有权发生转移，只有选项A的所有权发生了转移。

（四）相关收入实现的确认

除《企业所得税法》《企业所得税法实施条例》对前述收入的规定外，企业销售收入的确认，必须遵循权责发生制原则和实质重于形式原则。

（1）企业销售商品同时满足下列条件的，应确认收入的实现：

①商品销售合同已经签订，企业已将商品所有权相关的主要风险和报酬转移给购货方；

②企业对已售出的商品既没有保留通常与所有权相联系的继续管理权，也没有实施有效控制；

③收入的金额能够可靠地计量；

④已发生或将发生的销售方的成本能够可靠地核算。

（2）符合上款收入确认条件，采取下列商品销售方式的，应按以下规定确认收入实现时间：销售商品采用托收承付方式的，在办妥托收手续时确认收入；销售商品采取预收款方式的，在发出商品时确认收入；销售商品需要安装和检验的，在购买方接受商品以及安装和检验完毕时确认收入。如果安装程序比较简单，可在发出商品时确认收入；销售商品采用支付手续费方式委托代销的，在收到代销清单时确认收入。

（3）采用售后回购方式销售商品的，销售的商品按售价确认收入，回购的商品作为购进商品处理。有证据表明不符合销售收入确认条件的，如以销售商品方式进行融资，收到的款项应确认为负债，回购价格大于原售价的，差额应在回购期间确认为利息费用。

（4）销售商品以旧换新的，销售商品应当按照销售商品收入确认条件确认收入，回收的商品作为购进商品处理。

（5）企业为促进商品销售而在商品价格上给予的价格扣除属于商业折扣，商品销售涉及商业折扣的，应当按照扣除商业折扣后的金额确定销售商品收入金额。

（6）企业在各个纳税期末，提供劳务交易的结果能够可靠估计的，应采用完工进度（完工百分比）法确认提供劳务收入。

（7）企业以买一赠一等方式组合销售本企业商品的，不属于捐赠，应将总的销售金额按各项商品的公允价值的比例来分摊确认各项的销售收入。

（8）企业取得财产（包括各类资产、股权、债权等）转让收入、债务重组收入、接受捐赠收入、无法偿付的应付款收入等，不论是以货币形式还是非货币形式体现，除另有规定外，均应一次性计入确认收入的年度，计算缴纳企业所得税。

【了解一下】利用纳税义务时间合理筹划：推迟纳税义务时间，提高资金使用效率。例如，对于租金收入，则应当采取预收方式，并尽可能在合同上约定在每个月（季、年）初的某个时间为应收租金日期，进而延迟收入的实现。

二、不征税收入

企业收入总额中的下列收入为税法规定的企业所得税的不征税收入。

（1）财政拨款，是指各级人民政府对纳入预算管理的事业单位、社会团体等组织拨付的财政资金，但国务院和国务院财政、税务主管部门另有规定的除外。

（2）依法收取并纳入财政管理的行政事业性收费、政府性基金。行政事业性收费是指依照法律法规等有关规定，按照国务院规定程序批准，在实施社会公共管理，以及在向公民、法人或者其他组织提供特定公共服务过程中，向特定对象收取并纳入财政管理的费用。政府性基金，是指企业依照法律、行政法规等有关规定，代政府收取的具有专项用途的财政资金。

（3）国务院规定的其他不征税收入，是指企业取得的，由国务院财政、税务主管部门规定专项用途并经国务院批准的财政性资金。

上述不征税收入用于支出所形成的费用，不得在计算应纳税所得额时扣除；用于支出所形成的资产，其计提的折旧、摊销不得在计算应纳税所得额时扣除。

三、免税收入

企业的下列收入为企业所得税的免税收入：

（1）国债利息收入。为鼓励企业积极购买国债，支援国家建设，税法规定，企业因购买国债取得的利息收入，免征企业所得税，但企业转让国债的收益应计算缴纳企业所得税。

（2）符合条件的居民企业之间的股息、红利等权益性收益，是指居民企业直接投资于其他居民企业取得的投资收益。根据被投资企业性质划分的投资收益免税规定见表7-7。

表7-7　**根据被投资企业性质划分的投资收益免税规定**

被投资企业是未上市居民企业	免税	
被投资企业是上市居民企业	持股时间≥12个月①	免税
	持股时间<12个月	不免税

【了解一下】（1）居民企业之间股息红利等投资收益免征企业所得税，必须是直接投资于其他居民企业，而非间接投资，也不包括投资到“独资企业、合伙企业、非居民企业”。

（2）符合免税条件的投资收益是税后利润分配所得，不包括处置及处置以后取得的所得。

（3）投资于未公开上市的居民企业的权益性投资取得的投资收益，不受12个月期限限制。

（4）必须是权益性投资，非债权性投资。

（3）在中国境内设立机构、场所的非居民企业从居民企业取得与该机构、场所有实际联系的股息、红利等权益性投资收益。该收益不包括连续持有居民企业公开发行并上市流通的股票不足12个月取得的投资收益。

① 12个月的时间计算并非自开始持有至分红时间，而是指开始持有至转让为止满足12个月以上的条件，期间取得的分红都可以享受免税，包括分红时持有尚不足12个月的情况。

（4）符合条件的非营利组织的收入免税。

①符合条件的非营利组织是指：

第一，依法履行非营利组织登记手续；

第二，从事公益性或者非营利性活动；

第三，取得的收入除用于与该组织有关的、合理的支出外，全部用于登记核定或者章程规定的公益性或者非营利性事业；

第四，财产及其孳息不用于分配；

第五，按照登记核定或者章程规定，该组织注销后的剩余财产用于公益性或者非营利性目的，或者由登记管理机关转赠给与该组织性质、宗旨相同的组织，并向社会公告；

第六，投入人对投入该组织的财产不保留或者享有任何财产权利；

第七，工作人员工资福利开支控制在规定的比例内，不变相分配该组织的财产；

第八，国务院财政、税务主管部门规定的其他条件。

②非营利组织的下列收入免税：

第一，接受其他单位或者个人捐赠收入；

第二，除《企业所得税法》第七条规定的财政拨款以外的其他政府补助收入，但不包括因政府购买服务取得的收入；

第三，按照省级以上民政、财政部门规定收取的会费；

第四，不征税收入和免税收入孳生的银行存款利息收入；

第五，财政部、国家税务总局规定的其他收入。

【了解一下】不征税收入和免税收入的区别。

不征税收入：对非经营活动或非营利活动带来的经济利益流入应从应税总收入中排除，不属于税收优惠的范围，从所得税原理上讲应永久不列入征税范围。

免税收入：国家为了实现某些经济和社会目标，在特定时期对特定项目取得的经济利益给予的税收优惠。

【例7-6】根据《企业所得税法》的规定，下列各项中，在计算企业所得税应纳税所得额时，应计入收入总额的有（　　）。

A.转让著作权收入　　　　B.债务重组收入

C.接受捐赠收入　　　　D.确实无法偿付的应付款项

【答案】ABCD。

四、扣除项目

（一）扣除项目的原则

企业申报的扣除项目和金额要真实、合法。《企业所得税法》规定，企业实际发生的与取得收入有关的、合理的支出，可以扣除。除税收法规另有规定外，税前扣除一般应遵循以下原则：

1.权责发生制原则

企业费用应在发生的所属期扣除，而不是在实际支付时确认扣除。

2.配比原则

企业发生的费用应当与收入配比扣除。除特殊规定外，企业发生的费用不得提前或滞后申报扣除。

3.相关性原则

企业可扣除的费用从性质和根源上必须与取得应税收入直接相关。

4.确定性原则

企业可扣除的费用不论何时支付，其金额必须是确定的。

5.合理性原则

企业可扣除的费用是符合生产经营活动常规，应当计入当期损益或者有关资产成本的必要和正常的支出。

（二）扣除项目的范围

《企业所得税法》规定，企业实际发生的与取得收入有关的、合理的支出，包括成本、费用、税金、损失和其他支出，准予在计算应纳税所得额时扣除。合理的支出，是指符合生产经营活动常规，应当计入当期损益或者有关资产成本的必要和正常的支出。

在实际中，计算应纳税所得额时还应注意三方面的内容（见表7-8）：一是企业发生的支出应当区分收益性支出和资本性支出。收益性支出在发生当期直接扣除；资本性支出应当分期扣除或者计入有关资产成本，不得在发生当期直接扣除。二是企业的不征税收入用于支出所形成的费用或者财产，不得扣除或者计算对应的折旧、摊销扣除。三是除《企业所得税法》《企业所得税法实施条例》另有规定外，企业实际发生的成本、费用、税金、损失和其他支出，不得重复扣除。

表7-8　企业所得税税前扣除费用项目重点关注表

费用归属	具体费用
销售费用	广告费和业务宣传费是否超支
	销售佣金是否符合对象、方式、比例等规定
管理费用	业务招待费是否超支
	保险费是否符合标准
财务费用	利息费用是否超过标准（金融机构同类同期）
	借款的主体是金融机构与否

（1）“成本”是指企业在生产经营活动中发生的销售成本、销货成本、业务支出以及其他耗费。

（2）“费用”是指企业在生产产品及提供劳务等过程中发生的销售费用、管理费用和财务费用。已经计入成本的有关费用除外。

（3）“税金”是指企业发生的除企业所得税和不允许抵扣的增值税以外的企业缴纳的各项税金及其附加。准许扣除的税金有两种扣除方式：一是在发生当期扣除；二是在发生当期计入相关资产的成本，在以后各期分摊扣除。具体总结见表7-9。

表7-9　**税金扣除情况总结**

<table>
<tr><th colspan="2">情形</th><th>税费</th></tr>
<tr><td colspan="2">不得扣除</td><td>企业缴纳的增值税、企业所得税、企业为个人承担的个人所得税</td></tr>
<tr><td rowspan="2">可以扣除</td><td>通过计入税金及其附加在当期扣除</td><td>企业缴纳的消费税、城市维护建设税、出口关税、资源税、土地增值税、教育费附加、房产税、车船税、城镇土地使用税、印花税、环境保护税等</td></tr>
<tr><td>在发生当期计入相关资产的成本，在以后各期分摊扣除</td><td>企业缴纳的车辆购置税、契税、耕地占用税、进口关税等</td></tr>
</table>

（4）“损失”是指企业在生产经营活动中发生的固定资产和存货的盘亏、毁损、报废损失，转让财产损失，呆账损失，坏账损失，自然灾害等不可抗力因素造成的损失以及其他损失。企业发生的损失，减除责任人赔偿和保险赔款后的余额，依照国务院财政、税务主管部门的规定扣除。企业已经作为损失处理的资产，在以后纳税年度又全部收回或者部分收回时，应当计入当期收入。

（5）“扣除的其他支出”是指除成本、费用、税金、损失外，企业在生产经营活动中发生的与生产经营活动有关的、合理的支出。

（三）扣除项目的标准

扣除项目中，有些属于据实扣除项目，有些属于限额扣除项目，具体的扣除项目规定如下：

1. 工资、薪金支出

企业发生的合理的工资、薪金支出准予据实扣除。工资、薪金支出是企业每一纳税年度支付给本企业任职或与其有雇佣关系的员工的所有现金或非现金形式的劳动报酬，包括基本工资、奖金、津贴、补贴、年终加薪、加班工资，以及与任职或者受雇有关的其他支出。

合理的工资、薪金，是指企业按照股东大会、董事会、薪酬委员会或相关管理机构制定的工资、薪金制度规定，实际发放给员工的工资、薪金。税务机关在对工资、薪金进行合理性确认时，可依据以下原则：

（1）企业制定了较为规范的员工工资、薪金制度；

（2）企业所制定的工资、薪金制度符合行业及地区水平；

（3）企业在一定时期所发放的工资、薪金是相对固定的，工资、薪金的调整是有序进行的；

（4）企业对实际发放的工资、薪金，已依法履行了代扣代缴个人所得税义务。

（5）有关工资、薪金的安排，不以减少或逃避税款为目的。

2. 职工福利费、工会经费、职工教育经费

企业发生的职工福利费、工会经费、职工教育经费按标准扣除，未超过标准的按实际数扣除，超过标准的只能按标准扣除。具体如表7-10所示。

表7-10　　**三项经费扣除标准**

项目	准予扣除限度	超过部分处理办法
职工福利费	不超过工资、薪金总额14%的部分	不得扣除
工会经费	不超过工资、薪金总额2%的部分	不得扣除
职工教育经费	不超过工资、薪金总额8%的部分	准予结转扣除

《企业所得税法实施条例》第四十、四十一、四十二条所称的"工资、薪金总额"，是指企业按照规定实际发放的工资、薪金总和，不包括企业的职工福利费、职工教育经费、工会经费以及养老保险费、医疗保险费、失业保险费、工伤保险费、生育保险费等社会保险费和住房公积金。属于国有性质的企业，其工资、薪金，不得超过政府有关部门给予的限定数额；超过部分，不得计入企业工资、薪金总额，也不得在计算企业应纳税所得额时扣除。

【了解一下】利用职工福利费合理筹划：根据《企业所得税法实施细则》的规定：企业发生的合理的劳动保护支出，准予扣除。企业为职工发放的防暑降温费属于职工福利费，只能在工资、薪金总额的14%以内扣除；企业为职工发放的防暑降温品属于劳动保护支出，可以100%扣除。将福利费适当转化为工资、劳动保护支出，可以减轻企业所得税税负。

【例7-7】某企业2023年实际发放的合理工资总额为500万元，发生的职工福利费为80万元，职工教育经费为15万元，工会经费为10万元。假设该企业无其他纳税调整事项，企业所得税税率为25%。要求：计算三项经费的纳税调整金额。

【答案】根据税法规定，职工福利费的扣除限额为工资总额的14%，即500×14%=70万元；职工教育经费的扣除限额为工资总额的8%，即500×8%=40万元；工会经费的扣除限额为工资总额的2%，即500×2%=10万元。三项经费的纳税调整额计算如下：

职工福利费纳税调增额=80-70=10（万元）

职工教育经费发生额15万元，没有超过限额，超过部分可结转以后年度扣除，无须纳税调整；工会经费发生额10万元，不超过限额标准，无须纳税调整。因此，该企业三项经费需要纳税调增10万元。

3.保险费

企业依照国务院有关主管部门或者省级人民政府规定的范围和标准为职工缴纳的五险一金，即基本养老保险费、基本医疗保险费、失业保险费、工伤保险费、生育保险费等基本社会保险费和住房公积金，准予扣除。

企业为投资者或者职工支付的补充养老保险费、补充医疗保险费，在国务院财政、税务主管部门规定的分别在不超过职工工资总额5%标准内的部分，在计算应纳税所得额时准予扣除；超过的部分，不予扣除。

企业依照国家有关规定为特殊工种职工支付的人身安全保险费和符合国务院财政、税务主管部门规定可以扣除的商业保险费准予扣除。企业为投资者或者职工支付的商业保险费，不得扣除。

企业参加财产保险，按照规定缴纳的保险费，准予扣除，见表7-11。

表7-11 **保险费扣除标准**

缴纳保险类型	税前扣除政策
“五险一金”	准予扣除
补充养老保险、补充医疗保险（为投资者或职工）	分别不超过工资总额的5%，超支不得扣除
人身安全保险费、符合规定商业保险费（为特殊工种职工）	准予扣除
财产保险	准予扣除
职工因公出差乘坐交通工具发生的人身意外保险费	准予扣除
其他商业保险	不得扣除

4.利息费用

企业在生产、经营活动中发生的利息费用，按下列规定扣除：

（1）非金融企业向金融企业借款的利息支出、金融企业的各项存款利息支出和同业拆借利息支出、企业经批准发行债券的利息支出可据实扣除。

（2）非金融企业向非金融企业借款的利息支出，不超过按照金融企业同期同类贷款利率计算的数额的部分可据实扣除，超过部分不许扣除。

【了解一下】所谓金融机构，是指各类银行、保险公司及经中国人民银行批准从事金融业务的非银行金融机构。非金融机构，是指除上述金融机构以外的所有企业、事业单位以及社会团体等企业或组织。

【例7-8】2023年1月，A公司向B公司借款100万元用于生产经营，期限为3个月，双方约定年利率为10%，已知A公司和B公司都是非金融企业，当年金融企业同期同类贷款年利率为6%。A公司在计算当年企业所得税应纳税所得额时，准予扣除的利息费用是多少？

【答案】A公司的利息费用扣除限额=100×6%/12×3=1.5（万元）（参照向金融企业同类贷款年利率）

A公司实际发生利息支出＝100×10%/12×3=2.5（万元）（向非金融企业借款利息）

两者利息比较：实际2.5>限额1.5，则只能扣除限额1.5万元，超出限额1万元的部分不允许扣除。

解析：非金融企业向非金融企业借款，可以扣除的利息费用不能超过金融企业同期同类贷款利率。

（3）关联企业利息费用扣除。企业从其关联方接受的债权性投资与权益性投资的比例超过规定标准而发生的利息支出，不得在计算应纳税所得额时扣除。

①在计算应纳税所得额时，企业实际支付给关联方的利息支出，不超过以下规定比例和《企业所得税法》《企业所得税法实施条例》有关规定计算的部分，准予扣除，超过的部分不得在发生当期和以后年度扣除。

企业实际支付给关联方的利息支出，除符合下面第②条规定外，其接受关联方债权性投资与其权益性投资比例为：金融企业为5∶1；其他企业为2∶1。

②企业如果能够按照《企业所得税法》《企业所得税法实施条例》的有关规定提供相关资料，并证明相关交易活动符合独立交易原则的；或者该企业的实际税负不高于境内关联方的，其实际支付给境内关联方的利息支出，在计算应纳税所得额时准予扣除。

③企业同时从事金融业务和非金融业务，其实际支付给关联方的利息支出，应按照合理方法分开计算；没有按照合理方法分开计算的，一律按上面第①条有关其他企业的比例计算准予税前扣除的利息支出。

④企业自关联方取得的不符合规定的利息收入应按照有关规定缴纳企业所得税。

利息费用扣除标准总结见表7-12。

（4）企业向自然人借款的利息支出在企业所得税税前的扣除。

① 在企业向股东或其他与企业有关联关系的自然人借款的利息支出，应根据《企业所得税法》第四十六条计算企业所得税扣除额。

表7-12 **利息费用扣除标准总结**

借贷企业之间关系		扣除标准
非关联	向金融市场、资本市场借款利息，金融企业利息支出	据实扣除
	向非金融企业借款利息	利率限制：不超过金融企业同期同类贷款利率
关联	支付关联方利息	债资比限制：金融企业为5∶1，其他企业为2∶1 利率限制：不超过金融企业同期同类贷款利率
	独立交易或税负不高于境内关联方	据实扣除

② 企业向除①规定以外的内部职工或其他人员借款的利息支出，其借款情况同时符合以下条件的，其利息支出在不超过按照金融企业同期同类贷款利率计算的数额的部分，根据《企业所得税法》第八条和《企业所得税法实施条例》第二十七条的规定，准予扣除。

条件一：企业与个人之间的借贷是真实、合法、有效的，并且不具有非法集资目的或其他违反法律法规的行为；

条件二：企业与个人之间签订了借款合同。

5.借款费用

企业所得税中有关借款费用的扣除标准有些需要资本化处理，有些需要费用化处理，具体见表7-13。

表7-13 **借款费用扣除标准**

资本化	企业为购置、建造固定资产、无形资产和经过12个月以上的建造才能达到预定可销售状态的存货发生借款的，在有关资产购置、建造期间发生的合理的借款费用，应予以资本化，作为资本性支出计入有关资产的成本
费用化	企业在生产经营活动中发生的合理的不需要资本化的借款费用，准予扣除
	有关资产交付使用后发生的借款利息，可在发生当期扣除
企业通过发行债券、取得贷款、吸收保户储金等方式融资而发生的合理的费用支出，符合资本化条件的，应计入相关资产成本；不符合资本化条件的，应作为财务费用，准予在企业所得税前据实扣除	

6.汇兑损失

企业在货币交易中，以及纳税年度终了时将人民币以外的货币性资产、负债按照期末即期人民币汇率中间价折算为人民币时产生的汇兑损失，除已经计入有关资产成本以及与向所有者进行利润分配相关的部分外，准予扣除。

7.广告费和业务宣传费

（1）基本规定。

企业发生的符合条件的广告费和业务宣传费支出，除国务院财政、税务主管部门另有规定外，不超过当年销售（营业）收入15%的部分，准予扣除；超过部分，准予结转以后纳税年度扣除。

（2）特殊规定。

企业在筹建期间发生的广告费和业务宣传费，可按实际发生额计入企业筹办费，并按有关规定在税前扣除。烟草企业的烟草广告费和业务宣传费支出，一律不得在计算应纳税所得额时扣除。对化妆品制造或销售、医药制造和饮料制造（不含酒类制造）企业发生的广告费和业务宣传费支出，不超过当年销售（营业）收入30%的部分，准予扣除；超过部分，准予在以后纳税年度结转扣除。

（3）销售收入具体内容。

销售（营业）收入包括销售货物收入、让渡资产使用权（收取资产租金或使用费）收入、提供劳务收入等主营业务收入、其他业务收入和会计上不确认收入而税法上视同销售的收入等，但是不含营业外收入。业务招待费、广告费和业务宣传费的计算税前扣除限额的基数都是销售（营业）收入，不是企业全部收入。

其他业务收入是指企业主营业务收入以外的所有通过销售商品、提供劳务收入及让渡资产使用权等日常活动中所形成的经济利益的流入，计入销售（营业）收入，作为业务招待费、广告费和业务宣传费的计算税前扣除限额的基数。

营业外收入是指企业发生的与其日常活动无直接关系的各项利得，主要包括非流动资产处置利得、政府补助、盈盘利得、捐赠利得、非货币性资产交换利得、债务重组利得等，不属于企业的销售（营业）收入，不作为业务招待费、广告费和业务宣传费的计算税前扣除限额的基数。

【了解一下】企业申报扣除的广告费支出应与赞助支出严格区分。企业申报扣除的广告费支出，必须符合下列条件：

（1）广告是通过工商部门批准的专门机构制作的。

（2）已经实际支付费用，并已取得相应发票。

（3）通过一定的媒体传播。

【例7-9】A公司2023年电器加工收入4 000万元，出租闲置仓库取得租金收入500万元，当年实际发生的广告费650万元、业务宣传费100万元。要求：计算A公司2023年可以税前扣除的广告费和业务宣传费的金额以及纳税调整金额。

【答案】广告费和业务宣传费的扣除标准=（4 000+500）×15%=675（万元）

广告费和业务宣传费的实际发生额=650+100=750（万元）

可以税前扣除的广告费和业务宣传费是675万元，超标部分=750−675=75（万元），当年不得扣除，但是可以结转至以后年度继续扣除。所以，纳税调增750−675=75（万元）。

8.业务招待费

企业发生的与生产经营活动有关的业务招待费支出，按照发生额的60%扣除，但最高不得超过当年销售（营业）收入的5‰。

【了解一下】企业在筹建期间发生的与筹办活动有关的业务招待费支出，可按实际发生额的60%计入企业筹办费，并按有关规定在税前扣除。

【例7−10】A企业2023年销售收入为40 000万元，当年实际发生业务招待费为160万元。要求：计算税前可扣除的业务招待费以及纳税调整金额。

【答案】扣除限额=40 000×5‰=200（万元）

实际发生额的60%：160×60%=96（万元）

200万元>96万元，可在税前扣除96万元。纳税调增：160−96=64（万元）

【例7−11】A企业2023年销售收入为40 000万元，当年的业务招待费为400万元。要求：计算税前可扣除的业务招待费以及纳税调整金额。

【答案】扣除限额=40000×5‰=200（万元）

实际发生额的60%：400×60%=240（万元）

200万元<240万元，可在税前扣除200万元。纳税调增：400−200=200（万元）

9.环境保护专项资金

企业依照法律、行政法规有关规定提取的用于环境保护、生态恢复等方面的专项资金，准予扣除。上述专项资金提取后改变用途的，不得扣除。

10.财产保险费

企业参加财产保险，按照规定缴纳的保险费，准予扣除。

11.租赁费

企业根据生产经营活动的需要租入固定资产支付的租赁费，按照表7−14的方法扣除。

表7−14 **租赁费扣除标准**

经营租赁（所有权不转移）	以经营租赁方式租入固定资产发生的租赁费支出，按照租赁期限均匀扣除
	出租方提折旧，承租方扣除租赁费支出
融资租赁（转移所有权有关的全部风险和报酬）	以融资租赁方式租入固定资产发生的租赁费支出，按照规定构成融资租入固定资产价值的部分应当提取折旧费用，分期扣除
	承租方提折旧，不得扣除租赁费支出

【例7−12】A公司2023年4月1日，以经营租赁方式租入一仓库，支付年租金6万元；7月1日，以融资租赁方式租入固定资产使用，租赁期为2年，年租金1.2万元。要求：计算A公司2023年可以税前扣除的租赁费。

【答案】A公司2023年可以税前扣除的租赁费=6÷12×9=4.5（万元）

12. 劳动保护费

企业发生的合理的劳动保护支出，准予扣除。

13. 公益性捐赠支出

（1）界定。

公益性捐赠，是指企业通过公益性社会组织或者县级以上人民政府及其部门，用于符合法律规定的慈善活动、公益事业的捐赠。

（2）扣除标准。

企业通过公益性社会组织或者县级（含县级）以上人民政府及其组成部门和直属机构，用于慈善活动、公益事业的捐赠支出，在年度利润总额12%以内的部分，准予在计算应纳税所得额时扣除；超过年度利润总额12%的部分，准予结转以后3年内在计算应纳税所得额时扣除。

公益性社会团体，是指同时符合下列条件的基金会、慈善组织等社会团体：

（1）依法登记，具有法人资格。

（2）以发展公益事业为宗旨，且不以营利为目的。

（3）全部资产及其增值为该法人所有。

（4）收益和营运结余主要用于符合该法人设立目的的事业。

（5）终止后的剩余财产不归属任何个人或者营利组织。

（6）不经营与其设立目的无关的业务。

（7）有健全的财务会计制度。

（8）捐赠者不以任何形式参与社会团体财产的分配。

（9）国务院财政、税务主管部门会同国务院民政部门等登记管理部门规定的其他条件。

自2019年1月1日至2025年12月31日，企业通过公益性社会组织或者县级（含县级）以上人民政府及其组成部门和直属机构，用于目标脱贫地区的扶贫捐赠支出，准予在计算企业所得税应纳税所得额时据实扣除。在政策执行期限内，目标脱贫地区实现脱贫的，可继续适用上述政策。

【了解一下】（1）用于公益事业的捐赠支出，是指《中华人民共和国公益事业捐赠法》规定的向公益事业的捐赠支出，具体范围包括：

①救助灾害、救济贫困、扶助残疾人等困难社会群体和个人的活动。

②教育、科学、文化、卫生、体育事业。

③环境保护、社会公共设施建设。

④促进社会发展和进步的其他社会公共福利事业。

企事业单位、社会团体以及其他组织捐赠住房作为廉租住房的视同公益性捐赠按上述规定执行。

（2）根据《企业所得税法》及《企业所得税法实施条例》有关规定，按照《财政部 税务总局关于通过公益性群众团体的公益性捐赠税前扣除有关事项的公告》，2024年度至2026年度符合公益性捐赠税前扣除资格的群众团体名单公告如下：中国红十字会总会、中华全国总工会、中国宋庆龄基金会、中国国际人才交流基金会。

【例7-13】某居民企业按照规定计算出的利润总额为800万元，当年直接到受灾现场给受灾灾民发放慰问金10万元，通过省级人民政府机关，对受灾地区捐赠50万元。要求：计算其当年捐赠应调整的应纳税所得额。

【答案】当年可在企业所得税前列支的公益性捐赠限额=800×12%=96（万元）

通过省级人民政府机关对受灾地区的捐赠50万元低于限额96万元，所以可以全额在税前扣除，不需纳税调整。直接给受赠人的捐赠在企业所得税前不得扣除，所以该居民企业当年捐赠应调增10万元。

14.有关资产的费用

企业转让各类固定资产发生的费用，允许扣除。企业按规定计算的固定资产折旧费、无形资产和递延资产的摊销费，准予扣除。

企业当期发生的固定资产和流动资产盘亏、毁损净损失，由其提供清查盘存资料经主管税务机关审核后，准予扣除。

15.手续费及佣金支出

企业发生的与生产经营有关的手续费及佣金支出有限额扣除也有据实扣除，可以按照表7-15扣除。

表7-15　**关于手续费及佣金支出扣除标准**

类别		扣除标准
限额扣除	一般企业	企业发生与生产经营有关的手续费及佣金支出，不超过按与具有合法经营资格的中介服务机构或个人（不含交易双方及其雇员、代理人和代表人等）所签订服务协议或合同确认的收入金额的5%计算限额以内的部分，准予扣除；超过部分，不得扣除
	保险行业	保险企业发生与其经营活动有关的手续费及佣金支出，不超过当年全部保费收入扣除退保金等后余额的18%（含本数）的部分，在计算应纳税所得额时准予扣除；超过部分，允许结转以后年度扣除
据实扣除		从事代理服务、主营业务收入为手续费、佣金的企业（如证券、期货、保险代理等企业），其为取得该类收入而实际发生的营业成本（包括手续费及佣金支出），准予在企业所得税前据实扣除

针对企业所得税扣除项目，常见扣除项目总结如表7-16。

表7-16　**常见扣除项目及其标准**

序号	项目	扣除标准	备注
1	职工福利费	不超过工资、薪金总额14%的部分，准予扣除	限额扣除
2	工会经费	不超过工资、薪金总额2%的部分，准予扣除	限额扣除
3	职工教育经费	不超过工资、薪金总额8%的部分，准予扣除；超过部分，准予在以后纳税年度结转扣除	限额扣除
4	利息费用	非金融企业向非金融企业借款利息参照金融机构同期贷款利率标准扣除	限额扣除

续表

序号	项目	扣除标准	备注
5	广告费和业务宣传费	（一般情况）不超过当年销售（营业）收入15%的部分，准予扣除；超过部分，准予结转以后纳税年度扣除	限额扣除
6	业务招待费	企业发生的与生产经营活动有关的业务招待费支出，按照发生额的60%扣除，但最高不得超过当年销售（营业）收入的5‰	限额扣除
7	公益性捐赠支出	（符合条件）在年度利润总额12%以内的部分，准予在计算应纳税所得额时扣除。超过年度利润总额12%的部分，准予结转以后3年内在计算应纳税所得额时扣除	限额扣除

五、不得扣除的项目

在计算应纳税所得额时，下列支出不得扣除：

（1）向投资者支付的股息、红利等权益性投资收益款项。

（2）企业所得税税款和增值税税款。

（3）税收滞纳金，是指纳税人违反税收法规，被税务机关处以的滞纳金。

（4）罚金、罚款和被没收财物的损失，是指纳税人违反国家有关法律法规规定，被有关部门处以的罚款，以及被司法机关处以的罚金和被没收财物。

（5）超过规定标准的捐赠支出。

（6）赞助支出，是指企业发生的与生产经营活动无关的各种非广告性质支出。

（7）未经核定的准备金支出，是指不符合国务院财政、税务主管部门规定的各项资产减值准备、风险准备等准备金支出。

（8）根据《企业所得税法实施条例》第四十九条，企业之间支付的管理费、企业内营业机构之间支付的租金和特许权使用费，以及非银行企业内营业机构之间支付的利息，不得扣除。

（9）与取得收入无关的其他支出。

【了解一下】要明确区分行政性罚款、罚金和经营性罚款。行政性的罚款、罚金，如税务机关的罚款、司法机关的罚金等是绝对不允许扣除的；而经营性罚款，如合同违约金等，是可以在税前扣除的。

【例7-14】某企业2024年度的会计利润为2 000万元，包括以下支出：支付的股息、红利等权益性投资收益款项300万元；缴纳的企业所得税税款200万元；因逾期缴纳税款而产生的税收滞纳金60万元；因违法经营而被处以的罚款40万元；非广告性质的赞助支出90万元；未经核定的资产减值准备110万元。要求：计算应纳税所得额。

【答案】在计算应纳税所得额时，需要对上述不得扣除项目进行纳税调整。具体调整如下：

（1）股息、红利等权益性投资收益款项300万元，不得在税前扣除，应调增应纳税所得额300万元。

（2）企业所得税税款200万元，不得在税前扣除，应调增应纳税所得额200万元。

（3）税收滞纳金60万元，不得在税前扣除，应调增应纳税所得额60万元。

（4）罚款40万元，不得在税前扣除，应调增应纳税所得额40万元。

（5）非广告性质的赞助支出90万元，不得在税前扣除，应调增应纳税所得额90万元。

（6）未经核定的资产减值准备110万元，不得在税前扣除，应调增应纳税所得额110万元。

（7）经过纳税调整后：

该企业2024年度的应纳税所得额=2 000+300+200+60+40+90+110=2 800（万元）

六、亏损弥补

（一）一般规定

企业所得税的亏损弥补是指企业在一定时期内发生的亏损，可以用以后年度的盈利来弥补。一般企业的亏损可以向后结转5年，企业在弥补亏损时，应按照亏损发生的自然年度顺序进行弥补，先发生的亏损先弥补。

亏损是指企业将每一纳税年度的收入总额减除不征税收入、免税收入和各项扣除后小于零的数额。

（二）特殊规定

（1）高新技术企业和科技型中小企业根据《财政部　税务总局关于延长高新技术企业和科技型中小企业亏损结转年限的通知》第一条的规定：自2018年1月1日起，当年具备高新技术企业或科技型中小企业资格的企业，其具备资格年度之前5个年度发生的尚未弥补完的亏损，准予结转以后年度弥补，最长结转年限由5年延长至10年。

（2）根据《财政部　税务总局　发展改革委　工业和信息化部关于促进集成电路产业和软件产业高质量发展企业所得税政策的公告》第二条的规定：国家鼓励的线宽小于130纳米（含）的集成电路生产企业，属于国家鼓励的集成电路生产企业清单年度之前5个纳税年度发生的尚未弥补完的亏损，准予向以后年度结转，结转年限最长不得超过10年。

【例7-15】表7-17为A企业2018—2024年应纳税所得额的情况，执行5年弥补亏损的规定。要求：计算A企业2018—2024年需缴纳的企业所得税。

表7-17　　该企业2018—2024年应纳税所得额　　单位：万元

年度	2018	2019	2020	2021	2022	2023	2024
应纳税所得额	−100	10	−20	40	10	30	40

【答案】2018年A企业亏损100万元，用2019—2023年应纳税所得额共弥补亏损90万元，有10万元未弥补完，但是已经过了5年的弥补期限。2020年亏损20万元，可以由2021—2025年应纳税所得额进行弥补，但是2021—2023年的应纳税所得额已全部用于弥补2018年的亏损，所以由2024年的应纳税所得额弥补2020年亏损20万元，弥补完后2024年应纳税所得额还剩余20万元，需要缴纳企业所得税。

A企业2018—2024年需缴纳的企业所得税=20×25%=5（万元）

七、资产的税务处理

企业的各项资产，包括固定资产、生物资产、无形资产、长期待摊费用、投资资产、存货等，以历史成本为计税基础。

资产是由于资本投资而形成的财产，对于资本性支出以及无形资产受让、开办、开发费用，不允许作为成本、费用从纳税人的收入总额中作一次性扣除，只能采取分次计提折旧或分次摊销的方式予以扣除。税法规定，纳入税务处理范围的资产形式主要有固定资产、生物资产、无形资产、长期待摊费用、投资资产、存货等，除盘盈固定资产外，均以历史成本为计税基础。历史成本是指企业取得该项资产时实际发生的支出。企业持有各项资产期间资产增值或者减值，除国务院财政、税务主管部门规定可以确认损益外，不得调整该资产的计税基础。

（一）固定资产的税务处理

固定资产是指企业为生产产品、提供劳务、出租或者经营管理而持有的、使用时间超过12个月的非货币性资产，包括房屋、建筑物、机器、机械、运输工具以及其他与生产经营活动有关的设备、器具、工具等。

1.固定资产的计税基础

（1）外购的固定资产，以购买价款和支付的相关税费以及直接归属于使该资产达到预定用途发生的其他支出为计税基础。

（2）自行建造的固定资产，以竣工结算前发生的支出为计税基础。

（3）融资租入的固定资产，以租赁合同约定的付款总额和承租人在签订租赁合同过程中发生的相关费用为计税基础，租赁合同未约定付款总额的，以该资产的公允价值和承租人在签订租赁合同过程中发生的相关费用为计税基础。

（4）盘盈的固定资产，以同类固定资产的重置完全价值为计税基础。

（5）通过捐赠、投资、非货币性资产交换、债务重组等方式取得的固定资产，以该资产的公允价值和支付的相关税费为计税基础。

（6）改建的固定资产，除已足额提取折旧的固定资产和租入的固定资产以外的其他固定资产，以改建过程中发生的改建支出增加计税基础。

2.固定资产折旧的范围

在计算应纳税所得额时，企业按照规定计算的固定资产折旧，准予扣除。下列固定资产不得计算折旧扣除：

（1）房屋、建筑物以外未投入使用的固定资产。

（2）以经营租赁方式租入的固定资产。

（3）以融资租赁方式租出的固定资产。

（4）已足额提取折旧仍继续使用的固定资产。

（5）与经营活动无关的固定资产。

（6）单独估价作为固定资产入账的土地。

（7）其他不得计算折旧扣除的固定资产。

3.固定资产折旧的计提方法的基本规定

（1）起止时间：企业应当自固定资产投入使用月份的次月起计算折旧；停止使用的固定资产，应当自停止使用月份的次月起停止计算折旧。

（2）预计净残值：企业应当根据固定资产的性质和使用情况，合理确定固定资产的预计净残值。固定资产的预计净残值一经确定，不得变更。

（3）方法：固定资产按照直线法计算的折旧，准予扣除。

4.固定资产折旧的计提年限

除国务院财政、税务主管部门另有规定外，固定资产计算折旧的最低年限如表7-18所示。

【了解一下】从事开采石油、天然气等矿产资源的企业，在开始商业性生产前发生的费用和有关固定资产的折耗、折旧方法，由国务院财政、税务主管部门另行规定。

表7-18 固定资产计算折旧的最低年限

固定资产类型	最低折旧年限（年）
房屋、建筑物	20
飞机、火车、轮船、机器、机械和其他生产设备	10
与生产经营活动有关的器具、工具、家具等	5
飞机、火车、轮船以外的运输工具	4
电子设备	3

5.固定资产折旧政策的选择

（1）企业固定资产会计折旧年限如果短于税法规定的最低折旧年限，其按会计折旧年限计提的折旧高于按税法规定的最低折旧年限计提的折旧部分，应调增当期应纳税所得额。

（2）企业固定资产会计折旧年限如果长于税法规定的最低年限，其折旧应按会计折旧年限计算扣除，税法另有规定的除外。

（3）企业按会计规定提取的固定资产减值准备，不得税前扣除，其折旧仍按税法确定的固定资产计税基础计算扣除。

（4）企业按税法规定实行加速折旧的，其按加速折旧办法计算的折旧额可全额在税前扣除。

6.加速折旧

（1）一次性税前扣除政策。

企业在2024年1月1日至2027年12月31日期间新购进的设备、器具，单位价值不超过500万元的，允许一次性计入当期成本费用在计算应纳税所得额时扣除，不再分年度计算折旧；单位价值超过500万元的，仍按《企业所得税法实施条例》《财政部、国家税务总局关于完善固定资产加速折旧企业所得税政策的通知》《财政部、国家税务总局关于进一步完善固定资产加速折旧企业所得税政策的通知》等相关规定执行。

（2）范围。

允许一次性税前扣除的固定资产是指设备、器具，而本优惠政策所称机器、设备是指除房屋、建筑物以外的固定资产。

【了解一下】新购进“新购进”中的“新”字，只是区别于原已购进的固定资产，不是规定非要购进全新的固定资产，使用过的旧的固定资产也可以。新购进的固定资产包括购进的新固定资产和旧固定资产在内。也就是在优惠期内，购买的不论是新固定资产，还是旧固定资产，单位价值在500万元以下都允许一次性税前扣除。固定资产取得方式不同，购买时点的确定也有所差别。在实际工作中，企业购置设备应以设备发票开具时间为准；采取分期付款或赊销方式取得设备，以设备到货时间为准；自行建造固定资产，原则上以建造工程竣工决算时间为准。以货币形式购进的固定资产，除采取分期付款或赊销方式购进外，按发票开具时间确认；以分期付款或赊销方式购进的固定资产，按固定资产到货时间确认；自行建造的固定资产，按竣工结算时间确认。

（二）生产性生物资产的税务处理

生产性生物资产是指产出农产品、提供劳务或出租等目的而持有的生物资产，包括经济林、薪炭林、产畜和役畜等。

1.生产性生物资产的计税基础

（1）外购的生产性生物资产，以购买价款和支付的相关税费为计税基础。

（2）通过捐赠、投资、非货币性资产交换、债务重组等方式取得的生产性生物资产，以该资产的公允价值和支付的相关税费为计税基础。

2.生产性生物资产的最低折旧年限

（1）林木类生产性生物资产，为10年。

（2）畜类生产性生物资产，为3年。

3.生产性生物资产的折旧方法

生产性生物资产按照直线法计算的折旧，准予扣除。企业应当自生产性生物资产投入使用月份的次月起计算折旧；停止使用的生产性生物资产，应当自停止使用月份的次月起停止计算折旧。

企业应当根据生产性生物资产的性质和使用情况，合理确定生产性生物资产的预计净残值。生产性生物资产的预计净残值一经确定，不得变更。

（三）无形资产的税务处理

无形资产是指企业为生产商品、提供劳务、出租或者经营管理而持有的、没有实物形态的资产，包括专利权、商标权、著作权、土地使用权、非专利技术、商誉等。

1.无形资产摊销的范围

在计算应纳税所得额时，企业按照规定计算的无形资产摊销费用，准予扣除。下列无形资产不得计算摊销费用扣除：

（1）自行开发的支出已在计算应纳税所得额时扣除的无形资产。

（2）自创商誉。

（3）与经营活动无关的无形资产。

（4）其他不得计算摊销费用扣除的无形资产。

2.无形资产的计税基础

（1）外购的无形资产，以购买价款和支付的相关税费以及直接归属于使该资产达到预定用途发生的其他支出为计税基础。

（2）自行开发的无形资产，以开发过程中该资产符合资本化条件后至达到预定用途前发生的支出为计税基础。

（3）通过捐赠、投资、非货币性资产交换、债务重组等方式取得的无形资产，以该资产的公允价值和支付的相关税费为计税基础。

3.无形资产的摊销方法及年限

无形资产的摊销，采取直线法计算。无形资产的摊销年限不得低于10年。作为投资或者受让的无形资产，有关法律规定或者合同约定了使用年限的，可以按照规定或者约定的使用年限分期摊销。外购商誉的支出，在企业整体转让或者清算时，准予扣除。

（四）长期待摊费用的税务处理

长期待摊费用是指企业发生的应在1个年度以上或几个年度进行摊销的费用。在计算应纳税所得额时，企业发生的表7-19所列支出作为长期待摊费用，按照规定计算摊销，准予扣除。

表7-19　**长期待摊费用的税务处理**

<table>
<tr><th colspan="3">类别</th><th>税务处理</th></tr>
<tr><td rowspan="4">房屋、建筑物</td><td colspan="2">日常维修支出</td><td>列入当期费用</td></tr>
<tr><td rowspan="3">改建支出</td><td>已提足折旧的固定资产的改建</td><td>按照固定资产预计尚可支出使用年限分期摊销</td></tr>
<tr><td>租入的固定资产的改建支出</td><td>按照合同约定的剩余租赁期限分期摊销</td></tr>
<tr><td>其他</td><td>增加固定资产计税基础，适当延长折旧年限</td></tr>
<tr><td>其他固定资产</td><td>大修理支出</td><td>同时符合下列条件的支出：（1）修理支出达到取得固定资产时的计税基础的50%以上；（2）修理后固定资产的使用年限延长2年以上</td><td>按照固定资产尚可使用年限分期摊销</td></tr>
<tr><td colspan="3">其他应当作为长期待摊费用的支出</td><td>自支出发生月份的次月起，分期摊销，摊销年限不得低于3年</td></tr>
</table>

（五）投资资产的税务处理

投资资产是指企业对外进行权益性投资和债权性投资形成的资产。企业对外投资期间，投资资产的成本在计算应纳税所得额时不得扣除。企业在转让或者处置投资资产时，投资资产的成本准予扣除。

投资资产按照以下方式确定成本：

（1）通过支付现金方式取得的投资资产，以购买价款为成本。

（2）通过支付现金以外的方式取得的投资资产，以该资产的公允价值和支付的相关税费为成本。

（六）存货的税务处理

存货是指企业持有以备出售的产品或者商品、处在生产过程中的在产品、在生产或者提供劳务过程中耗用的材料和物料等。

1.存货的计税基础

存货按照以下方法确定成本：

（1）通过支付现金方式取得的存货，以购买价款和支付的相关税费为成本。

（2）通过支付现金以外的方式取得的存货，以该存货的公允价值和支付的相关税费为成本。

（3）生产性生物资产收获的农产品，以产出或者采收过程中发生的材料费、人工费和分摊的间接费用等必要支出为成本。

2.存货的成本计算方法

企业使用或者销售的存货的成本计算方法，可以在先进先出法、加权平均法、个别计价法中选用一种。计价方法一经选用，不得随意变更。

在计算企业应纳税所得额时，净值是指有关资产、财产的计税基础减除已经按照规定扣除的折旧、折耗、摊销、准备金等后的余额。

除国务院财政、税务主管部门另有规定外。企业在重组过程中，应当在交易发生时确认有关资产的转让所得或者损失，相关资产应当按照交易价格重新确定计税基础。

（七）资产损失的税务处理

资产损失是指企业在生产经营中实际发生的、与取得应税收入有关的资产损失，包括现金损失、存款损失、坏账损失、贷款损失、股权投资损失、固定资产和存货的盘亏、毁损、报废、被盗损失，由自然灾害等不可抗力因素造成的损失以及其他损失。企业发生上述资产损失，应在按税法规定实际确认或者实际发生的当年申报扣除。

企业以前年度发生的资产损失未能在当年税前扣除的，可以按照规定，向税务机关说明并进行专项申报扣除。其中，已发生的实际资产损失，准予追补至该项损失发生年度扣除，其追补确认期限一般不得超过5年。企业因以前年度实际资产损失未在税前扣除而多缴的企业所得税税款，可在追补确认年度企业所得税应纳税款中予以抵扣，不足抵扣的，向以后年度递延抵扣。

企业境内、境外营业机构发生的资产损失应分开核算，对境外营业机构由于发生资产损失而产生的亏损，不得在计算境内应纳税所得额时扣除。

【了解一下】企业发生的资产损失，应按规定的程序和要求向主管税务机关申报后方能在税前扣除。未经申报的，不得在税前扣除。

第四节　税收优惠

企业所得税税收优惠是指国家运用税收政策在税收法律、行政法规中规定对某一部分特定企业和课税对象给予减轻或免除税收负担的一种措施。税法规定的企业所得税的税收优惠方式包括免税、减税、加计扣除、加速折旧、减计收入、税额抵免等，企业所得税减免税情形可以分为税基式减免、税率式减免、税额式减免三种形式。

一、税基式减免

（一）免税收入

（1）企业持有国务院财政部门发行的国债取得的利息收入。

【了解一下】对企业取得的2012年及以后年度发行的地方政府债券利息收入，免征企业所得税。

（2）居民企业直接投资于其他居民企业取得的股息、红利等权益性投资收益，不包括连续持有居民企业公开发行并上市流通的股票不足12个月取得的投资收益。

（3）在中国境内设立机构、场所的非居民企业从居民企业取得与该机构、场所有实际联系的股息、红利等权益性投资收益。

（4）符合条件的非营利组织的收入。

（二）减计收入优惠

（1）企业以《资源综合利用企业所得税优惠目录》规定的资源作为主要原材料，生产国家非限制和禁止并符合国家和行业相关标准的产品取得的收入，减按90%计入收入总额。

（2）自2019年6月1日至2025年12月31日，为社区提供养老、托育、家政等服务的机构，提供社区养老、托育、家政服务取得的收入，在计算应纳税所得额时，减按90%计入收入总额。社区包括城市社区和农村社区。

（三）企业从事下列项目的所得，免征企业所得税

（1）蔬菜、谷物、薯类、油料、豆类、棉花、麻类、糖料、水果、坚果的种植。

（2）农作物新品种的选育。

（3）中药材的种植。

（4）林木的培育和种植。

（5）牲畜、家禽的饲养。

（6）林产品的采集。

（7）灌溉、农产品初加工、兽医、农技推广、农机作业和维修等农、林、牧、渔服务业项目。

（8）远洋捕捞。

（四）企业从事下列项目的所得，减半征收企业所得税

（1）花卉、茶以及其他饮料作物和香料作物的种植。

（2）海水养殖、内陆养殖。

（五）符合条件的技术转让所得税收优惠

1个纳税年度内，居民企业转让技术所有权所得不超过500万元的部分，免征企业所得税；超过500万元的部分，减半征收企业所得税。

技术转让的范围，包括居民企业转让专利技术、计算机软件著作权集成电路布图设计权、植物新品种、生物医药新品种，以及财政部和国家税务总局确定的其他技术。企业从事国家限制和禁止发展的项目，不得享受本条规定的企业所得税优惠。

计算公式为：

技术转让所得=技术转让收入-技术转让成本-相关税费

【了解一下】自2015年10月1日起，全国范围内的居民企业转让5年（含）以上非独占许可使用权取得的技术转让所得，也纳入上述享受企业所得税优惠的技术转让所得范围，相关计算公式为：

技术转让所得=技术转让收入-无形资产摊销费用-相关税费-应分摊期间费用

【例7-16】A企业2023年成立，主要从事生物技术产品开发、生产，2023年1季度，与非关联B公司签订符合条件的新型生物技术转让合同1 450万元，此项技术转让成本（净值）为880万元，相关税费为20万元，应分摊的期间费用为20万元。要求：计算A企业应纳税所得额及应纳所得税。

【答案】A公司该项目所得应纳税所得额=1 450-880-20-20=530（万元）

对于500万元内取得的应纳税所得额可以免企业所得税，对于大于500万部分的30万，可以享受减半征收，则A公司只针对30万元所得额缴纳所得税额。

最终的应纳所得税=30×25%×50%=3.75（万元）

（六）“三免三减半”税收优惠

（1）国家重点扶持的公共基础设施项目（是指《公共基础设施项目企业所得税优惠目录》规定的港口码头、机场、铁路、公路、城市公共交通、电力、水利等项目）的投资经营的所得，自项目取得第一笔生产经营收入所属纳税年度起，第一年至第三年免征企业所得税，第四年至第六年减半征收企业所得税。

【了解一下】企业承包经营、承包建设和内部自建自用本条规定的项目，不得享受本条规定的企业所得税优惠。

（2）环境保护、节能节水项目，包括公共污水处理、公共垃圾处理、沼气综合开发利用、节能减排技术改造、海水淡化等。项目的具体条件和范围由国务院财政、税务主管部门商国务院有关部门制订，报国务院批准后公布施行。

企业从事前款规定的符合条件的环境保护、节能节水项目的所得，自项目取得第一笔生产经营收入所属纳税年度起，第一年至第三年免征企业所得税，第四年至第六年减半征收企业所得税。

延伸阅读

创业投资企业所得税优惠申报条件

（七）创业投资企业所得税优惠政策

（1）公司制创业投资企业采取股权投资方式直接投资于种子期、初创期科技型企业（简称初创科技型企业）满2年（24个月，下同）的，可以按照投资额的70%在股权持有满2年的当年抵扣该公司制创业投资企业的应纳税所得额；当年不足抵扣的，可以在以后纳税年度结转抵扣。

（2）有限合伙制创业投资企业（以下简称合伙创投企业）采取股权投资方式直接投资于初创科技型企业满2年的，法人合伙创投企业的合伙人分别按以下方式处理：法人合伙人可以按照对初创科技型企业投资额的70%抵扣法人合伙人从合伙创投企业分得的所得；当年不足抵扣的，可以在以后纳税年度结转抵扣。

【例7-17】公司制创业投资企业A，于2021年12月投资2 000万元到初创科技型企业B，2023年A企业的企业所得税应纳税所得额为3 000万元。2021年12月到2023年12月，A企业投资已满24个月，因此在计算A企业2023年企业所得税时，可以按照投资额的70%（即2 000×70%=1 400）抵扣应纳税所得额。那么：

A公司2023年企业所得税应纳税额=（3 000-1 400）×25%=400（万元）

（八）加计扣除

（1）企业开展研发活动中实际发生的研发费用，未形成无形资产计入当期损益的，在按规定据实扣除的基础上，自2023年1月1日起，再按照实际发生额的100%在税前加计扣除；形成无形资产的，自2023年1月1日起，按照无形资产成本的200%在税前摊销。

【了解一下】（1）不适用加计扣除的行业：烟草制造业、住宿和餐饮业、批发和零售业、房地产业、租赁和商务服务业、娱乐业、财政部和国家税务总局规定的其他行业不适用税前加计扣除政策。上述不适用税前加计扣除政策行业的企业，是指以所列行业业务为主营业务，其研发费用发生当年的主营业务收入占企业按《企业所得税法》第六条规定计算的收入总额减除不征税收入和投资收益的余额50%（不含）以上的企业。

（2）不适用加计扣除的企业：①会计核算不健全，不能够准确归集研发费用的企业；②核定征收的企业；③非居民企业。

延伸阅读

不适用加计扣除的活动

（2）集成电路企业和工业母机企业开展研发活动中实际发生的研发费用，未形成无形资产计入当期损益的，在按规定据实扣除的基础上，在2023年1月1日至2027年12月31日期间，再按照实际发生额的120%在税前扣除；形成无形资产的，在上述期间按照无形资产成本的220%在税前摊销。

（3）企业安置残疾人员的，在按照支付给残疾职工工资据实扣除的基础上，按照支付给残疾职工工资的100%加计扣除。残疾人员的范围适用《中华人民共和国残疾人保障法》的有关规定。

（4）自2022年1月1日起，企业出资给非营利性科研机构、高等学校和政府性自然科学基金用于基础研究的支出，可按100%加计扣除。

【例7-18】某企业2023年发生研发费用100万元，未形成无形资产计入当期损益。该企业2023年应纳税所得额为500万元，无其他纳税调整项目。要求：计算该企业2023年应缴纳的企业所得税。

【答案】（1）计算研发费用加计扣除的金额。根据规定，未形成无形资产计入当期损益的研发费用，可以在税前加计扣除100%。所以：

该企业可以加计扣除的研发费用=100×100%=100（万元）

（2）计算应纳税所得额。

应纳税所得额=会计利润-研发费用加计扣除= 500 -100 = 400（万元）

（3）计算企业所得税。

应纳企业所得税=应纳税所得额×税率=400×25%=100（万元）

【例7-19】某企业安置残疾人员，2023年支付给残疾职工工资20万元。要求：计算该企业2023年可以加计扣除的残疾人员工资和少缴纳的企业所得税。

【答案】（1）计算可以加计扣除的残疾人员工资。根据规定，企业安置残疾人员的，在按照支付给残疾职工工资据实扣除的基础上，按照支付给残疾职工工资的100%加计扣除。所以：

该企业可以加计扣除的残疾人员工资=20×100%=20（万元）

（2）计算少缴纳的企业所得税。

少缴纳的企业所得税=可以加计扣除的残疾人员工资×税率=20×25%=5（万元）

（九）设备、器具扣除有关政策

（1）企业在2024年1月1日至2027年12月31日期间新购进的设备、器具，单位价值不超过500万元的，允许一次性计入当期成本费用在计算应纳税所得额时扣除，不再分年度计算折旧。

（2）单位价值超过500万元的，仍按《企业所得税法实施条例》《财政部 国家税务总局关于完善固定资产加速折旧企业所得税政策的通知》《财政部 国家税务总局关于进一步完善固定资产加速折旧企业所得税政策的通知》等相关规定执行。所称设备、器具，是指除房屋、建筑物以外的固定资产。

二、税率式减免

（一）减按15%税率征收的四类企业

1.高新技术企业

根据《关于实施高新技术企业所得税优惠政策有关问题的公告》：企业获得高新技术企业资格后，自高新技术企业证书注明的发证时间所在年度起申报享受税收优惠，并按规定向主管税务机关办理备案手续。

企业的高新技术企业资格期满当年，在通过重新认定前，其企业所得税暂按15%的税率预缴，在年底前仍未取得高新技术企业资格的，应按规定补缴相应期间的税款。

【了解一下】国家需要重点扶持的高新技术企业减按15%的税率征收企业所得税。认定为高新技术企业必须同时满足下列条件：

（1）企业申请认定时须注册成立1年以上。

（2）企业通过自主研发、受让、受赠、并购等方式，获得对其主要产品（服务）在技术上发挥核心支持作用的知识产权的所有权。

（3）对企业主要产品（服务）发挥核心支持作用的技术属于《国家重点支持的高新技术领域（2016年修订）》规定的范围。

（4）企业从事研发和相关技术创新活动的科技人员占企业当年职工总数的比例不低于10%。

（5）企业近3个会计年度（实际经营期不满3年的按实际经营时间计算，下同）的研究开发费用总额占同期销售收入总额的比例符合如下要求：

①最近1年销售收入小于5 000万元（含）的企业，比例不低于5%。

②最近1年销售收入在5 000万元至2亿元（含）的企业，比例不低于4%。

③最近1年销售收入在2亿元以上的企业，比例不低于3%。

其中，企业在中国境内发生的研究开发费用总额占全部研究开发费用总额的比例不低于60%。

④近1年高新技术产品（服务）收入占企业同期总收入的比例不低于60%。

⑤企业创新能力评价应达到相应要求。

⑥企业申请认定前1年内未发生重大安全、重大质量事故或严重环境违法行为。

2.经认定的技术先进性服务企业

自2017年1月1日起，根据《财政部 税务总局 商务部 科技部 国家发展改革委关于将技术先进型服务企业所得税政策推广至全国实施的通知》，在全国范围内实行以下企业所得税优惠政策：

（1）对经认定的技术先进型服务企业，减按15%的税率征收企业所得税。

（2）经认定的技术先进型服务企业发生的职工教育经费支出，不超过工资、薪金总额8%的部分，准予在计算应纳税所得额时扣除；超过部分，准予在以后纳税年度结转扣除。

3.从事污染防治的第三方企业

根据《生态环境部关于从事污染防治的第三方企业所得税政策问题的公告》，2024年1月1日至2027年12月31日，对符合条件的从事污染防治的第三方企业（简称第三方防治企业）减按15%的税率征收企业所得税。

4.特定地区优惠政策

（1）河套深港科技创新合作区深圳园区企业。

对设在河套深港科技创新合作区深圳园区特定封闭区域（简称深圳园区特定封闭区域）符合条件的鼓励类产业企业，减按15%的税率征收企业所得税，自2023年1月1日起执行至2027年12月31日。

（2）海南自由贸易港企业。

根据《关于海南自由贸易港企业所得税优惠政策的通知》，对注册在海南自由贸易港并实质性运营的鼓励类产业企业，减按15%的税率征收企业所得税。

对在海南自由贸易港设立的旅游业、现代服务业、高新技术产业企业新增境外直接投资取得的所得，免征企业所得税。

对在海南自由贸易港设立的企业，新购置（含自建、自行开发）固定资产或无形资产，单位价值不超过500万元（含）的，允许一次性计入当期成本费用在计算应纳税所得额时扣除，不再分年度计算折旧和摊销；新购置（含自建、自行开发）固定资产或无形资产，单位价值超过500万元的，可以缩短折旧、摊销年限或采取加速折旧、摊销的方法。本条所称固定资产，是指除房屋、建筑物以外的固定资产。

（3）设在西部地区的鼓励类产业企业。

根据《关于延续深圳前海深港现代服务业合作区企业所得税优惠政策的通知》。自2021年1月1日至2030年12月31日，对设在西部地区的鼓励类产业企业减按15%的税率征收企业所得税。本优惠政策所称鼓励类产业企业是指，以《西部地区鼓励类产业目录》

中规定的产业项目为主营业务，且其主营业务收入占企业收入总额60%以上的企业。

（4）设在前海深港现代服务业合作区的符合条件的企业。

根据《关于延续深圳前海深港现代服务业合作区企业所得税优惠政策的通知》。对设在前海深港现代服务业合作区的符合条件的企业减按15%的税率征收企业所得税。

（5）设在横琴粤澳深度合作区符合条件的产业企业。

根据《关于横琴粤澳深度合作区企业所得税优惠政策的通知》。对设在横琴粤澳深度合作区符合条件的产业企业，减按15%的税率征收企业所得税。

（6）设在平潭实验区的符合条件的企业。

根据《关于延续福建平潭综合实验区企业所得税优惠政策的通知》，2021年1月1日至2025年12月31日，对设在平潭综合实验区的符合条件的企业减按15%的税率征收企业所得税。

（7）中国（上海）自由贸易试验区临港新片区符合条件的法人企业。

根据《关于中国（上海）自贸试验区临港新片区重点产业企业所得税政策的通知》。对新片区内从事集成电路、人工智能、生物医药、民用航空等关键领域核心环节相关产品（技术）业务，并开展实质性生产或研发活动的符合条件的法人企业，自设立之日起5年内减按15%的税率征收企业所得税。

（二）减按10%税率征收

根据《关于中国（上海）自贸试验区临港新片区重点产业企业所得税政策的通知》。国家鼓励的重点集成电路设计企业和软件企业，自获利年度起，第1年至第5年免征企业所得税，接续年度减按10%的税率征收企业所得税。

（三）减按20%税率征收

1.关于小微企业企业所得税的优惠政策

（1）执行标准。

对小型微利企业减按25%计算应纳税所得额，按20%的税率缴纳企业所得税政策，延续执行至2027年12月31日。

【了解一下】根据《企业所得税法》及《企业所得税法实施条例》的规定："小型微利企业"指的是符合税法规定条件的特定企业，其特点在"小型"和"微利"两个方面，两方面同等重要，主要用于企业所得税优惠政策方面，小微企业的企业所得税税率减按20%执行。其他优惠政策的具体规定由财政部和税务总局实时颁布的各种税收政策明确。

小型微利企业的必备条件及要求如表7-20所示。

表7-20　**小型微利企业的必备条件及要求**

必备条件	要求
企业性质	全部生产经营活动产生的所得均负有我国企业所得税纳税义务的企业（不能是非居民企业）
核算条件	无论采取查账征收方式还是核定征收方式，均可享受优惠政策
盈利水平	年度应纳税所得额不超过300万元（不是利润）
从业人数	不超过300人
资产总额	不超过5 000万元

（2）计征方式。

小微企业的从业人数，包括与企业建立劳动关系的职工人数和企业接受的劳务派遣用工人数。上述规定所称从业人数和资产总额指标，应按企业全年的季度平均值确定。具体计算公式如下：

季度平均值=（季初值+季末值）÷2

全年的季度平均值=全年各季度平均值之和÷4

如果企业在年度中间开业或者终止经营活动的，则以其实际经营期作为一个纳税年度确定上述相关指标。

小型微利企业无论按查账征收方式或核定征收方式缴纳企业所得税，均可享受小型微利企业所得税优惠政策。小型微利企业既涉及税基式减免，又涉及税率式减免。

2023年1月1日至2027年12月31日，小型微利企业的企业所得税优惠政策总结见表7-21。

表7-21　**小型微利企业优惠政策表**

年应纳税所得额≤300万元	减按25%计入应纳税所得额，适用20%的税率。即实际税率5%
应纳税额=应纳税所得额×25%×20%=应纳税所得额×5%	

【例7-20】A企业2023年成立，从事国家非限制和禁止行业，2024年第1季度季初、季末的从业人数分别为120人、200人，第1季度季初、季末的资产总额分别为2 000万元、4 000万元，第1季度的应纳税所得额为190万元。该企业是否符合小微企业标准？要求：计算A企业第1季度的应纳税额。

【答案】2024年第1季度，A企业“从业人数”的季度平均值为160人，“资产总额”的季度平均值为3 000万元，应纳税所得额为190万元。符合关于小型微利企业预缴企业所得税时的判断标准：从事国家非限制和禁止行业，且同时符合截至本期预缴申报所属期末资产总额季度平均值不超过5 000万元、从业人数季度平均值不超过300人、应纳税所得额不超过300万元，可以享受优惠政策。A企业1季度的应纳税额为：

190×25%×20%=9.5（万元）

【了解一下】关注政策，合理筹划：对于规模较小的企业，应时时关注最新小型微利企业的税收优惠政策。超过标准的企业，可以通过分拆企业，设立新企业降低所得额和减少每个纳税主体的人员和资产规模，来享受优惠政策。

【例7-21】A公司下属的B企业有两个相对独立的销售部门，预计2023年应纳税所得额为两个部门共400万元，从业人数300人，资产总额低于5 000万元，该企业应如何进行筹划？

【答案】（1）筹划前，A公司应纳税所得额超过300万元不符合小微企业的优惠政策。

应纳企业所得税=400×25%=100（万元）

（2）纳税策划：

将A公司按照部门分立为两个独立的企业C公司（100万元）与D公司（300万元）。

C应纳企业所得税=100×5%=5（万元）

D应纳企业所得税=100×5%+200×10%=25（万元）

筹划后应纳企业所得税=5+25=30（万元）

（3）筹划后比策划前节省税额=100-30=70（万元）

（四）非居民企业优惠

非居民企业减按10%的税率征收企业所得税。这里的非居民企业是指在中国境内未设立机构、场所，或者虽设立机构、场所但取得的所得与其所设机构、场所没有实际联系的企业。该类非居民企业取得下列所得免征企业所得税：

（1）外国政府向中国政府提供贷款取得的利息所得。

（2）国际金融组织向中国政府和居民企业提供优惠贷款取得的利息所得；经国务院批准的其他所得。

三、税额式减免

企业购置并实际使用《环境保护专用设备企业所得税优惠目录》《节能节水专用设备企业所得税优惠目录》和《安全生产专用设备企业所得税优惠目录》规定的环境保护、节能节水、安全生产等专用设备的，该专用设备的投资额的10%可以从企业当年的应纳税额中抵免；当年不足抵免的，可以在以后5个纳税年度结转抵免。

享受上述规定的企业所得税优惠的企业，应当实际购置并自身实际投入使用前款规定的专用设备；企业购置上述专用设备在5年内转让、出租的，应当停止享受企业所得税优惠，并补缴已经抵免的企业所得税税款。

第五节　应纳税额的计算

一、居民企业应纳税额的计算

居民企业应缴纳所得税额等于应纳税所得额乘以适用税率，基本计算公式为：

应纳税额=应纳税所得额×适用税率-减免税额-抵免税额

根据计算公式可以看出，应纳税额的多少，取决于应纳税所得额和适用税率两个因素。在实际过程中，应纳税所得额的计算一般有两种方法。

（一）直接计算法

在直接计算法下，企业每一纳税年度的收入总额减除不征税收入、免税收入、各项扣除以及允许弥补的以前年度亏损后的余额为应纳税所得额。即：

应纳税所得额= 收入总额-不征税收入-免税收入-各项扣除金额-允许弥补的以前年度亏损

（二）间接计算法

在间接计算法下，是在会计利润总额的基础上加或减按照税法规定调整的项目金额后，即为应纳税所得额。计算公式为：

应纳税所得额=会计利润总额±纳税调整项目金额

延伸阅读

纳税调整项目金额包括两方面的内容：一是企业的财务会计处理和税收规定不一致的，应予以调整的金额；二是企业按税法规定准予扣除的税收金额。

特别纳税调整

【了解一下】计算企业所得税应纳税额时，可以参考表7-22的计算步骤。

表7-22　　　　　　　　　　　　**应纳税额计算步骤表**

<table>
<tr><td>Step1</td><td colspan="2">计算会计利润总额</td></tr>
<tr><td>Step2</td><td colspan="2">收入类调整项：不征、免征收入——调减</td></tr>
<tr><td rowspan="3">Step3</td><td rowspan="3">成本、费用调整项</td><td>三项经费、社会保险费、利息费用、业务招待费、广告费、业务宣传费、公益捐赠、不予扣除的项目等限额扣除项目——不调或调增</td></tr>
<tr><td>加计扣除项：研发支出、残疾人工资等——调减</td></tr>
<tr><td>不允许扣除项：税收滞纳金、直接捐赠支出等——调增</td></tr>
<tr><td>Step4</td><td colspan="2">应纳税所得额=会计利润+调增项目-调减项目</td></tr>
<tr><td>Step5</td><td colspan="2">应纳税额=应纳税所得额×所得税税率</td></tr>
</table>

【例7-22】某企业为居民企业，2023年发生经营业务如下：

（1）取得产品销售收入4 000万元。

（2）发生产品销售成本2 600万元。

（3）发生销售费用770万元（其中广告费650万元）；管理费用480万元（其中业务招待费25万元）；财务费用60万元。

（4）销售税金160万元（含增值税120万元）。

（5）营业外收入80万元，营业外支出50万元（含通过公益性社会团体向贫困山区捐款30万元，支付税收滞纳金6万元）。

（6）计入成本、费用中的实发工资总额200万元、拨缴职工工会经费5万元、发生职工福利费31万元、发生职工教育经费7万元。

要求：计算该企业2023年度实际应纳的企业所得税。

【答案】（1）会计利润总额=4 000+80-2 600-770-480-60-40-50=80（万元）

（2）广告费和业务宣传费支出扣除限额=4 000×15%=600（万元）

实际发生广告费和业务宣传费支出650万元，纳税调增=650-600=50（万元）

（3）业务招待费扣除标准=25×60%=15（万元）<4 000×5‰=20（万元）

业务招待费扣除限额为15万元，纳税调增额=25-15=10（万元）

（4）公益性捐赠扣除标准=80×12%=9.6（万元）

实际发生公益性捐赠30万元，纳税调增额=30-9.6=20.4（万元）

（5）税收滞纳金属于不得扣除项目，纳税调增6万元。

（6）工会经费扣除限额=200×2%=4（万元）

实际发生5万元，纳税调增1万元。

（7）职工福利费扣除限额=200×14%=28（万元）

职工福利费实际发生31万元，调增应纳税所得额=31-28=3（万元）

（8）职工教育经费扣除限额=200×8%=16（万元）

职工教育经费实际发生7万元，不需要调整。

（9）应纳税所得额=80+50+10+20.4+6+1+3=170.4（万元）

（10）2023年应纳企业所得税=170.4×25%=42.6（万元）

【例7-23】A公司为中国境内一家居民企业，2023年经营业务如下：

（1）取得销售收入2 500万元。

（2）销售成本1 100万元。

（3）发生销售费用670万元（其中广告费450万元）、管理费用480万元（其中业务招待费15万元）、财务费用60万元。

（4）销售税金160万元（含增值税120万元）。

（5）营业外收入70万元、营业外支出50万元（含通过公益性社会团体向贫困山区捐款30万元、支付税收滞纳金6万元）。

（6）计入成本、费用中的实发工资总额150万元，拨缴职工工会经费3万元，支出职工福利费为25万元，职工教育经费为15万元。

要求：计算该企业2023年度实际应纳的企业所得税额。

【答案】（1）会计利润总额=2 500−1 100−670−480−60−40+70−50=170（万元）

（2）广告宣传费扣除限额=2 500×15%=375（万元）

调增应纳税所得额=450−375=75（万元）

（3）业务招待费扣除限额=2 500×5‰=12.5（万元）>15×60=9（万元）

扣除限额=9万元

调增应纳税所得额=15−9=6（万元）

（4）捐赠支出扣除限额=170×12%=20.4（万元），调增应纳税所得额=30−20.4=9.6（万元）

（5）税收滞纳金不得税前扣除，调增应纳税所得额=6（万元）

（6）工会经费扣除限额=150×2%=3（万元）

实际发生额未超过扣除限额，不用调整。

（7）职工福利费扣除限额=150×14%=21（万元）

调增应纳税所得额=25−21=4（万元）

（8）职工教育经费扣除限额=150×8%=12（万元）

调增应纳税所得额=15−12=3（万元）

（9）应纳税所得额=170+75+6+9.6+6+4+3=273.6（万元）

（10）应纳税额=273.6×25%=68.4（万元）

二、居民企业核定征收应纳税额的计算

（一）核定征收对象

纳税人具有下列情形之一的，核定征收企业所得税：

（1）依照法律、行政法规的规定可以不设置账簿的；

（2）依照法律、行政法规的规定应当设置但未设置账簿的；

（3）擅自销毁账簿或者拒不提供纳税资料的；

（4）虽设置账簿，但账目混乱或者成本资料、收入凭证、费用凭证残缺不全，难以查账的；

（5）发生纳税义务，未按照规定的期限办理纳税申报，经税务机关责令限期申报，逾期仍不申报的；

（6）申报的计税依据明显偏低，又无正当理由的。

（二）不得核定征收的企业

以下特殊行业、特殊类型的纳税人和一定规模以上的纳税人不适用核定征收办法：

（1）享受《企业所得税法》及《企业所得税法实施条例》和国务院规定的一项或几项企业所得税优惠政策的企业（不包括仅享受免税收入优惠政策的小微企业）。

（2）汇总纳税企业。

（3）上市公司。

（4）金融企业，如银行、信用社、小额贷款公司、保险公司、证券公司等。

（5）经济鉴证类社会中介机构，如会计、审计、资产评估、税务等机构。

（6）专门从事股权（股票）投资业务的企业。

（7）国家税务总局规定的其他企业。

（三）核定征收方式

核定征收方式主要包括：定额征收和核定应税所得率征收两种办法。

1.定额征收

这是指税务机关按照一定的标准、程序和办法，直接核定纳税人年度应纳企业所得税额，由纳税人按规定进行申报缴纳的办法。

2.核定应税所得率征收

这是指税务机关按照一定的标准、程序和方法，预先核定纳税人的应税所得率，由纳税人根据纳税年度内的收入总额或成本费用等项目的实际发生额，按预先核定的应税所得率计算缴纳企业所得税的办法。采用应税所得率方式核定征收企业所得税的，应纳所得税额计算公式如下：

应纳所得税额=应纳税所得额×适用税率

应纳税所得额=应税收入额×应税所得率

或：应纳税所得额=成本（费用）支出额/（1–应税所得率）×应税所得率

【了解一下】上述“应税收入额”为企业以货币形式和非货币形式从各种来源取得的收入。公式为：

应税收入额=收入总额–不征税收入–免税收入

（四）核定征收应税所得率标准

核定征收时，不同的行业应税所得率有差异，具体如表7–23所示，第1至8个行业根据《国家税务总局关于印发〈企业所得税核定征收办法〉（试行）的通知》第八条执行；第9个行业根据《国家税务总局关于跨境电子商务综合试验区零售出口企业所得税核定征收有关问题的公告》。

表7–23 企业所得税核定征收应税所得率表

序号	行业	应税所得率（%）
1	农、林、牧、渔业	3 ~ 10
2	制造业	5 ~ 15
3	批发和零售贸易业	4 ~ 15
4	交通运输业	7 ~ 15

续表

序号	行业	应税所得率（%）
5	建筑业	8 ~ 20
6	饮食业	8 ~ 25
7	娱乐业	15 ~ 30
8	其他行业	10 ~ 30
9	跨境电子商务综合试验区内核定征收的跨境电商企业	4

【例7–24】假定甲公司采用核定应税所得率征收方式计算企业所得税。2023年度企业销售商品和提供劳务收入为200万元，会计上作主营业务收入核算；营业外收入15万元，固定资产处置收入15万元，固定资产处置成本20万元。假设税务机关核定的所得率为15%，企业所得税税率为25%，请计算甲公司2023年度应缴纳的企业所得税税额。

【答案】采用核定应税所得率征收方式的企业，在确定企业收入总额时，应将企业各种来源的收入一并确认，均不扣减任何成本。

甲公司收入总额=200+15=215（万元）

甲公司应纳企业所得税税额=120×15%×25%=4.5（万元）

三、境外所得抵扣税额的计算

境外已纳税额的扣除，是避免国际为同一所得重复征税的一项重要措施，我国税法规定，对境外已纳税款实行限额扣除。境外缴纳的所得税额，是指企业来源于中国境外的所得依照境外的税收法律及相应的规定应当缴纳并且已经实际缴纳的企业所得税性质的税款。

企业取得的下列所得已在境外缴纳的所得税税额，可以从其当期应纳税额中抵免，抵免限额为该项所得依照企业所得税法规定计算的应纳税额；超过抵免限额的部分，可以在以后5个年度内，用每年度抵免限额抵免当年应抵税额后的余额进行抵补：

（1）居民企业来源于中国境外的应税所得。

（2）非居民企业在中国境内设立机构、场所，取得发生在中国境外但与该机构、场所有实际联系的应税所得。

居民企业从其直接或者间接控制的外国企业分得的来源于中国境外的股息、红利等权益性投资收益，外国企业在境外实际缴纳的所得税税额中属于该项所得负担的部分，可以作为该居民企业的可抵免境外所得税税额，在企业所得税法规定的抵免限额内抵免。

抵免限额是指企业来源于中国境外的所得，依照《企业所得税法》和《企业所得税法实施条例》规定计算的应纳税额。除国务院财政、税务主管部门另有规定外，该抵免限额应当分国（地区）不分项计算，计算公式为：

$$\text{抵免限额}=\text{中国境内、境外所得依照《企业所得税法》及其实施条例规定计算的应纳税总额}\times\text{来源于某国（地区）的应纳税所得额}\div\text{中国境内、境外应纳税所得总额}$$

该公式可以简化为：

抵免限额=来源于某国（地区）的应纳税所得额×我国的税率

【例7-25】某企业2023年度境内应纳税所得额为120万元，适用25%的企业所得税率。另外，该企业分别在A、B两国设有分支机构（我国与A、B两国已经缔结避免双重征税协定），在A国分支机构的应纳税所得额为50万元，A国税率为20%；在B国的分支机构的应纳税所得额为30万元，B国税率为30%。假设该企业在A、B两国所得按我国税法计算的应纳税所得额和按A、B两国税法计算的应纳税所得额一致，两个分支机构在A、B两国分别缴纳了10万元和9万元的企业所得税。要求：计算该企业汇总时在我国应缴纳的企业所得税税额。

【答案】(1) 该企业按我国税法计算的境内、境外所得的应纳税额：

应纳税额=（120+50+30）×25%=50（万元）

(2) A、B两国的扣除限额：

A国扣除限额=50×［50÷（120+50+30）］=12.5（万元）

B国扣除限额=50×［30÷（120+50+30）］=7.5（万元）

简化公式计算：

A国扣除限额=50×25%=12.5（万元）

B国扣除限额=30×25%=7.5（万元）

在A国缴纳的所得税为10万元，低于扣除限额12.5万元，可全额扣除。

在B国缴纳的所得税为9万元，高于扣除限额7.5万元，其超过扣除限额的部分1.5万元当年不能扣除。

(3) 汇总时在我国应缴纳的所得税=50−10−7.5=32.5（万元）

第六节　征收管理

一、纳税地点

（一）居民企业的纳税地点

除税收法律、行政法规另有规定外，居民企业以企业登记注册地为纳税地点；但登记注册地在境外的，以实际管理机构所在地为纳税地点；居民企业在中国境内设立不具有法人资格的营业机构的，应当汇总计算并缴纳企业所得税。

（二）非居民企业的纳税地点

非居民企业在中国境内设立机构、场所的，应当就其所设机构、场所取得的来源于境内的所得，以及发生在中国境外但与其所设机构、场所有实际联系的所得，以机构、场所所在地为纳税地点。

非居民企业在中国境内设立两个或者两个以上机构、场所的，经税务机关审核批准，可以选择由其主要机构、场所汇总缴纳企业所得税。非居民企业经批准汇总缴纳企业所得税后，需要增设、合并、迁移、关闭机构、场所或者停止机构、场所业务的，应当事先由负责汇总申报缴纳企业所得税的主要机构、场所向其所在地税务机关报告；需要变更汇总缴纳企业所得税的主要机构、场所的，依照前述规定办理。

非居民企业在中国境内未设立机构、场所的，或者虽设立机构、场所但取得的所得与其所设机构、场所没有实际联系的非居民企业，以扣缴义务人所在地为纳税地点。

居民企业和非居民企业纳税地点总结如表7-24。

表7-24 居民和非居民企业纳税地点总结

纳税人	纳税地点
居民企业	登记注册地在境内：登记注册地
	登记注册地在境外：实际管理机构所在地
非居民企业	在中国境内设立机构、场所：机构、场所所在地（或有实际联系所得）
	在中国境内未设立机构、场所：扣缴义务人所在地

二、纳税期限

企业所得税按年计征，分月或者分季预缴，年终汇算清缴，多退少补。

企业所得税的纳税年度自公历1月1日起至12月31日止。企业应当自年度终了之日起5个月内，向税务机关报送年度企业所得税纳税申报表，并汇算清缴，结清应缴应退税款。

企业在一个纳税年度中间开业，或者由于合并、关闭等原因终止经营活动，使该纳税年度的实际经营期不足12个月的，应当以其实际经营期为一个纳税年度。企业在年度中间终止经营活动的，应当自实际经营终止之日起60日内，向税务机关办理当期企业所得税汇算清缴。

企业依法清算时，应当以清算期间作为一个纳税年度。企业应当自清算结束之日起15日内，向主管税务机关报送企业所得税纳税申报表，并结清税款。

三、纳税申报

按月或按季预缴的，应当自月份或者季度终了之日起15日内，向税务机关报送预缴企业所得税纳税申报表，预缴税款。

企业在报送企业所得税纳税申报表时，应当按照规定附送财务会计报告和其他有关资料。

企业应当在办理注销登记前，就其清算所得向税务机关申报并依法缴纳企业所得税。

依照《企业所得税法》缴纳的企业所得税，以人民币计算。所得以人民币以外的货币计算的，应当折合成人民币计算并缴纳税款。

企业在纳税年度内无论盈利或者亏损，都应当依照《企业所得税法》第五十四条规定的期限，向税务机关报送预缴企业所得税纳税申报表、年度企业所得税纳税申报表、财务会计报告和税务机关规定应当报送的其他有关资料。

【税事热议】

我国税收法律限定企业亏损可以向后结转5年的规定已经施行了30余年。一方面，在《2024年政府工作报告》明确提升全要素生产率、发展新质生产力的总体部署这一背景下，应当兼顾税收征管和激发经济活力等诉求，重新评估这一政策的适当性；另一方面，我国在延长补亏期限方面确实还有一定的政策空间。请各位同学从优化营商环境、发展新质生产力等方面论证适当延长补亏期限的必要性。

思维导图

第七章思维导图

练习题

一、即测即评

第七章单选题

第七章多选题

二、计算题

1. 甲公司2024年度企业所得税应纳税所得额1 000万元，减免税额10万元，抵免税额20万元，已知企业所得税税率为25%。要求：计算甲公司当年企业所得税应纳税额。

2. 甲公司2024年度发生合理的工资、薪金支出1 000万元，发生职工福利费支出150万元，拨缴工会经费21万元，发生职工教育经费支出75万元。上年度结算未扣除的职工教育经费支出13万元。要求：计算准予扣除的三项经费支出合计的金额。

3. 甲公司2024年度取得销售（营业）收入2 000万元，发生与生产经营活动有关的业务招待费支出12万元，已知业务招待费支出按照发生额的60%扣除，但最高不得超过当年销售余额收入的5‰。要求：计算准予扣除的业务招待费金额。

4. 甲公司2024年度取得销售收入3 000万元，广告费支出400万元，上一年度结转广告费60万元，已知甲企业发生广告费可以按照当年销售收入的15%，在企业所得税前扣除，超过部分准予在以后纳税年度结转扣除。要求：计算甲企业2024年专业扣除的广告费用。

5. 甲公司2024年度企业实现利润总额600万元，发生公益性捐赠支出62万元，上年度末在税前扣除完的符合条件的公益性捐赠支出12万元。要求：计算准予转扣除的公益性捐赠支出。

三、综合题

1. 甲公司为居民企业，2024年度有关财务收支情况如下（不考虑其他因素）：

（1）销售商品收入5 000万元，出售一台设备收入20万元，转让一宗土地使用权收入300万元，从其直接投资的未上市居民企业分得股息收益80万元；

（2）税收滞纳金5万元，赞助支出30万元，被没收财物而损失10万元，环保罚款50万元，合同违约金支出20万元；

（3）实际发生与生产经营有关的业务招待费70万元；

（4）其他可在企业所得税前扣除的成本、费用、税金合计3 500万元。

要求：计算2024年度甲公司应纳企业所得税税额。

2. 某电器制造企业（居民企业）2024年发生下列业务：

（1）销售产品取得收入2 000万元（不含税，下同）。

（2）12月接受捐赠材料一批，取得捐赠方开具的增值税专用发票上注明价款10万元，增值税税额1.3万元；企业找一家运输公司将该批材料运回本企业，支付运杂费0.3万元。

（3）报废生产线残值收入60万元。

（4）收取当年让渡专利使用权的专利实施许可费，取得特许权使用费收入30万元。

（5）取得国债利息收入2万元。

（6）全年销售成本1 000万元；税金及附加100万元。

（7）全年销售费用500万元，含广告费400万元；全年管理费用200万元，含业务招待费80万元；全年财务费用50万元。

（8）全年营业外支出40万元（含向目标脱贫地区捐赠12万元，通过市政府有关部门对灾区捐款15万元，直接对私立小学捐款8万元，违反政府规定被市场监管部门罚款2万元）。根据上述资料，分别回答下列问题：

（1）该企业的会计利润总额。

（2）该企业对国债利息收入的纳税调整额。

（3）该企业对广告费的纳税调整额。

（4）该企业对业务招待费的纳税调整额。

（5）该企业对营业外支出的纳税调整额。

（6）该企业应纳税所得额和应纳企业所得税额。

3. 某制造企业为增值税一般纳税人，自2016年起被认定为高新技术企业。其2024年度的生产经营情况如下：

（1）当年销售货物实现销售收入9 000万元，对应的成本为4 800万元。

（2）当年发生管理费用800万元，其中含新产品研究开发费用400万元（已独立核算管理）、业务招待费80万元。

（3）当年发生销售费用1 800万元，其中含广告费1 500万元。

（4）当年发生财务费用200万元。

（5）取得国债利息收入150万元，企业债券利息收入180万元。

（6）全年计入成本、费用的实发合理工资总额400万元（含残疾职工工资50万元），实际发生职工福利费120万元，职工教育经费33万元，拨缴工会经费18万元。

（7）当年发生营业外支出共计130万元，其中违约金5万元，税收滞纳金7万元，补缴高管个人所得税15万元。

（8）当年税金及附加科目共列支200万元。

其他相关资料：各扣除项目均已取得有效凭证，相关优惠已办理必要手续。根据上述资料计算：

（1）计算当年的会计利润；

（2）计算业务（2）中研究开发费及业务招待费应纳税所得额调整金额；

（3）计算业务（3）中广告费应纳税所得额调整金额；

（4）计算业务（5）涉及的应纳税所得额调整金额；

（5）计算业务（6）中工资、职工福利费、工会经费、职工教育经费应纳税所得额调整金额；

（6）计算业务（7）涉及的应纳税所得额调整金额；

（7）计算当年该企业的企业所得税应纳税所得额；

（8）计算当年该企业应缴纳的企业所得税。

四、小组讨论与分享

目前，国家在加力提效实施积极的财政政策，完善税费支持政策，推动经济回升向好。在全面评估减税降费政策基础上，延续和优化实施部分阶段性税费优惠政策，着力支持经营主体纾困发展。包括对设在西部地区的鼓励类产业企业减按15%的税率征收企业所得税；对小型微利企业应税所得额小于等于300万元的部分先减按25%计算应纳税所得额、再按20%的税率缴纳企业所得税政策，延续执行至2027年12月31日等。运用本章所学知识并查阅相关资料，分组讨论以下问题，并进行分享：

1. 西部地区的鼓励类产业企业及小型微利企业的税收优惠政策属于哪一种税收优惠减免形式？

2. 结合实际案例，谈谈对西部地区的鼓励类产业企业给与税收优惠政策的重大意义。

第八章

个人所得税

学习目标

知识目标：

（1）理解个人所得税基本原理：了解我国个人所得税税制模式，理解不同类型的纳税人取得不同所得的计税原理。

（2）掌握个人所得税法律规定：熟悉征税范围、税率、税收优惠等，正确理解预扣预缴和汇算清缴，熟练掌握不同纳税人取得不同所得应纳税额的计算方法。

能力目标：

（1）应用能力：能够熟练运用计税公式，根据不同的业务类型，正确计算不同所得的应纳税额，尤其是居民个人综合所得应纳税额的计算。

（2）解决问题能力：能够运用所学知识解决实务问题，结合具体案例，分析个人所得税的税务处理方法和可能存在的税务风险，提出合理的税务筹划建议。

思政目标：

（1）增强纳税意识：树立诚信纳税的意识，通过案例分析（如明星偷逃税款案例），认识到偷税漏税的严重后果，树立“不敢偷税、不能偷税、不愿偷税”的观念。

（2）培养社会责任感：通过学习个人所得税的税制设计，关注社会公平与正义，理解税收在调节社会贫富差距、促进社会和谐稳定中的作用，培养社会责任感。

（3）增强家国情怀：通过学习个人所得税政策的变化，如专项附加扣除项目的增加等，认识到国家政策的出发点是保障民生、增进人民福祉，从而增强家国情怀和民族自豪感。

税惠添彩

税宣“跑进”马拉松，普及税法惠民生

第33个全国税收宣传月启动以来，各地税务部门不断创新税收宣传形式，借助当地马拉松比赛，为参赛选手和围观群众宣传普及税收知识，将税收宣传带进群众喜闻乐见的大型文体活动中，让税收宣传更贴民心，更“接地气”。

“在校期间，我和几位志同道合的朋友积极参与社会实践活动，积累了一定的经验，一直有志于发挥所学，自主创业。今天我陪朋友参赛，竟有意外收获，感谢税务局的同志有针对性地宣传和耐心细致地讲解。”即将毕业的李同学表示。“税务部门立足本职，以毕业生视角解读创业新政，对同学们起到了鼓舞和支持作用，具有积极意义。”前来为本院学生加油的张老师对税务人员说道。

“我是独生子女，父亲今年刚满60岁，请问赡养老人专项附加扣除标准是多少？如何填报呢？”在现场，跑完马拉松的卢先生向税务干部提问。税务干部向卢先生详细介绍了个人所得税赡养老人专项附加扣除的标准和条件，辅导其登录个人所得税App进行填报。“现在赡养老人专项附加扣除标准由每月2 000元提高到3 000元，加上子女教育和住房贷款利息两项专项附加扣除，我每个月可以扣除6 000元，负担进一步减轻了。”卢先生表示。

税务干部热情地接受参赛选手、游客及群众的咨询，对于个税年度汇算和专项附加扣除最新政策的问题，一对一答疑解惑，演示辅导个税App操作流程；对于群众关心的社保费缴纳、小微企业和个体工商户税收优惠等政策进行细致的宣传辅导，通过零距离服务、面对面交流，税务干部将专业复杂的税费知识转化为通俗易懂的语言。

在赛场服务的志愿者李先生表示：“税务部门的辅导和讲解既有政策条例的干货，又有填报操作的具体流程，精准聚焦了我的实际需求，既了解了具体优惠政策，又熟悉了具体操作流程，回去以后我也可以成为一名税收宣传员，帮助亲戚朋友们办理个税汇算了。”

创新税收宣传方式方法，扎实开展各类税收政策宣传活动，积极将税收宣传带进群众喜闻乐见的大型文体活动、民族传统节庆活动中，让政策宣传更“接地气”，更贴近实际，让纳税人缴费人应知尽知税收优惠政策，应享尽享税惠红利。

资料来源：国家税务总局．税宣“跑进”马拉松 普及税法惠民生［EB/OL］．（2024-04-29）［2024-11-21］．https://www.chinatax.gov.cn/chinatax/c102511/c5223432/content.html.

【税问我答】学习本章内容，对比居民个人综合所得（工资、薪金所得，劳务报酬所得，稿酬所得，特许权使用费所得）与分类所得（经营所得，利息、股息、红利所得，财产租赁所得，财产转让所得，偶然所得）在计税方法、税率结构、税收优惠等方面的差异。

第一节　个人所得税概述

一、个人所得税的概念

个人所得税是以个人（含个体工商户、个人独资企业、合伙企业中的个人投资者、承租承包者个人）取得的各项应税所得为征税对象所征收的一种税。个人所得税法是指国家制定的用以调整个人所得税征收与缴纳之间权利、义务关系的法律规范总称。

财政是国家治理的基础和重要支柱，科学的财税体制是优化资源配置、维护市场统一、促进社会公平、实现国家长治久安的制度保障。现行个人所得税的基本规范是2018年8月31日第十三届全国人民代表大会常务委员会第五次会议通过的第七次修正的《中华人民共和国个人所得税法》（以下简称《个人所得税法》）和2018年12月18日国务院修正的《中华人民共和国个人所得税法实施条例》（以下简称《个人所得税法实施条例》）。新修正的《个人所得税法》及其实施条例规定，工资、薪金所得自2018年10月1日起施行，其他应税项目自2019年1月1日起施行。

二、个人所得税的特点

个人所得税是世界各国普遍征收的一种税，体现了国家与个人之间的分配关系。我国现行的个人所得税有如下特点：

（一）实行综合与分类相结合的混合征收制

个人所得税的征收体制大体可以分为3种类型：分类征收制、综合征收制和混合征收制。分类征收制是将个人不同来源、不同性质的所得项目分别规定不同的费用扣除标准、不同的税率及不同的计税方法计算课征。综合征收制是指将个人全年的各项所得进行汇总，扣除费用后统一征收税款的征收体制。混合征收制是对个人不同来源、不同性质的所得进行分类，分别按照不同的计税方法计算课征。3种征收模式各有所长，各国根据本国的具体国情进行选择。我国采用的是综合与分类相结合的混合征收制：工资、薪金所得，劳务报酬所得，稿酬所得，特许权使用费所得，对居民个人按年综合征收；居民个人的经营所得，利息、股息、红利所得，财产租赁所得，财产转让所得，偶然所得，采用分类征收的方式。而对非居民个人，《个人所得税法》列举的9项所得均采用分类征收的方式。

（二）超额累进税率与比例税率并用

比例税率计算简便，便于实行源泉扣缴；超额累进税率可以合理调节收入分配，体现公平。我国现行的个人所得税，根据各类所得的不同性质和特点，对这两种不同形式的税率都进行了运用。其中，对综合所得（工资、薪金所得，劳务报酬所得，稿酬所得，特许权使用费所得）、经营所得采用超额累进税率；对其他所得采用比例税率。

（三）费用扣除方式多样

个人所得税以个人的各项所得为征税对象，需要扣除一定的费用。我国现行的个人所得税遵循费用扣除从宽、从简的原则，对费用扣除采用定额扣除、定率扣除和会计核算扣除等方法。例如，对居民个人的综合所得，以每年的收入额减去基本费用扣除60 000元、专项扣除、专项附加扣除以及依法规定的其他扣除后的余额为应纳税所得额；经营所得采用会计利润的方法进行计算；财产转让所得按收入总额减去财产原值、相关税费计算应纳税所得额；偶然所得，则不允许扣除任何费用，以每次收入额作为应纳税所得额。所得不同，计税方法不同，具体的费用扣除也存在差异。

（四）实行代扣代缴与自行申报纳税

《个人所得税法》规定，对纳税人的应纳税额分别采用由支付单位源泉扣缴和纳税人自行申报两种方法。对凡是可以在应税所得的支付环节扣缴个人所得税的，均由扣缴义务人履行代扣代缴义务；对于没有扣缴义务人的、不便于扣缴税款的，以及取得综合所得需要办理汇算清缴的，由纳税人自行申报和进行年终汇算清缴。

第二节　个人所得税的基本要素

一、纳税人

在实际生活中，自然人在一国有无住所、是否居住、居住时间多长等情况各异，根据什么样的标准确定个人所得税纳税人身份，不同情况的纳税人应承担的纳税义务怎么确定，各国的税收立法和税收政策有所不同。我国个人所得税纳税人的确定采用属人兼属地原则，根据住所标准和居住时间标准，将纳税人划分为居民个人和非居民个人。

(一) 居民个人

在中国境内有住所，或者无住所而于一个纳税年度内在中国境内居住累计满183天的个人，为居民个人。居民个人负有无限纳税义务，应就其来源于中国境内和境外的所得，向我国缴纳个人所得税。

住所标准：个人所得税法所称的在中国境内有住所，是指因户籍、家庭、经济利益关系而在中国境内习惯性居住。习惯性居住或住所是在税法上判断居民个人和非居民个人的一个标准，不是指实际居住或在某一特定时期内的居住地。例如，个人因学习、工作、探亲、旅游等而在中国境外居住的，当其在境外居住的原因消除之后，必须回到中国境内居住。那么，即使该纳税人在一个纳税年度内，甚至连续几个纳税年度内都未曾在中国境内居住过1天，仍应将其判定为在中国习惯性居住，其自然人是中国个人所得税的居民个人。

居住时间标准：居住时间是指个人在一国境内实际居住的天数。自2019年1月1日起，在中国境内无住所的个人一个纳税年度内在中国境内累计居住天数，按照个人在中国境内累计停留的天数计算。在中国境内停留的当天满24小时的，计入中国境内居住天数；在中国境内停留的当天不足24小时的，不计入中国境内居住天数。在计算居住天数时，取消了原来的临时离境规定，即在中国境内无住所的个人，在一个纳税年度内无论出境多少次，只要在中国境内累计居住满183天，就可以被判定为中国的居民个人。

住所标准和居住时间标准是判定居民个人身份的两个并列性标准，个人只要符合其中一个标准，就可以被认定为居民个人。

对于在中国境内无住所，但于一个纳税年度内在中国境内累计居住满183天的居民个人，有如下税收优惠政策：在中国境内无住所的个人，在中国境内居住累计满183天的年度连续不满6年的，经向主管税务机关备案，其来源于中国境外且由境外单位或者个人支付的所得，免予缴纳个人所得税。在中国境内居住累计满183天的任一年度中有一次离境超过30天的，其在中国境内居住累计满183天的年度的连续年限重新计算。

（二）非居民个人

在中国境内无住所又不居住，或者无住所而于一个纳税年度内在中国境内居住累计不满183天的个人，为非居民个人。非居民个人负有有限纳税义务，仅就来源于中国境内的所得向我国缴纳个人所得税。

【了解一下】我国现行税法目前不适用于我国的香港、澳门和台湾地区；一个纳税年度，是指自公历1月1日起至12月31日止。

（三）所得来源的确定

所得来源地和所得支付地不是一个概念。来源于中国境内的所得，其支付地可能在境内，也可能在境外；来源于中国境外的所得，其支付地可能在境外，也可能在境内。根据规定，所得不同，所得来源确定的标准不同（见表8-1）。

表8-1 **个人所得税所得来源确定标准**

税 目		所得来源确定标准
工资、薪金所得，劳务报酬所得		劳务发生地
稿酬所得		支付且负担所得的企业或组织所在地
特许权使用费所得		特许权使用地
经营所得		从事生产经营活动的所在地
利息、股息、红利所得		支付所得的企业或组织的所在地
财产租赁所得		租赁财产使用地
财产转让所得	不动产转让所得	不动产所在地
	权益性资产转让所得	被投资企业所在地
	其他资产转让所得	转让财产所在地
偶然所得		支付且负担所得的企业或组织所在地

除另有规定外，下列所得，不论支付地点是否在中国境内，均为来源于中国境内的所得：

（1）因任职、受雇、履约等在中国境内提供劳务取得的所得。

（2）将财产出租给承租人在中国境内使用而取得的所得。

（3）转让中国境内的不动产等财产或者在中国境内转让其他财产取得的所得。

（4）许可各国特许权在中国境内使用而取得的所得。

（5）从中国境内企业、事业单位、其他组织以及居民个人取得的利息、股息、红利所得。

二、扣缴义务人

为了控制税源，保证税收收入，简化征纳手续，加强个人所得税管理，《个人所得税法》及其实施条例规定，个人所得税以所得人为纳税人，以支付所得的单位或个人为扣缴义务人。扣缴义务人在向纳税人支付应税款项时，应当依法预扣或代扣税款，按时缴库，并专项记载备查。

纳税人有中国公民身份号码的，以中国公民身份号码为纳税人识别号；纳税人没有中国公民身份号码的，由税务机关赋予其纳税人识别号。扣缴义务人扣缴税款时，纳税人应当向扣缴义务人提供纳税人识别号。

三、征税范围

个人所得税以纳税人取得的个人所得为征税对象。我国个人所得税采用列举法，共列举了9项所得，没有列举的不征税。

（一）工资、薪金所得

这是指个人因任职或者受雇而取得的工资、薪金、奖金、年终加薪、劳动分红、津贴、补贴以及与任职或者受雇有关的其他所得。一般来说，工资、薪金所得为非独立个人劳动所得，劳务报酬所得为独立个人劳动所得。所谓非独立个人劳动，是指个人（私营企业主除外）所从事的是由他人指定、安排并接受管理的劳动、工作，或服务于公司、工厂、行政事业单位。

（1）假日加班工资不属于国家统一规定发给的补贴、津贴，应并入工资、薪金收入依法征税。

（2）商品营销活动中，企业和单位对营销业绩突出的员工以培训班、研讨会、工作考察等名义组织旅游活动，通过免收差旅费、旅游费对个人实行的营销业绩奖励(包括实物、有价证券等)，应根据所发生费用的全额并入营销人员当期的工资、薪金所得。

（3）个人在公司（包括关联公司）任职、受雇，兼任董事、监事的，应将董事费、监事费与个人工资收入合并，按照“工资、薪金所得”项目缴纳个人所得税。

（4）个人因公务用车和通信制度改革而取得的公务用车、通信补贴收入，扣除一定标准的公务费用后，按照“工资、薪金所得”项目计征个人所得税。按月发放的，并入当月工资、薪金所得；不按月发放的，分解到所属月份，并入该月工资、薪金所得。

（5）退休人员再任职取得的收入，在减除按《个人所得税法》规定的费用扣除标准后，按“工资、薪金所得”项目缴纳个税。

（6）公司职工取得的用于购买企业国有股权的劳动分红，按“工资、薪金所得”项目计征个税。

（7）出租汽车经营单位对出租车驾驶员采取单车承包或承租方式运营，出租车驾驶员从事客货营运取得的收入，按“工资、薪金所得”项目征税。

下列收入不属于工资、薪金所得，不征税个人所得税：

①独生子女补贴。

②执行公务员工资制度未纳入基本工资总额的补贴、津贴差额和家属成员的副食品补贴。

③托儿补助费。

④差旅费津贴、误餐补助。误餐补助是指个人因公在城区、郊区工作，不能在工作单位或返回就餐，根据实际误餐顿数，按规定标准领取的误餐补助费。单位以误餐补助名义发给职工的补助、津贴不能包括在内。

⑤外国来华留学生领取的生活津贴、奖学金。

（二）劳务报酬所得

劳务报酬所得是指个人从事劳务取得的所得，包括从事设计、装潢、安装、制图、化验、测试、医疗、法律、会计、咨询、讲学、翻译、审稿、书画、雕刻、影视、录音、录像、演出、广告、展览、技术服务、介绍服务、经纪服务、代办服务以及其他劳务取得的所得。

工资、薪金所得与劳务报酬所得的区别在于：工资、薪金所得是个人从事非独立劳动，从所在单位领取的报酬，个人与单位之间存在雇佣与被雇佣关系；劳务报酬所得是个人独立从事某种技艺、独立提供某种劳务而取得的所得，个人与单位之间不存在雇佣与被雇佣关系。

（1）商品营销活动中，企业和单位对营销业绩突出的非员工以培训班、研讨会、工作考察等名义组织旅游活动，通过免收差旅费、旅游费对个人实行的营销业绩奖励（包括实物、有价证券等），应根据所发生费用的全额并入营销人员当期的劳务报酬所得。

（2）个人担任公司董事、监事，且不在公司任职、受雇，属于劳务报酬所得。

（3）在校生因参加勤工俭学活动而取得的所得，属于劳务报酬所得。

（4）个人兼职取得的收入，按照“劳务报酬所得”项目缴纳个人所得税。

（三）稿酬所得

稿酬所得是指个人因其作品以图书形式出版、以报刊形式发表取得的所得。作品包括文学作品、书画作品、摄影作品，以及其他作品。作者去世后，财产继承人取得的遗作稿酬，也属于“稿酬所得”项目。

（1）不以发表文章、出版图书为目的的翻译、审稿、书画所得属于劳务报酬所得；以发表文章、出版图书为目的的翻译、审稿、书画所得，按照“稿酬所得”缴纳个人所得税。

（2）任职、受雇于报社、杂志社等单位的记者、编辑等专业人员，因在本单位的报纸、杂志上发表作品取得的所得，属于因任职、受雇而取得的所得，应与其当月工资收入合并，按“工资、薪金所得”缴纳个人所得税。除上述人员外，其他人员在本单位的报纸、杂志上发表作品取得的所得，按照“稿酬所得”缴纳个人所得税。

（四）特许权使用费所得

特许权使用费所得是指个人（包括权利继承人）提供专利权、商标权、著作权、非专利技术以及其他特许权的使用权取得的所得。

作者将自己的文字作品手稿原件或者复印件公开拍卖（竞价）取得的所得，属于提供著作权的使用所得，应按“特许权使用费所得”项目计征个人所得税。

（五）经营所得

《个人所得税法实施条例》规定，个体工商户业主、个人独资企业投资者、合伙企业个人合伙人、承包承租经营者个人以及其他从事生产经营活动的个人取得经营所得，包括以下情形：

（1）个体工商户从事生产经营活动取得的所得，个人独资企业投资人、合伙企业的个人合伙人来源于境内注册的个人独资企业、合伙企业生产经营的所得。

（2）个人依法从事办学、医疗、咨询以及其他有偿服务活动取得的所得。

（3）个人对企业、事业单位承包经营、承租经营以及转包、转租取得的所得。其具体为：对经营成果拥有所有权的，为经营所得；对经营成果不拥有所有权的，为工资、薪金所得。

（4）个人从事其他生产经营活动取得的所得。

【了解一下】（1）个人因从事彩票代销业务而取得的所得、从事个体出租车运营的出租车驾驶员（个人对出租车拥有所有权）取得的收入，按“经营所得”缴纳个税。

（2）个体工商户和从事生产经营的个人，取得与生产经营活动无关的其他各项应税所得，应分别按照其他应税项目的有关规定计征个税。

（六）利息、股息、红利所得

利息、股息、红利所得是指个人拥有债权、股权而取得的利息、股息、红利所得。利息一般指存款、贷款和债券的利息；股息是指个人拥有股权取得的公司、企业派息分红，按照一定的比例派发的每股息金；红利是指根据公司、企业应分配的、超过股息部分的利润，按股派发的红股。

（1）个人取得的国债利息收入、地方政府债券利息和国家发行的金融债券利息收入，免税。

（2）自2008年10月9日起，对居民储蓄存款利息暂免征收个税。

（3）除个人独资企业、合伙企业以外的其他企业的个人投资者，以企业资金为本人、家庭成员及其相关人员支付与企业生产经营无关的消费性支出及购买汽车、住房等财产性支出，视为企业对个人投资者的红利分配，依照“利息、股息、红利所得”项目计征个人所得税。

（七）财产租赁所得

财产租赁所得是指个人出租不动产、机器设备、车船以及其他财产取得的所得。

（八）财产转让所得

财产转让所得是指个人转让有价证券、股权、合伙企业中的财产份额、不动产、机器设备、车船以及其他财产取得的所得。

（1）个人拍卖别人的作品手稿或者个人拍卖除文字作品手稿原件及复印件外的其他财产，应按照“财产转让所得”项目缴纳个人所得税。

（2）股权转让按照“财产转让所得”项目征收个人所得税：

①对转让上市公司流通股、新三板挂牌公司非原始股取得的所得暂免征税；对限售股、新三板挂牌公司原始股转让所得征税。

②对转让境外上市公司的股票所得，征税。

③对我国内地个人投资者通过沪港通、深港通投资我国香港联交所上市股票取得的转让差价所得和通过基金互认买卖我国香港基金份额取得的转让差价所得，暂免征收个人所得税。该政策执行至2027年12月31日。

④我国香港市场投资者投资上交所、深交所上市A股取得的转让差价所得、通过基金互认买卖基金股份取得的转让差价，暂免征收个税。

（3）对个人转让自用5年以上并且家庭唯一生活用房取得的所得，免征个人所得税。

（九）偶然所得

偶然所得是指个人得奖、中奖、中彩以及其他偶然性质的所得。得奖是指参加各种有奖竞赛活动，取得名次获得的奖金；中奖、中彩是指参加各种有奖活动，如有奖销售，经过规定程序，抽中、摇中号码而取得的奖金。

（1）个人为单位或他人提供担保获得收入，按照“偶然所得”项目计算缴纳个人所得税。

（2）房屋产权所有人将房屋产权无偿赠与他人的，受赠人因无偿受赠房屋取得的受赠收入，按照“偶然所得”项目计算缴纳个人所得税。符合下列情形的，对当事双方不征收个人所得税：

①房屋产权所有人将房屋产权无偿赠与配偶、父母、子女、祖父母、外祖父母、孙子女、外孙子女、兄弟姐妹；

②房屋产权所有人将房屋产权无偿赠与对其承担直接抚养或者赡养义务的抚养人或者赡养人；

③房屋产权所有人死亡，依法取得房屋产权的法定继承人、遗嘱继承人或者受遗赠人。

（3）企业在业务宣传、广告等活动中，随机向本单位以外的个人赠送礼品（包括网络红包），以及企业在年会、座谈会、庆典及其他活动中向本单位以外的个人赠送礼品，个人取得的礼品收入，按照“偶然所得”项目计算缴纳个人所得税，但企业赠送的具有价格折扣或者折让性质的消费券、代金券、抵用券、优惠券等礼品除外。

（4）企业向个人支付不竞争款项，按照“偶然所得”项目缴纳个人所得税。

（5）个人取得单张有奖发票奖金所得不超过800元的，暂免征收个税；超过800元的，按全额征税。

（6）个人购买社会福利有奖募捐奖券、体育彩票一次中奖收入不超过10 000元的，暂免征收个税；对一次中奖收入超过10 000元的，应按税法规定全额征税。

个人取得的所得，难以界定应纳税所得项目的，由国务院税务主管部门确定。

四、税率

我国个人所得税，根据不同的征税项目，分别规定了两种不同的税率：超额累进税率和比例税率。

（一）超额累进税率

综合所得适用3%～45%的7级超额累进税率（见表8-2）。

经营所得适用5%～35%的5级超额累进税率（见表8-3）。

表8-2　　　　　　　　　　　　　　**个人所得税税率表（一）**

（综合所得适用）

级数	全年应纳税所得额	税率（%）	速算扣除数
1	不超过36 000元的部分	3	0
2	超过36 000元至144 000元的部分	10	2 520
3	超过144 000元至300 000元的部分	20	16 920
4	超过300 000元至420 000元的部分	25	31 920
5	超过420 000元至660 000元的部分	30	52 920
6	超过660 000元至960 000元的部分	35	85 920
7	超过960 000元的部分	45	181 920

表8-3　　　　　　　　　　　　　　**个人所得税税率表（二）**

（经营所得适用）

级数	全年应纳税所得额	税率（%）	速算扣除数
1	不超过30 000元的部分	5	0
2	超过30 000元至90 000元的部分	10	1 500
3	超过90 000元至300 000元的部分	20	10 500
4	超过300 000元至500 000元的部分	30	40 500
5	超过500 000的部分	35	65 500

（二）比例税率

利息、股息、红利所得，财产租赁所得，财产转让所得，偶然所得，适用20%的比例税率。

第三节　个人所得税税收优惠

一、法定免税项目

根据《个人所得税法》及其实施条例，对个人下列所得项目，免征个人所得税：

（1）省级人民政府、国务院部委和中国人民解放军军以上单位，以及外国组织、国际组织颁发的科学、教育、技术、文化、卫生、体育、环境保护等方面的奖金。

（2）国债、地方政府债券利息和国家发行的金融债券利息。

（3）按照国家统一规定发给的补贴、津贴。这是指按照国务院规定发给的政府特殊津贴、院士津贴，以及国务院规定免予缴纳个人所得税的其他补贴、津贴。

（4）福利费、抚恤金、救济金。福利费是指根据国家有关规定，从企业、事业单位、国家机关、社会团体提留的福利费或者从工会经费中支付给个人的生活补助费；救济金是指各级人民政府民政部门支付给个人的生活困难补助费。

（5）保险赔款。

（6）军人的转业费、复员费、退役金。

（7）按国家统一规定发给干部、职工的安家费、退职费、基本养老金或退休费、离休费、离休生活补助费。

（8）依照我国有关法律规定应予免税的各国驻华使馆、领事馆的外交代表、领事官员和其他人员的所得。

（9）中国政府参加的国际公约、签订的协议中规定免税的所得。

（10）国务院规定的其他免税所得。

二、法定减税项目

根据《个人所得税法》，有下列情形之一的，可以减征个人所得税，具体幅度和期限，由省、自治区、直辖市人民政府规定，并报同级人民代表大会常务委员会备案：

（1）残疾、孤老人员和烈属的所得。

（2）因严重自然灾害造成重大损失的。

国务院可以规定其他减税情形，报全国人民代表大会常务委员会备案。

三、其他减免税项目

（1）对达到离休、退休年龄，但确因工作需要，适当延长离休、退休年龄的高级专家，其在延长离休、退休期间的工资、薪金所得，视同离休工资、退休工资，免征个税。

（2）对符合条件的见义勇为者的奖金或奖品，经主管税务机关核准，免征个税。

（3）对个人举报、协查各种违法、犯罪行为而获得的奖金，暂免征收个税。

（4）对居民储蓄存款利息、对证券市场个人投资者取得的证券交易结算资金利息所得，暂免征收个税。

（5）对储蓄机构内从事代扣代缴工作的办税人员取得的扣缴利息税手续费所得，个人办理代扣代缴税款手续。按规定取得的扣缴手续费，免征个税。

（6）对居民个人按照国家规定的范围和标准缴纳的三险一金（基本医疗保险、基本养老保险、失业保险、住房公积金），允许在个人应纳税所得额中扣除，免征个税。

（7）对生育妇女按照县级以上人民政府根据国家有关规定制定的生育保险办法，取得的生育津贴、生育医疗费或其他属于生育保险性质的津贴、补贴，免征个税。

（8）对工伤职工及其近亲属按照《工伤保险条例》规定取得的一次性工伤保险待遇，免征个税。

（9）对个体工商户或个人，以及个人独资企业和合伙企业从事种植业、养殖业、饲养业和捕捞业取得的所得，暂不征收个税。

第四节　个人所得税的计算

个人所得税的计税依据是纳税人取得的应纳税所得额。应纳税所得额是个人取得的各项应税收入减去税法规定的扣除金额、扣除项目后的余额。正确计算个人应纳税所得额是计算个人所得税的重要基础。

我国对居民个人的工资、薪金所得，劳务报酬所得，稿酬所得，特许权使用费所得（以下简称综合所得），采取先分项预扣预缴，再按年度综合所得汇算清缴的征收方式；对非居民个人的工资、薪金所得，劳务报酬所得，稿酬所得，特许权使用费所得，按月或按次分项征收个人所得税；对经营所得，先预缴税款，再按年汇算清缴；对利息、股息、红利所得，财产租赁所得，财产转让所得，偶然所得，按次分项计算个人所得税。具体规定见表8-4。

表8-4 **个人所得税的计税方法**

<table>
<tr><th>纳税人税目</th><th>居民个人</th><th>非居民个人</th></tr>
<tr><td>工资、薪金所得</td><td rowspan="4">先分项预扣预缴，再年度综合所得汇算清缴（适用7级超额累进税率）</td><td>按月计税，适用综合所得月度税率表</td></tr>
<tr><td>劳务报酬所得</td><td rowspan="3">分项按次计税，适用综合所得月度税率表</td></tr>
<tr><td>稿酬所得</td></tr>
<tr><td>特许权使用费所得</td></tr>
<tr><td>经营所得</td><td colspan="2">先预缴税款，再按年汇算清缴（适用5级超额累进税率）</td></tr>
<tr><td>利息、股息、红利所得</td><td colspan="2" rowspan="4">分项按20%比例税率计税</td></tr>
<tr><td>财产租赁所得</td></tr>
<tr><td>财产转让所得</td></tr>
<tr><td>偶然所得</td></tr>
</table>

一、居民个人综合所得的计税方法

按照现行税法，扣缴义务人在向居民个人支付工资、薪金所得，劳务报酬所得，稿酬所得，特许权使用费所得时，应按规定按月或按次分项预扣预缴个人所得税；居民个人需要办理汇算清缴的，应当在取得所得的次年3月1日至6月30日办理汇算清缴。居民个人的综合所得个人所得税的计算方法既涉及预扣预缴，也涉及综合所得汇算清缴。居民个人综合所得的预扣预缴和汇算清缴均涉及专项附加扣除。

（一）专项附加扣除的范围及标准

专项附加扣除是指《个人所得税法》规定的3岁以下婴幼儿照护、子女教育、继续教育、大病医疗、住房贷款利息或者住房租金、赡养老人等7项专项附加扣除。我国现行的税法考虑了个人的负担差异，遵循公平合理、利于民生、简便易行的原则，根据生育、教育、医疗、住房、赡养的民生支出变化，制定了如下专项附加扣除的范围及标准。

1.3岁以下婴幼儿照护

自2023年1月1日起，纳税人照护3岁以下婴幼儿子女的相关支出，按照每个婴幼儿每月2 000元的标准定额扣除。

父母可以选择由其中一方按扣除标准的100%扣除，也可以选择由双方分别按扣除标准的50%扣除，具体扣除方式在一个纳税年度内不能变更；子女的出生医学证明等资料，纳税人需要留存备查。

2.子女教育

自2023年1月1日起，纳税人的子女接受全日制学历教育的相关支出，按照每个子女每月2 000元的标准定额扣除；年满3岁至小学入学前处于学前教育阶段的子女，不论是否在幼儿园学习，按上述规定扣除。

父母可选择由其中一方按扣除标准的100%扣除，也可分别按扣除标准的50%扣除，具体扣除方式在一个纳税年度内不得变更；纳税人子女在境外接受教育的，应留存境外学校录取通知书、留学签证等相关教育的证明资料备查。

【了解一下】(1) 学历教育，包括义务教育（小学、初中教育）、高中阶段教育（普通高中、中等职业、技工教育）、高等教育（大学专科、大学本科、硕士研究生、博士研究生教育）。

(2) 子女教育专项附加扣除，自子女年满3岁当月开始扣除，至全日制学历教育结束当月止。

3.继续教育

继续教育分为继续学历教育和继续职业教育。

继续学历教育的扣除范围和标准：纳税人在中国境内学历（学位）继续教育的支出，在学历（学位）教育期间按照每月400元（每年4 800元）定额扣除，同一学历（学位）继续教育扣除期不得超过48个月。

继续职业教育的扣除范围和标准：纳税人接受技能人员职业资格继续教育、专业技术人员职业资格继续教育支出，在取得相关证书的年度，按照3 600元定额扣除；取得多份证书的，一年也只能扣3 600元，需要留存相关证书等资料备查。

【解析一下】个人接受本科及以下学历（学位）继续教育支出，可以选择由其父母扣除（按子女教育，每月2 000元），也可以选择由本人扣除（按继续学历教育，每月400元），但不得同时扣除。本科学历以上继续教育支出，只能由本人扣除。

4.大病医疗

一个纳税年度内，纳税人发生的与基本医保相关的医药费用支出，扣除医保报销后个人负担（医保目录范围内的自付部分）累计超过15 000元的部分，由纳税人在办理年度汇算清缴时，在80 000元限额内据实扣除。大病医疗专项附加扣除属于限额扣除。

纳税人发生的医疗费用支出可以选择由本人扣除或者由配偶扣除，未成年子女发生的医药费用支出可以选择由其父母一方扣除。

如果纳税人及其配偶、未成年子女均发生医药费支出，应分别计算扣除。

纳税人应当留存医疗服务收费及医保报销相关票据原件（或复印件）等资料备查。医保部门应提供纳税人年度医药费用信息查询服务。

5.住房贷款利息

纳税人本人或配偶单独或共同使用商业银行或者住房公积金个人住房贷款为本人或者其配偶购买中国境内住房，发生的首套住房贷款利息支出（购买住房时享受首套住房贷款利率的住房），在偿还贷款期间，可以按照每月1 000元标准定额扣除，扣除期限最长不得超过240个月。纳税人只能享受一次首套住房贷款利息扣除。

经夫妻双方约定，住房贷款专项扣除可以选择由其中一方扣除，具体扣除方式在一个纳税年度内不得变更。

夫妻双方婚前分别购买住房发生的首套住房贷款，其贷款利息支出，在婚后可以选择其中一套购买的住房，由购买方按扣除标准的100%扣除，也可以双方对各自购买的住房分别按扣除标准的50%扣除，具体扣除方式在一个纳税年度内不得变更。

纳税人应当留存住房贷款合同、贷款还款支出凭证备查。

6.住房租金

纳税人本人及其配偶在纳税人的主要工作城市没有住房，而在主要工作城市租赁住房发生的租金支出，可以按照标准定额扣除，具体扣除标准见表8-5。

表8-5 **住房租金扣除标准表**

住房位置	扣除标准
承租的住房位于直辖市、省会（首府）城市、计划单列市以及国务院确定的其他城市	1 500元/月（18 000元/年）
承租的住房位于其他城市，市辖区户籍人口>100万人的	1 100元/月（13 200元/年）
承租的住房位于其他城市，市辖区户籍人口≤100万人的	800元/月（9 600元/年）

夫妻双方主要工作城市相同的，只能由一方扣除住房租金支出：由签订租赁住房合同的承租人一方扣除。纳税人应当留存住房租赁合同等有关资料备查。

纳税人及其配偶在一个纳税年度内不得同时分别享受住房贷款利息专项附加扣除和住房租金专项附加扣除。

7.赡养老人

自2023年1月1日起，纳税人赡养一位及以上被赡养人的支出，可以按照每月3 000元的标准自被赡养人年满60岁的当月至赡养义务终止的年末进行扣除，具体规定如下：

（1）纳税人为独生子女的，按照每月3 000元的标准定额标准扣除。

（2）纳税人为非独生子女的，与其兄弟姐妹分摊每月3 000元的扣除额度，每人分摊的额度不能超过每月1 500元。具体的分摊方式可以是赡养人均摊或约定分摊、被赡养人指定分摊。约定或指定分摊的，须签订书面分摊协议，具体分摊方式在一个纳税年度内不得变更。

被赡养人是指年满60岁的父母以及子女均已去世的年满60岁的祖父母、外祖父母。

（二）居民个人综合所得预扣预缴税款的计算方法

扣缴义务人向居民个人支付工资、薪金，劳务报酬，稿酬，特许权使用费时，要求分项预扣预缴个人所得税，并向主管税务机关报送个人所得税扣缴申报表。具体扣缴方法如下：

1.居民个人工资、薪金所得预扣预缴计算方法

（1）基本规定

扣缴义务人向居民个人支付工资、薪金所得时，应当按照累计预扣法计算预扣税款，并按月办理全员全额扣缴申报。

累计预扣法是指扣缴义务人在一个纳税年度内预扣预缴税款时，以纳税人在本单位截至当前月份工资、薪金所得累计收入减除累计免税收入、累计减除费用、累计专项扣除、累计专项附加扣除和累计依法确定的其他扣除后的余额为累计预扣预缴应纳税所得额，适用个人所得税预扣率（见表8-6），计算累计应预扣预缴税额，再减除累计减免税额和累计已预扣预缴税额，其余额为本期应预扣预缴税额。余额为负值时，暂不退税。纳税年度终了后余额仍为负值时，由纳税人通过办理综合所得年度汇算清缴，税款多退少补。

表8-6　**居民个人工资、薪金所得预扣率表**

级数	累计预扣预缴应纳税所得额	预扣率（%）	速算扣除数
1	不超过36 000元的	3	0
2	超过36 000元至144 000元的部分	10	2 520
3	超过144 000元至300 000元的部分	20	16 920
4	超过300 000元至420 000元的部分	25	31 920
5	超过420 000元至660 000元的部分	30	52 920
6	超过660 000元至960 000元的部分	35	85 920
7	超过960 000元的部分	45	181 920

（2）预扣预缴税额的计算公式与步骤

居民个人工资、薪金所得预扣预缴税额的计算公式与步骤如下（表8-7、表8-8为费用扣除项目的具体规定）：

Step1：$\text{累计预扣预缴应纳税所得额}=\text{累计收入}-\text{累计免税收入}-\text{累计减除费用}-\text{累计专项扣除}-\text{累计专项附加扣除}-\text{累计依法确定的其他扣除}$

表8-7　**居民个人工资、薪金预扣预缴费用扣除表**

扣除项目	扣除标准
基本减除费用	5 000元/月
专项扣除	个人按照国家规定的范围和标准缴付的三险一金：基本养老保险、基本医疗保险、失业保险和住房公积金
专项附加扣除	3岁以下婴幼儿照护、子女教育、继续教育、大病医疗、住房贷款利息或者住房租金、赡养老人
依法确定的其他扣除	个人缴付符合国家规定的企业年金、职业年金，个人购买符合国家规定的商业健康保险、税收递延型商业养老保险支出，以及国务院规定可以扣除的其他项目

① 一般情况下，扣缴义务人在预扣预缴个人所得税时，累计减除费用按照5 000元/月×纳税人当年截至本月在本单位的任职受雇月份数计算。

② 自2020年7月1日起，对一个纳税年度内首次取得工资、薪金所得的居民个人，扣缴义务人在预扣预缴个税时，可按照5 000元/月乘以纳税人当年截至本月月份数计算累计减除费用。首次取得工资、薪金所得的居民个人，是指自纳税年度首月起至新入职时，未取得工资、薪金所得或者未按照累计预扣法预扣预缴过连续性劳务报酬所得个税的居民个人。

表8-8　**依法确定的其他扣除具体规定表**

范围	扣除标准
企业年金、职业年金	在不超过本人缴费工资计税基数的4%标准内的部分，从应纳税所得额中扣除
符合国家规定的商业健康保险	（1）个人自行购买的符合规定的商业健康保险，单位应自其提交保费凭单的次月起，按照不超过2 400元/年（200元/月）的限额，在计算其个人所得税所得额时扣除 （2）单位统一为员工购买符合规定的商业健康保险产品的支出，应分别计入员工个人工资、薪金，视同个人购买，自购买产品的次月起按2 400元/年（200元/月）的限额予以扣除
税收递延商业养老保险	试点地区个人通过个人商业养老资金账户购买符合规定的商业养老保险产品的支出，允许在一定标准内税前扣除，扣除限额按照当月工资、薪金，连续性劳务报酬收入的6%和1 000元孰低办法确定

Step2：$\text{本期应预扣预缴税额}=(\text{累计预扣预缴应纳税所得额}\times\text{预扣率}-\text{速算扣除数})-\text{累计减免税额}-\text{累计已预扣预缴税额}$

【例8-1】某居民个人2024年每月取得工资收入15 000元，每月缴纳社保费用和住房公积金1 600元，该居民个人作为独生子独立赡养自己65周岁的父母，全年均享受住房贷款利息专项附加扣除。要求：计算该居民个人的工资、薪金扣缴义务人2024年1月、2月、3月预扣预缴的税款金额。（对上述专项附加扣除，该个人选择在任职单位预扣预缴其税款时扣除）

【答案】1月累计预扣预缴应纳税所得额=15 000−5 000−1 600−3 000−1 000=4 400（元）

1月应预扣预缴税额=4 400×3%=132（元）

2月累计预扣预缴应纳税所得额=15 000×2−5 000×2−1 600×2−3 000×2−1 000×2
=8 800（元）

2月应预扣预缴税额=8 800×3%−132=132（元）

3月累计预扣预缴应纳税所得额=15 000×3−5 000×3−1 600×3−3 000×3−1 000×3
=13 200（元）

3月应预扣预缴税额=13 200×3%−132−132=132（元）

（3）特殊情况

自2021年1月1日起，对上一完整纳税年度内每月均在同一单位预扣预缴工资、薪金所得个人所得税且全年工资、薪金收入不超过6万元的居民个人，扣缴义务人在预扣预缴本年度工资、薪金所得个人所得税时，累计减除费用自1月起直接按照全年6万元计算扣除。扣缴义务人在个人所得税扣缴申报表相应纳税人的备注栏注明“上年各月均有申报且全年收入不超过6万元”字样。

2.居民个人劳务报酬所得预扣预缴计算方法

（1）按3级超额累进预扣率预扣预缴计算

Step1：预扣预缴应纳税所得额的确定：

劳务报酬按次或按月预扣预缴个人所得税，每次收入不超过4 000元的，减除费用800元计算预扣预缴应纳税所得额；每次收入在4 000元（含）以上的，减除费用按20%计算，具体见表8-9。①

表8-9　居民个人劳务报酬预扣预缴应纳税所得额确定表

收入	费用扣减标准	预扣预缴应纳税所得额
每次收入≤4 000元	800元	收入-800
每次收入>4 000元	收入的20%	收入×（1-20%）

Step2：确定预扣率和速算扣除数（见表8-10）。

表8-10　3级超额累进预扣率表

级数	预扣预缴应纳税所得额	预扣率（%）	速算扣除数
1	不超过20 000元	20	0
2	超过20 000元至50 000元的部分	30	2 000
3	超过50 000元的部分	40	7 000

Step3：计算应预扣预缴税额：

劳务报酬所得应预扣预缴税额=预扣预缴应纳税所得额×预扣率-速算扣除数

【例8-2】某演员一次获得表演收入50 000元，按照“劳务报酬所得”项目预扣预缴个人所得税。要求：计算应预扣预缴税额。

【答案】预扣预缴应纳税所得额=50 000×（1-20%）=40 000（元）

应预扣预缴税款=40 000×30%-2 000=10 000（元）

（2）居民个人劳务报酬所得按累计预扣法预扣预缴税款的特殊情形

①正在接受全日制学历教育的学生因实习取得劳务报酬所得的。

②保险营销员、证券经纪人取得的佣金收入。

例如，学生小王7月在某公司实习取得劳务报酬3 000元。扣缴单位在为其预扣预缴劳务报酬所得个人所得税时，可采取累计预扣法预扣预缴税款。若采用该方法，小王7月劳务报酬扣除5 000元基本减除费用后则无须预缴税款；若小王年内再无其他综合

① 劳务报酬所得、稿酬所得、特许权使用费所得，属于一次性收入的，以取得该项收入为一次；属于同一项目连续性收入的，以一个月内取得的收入为一次。

所得，全年均达不到纳税标准，也不需办理年度汇算清缴。

3.居民个人稿酬所得预扣预缴计算方法

稿酬所得只有20%一档预扣率，具体计算如下：

Step1：预扣预缴应纳税所得额的确定：

每次收入不超过4 000元的，减除费用800元确定收入额；每次收入4 000元以上的，则减除费用按20%计算；再减按70%确定预扣预缴应纳税所得额（见表8-11）。

表8-11 **居民个人稿酬所得预扣预缴应纳税所得额确定表**

收入	费用扣减标准	预扣预缴应纳税所得额
每次收入≤4 000元	800元	（收入-800）×70%
每次收入>4 000元	收入的20%	收入×（1-20%）×70%

Step2：计算应预扣预缴税额：

稿酬所得应预扣预缴的税额=预扣预缴应纳税所得额×20%

【例8-3】教授王某2024年4月在某日报发表一篇评论文章，取得稿酬1 800元；王某当月还有一部图书由某出版社出版，取得稿酬50 000元。要求：计算王某所获稿酬在4月应预扣预缴税额。

【答案】某日报应预扣预缴税额=（1 800-800）×70%×20%=140（元）

某出版社应预扣预缴税额=50 000×（1-20%）×70%×20%=5 600（元）

4.居民个人特许权使用费所得预扣预缴计算方法

稿酬所得只有20%一档预扣率，具体计算如下：

Step1：预扣预缴应纳税所得额的确定。

特许权使用费所得预扣预缴应纳税所得额的计算，与劳务报酬一样。每次收入不超过4 000元的，减除费用800元；每次收入4 000元以上的，减除费用按20%计算（见表8-12）

表8-12 **居民个人特许权使用费预扣预缴应纳税所得额确定表**

收入	费用扣减标准	预扣预缴应纳税所得额
每次收入≤4 000元	800元	收入-800
每次收入>4 000元	收入的20%	收入×（1-20%）

Step2：计算应预扣预缴税额。

特许权使用费所得应预扣预缴的税额=预扣预缴应纳税所得额×20%

【例8-4】作家张某将自己的文字作品手稿复印件拍卖给W公司，取得50万元的收入。要求：计算W公司应预扣预缴张某的个人所得税税额。

【答案】公司应预扣预缴张某个人所得税税额=50×（1-20%）×20%=8（万元）

（三）居民个人综合所得汇算清缴的计算方法

1.需要办理汇算的情形

纳税人符合下列情形之一的，纳税人须办理综合所得汇算清缴：

（1）从两处以上取得综合所得，且综合所得年收入额减除专项扣除的余额大于6万元。

（2）取得劳务报酬所得、稿酬所得、特许权使用费所得中一项或者多项所得，且综合所得年收入额减除专项扣除的余额大于6万元。

（3）纳税年度内预缴税额低于应纳税额。

（4）已预缴税额大于汇算应纳税额且申请退税的。

2.无须办理汇算的情形

纳税人依法预缴个人所得税且符合下列情形之一的，无须办理汇算：

（1）汇算需补税但综合所得收入全年不超过12万元的。

（2）汇算需补税金额不超过400元的。

（3）已预缴税额与汇算应纳税额一致的。

（4）符合汇算退税条件但不申请退税的。

3.居民个人综合所得汇算清缴的计算

$$\text{应退或应补税额}=\left[\left(\begin{matrix}\text{综合所得收入额}\\-60\,000\text{元}\end{matrix}-\begin{matrix}\text{“三险一金”}\\\text{等专项扣除}\end{matrix}-\begin{matrix}\text{子女教育等}\\\text{专项附加扣除}\end{matrix}-\begin{matrix}\text{依法确定的}\\\text{其他扣除}\end{matrix}-\begin{matrix}\text{符合条件的公益}\\\text{慈善事业捐赠}\end{matrix}\right)\times\begin{matrix}\text{适用}\\\text{税率}\end{matrix}-\begin{matrix}\text{速算}\\\text{扣除数}\end{matrix}\right]-\begin{matrix}\text{已预缴}\\\text{税额}\end{matrix}$$

【了解一下】纳税人因申报信息填写错误造成年度汇算多退或少缴税款的，纳税人主动或经税务机关提醒后及时改正的，税务机关可以按照“首违不罚”原则免予处罚。

（1）综合所得收入额的确定

综合所得收入额的确定：工资、薪金所得，以年度工资、薪金收入减去不征税收入、免税收入的余额为收入额；劳务报酬所得、特许权使用费所得，以各自收入的80%为收入额；稿酬所得，以稿酬收入的56%（80%×70%）为收入额。

（2）专项扣除、专项附加扣除、依法确定的其他扣除等的确定

① 专项扣除、专项附加扣除、依法确定的其他扣除按前述规定处理，以居民个人一个纳税年度的应纳税所得额为限额，一个纳税年度抵扣不完的，不得结转抵扣。

② 汇算清缴时，当年符合条件的公益慈善事业捐赠可依法扣除：个人将其所得对教育、扶贫、济困等公益慈善事业进行捐赠，捐赠额未超过纳税人申报的应纳税所得额30%的部分，可以从其应纳税所得额中扣除，超过部分不得扣除。国务院规定对公益慈善事业捐赠实行全额税前扣除的，从其规定。

【例8-5】假定居民个人夏某为独生子女，2023年缴纳社保和住房公积金后获得税前工资收入450 000元，全年取得劳务报酬20 000元、稿酬10 000元、特许权使用费50 000元。该纳税人当年通过注册会计师考试并已经取得证书。其有两个小孩，均由其扣除子女教育专项附加；享受首套住房贷款专项附加扣除。纳税人的父母健在且均年满60岁。要求：（1）计算夏某的综合所得收入额。（2）计算夏某2023年应纳税额。

【答案】（1）综合所得收入额=450 000+20 000×80%+10 000×56%+50 000×80%=511 600（元）

（2）综合所得应纳税所得额=511 600−60 000−3 600−24 000×2−12 000−36 000=352 000（元）

查询个人所得税综合所得税率表，适用税率为25%，速算扣除数为31 920元。

应纳税额=352 000×25%−31 920=56 080（元）

【例8-6】居民个人王芳，2023年取得税前工资收入500 000元、劳务报酬收入

30 000元、特许权使用费收入110 000元、稿酬收入120 000元，每月扣除合计为12 000元，已预扣预缴109 200元。要求：（1）2023年年度终了，王芳是否需要汇算清缴？说明理由。（2）如果需要，王芳应补或应退多少税款？

【答案】（1）需要，王芳从两处以上取得综合所得，而且综合所得年收入额减除专项扣除的余额超过6万元。

（2）综合所得收入额=500 000+30 000×80%+110 000×80%+120 000×56%

=679 200（元）

应纳税所得额=679 200−12 000×12=535 200（元）

查询个人所得税综合所得税率表，适用税率30%，速算扣除数为52 920元。

应纳税额=535 200×30%−52 920=107 640（元）

应补应退税额=107 640−109 200=−1 560（元）

二、非居民个人工资、薪金，劳务报酬，稿酬，特许权使用费所得的计税方法

非居民个人取得工资、薪金所得，劳务报酬所得，稿酬所得，特许权使用费所得，由扣缴义务人按月或按次分项代扣代缴个人所得税，不办理汇算清缴。适用按月换算后的综合所得税率表（见表8-13），具体计算方法见表8-14。

表8-13 个人所得税税率表

（非居民个人工资、薪金所得，劳务报酬所得，稿酬所得，特许权使用费所得适用）

级数	应纳税所得额	税率（%）	速算扣除数
1	不超过3 000元的部分	3	0
2	超过3 000元至12 000元的部分	10	210
3	超过12 000元至25 000元的部分	20	1 410
4	超过25 000元至35 000元的部分	25	2 660
5	超过35 000元至55 000元的部分	30	4 410
6	超过55 000元至80 000元的部分	35	7 160
7	超过80 000元的部分	45	15 160

表8-14 非居民个人工资、薪金等4项所得计算方法

所得项目	应纳税所得额	计税公式
工资、薪金所得	每月收入额−5 000元	每月或每次应纳税额=应纳税所得额×适用税率−速算扣除数
劳务报酬所得	实际取得劳务报酬收入的80%	
特许权使用费所得	实际取得特许权使用费收入的80%	
稿酬所得	实际取得稿酬收入的56%（80%×70%）	

【例8-7】2024年4月甲公司聘请某国外专家（非居民个人）到单位进行技术指导，支付劳务报酬30 000元。要求：计算甲公司应代扣代缴的个人所得税税额。

【答案】应纳税所得额=30 000×80%=24 000（元）

查询个人所得税税率表，适用税率为20%，速算扣除数为1 410元。

应代扣代缴税额=24 000×20%-1 410=3 390（元）

三、经营所得的计税方法

经营所得，以每一纳税年度的收入总额减除成本、费用以及损失后的余额为应纳税所得额，适用5级超额累进税率（见表8-3）。其应纳税额的计算公式如下：

全年应纳税所得额=全年收入总额-成本、费用及损失

应纳税额=全年应纳税所得额×适用税率-速算扣除数

成本、费用，是指生产经营活动中发生的各项直接支出和分配计入成本的间接费用，以及销售费用、管理费用、财务费用。

损失，是指生产经营活动中发生的固定资产和存货的盘亏、毁损、报废损失，转让财产损失，坏账损失，自然灾害等不可抗力因素造成的损失以及其他损失。

同时取得综合所得和经营所得的纳税人，纳税人可以选择在综合所得或经营所得中申报减除费用6万元、专项扣除、专项附加扣除以及依法确定的其他扣除，但不得重复申报减除；取得经营所得的个人，没有综合所得的，计算其每一纳税年度的应纳税所得额时，应当减除费用6万元、专项扣除、专项附加扣除以及依法确定的其他扣除，专项附加扣除在办理汇算清缴时减除。

经营所得按年计算个人所得税，由纳税人在月度或季度终了后15日内向税务机关报送纳税申报表，并预缴税款，在取得所得的次年3月31日前办理汇算清缴。

（一）个体工商户

1.准予扣除项目规定

个体工商户扣除项目的规定与企业所得税扣除项目的标准基本相同，以下各项税前扣除，需要加以关注：

（1）个体户生产经营活动中，应分别核算生产经营费用和个人、家庭费用。对于因生产经营与个人、家庭生活混用而难以分清的费用，其40%视为与生产经营有关的费用，准予扣除。

（2）个体工商户实际支付给从业人员的合理的工资、薪金支出，准予扣除，个体工商户业主的工资在税前不允许扣除；取得经营所得的个人，没有综合所得的，计算其每一纳税年度的应纳税所得额时，应当减除费用6万元、专项扣除、专项附加扣除以及依法确定的其他扣除。

（3）个体工商户按照国务院有关主管部门或者省级人民政府规定的范围和标准为其业主和从业人员缴纳的基本养老保险费、基本医疗保险费、失业保险费、生育保险费、工伤保险费和住房公积金，准予扣除。

（4）补充养老保险、补充医疗保险费的扣除标准见表8-15。

表8-15　　　　　　　　　**补充养老、补充医疗保险费扣除标准表**

情 形	扣除标准
个体工商户为从业人员缴纳的	分别在不超过从业人员工资总额5%标准内的部分据实扣除；超过部分，不得扣除
个体工商户业主本人缴纳的	以当地（地级市）上年度社会平均工资的3倍为计算基数，分别在不超过该计算基数5%标准内的部分据实扣除；超过部分，不得扣除

（5）个体工商户实际发生的职工福利费支出、职工教育经费支出、向当地工会组织拨缴的工会经费分别在工资、薪金总额的14%、2.5%、2%的标准内据实扣除；个体工商户业主本人实际发生的职工福利费支出、职工教育经费支出、向当地工会组织缴纳的工会经费，以当地（地级市）上年度社会平均工资的3倍为计算基数，在14%、2.5%、2%的比例内据实扣除。

（6）个体工商户为购置、建造固定资产、无形资产和经过12个月以上的建造才能达到预定可销售状态的存货发生借款的，在有关资产购置、建造期间发生的合理的借款费用，应当作为资本性支出计入有关资产的成本，并依照规定扣除。

（7）个体工商户发生的与生产经营活动有关的业务招待费支出，按照实际发生额的60%扣除，但最高不得超过当年销售（营业）收入的5‰。

（8）个体工商户每一纳税年度发生的与其生产经营活动直接相关的广告费和业务宣传费不超过当年销售（营业）收入15%的部分，可以据实扣除；超过部分，准予在以后纳税年度结转扣除。

（9）个体工商户代其从业人员或者他人负担的税款，不得税前扣除。

（10）个体工商户的公益性捐赠，不超过其应纳税所得额30%的部分可以据实扣除。财政部、国家税务总局规定可以全额在税前扣除的捐赠支出项目，按有关规定执行。个体工商户直接对受益人的捐赠不得扣除。

【了解一下】自2023年1月1日起至2027年12月31日止，对个体工商户年应纳税所得额不超过200万元的部分，减半征收个人所得税。个体工商户在享受现行其他个人所得税优惠政策的基础上，可叠加享受本条优惠政策。个体工商户不区分征收方式，均可享受。个体工商户在预缴税款时即可享受，其年应纳税所得额暂按截至本期申报所属期末的情况进行判断，并在年度汇算清缴时按年计算、多退少补。若个体工商户从两处以上取得经营所得，须在办理年度汇总纳税申报时，合并个体工商户经营所得年应纳税所得额，重新计算减免税额，多退少补。个体工商户按照以下方法计算减免税额：

$$\text{减免税额}=\left(\frac{\text{经营所得应纳税所得额不}}{\text{超过200万元部分的应纳税额}}-\frac{\text{其他政策}}{\text{减免税额}}\times\frac{\text{经营所得应纳税所得额}}{\text{不超过200万元部分}}\div\frac{\text{经营所得}}{\text{应纳税所得额}}\right)\times 50\%$$

2.个体工商户不得税前扣除的支出

（1）个体工商户业主的工资、薪金。

（2）个人所得税税款。

（3）税收滞纳金。

（4）罚金、罚款和被没收财物的损失。

（5）不符合扣除规定的捐赠支出。

（6）赞助支出（指个体工商户发生的与生产经营活动无关的各种非广告性质支出）。

（7）用于个人和家庭的支出。

（8）与取得生产经营收入无关的其他支出。

（9）个体工商户代其从业人员或者他人负担的税款。

（10）国家税务总局规定不准扣除的支出。

【例8-8】某个体工商户2023年向员工实际发放工资350 000元。要求：该个体工商户计算当年应纳个人所得税时可扣除的员工职工福利费限额是多少？

【答案】可扣除的员工职工福利费限额=350 000×14%=49 000（元）

（二）个人独资企业和合伙企业

1.个人独资企业和合伙企业的范围

（1）依照《中华人民共和国个人独资企业法》《中华人民共和国合伙企业法》登记成立的个人独资企业、合伙企业。

（2）依照《中华人民共和国私营企业暂行条例》登记成立的独资、合伙性质的私营企业。

（3）依照《中华人民共和国律师法》登记成立的合伙制律师事务所。

（4）经政府有关部门依照法律法规批准成立的负无限责任和无限连带责任的其他个人独资、个人合伙性质的机构或组织。

2.个人独资企业和合伙企业的应纳税额

个人独资企业以投资者为纳税义务人，合伙企业以每一个合伙人为纳税义务人。

个人独资企业的投资者以全部生产经营所得为应纳税所得额（包括企业分配给投资者个人的所得、企业当年留存的所得），即使未分配给个人，也需要缴纳个人所得税。

合伙企业的投资者按照合伙企业的全部生产经营所得和合伙协议约定的分配比例，确定应纳税所得额；合伙协议没有约定分配比例的，以全部生产经营所得和合伙人数量为标准平均计算每个投资者的应纳税所得额。

个人独资企业和合伙企业的应纳税额计算分为查账征收和核定征收两种：

（1）查账征税

计算个人独资企业和合伙企业应纳税额时，扣除项目比照个体工商户相关规定执行。以下各项税前扣除，需要加以关注：

① 投资者的工资不得在税前扣除。投资者本人无综合所得的，可以减除费用60 000元、专项扣除、专项附加扣除以及依法确定的其他扣除。

② 向其从业人员实际支付的合理的工资、薪金支出，允许在税前据实扣除。

③ 投资者及其家庭发生的生活费用不允许在税前扣除。投资者及其家庭发生的生活费用与企业生产经营费用混合在一起，并且难以划分的，全部视为投资者个人及其家庭发生的费用，不允许在税前扣除。

④ 企业生产经营和投资者及其家庭生活共用的固定资产，难以划分的，由主管税务机关根据具体情况核定准予在税前扣除的折旧费用的数额或比例。

⑤ 投资者兴办两个或两个以上企业的，企业的年度经营亏损不能跨企业弥补。

⑥ 因在纳税年度中间开业、合并、注销及其他原因，该纳税年度的实际经营期不足1年的，对个体工商户业主、个人独资企业投资者和合伙企业自然人合伙人的生产经营所得计算个人所得税时，以实际经营期为1个纳税年度，投资者本人的费用扣除标准，应按照实际经营月份数，以每月5 000元的减除标准确定。

⑦ 企业发生的职工福利费、职工教育经费、缴拨的工会经费支出，分别在工资、薪金总额14%、2.5%、2%的标准内据实扣除。

⑧ 每一纳税年度发生的与其生产经营业务直接相关的业务招待费支出，按照实际发生额的60%扣除，但最高不得超过当年销售（营业）收入的5‰。

⑨ 每一纳税年度发生的与其生产经营活动直接相关的广告费和业务宣传费不超过当年销售（营业）收入15%的部分，可以据实扣除；超过部分，准予在以后纳税年度结转扣除。

⑩ 计提的各种准备金不得扣除。

（2）核定征收

适用核定征收的情形：

① 企业依照国家有关规定应当设置但未设置账簿的；

② 企业虽设置账簿，但账目混乱或者成本资料、收入凭证、费用凭证残缺不全，难以查账的；

③ 纳税人发生纳税义务，未按照规定的期限办理纳税申报，经税务机关责令限期申报，逾期仍不申报的。

应纳税额的计算方法：

Step1：应纳税所得额=收入总额×应税所得率

或者　　　　　　　　=成本费用支出额÷（1−应税所得率）×应税所得率

式中：应税所得率见表8−16。

表8−16　　各行业应税所得率

行 业	应税所得率
工业、商业、交通运输业	5%～20%
建筑业、房地产开发业	7%～20%
饮食服务业	7%～25%
娱乐业	20%～40%
其他行业	10%～30%

Step2：应纳税额=应纳税所得额×适用税率

实行查账征税方式的个人独资企业和合伙企业改为核定征税方式后，在查账征税方式下认定的年度经营亏损未弥补完的部分，不得再继续弥补。

自2022年1月1日起，持有股权、股票、合伙企业财产份额等权益性投资的个人独资企业、合伙企业（以下简称独资合伙企业），一律适用查账征收方式计征个人所得税。

四、利息、股息、红利所得的计税方法

利息、股息、红利所得以个人每次取得的收入额为应纳税所得额，不得从收入额中扣除任何费用，即每次收入额是支付单位或个人每次支付利息、股息、红利时个人所取得的收入。其适用20%的比例税率，其计税公式为：

应纳税额=应纳税所得额×适用税率

个人从上市公司取得的股息红利，个人持有全国中小企业股份转让系统挂牌公司（新三板挂牌公司）股票分得的股息、红利所得，应纳税额见表8-17。

表8-17　**股息、红利所得应纳税额确定表**

持有期限	应纳税额
持有期≤1个月	股息、红利所得全额×20%
1个月<持有期≤1年	暂按股息、红利所得×50%×20%
持有期>1年	暂免征收个人所得税

上市公司是指在上海证券交易所、深圳证券交易所挂牌交易的上市公司；持股期限是指个人从公开发行和转让市场取得上市公司股票之日至转让交割该股票之日前一日的持有时间。上市公司派发股息、红利时，对个人持股1年以内（含1年）的，上市公司暂不扣缴个人所得税，待个人转让股票时，证券登记结算公司根据其持有期限计算应纳税额，由证券公司等股份托管机构从个人资金账户中扣收并划付证券登记结算公司，证券登记结算公司应于次月5个工作日内划付上市公司，上市公司在收到税款当月的法定申报期内向主管税务机关申报缴纳。

【例8-9】中国公民王某于2023年8月以9万元的资金持有深圳证券交易所的某境内上市公司的股票20 000股。2024年4月，该上市公司宣布实施每股0.6元的分红决定，王某在5月将上述股票以13万元的价格转让。要求：计算王某上述行为应缴纳的个人所得税税额。

【答案】应纳税额=20 000×0.6×50%×20%=1 200（元）

解析：王某转让境内上市公司股票的行为免征个人所得税。获得分红的股息、红利所得，持股期限在1个月以上至1年（含1年）的，暂按股息、红利所得的50%计算应纳税所得额。

五、财产租赁所得的计税方法

财产租赁所得，一般以个人每次取得的收入定额或者定率减除固定费用后的余额为

应纳税所得额。每次收入不超过4 000元，定额减除费用800元；每次收入在4 000元以上，定率减除20%的费用。财产租赁所得以一个月内取得的收入为一次。

纳税人在出租财产过程中缴纳的税金和教育费附加，可持完税凭证，从其财产租赁收入中扣除。准予扣除的项目除了规定费用和有关税费外，还准予扣除能够提供有效、准确凭证，证明由纳税人负担的该出租财产实际开支的修缮费用。允许扣除的修缮费用，以每次800元为限，一次扣除不完的，准予在下次继续扣除，直到扣完为止。财产租赁所得应纳税所得额的确定方法见表8-18。

表8-18　**财产租赁所得应纳税所得额确定方法**

情形	应纳税所得额
每次（月）收入≤4 000元	每次（月）收入额-准予扣除项目-修缮费用（以每次800元为限）-800元
每次（月）收入>4 000元	（每次（月）收入额-准予扣除项目-修缮费用（以每次800元为限））×（1-20%）

应纳税额=应纳税所得额×适用税率

财产租赁所得适用20%的比例税率。但对个人按市场价格出租的居民住房取得的所得，暂减按10%的税率征收个税。

个人将承租房屋转租取得的租金收入，应按“财产租赁所得”项目计算缴纳个人所得税。在计算应纳税所得额时从不含增值税收入中依次扣除以下费用：

（1）财产租赁过程中缴纳的税费（不含增值税，因为增值税属于价外税，没有包含在收入额中，不能扣除）。

（2）向出租方支付的租金（含增值税，即在计算二房东所得时扣除支付给一房东的增值税）。

（3）由纳税人负担的该出租财产实际开支的修缮费用（以每次800元为限，一次扣不完的下次继续扣除，直到扣完为止）。

（4）税法规定的费用扣除标准：上述前3项减除后，如果余额不足4 000元，减去800元；如果余额超过4 000元，则减去20%。

【例8-10】我国居民张某将租入的一幢住房转租，原租入租金每月3 000元，能提供合法支付凭证，转租每个月收取不含税的租金为7 000元，出租住房每月实际缴纳增值税以外的税费150元，有相关凭证。要求：计算王某每个月应该缴纳的个人所得税税额。

【答案】7 000-150-3 000=3 850（元）<4 000元

应纳税额=（3 850-800）×10%=305（元）

六、财产转让所得的计税方法

财产转让所得是指个人转让有价证券、股权、合伙企业中的财产份额、不动产、机器设备、车船以及其他财产取得的所得。个人转让财产，按照一次转让财产的收入额减除财产原值和合理费用后的余额，为应纳税所得额计算纳税。财产转让所得应纳税所得额的计算公式是：

应纳税所得额=每次收入额-财产原值-合理费用

个人转让房屋的个人所得税应税收入不含增值税；其取得房屋时所支付价格中包含的增值税计入财产原值；计算转让所得时可扣除的税费不包括本次转让缴纳的增值税。

财产原值按照下列方法确定：

（1）有价证券，为买入价以及买入时按照规定缴纳的有关费用；

（2）建筑物，为建造费或者购进价格以及其他有关费用；

（3）土地使用权，为取得土地使用权所支付的金额、开发土地的费用及其他有关费用；

（4）机器设备、车船，为购进价格、运输费、安装费及其他有关费用；

（5）其他财产，参照以上方法确定。

纳税人未提供完整、准确的财产原值凭证，不能正确计算财产原值的，由主管税务机关核定其财产原值。

合理费用的扣除是指卖出财产时按照规定支付的有关税费。

应纳税额的计算公式如下：

应纳税额=应纳税所得额×适用税率

财产转让所得适用20%的比例税率。

【了解一下】关于个人转让离婚析产房屋的征税问题：

（1）个人因离婚办理房屋产权过户手续，不征收个人所得税。

（2）个人转让离婚析产房屋所取得的收入，允许扣除相应的财产原值和合理费用后，余额缴纳个人所得税。相应的财产原值计算公式如下：

相应的财产原值=（房屋初次购置全部原值+相关税费）×转让者占房屋所有权的比例

（3）个人转让离婚析产房屋所取得的收入，符合家庭生活自用5年以上唯一住房的，可以申请免征个人所得税，按房屋产权证上注明的时间与契税完税证明上注明的时间“孰先”的原则确定购买房屋的时间。

七、偶然所得的计税方法

偶然所得以个人每次取得的收入额为应纳税所得额，不扣除任何费用。除有特殊规定外，每次收入额就是应纳税所得额，以每次取得该项收入为一次。应纳税额的计算公式如下：

应纳税额=应纳税所得额（每次收入额）×适用税率

偶然所得适用20%的比例税率。

【例8-11】王某2024年4月在参加某商场组织的有奖销售活动中，中奖所得共计30 000元，他将其中的10 000元通过市教育局用于公益性捐赠。假设王某无其他所得。要求：计算王某中奖所得应纳的个人所得税税额。

【答案】公益捐赠扣除限额=30 000×30%=9 000（元）

实际捐赠额超过扣除限额，只能按扣除限额扣除。

应纳个人所得税税额=（30 000-9 000）×20%=4 200（元）

第五节　个人所得税计算中的特殊问题处理

一、居民个人境外所得的税额扣除

居民个人从中国境外取得的所得，可以从其应纳税额中抵免已在境外缴纳的个人所得税税额，但抵免额不得超过该纳税人境外所得依照税法规定计算的应纳税额。

（一）居民个人境外来源所得

下列各项所得，为居民个人来源于境外的所得：

（1）因任职、受雇、履约等在中国境外提供劳务取得的所得。

（2）中国境外企业以及其他组织支付且负担的稿酬所得。

（3）许可各种特许权在中国境外使用而取得的所得。

（4）在中国境外从事生产经营活动而取得的与生产经营活动相关的所得。

（5）从中国境外企业、其他组织以及非居民个人取得的利息、股息、红利所得。

（6）将财产出租给承租人在中国境外使用而取得的所得。

（7）转让中国境外的不动产、转让对中国境外企业以及其他组织投资形成的股票、股权以及其他权益性资产（以下简称权益性资产）或者在中国境外转让其他财产取得的所得。但转让对中国境外企业以及其他组织投资形成的权益性资产，该权益性资产被转让前3年（连续36个公历月份）内的任一时间，被投资企业或其他组织的资产公允价值50%以上直接或间接来自位于中国境内的不动产的，取得的所得为来源于中国境内的所得。

（8）中国境外企业、其他组织以及非居民个人支付且负担的偶然所得。

（9）财政部、国家税务总局另有规定的，按照相关规定执行。

（二）居民个人境外所得限额抵免

（1）居民个人应当依照《个人所得税法》及其实施条例规定，分国分类抵免，按照以下方法计算当期境内和境外所得应纳税额：

①居民个人来源于中国境外的综合所得，应当与境内综合所得合并计算应纳税额。

②居民个人来源于中国境外的经营所得，应当与境内经营所得合并计算应纳税额。居民个人来源于境外的经营所得，按照《个人所得税法》及其实施条例的有关规定计算的亏损，不得抵减其境内或他国（地区）的应纳税所得额，但可以用来源于同一国家（地区）以后年度的经营所得按中国税法规定弥补。

③居民个人来源于中国境外的利息、股息、红利所得，财产租赁所得，财产转让所得和偶然所得（以下简称其他分类所得），不与境内所得合并，应当分别单独计算应纳税额。

（2）居民个人来源于一国（地区）的综合所得、经营所得以及其他分类所得项目的应纳税额为其抵免限额，按照下列公式计算：

①$$\begin{array}{c}\text{来源于一国（地区）}\\\text{综合所得的抵免限额}\end{array}=\begin{array}{c}\text{合并中国境内和境外全部}\\\text{综合所得计算得到的应纳税额}\end{array}\times\begin{array}{c}\text{来源于该国（地区）的}\\\text{综合所得收入额}\end{array}\div\begin{array}{c}\text{中国境内和境外综合}\\\text{所得收入额合计}\end{array}$$

②$\frac{来源于一国（地区）}{经营所得的抵免限额}=\frac{合并中国境内和境外全部}{经营所得计算得到的应纳税额}\times\frac{来源于该国（地区）的}{经营所得应纳税所得额}\div\frac{中国境内和境外经营}{所得应纳税所得额合计}$

③来源于一国（地区）其他分类所得的抵免限额=该国（地区）的其他分类所得单独计算的应纳税额

④$\frac{来源于一国（地区）}{所得的抵免限额}=\frac{来源于该国（地区）}{综合所得抵免限额}+\frac{来源于该国（地区）}{经营所得抵免限额}+\frac{来源于该国（地区）}{其他分类所得抵免限额}$

（3）可抵免的境外所得税额不包括以下情形：

①按照境外所得税法律属于错缴或错征的境外所得税税额。

②按照我国政府签订的避免双重征税协定以及我国内地与我国香港、澳门签订的避免双重征税安排（以下统称税收协定）规定不应征收的境外所得税税额。

③因少缴或迟缴境外所得税而追加的利息、滞纳金或罚款。

④境外所得税纳税人或者其利害关系人从境外征税主体得到实际返还或补偿的境外所得税税款。

⑤按照《个人所得税法》及其实施条例，已经免税的境外所得负担的境外所得税税款。

居民个人从与我国签订税收协定的国家（地区）取得的所得，按照该国（地区）税收法律享受免税或减税待遇，且该免税或减税的数额按照税收协定饶让条款规定应视同已缴税额在中国的应纳税额中抵免的，该免税或减税数额可作为居民个人实际缴纳的境外所得税税额按规定申报税收抵免。

居民个人一个纳税年度内来源于一国（地区）的所得实际已经缴纳的所得税税额，低于依照税法规定计算出的来源于该国（地区）该纳税年度所得的抵免限额的，应以实际缴纳税额作为抵免额进行抵免；超过来源于该国（地区）该纳税年度所得的抵免限额的，应在限额内进行抵免，超过部分可以在以后5个纳税年度内结转抵免。

【例8-12】居民个人李某2023年除取得境内工资收入250 000元外，还从境外甲国获得劳务报酬收入折合人民币75 000元、稿酬收入折合人民币15 000元和利息收入折合人民币18 000元，并分别就后3项收入在甲国缴纳税款15 000元、750元和3 600元。

假设除居民个人年度费用扣除标准60 000元和某专项附加扣除15 000元外，不考虑其他费用扣除和境内预缴税额。要求：（1）计算李某2023年来源于甲国的所得抵免限额；（2）计算李某2023年在我国实际应纳税额。

【答案】（1）李某2023年境内外全部综合所得收入额=250 000+75 000×80%+15 000×56%

=318 400（元）

李某2023年境内外全部综合所得应纳税所得额=318 400−60 000−15 000=243 400（元）

适用税率20%，速算扣除数为16 920元。

李某2023年境内外全部综合所得应纳税额=243 400×20%−16 920=31 760（元）

李某2023年来源于甲国综合所得抵免限额=31 760×（75 000×80%+15 000×56%）÷318 400

=6 822.81（元）

（2）从境外甲国获得劳务报酬、稿酬收入在甲国缴纳税款=15 000+750=15 750（元）

6 822.81元<15 750元，按6 822.81元抵免。

因此：

李某2023年综合所得在我国实际应纳税额=31 760-6 822.81=24 937.19（元）

李某2023年来源于甲国利息收入所得抵免限额=18 000×20%=3 600（元）

李某2023年来源于甲国利息收入已纳税额3 600元，可全额抵免。

李某2023年在我国实际应纳税额为24 937.19元。

（三）居民个人境外所得纳税申报时间

居民个人从中国境外取得所得的，应当在取得所得的次年3月1日至6月30日内申报纳税。居民个人取得境外所得的境外纳税年度与公历年度不一致的，取得境外所得的境外纳税年度最后一日所在的公历年度，为境外所得对应的我国纳税年度。

（四）居民个人境外所得纳税申报地点

居民个人取得境外所得，应当向中国境内任职、受雇单位所在地主管税务机关办理纳税申报；在中国境内没有任职、受雇单位的，向户籍所在地或中国境内经常居住地主管税务机关办理纳税申报；户籍所在地与中国境内经常居住地不一致的，选择其中一地主管税务机关办理纳税申报；在中国境内没有户籍的，向中国境内经常居住地主管税务机关办理纳税申报。

二、个人所得税的特殊计税方法

（一）居民个人取得全年一次性奖金

全年一次性奖金是指行政机关、企事业单位等扣缴义务人根据其全年经济效益和对员工全年工作业绩的综合考核情况，向员工发放的一次性奖金。这里所指的一次性奖金也包括年终加薪、实行年薪制和绩效工资办法的单位根据考核情况兑现的年薪和绩效工资。

根据财政部、国家税务总局2023年第30号公告，至2027年12月31日，居民取得全年一次性奖金，有两种计税方法可以选择：

（1）可选择不并入当年综合所得，以全年一次性奖金收入除以12个月得到的数额，适用按月换算后的综合所得税率表，确定适用税率和速算扣除数，单独计算纳税，具体计算方法如下：

Step1：商数=居民个人取得的全年一次性奖金÷12

Step2：通过按月换算后的综合所得税率表确定适用税率和速算扣除数。

Step3：应纳税额=全年一次性奖金×税率-速算扣除数

（2）居民个人取得全年一次性奖金，也可以选择并入当年综合所得计算纳税。

【例8-13】张某为中国公民，2024年2月一次性领取年终奖24 200元，张某选择单独计算纳税。要求：计算张某取得该笔奖金应缴纳的个人所得税税额。

【答案】商数=24 200÷12=2 016.67（元）

通过按月换算后的综合所得税率表确定适用税率3%，速算扣除数为0元。

应纳税额=24 200×3%=726（元）

（二）上市公司股权激励

根据财政部、国家税务总局2023年第25号公告，为继续支持企业创新发展，至2027年12月31日，居民个人取得股票期权、股票增值权、限制性股票、股权奖励等股权激励（以下简称股权激励），符合《财政部 国家税务总局关于个人股票期权所得征收个人所得税问题的通知》（财税〔2005〕35号）、《财政部 国家税务总局关于股票增值权所得和限制性股票所得征收个人所得税有关问题的通知》（财税〔2009〕5号）、《财政部 国家税务总局关于将国家自主创新示范区有关税收试点政策推广到全国范围实施的通知》（财税〔2015〕116号）第四条、《财政部 国家税务总局关于完善股权激励和技术入股有关所得税政策的通知》（财税〔2016〕101号）第四条第（一）项规定的相关条件的，不并入当年综合所得，全额单独适用综合所得税率表，计算纳税。计算公式为：

应纳税额=股权激励收入×适用税率-速算扣除数

居民个人一个纳税年度内取得两次以上（含两次）股权激励的，应合并按上述规定计算纳税。

【例8-14】中国公民张某为某上市公司技术人员，每月工资为45 000元。2022年该公司开始实行股票期权计划。2022年9月2日，该公司授予张某股票期权55 000股，授予价为4元/股；该期权无公开市场价格，并约定自2023年9月2日起张某可以行权，行权前不得转让。2023年9月2日，张某以授予价购买股票55 000股，当日股票在上交所的公平价格为8.5元/股。计算张某股票期权行权所得应缴纳多少个税？

【答案】股票期权形式的工资、薪金应纳税所得额=（8.5-4）×55 000=247 500（元）

查询综合所得税率表，适用税率20%，速算扣除数为16 920元。

应纳税额=247 500×20%-16 920=32 580（元）

（三）个人领取企业年金和职业年金

1.企业年金和职业年金缴费时的个人所得税处理

（1）企业和事业单位根据国家有关政策规定的办法和标准，为在本单位任职或者受雇的全体职工缴付的企业年金或职业年金单位缴费部分，在计入个人账户时，个人暂不缴纳个人所得税。

（2）个人根据国家有关政策规定缴付的年金个人缴费部分，在不超过本人缴费工资计税基数的4%标准内的部分，暂从个人当期的应纳税所得额中扣除。

企业年金个人缴费工资计税基数为本人上一年度月平均工资。月平均工资按国家统计局规定列入工资总额统计的项目计算。月平均工资超过职工工作地所在设区城市上一年度职工月平均工资300%以上的部分，不计入个人缴费工资计税基数。

职业年金个人缴费工资计税基数为职工岗位工资和薪级工资之和。职工岗位工资和薪级工资之和超过职工工作地所在设区城市上一年度职工月平均工资300%以上的部分，不计入个人缴费工资计税基数。

2.年金基金投资运营收益的个人所得税处理

年金基金投资运营收益被分配计入个人账户时，个人暂不缴纳个人所得税。

3.领取年金的个人所得税处理

个人达到国家规定的退休年龄，领取年金，不并入综合所得，全额单独计算应纳税款。其中按月领取的，适用月度税率表计算纳税；按季领取的，平均分摊计入各月，按每月领取额适用月度税率表计算纳税；按年领取的，适用综合所得税率表计算纳税。

个人因出境定居而一次性领取的年金个人账户资金，或个人死亡后，其指定的受益人或法定继承人一次性领取的年金个人账户余额，适用综合所得税率表计算纳税。对个人除上述特殊原因外一次性领取年金个人账户资金或余额的，适用月度税率表计算纳税。

（四）解除劳动关系、提前退休、内部退养的一次性补偿收入

（1）个人与用人单位解除劳动关系取得一次性补偿收入（包括用人单位发放的经济补偿金、生活补助费和其他补助费），在当地上年职工平均工资3倍数额以内的部分，免征个人所得税；超过3倍数额的部分，不并入当年综合所得，单独适用综合所得税率表，计算纳税。

（2）个人办理提前退休手续而取得的一次性补贴收入，应按照办理提前退休手续至法定离退休年龄之间实际年度数平均分摊，确定适用税率和速算扣除数，单独适用综合所得税率表，计算纳税。计算公式为：

$$\text{应纳税额}=\left[\left(\frac{\text{一次性补贴收入}}{\text{办理提前退休手续至法定退休年龄的实际年度数}}-\text{费用扣除标准}\right)\times\text{适用税率}-\text{速算扣除数}\right]\times\text{办理提前退休手续至法定退休年龄的实际年度数}$$

（3）实行内部退养的个人在其办理内部退养手续后至法定退休年龄之间从原任职单位取得的工资、薪金，不属于离退休工资，应按“工资、薪金所得”项目计征个人所得税。

个人在办理内部退养手续后从原任职单位取得的一次性收入，应按办理内部退养手续后至法定退休年龄之间的所属月份进行平均，并与领取当月的工资、薪金所得合并后减除当月费用扣除标准，以余额为基数确定适用税率，再将当月工资、薪金加上取得的一次性收入，减去费用扣除标准，按适用税率计征个人所得税。

第六节 征收管理

个人所得税的纳税办法有自行申报纳税和全员全额扣缴申报纳税两种。对于无法查账征收的纳税人实行核定征收方式，核定征收由各地税务局依据自身情况制定当地的细则。

一、自行申报纳税

自行申报纳税是由纳税人自行在税法规定的纳税期限内，向税务机关申报取得的应税所得项目和数额，如实填写个人所得税纳税申报表，并按照税法规定计算应纳税额，据此缴纳个人所得税的一种方法。

（一）应办理纳税申报的情形

有下列情形之一的，纳税人应当依法办理纳税申报：

（1）取得综合所得需要办理汇算清缴。

（2）取得应税所得没有扣缴义务人。

（3）取得应税所得，扣缴义务人未扣缴税款。

（4）取得境外所得。

（5）因移居境外注销中国户籍。

（6）非居民个人在中国境内从两处以上取得工资、薪金所得。

（7）国务院规定的其他情形。

表8-19为不同情形下个人所得税自行申报时限规定.

表8-19　　个人所得税自行申报时限规定

自行申报的具体情形	自行申报的时限
取得综合所得需要办理汇算清缴	次年3月1日至6月30日
取得应税所得没有扣缴义务人（取得经营所得）	月度或季度终了后15日内预缴； 次年3月31日前汇算清缴
取得应税所得，扣缴义务人未扣缴税款	纳税人应当在取得所得的次年6月30日前，缴纳税款；若在这之前离境，应当在离境前办理纳税申报；税务机关通知限期缴纳的，纳税人应当按照期限缴纳税款
取得境外所得	应当在取得所得的次年3月1日至6月30日内申报纳税
因移居境外注销中国户籍	应当在申请注销中国户籍前办理税款清算
非居民个人在中国境内从两处以上取得工资、薪金所得	应当在取得所得的次月15日内申报纳税
国务院规定的其他情形	—

（二）纳税申报方式

纳税人可以采用远程办税端、邮寄等方式申报，也可以直接到主管税务机关申报。

（三）其他有关问题

（1）纳税人办理自行纳税申报时，应当一并报送税务机关要求报送的其他有关资料。

（2）纳税人在办理纳税申报时需要享受税收协定待遇的，按照享受税收协定待遇有关办法办理。

二、全员全额扣缴纳税申报

（一）扣缴义务人代扣和预扣税款的范围

除经营所得外，扣缴义务人向个人支付应税所得时，不论纳税人是否属于本单位人员，均应办理全员全额扣缴纳税申报。

（二）扣缴义务人责任与义务

（1）纳税人不得拒绝扣缴义务人依法履行扣缴税款义务。扣缴义务人应扣未扣的税款，其应纳税款仍然由纳税人缴纳，扣缴义务人应承担应扣未扣税款50%以上3倍以下的罚款。

（2）支付工资、薪金所得的扣缴义务人应当于年度终了后两个月内，向纳税人提供其个人所得和已扣缴税款等信息。纳税人年度中间需要提供上述信息的，扣缴义务人应当提供。

（3）对扣缴义务人按照规定扣缴的税款，按年付给2%的手续费；不包括税务机关、司法机关等查补或者责令补扣的税款。

（三）代扣代缴期限

扣缴义务人每月或者每次预扣、代扣的税款，应当在次月15日内缴入国库。

三、自然人纳税人识别号的规定

（1）自然人纳税人识别号是自然人纳税人办理各类涉税事项的唯一代码标识。

（2）有中国公民身份号码的，以其中国公民身份号码作为纳税人识别号；没有中国公民身份号码的，由税务机关赋予其纳税人识别号。

（3）自然人纳税人办理纳税申报、税款缴纳、申请退税、开具完税凭证、纳税查询等涉税事项时应当向税务机关或扣缴义务人提供纳税人识别号。

四、反避税规定

（一）有下列情形之一的，税务机关有权按照合理方法进行纳税调整

（1）个人与其关联方之间的业务往来不符合独立交易原则而减少本人或者其关联方应纳税额，且无正当理由。

（2）居民个人控制的，或者居民个人和居民企业共同控制的设立在实际税负明显偏低的国家（地区）的企业，无合理经营需要，对应当归属于居民个人的利润不作分配或者减少分配。

（3）个人实施其他不具有合理商业目的的安排而获取不当税收利益。

（二）补税及加征利息

（1）税务机关依照前述规定情形作出纳税调整，需要补征税款的，应当补征税款，并依法加收利息。

（2）依法加征的利息，应当按照税款所属纳税申报期最后1日中国人民银行公布的与补税期间同期的人民币贷款基准利率计算，自税款纳税申报期满次日起至补缴税款期限届满之日止按日加收。纳税人在补缴税款期限届满前补缴税款的，利息加收至补缴税款之日。

【税事热议】

谈谈数字化时代对个人所得税征管带来的影响，包括大数据、云计算、人工智能等技术在税务管理中的应用，以及这些技术如何提高征管效率、降低征管成本，同时可能带来的隐私保护、数据安全等问题。

思维导图

第八章思维导图

练习题

一、即测即评

第八章单选题

第八章多选题

二、计算题

1. 居民个人李某为独生子，2024年共取得税前工资收入25万元、劳务报酬收入6万元、稿酬收入1万元，按规定缴纳社保和住房公积金共6万元。李某有两个上小学的小孩且均由其100%扣除子女教育专项附加扣除，李某的父母健在且均已年满60岁。要求：计算其当年综合所得的收入额、应纳税所得额及应缴纳的个人所得税税额。

2. 居民个人李某之子小学在读，2022年3月又生育一女。2024年李某的收入与部分支出情况如下：

（1）每月工资9 000元，含按国家标准缴纳的"三险一金"2 000元。

（2）2月自行购买符合个人所得税税前扣除规定的商业健康保险，年保费为4 000元，并于当月向单位提交了保单凭证。

（其他相关资料：相关专项附加扣除均由李某100%扣除。）

要求：

（1）判断李某能否就2022年3月新生女儿享受当年度子女教育专项附加扣除，并简要说明理由。

（2）计算李某2024年综合所得的应纳税所得额及应缴纳的个人所得税税额。

3. 在甲单位就职的工程师李某每月取得扣除"三险一金"后的工资、薪金25 000元，负担其就读于九年级的女儿的教育费用。2024年1月和2月还取得以下收入：

（1）1月，甲单位统一给包括李某在内的全体员工购买了每人每年3 000元的符合规定的商业健康保险产品。

（2）1月某一个休息日，业余帮乙单位检查设备运行，乙单位按照10 000元的标准支付给李某报酬。

（3）2月领取2023年年终奖36 000元，选择单独计税。

（4）2月在丙杂志发表一篇技术分析文章，取得稿酬2 000元。

（其他相关资料：对子女教育专项附加扣除李某选择在甲单位预扣预缴其税款时扣除。）

要求：根据上述资料，按照下列序号计算回答问题，每问需计算出合计数。

（1）甲单位1月应预扣预缴李某的个人所得税税额。

（2）乙单位1月应预扣预缴李某的个人所得税税额。

（3）甲单位2月应预扣预缴李某的个人所得税税额。

（4）甲单位2月应扣缴李某年终奖的个人所得税税额。

（5）丙杂志社2月应预扣预缴李某的个人所得税税额。

4.居民个人王某及其配偶名下均无住房，在某省会工作并租房居住，2023年9月开始攻读工商管理硕士。2024年王某收入及部分支出如下：

（1）王某每月从单位领取扣除社会保险费用及住房公积金后的收入为8 000元，截至11月累计已经预扣预缴个税税款363元。

（2）取得年终奖48 000元，选择单独计税。

（3）利用业余时间出版一部摄影集，取得稿酬收入20 000元。

（4）每月支付房租3 500元。

其他相关资料：以上专项附加扣除均由王某100%扣除。

要求：根据上述资料，按照下列序号回答问题，如有计算需计算出合计数。

（1）计算2024年12月王某应预扣预缴的个税税额。

（2）计算王某取得年终奖应纳的个税税额。

（3）计算王某取得稿酬应预扣预缴的个税税额。

（4）计算王某就2024年综合所得应缴纳的个税税额。

（5）计算王某就2024年综合所得向主管税务机关办理汇算清缴时应补缴的税款或申请的应退税额。

三、小组讨论与分享

为进一步减轻家庭生育养育和赡养老人的支出负担，依据《个人所得税法》有关规定，在2023年8月28日，国务院决定，提高3岁以下婴幼儿照护等3项个人所得税专项附加扣除标准：3岁以下婴幼儿照护专项附加扣除标准由每个婴幼儿每月1 000元提高到2 000元；子女教育专项附加扣除标准由每个子女每月1 000元提高到2 000元；赡养老人专项附加扣除标准由每月2 000元提高到3 000元。

国家提高专项附加扣除标准有重大意义，直接减少了家庭在生育、养育和赡养老人方面的经济支出，有助于缓解家庭的经济压力。提高3岁以下婴幼儿照护的专项附加扣除标准，可以降低家庭抚养孩子的成本，从而鼓励家庭生育，对应对人口老龄化问题具有积极作用。提高赡养老人的专项附加扣除标准，体现了国家对老年人的关怀和对孝道文化的弘扬，鼓励子女更好地承担赡养老人的责任。

根据本章节的内容以及国家针对个人所得税的现有政策，谈谈个人所得税专项附加扣除政策的变化的其他重大意义。

第九章

其他税种

学习目标

知识目标：

（1）理解基本原理：理解11个小税种的征税对象，掌握其概念和特点，熟悉纳税人、征税范围和适用税率。

（2）掌握计税原理：掌握11个小税种的计税依据，能够准确计算应纳税额。

能力目标：

（1）税额计算能力：熟练运用11个小税种的计算公式，能够根据给定的业务内容和相关数据，准确计算应纳税额，能够处理复杂的计算情形。

（2）处理实务能力：能够运用所学理论知识，根据实际差异，进行正确的实务处理，能够正确运用小税种的税收优惠政策，有效降低企业运营成本。

思政目标：

（1）培养绿色发展理念：认识到绿色发展理念的重要性，以及环境、资源保护与经济发展的关系，树立节能减排、可持续发展的观念。

（2）树立正确的价值观：通过深入挖掘税收法律制度背后的人性考量、价值关怀与制度定位，培养家国情怀和社会责任感。

（3）培养税收法治意识：认识到税收作为二次分配的重要手段所蕴含的实现共同富裕这一社会主义根本目标的意义，真正理解税收是取之于民、用之于民的，树立遵守税法、依法纳税的意识。

税惠添彩

惠农税费支持政策精准落地 助力抢农时备春耕

春耕备耕事关农业稳产增产、农民稳步增收、农村稳定安宁，稳住“粮袋子”才能确保把粮食安全的主动权牢牢掌握在自己手中。

为推动税费惠农政策精准落地、将税惠服务向“三农”领域全面延伸，各地税务部门以精细服务助力涉农企业和农民抢农时、备春耕。

甘薯一头向上翘起，搭在上一排甘薯上，另一头成为下一排甘薯的“垫头石”……在河北省秦皇岛市卢龙县陈官屯镇八家寨村的龙北甘薯种植专业合作社大棚，工人们正在进行排薯作业。不久后，这些甘薯种薯将孕育出密密麻麻的脱毒秧苗，并以订单式种植方式供应给种植户。

“最近几年，我们利用脱毒培育技术进一步优化了甘薯种植，秧苗优质率更高，种植效益也更好。”该合作社理事长李宝新介绍。据了解，为助力甘薯种植走好科技创新之路，秦皇岛市税务部门积极组建“税农帮”助农服务队走进涉农企业，为其量身定制个性化服务套餐，帮助企业用好用足税费优惠政策。

3月是木耳入棚挂袋的最佳时期，陕西秦岭腹地的柞水县下梁镇四新村位于柞水县城东南部，是柞水县“U”形木耳产业带的重要组成部分。记者了解到，该村共有4个村民小组，计1 806人，今年预计种植春季木耳80万袋。

“今年国家对种植木耳每包（袋）补贴1元，村集体补贴5毛，咱们脱贫户种植木耳可以申请农户贷，最高可以贷5万元，而且国家还有贴息政策。木耳属于免税货物，出售的时候不用缴纳增值税，只要咱们用心照顾，收成不是问题。”驻村第一书记刘晨琛表示。

“我们将在继续加大驻村帮扶力度的同时，坚持生态优先、绿色升级，着力提升特色地理标志产品附加值，把好资源转化为好品牌，为实现‘地标’变‘金标’持续贡献税务力量。”国家税务总局柞水县税务局局长杨晓勇表示。

在湖南省邵阳市双清区新渡村的高效设施农业示范基地里，一条条水渠宽阔笔直，一垄垄垅垅土地被青翠覆盖，与轰隆隆作响的机器声、来回穿梭的农人声影，交织成一幅春耕农忙的景象。

“税收政策精准滴灌，‘菜篮子’工程愈发稳定。”邵阳一家农业发展有限公司负责人姚作飞表示，近年来，公司在邵阳税务部门点对点“送惠进棚”的服务下，农业机械化程度越来越高。据介绍，2024年年初大棚扩建急需流动资金，税务部门主动上门辅导，帮助企业办理“税银贷”100多万元，大棚建设顺利推进。

“我种了3棚土豆、6棚早熟卷心菜，别的大棚准备倒茬种黄瓜、西红柿等。”在拉萨，丰收穗农种植专业合作社负责人扎西曲达告诉记者，这几年，他经营的合作社享受了免征增值税、城镇土地使用税，减半征收企业所得税等多项税收优惠政策。2023年一年下来光净收入就有13万余元，减免收入5万余元，还用减免的税款购置了许多高品质的优质菜苗。

记者了解到，为帮助涉农企业更加全面地掌握并享受“惠农”税费政策，拉萨市税务部门在办税服务厅设立涉农服务窗口，开通绿色通道，为涉农企业生产销售各环节提供政策指导、事项办理、风险提醒等“点对点”个性化涉税涉费服务。

资料来源：车柯蒙. 惠农税费支持政策精准落地 助力抢农时备春耕［EB/OL］.（2024-04-27）［2024-11-21］https：//www.chinatax.gov.cn/chinatax/n810219/n810780/c5222434/content.html.

第一节　印花税[①]

【税问我答】我国现行印花税主要对商事交易的双方课征，采用从价比例税率，计税依据为成交金额，是对商品和服务流转额所课征的一种行为税。[②]在学完本节内容后，通过实际调研，谈谈身边单位和个人的哪些行为涉及印花税，具体如何缴纳印花税。

一、概念

印花税是以经济活动和经济交往中，书立、领受应税凭证（书面合同、产权转移书据、营业账簿）或者进行证券交易行为[③]作为征税对象征收的一种税。

【了解一下】对单位和个人书立、领受应税凭证征收印花税，其中任何一种应税经济凭证反映的都是某种特定的经济行为，印花税兼有凭证税和行为税性质。

二、纳税人

印花税的纳税人包括：

（1）在中华人民共和国境内书立应税凭证，即《中华人民共和国印花税法》（以下简称《印花税法》）所附“印花税税目税率表”列明的合同、产权转移书据和营业账簿的单位和个人，即立合同人、立据人、立账簿人，不包括合同担保人、证人、鉴定人；

（2）在中华人民共和国境内进行证券交易，印花税对证券交易的出让方征收，对受让方不征收；

（3）在中华人民共和国境外设立、在境内使用应税凭证的单位和个人，又称使用人。

三、税目、税率

印花税的税目、税率，依照《印花税法》所附“印花税税目税率表”执行，具体见表9-1。

表9-1　　**印花税税目税率表**

税目（列举征收）		税率	备注
书面合同	借款合同	借款金额（不包括利息）的0.05‰	1.指银行业金融机构、经国务院银行业监督管理机构批准设立的其他金融机构与借款人（不包括同业拆借）的借款合同 2.民间借贷合同不属于应税合同
	融资租赁合同	租金（不包括租赁物价值）的0.05‰	

① 本节内容按2022年7月1日起实施的《中华人民共和国印花税法》编写。

② 贺燕，姚迪．从功能变化看我国印花税未来的改革方向——基于历史和比较视角［J］．财政科学，2023（6）：21-33.

③ 证券交易，是指转让在依法设立的证券交易所、国务院批准的其他全国性证券交易场所交易的股票和以股票为基础的存托凭证。

续表

<table>
<tr><th colspan="2">税目（列举征收）</th><th>税率</th><th>备注</th></tr>
<tr><td rowspan="9">书面合同</td><td>买卖合同</td><td>价款的0.3‰</td><td>1.指动产买卖合同
2.个人书立的动产买卖合同不属于应税合同</td></tr>
<tr><td>承揽合同</td><td>报酬的0.3‰</td><td></td></tr>
<tr><td>建设工程合同</td><td>价款的0.3‰</td><td>包括总包合同、分包合同和转包合同</td></tr>
<tr><td>运输合同</td><td>运输费用的0.3‰</td><td>1.指货运合同和多式联运合同（不包括管道运输合同）
2.旅客运输合同不属于应税合同</td></tr>
<tr><td>技术合同</td><td>价款、报酬或者使用费的0.3‰</td><td>1.包括专利申请转让、非专利技术转让合同，但不包括专利权、专有技术使用权转让书据，后者适用于“产权转移书据”
2.一般的法律、会计、审计等方面的咨询不属于技术咨询，其所立合同不贴印花</td></tr>
<tr><td>租赁合同</td><td>租金的1‰</td><td>不包括企业与主管部门签订的租赁承包经营合同</td></tr>
<tr><td>保管合同</td><td>保管费（不包括保管物价值）的1‰</td><td></td></tr>
<tr><td>仓储合同</td><td>仓储费的1‰</td><td></td></tr>
<tr><td>财产保险合同</td><td>保险费的1‰</td><td>1.限于财产保险合同，不包括人寿保险、养老保险、医疗保险等其他保险合同
2.再保险合同不属于应税合同</td></tr>
<tr><td rowspan="4">产权转移书据</td><td>土地使用权出让书据</td><td rowspan="3">价款的0.5‰</td><td rowspan="4">转让包括买卖（出售）、继承、赠与、互换、分割</td></tr>
<tr><td>土地使用权、房屋等建筑物和构筑物所有权转让书据（不包括土地承包经营权和土地经营权转移）</td></tr>
<tr><td>股权转让书据（不包括应缴纳证券交易印花税的）</td></tr>
<tr><td>商标专用权、著作权、专有技术使用权转让书据</td><td>价款的0.3‰</td></tr>
<tr><td colspan="2">营业账簿</td><td>实收资本（股本）、资本公积合计金额的0.25‰</td><td></td></tr>
<tr><td colspan="2">证券交易</td><td>成交金额的1‰</td><td>对证券交易的出让方征收印花税</td></tr>
</table>

四、减免税特殊规定

（一）《印花税法》规定的免税凭证

（1）应税凭证的副本或者抄本。

（2）依照法律规定应当予以免税的外国驻华使馆、领事馆和国际组织驻华代表机构为获得馆舍书立的应税凭证。

（3）中国人民解放军、中国人民武装警察部队书立的应税凭证。

（4）农民、家庭农场、农民专业合作社、农村集体经济组织、村民委员会购买农业生产资料或者销售农产品书立的买卖合同和农业保险合同。

（5）无息或者贴息借款合同、国际金融组织向中国提供优惠贷款书立的借款合同。

（6）财产所有权人将财产赠与政府、学校、社会福利机构、慈善组织书立的产权转移书据。

（7）非营利性医疗卫生机构采购药品或者卫生材料书立的买卖合同。

（8）个人与电子商务经营者订立的电子订单。

（9）根据国民经济和社会发展的需要，国务院对居民住房需求保障、企业改制重组、破产、支持小型微型企业发展等情形可以规定减征或者免征印花税，报全国人民代表大会常务委员会备案。

（二）《印花税法》以外其他文件规定的税收优惠政策

（1）对铁路、公路、航运、水路承运快件行李、包裹开具的托运单据，暂免贴花。

（2）对运输、仓储、保管、财产保险、银行借款等，办理一项业务，既书立合同，又开立单据的，只就合同贴花，所开立的各类单据，不再贴花。

（3）纳税人已履行并贴花的合同，发现实际结算金额与合同所载金额不一致的，一般不再补贴印花。

（4）抢险救灾物资运输结算凭证，免征印花税。

（5）出版合同、代理单位与委托单位之间签订的委托代理合同，不征收印花税。

（6）自2023年1月1日至2027年12月31日，依据“六税两费”优惠政策相关规定，对增值税小规模纳税人、小型微利企业和个体工商户减半征收印花税（不含证券交易印花税）。①

（7）为活跃资本市场、提振投资者信心，自2023年8月28日起，证券交易印花税实施减半征收。

五、应纳税额

（一）计算公式

应纳税额=计税依据×税率

（二）计税依据的基本规定

（1）应税合同的计税依据，为合同所列的金额，不包括列明的增值税税款；合同中价款或者报酬与增值税税款未分开列明的，按照合计金额确定。

---

① “六税两费”优惠政策：自2023年1月1日至2027年12月31日，对增值税小规模纳税人、小型微利企业和个体工商户减半征收资源税（不含水资源税）、城市维护建设税、房产税、城镇土地使用税、印花税（不含证券交易印花税）、耕地占用税和教育费附加、地方教育附加。

（2）应税产权转移书据的计税依据，为产权转移书据所列的金额，不包括列明的增值税税款；产权转移书据中价款与增值税税款未分开列明的，按照合计金额确定。

（3）应税营业账簿的计税依据，为账簿记载的实收资本（股本）、资本公积合计金额。

（4）证券交易的计税依据，为成交金额。

【了解一下】从2008年11月1日起，对个人销售或购买住房暂免征收印花税。

（三）未列明金额的处理

（1）应税合同、产权转移书据未列明金额的，印花税的计税依据按照实际结算的金额确定；按照上述规定仍不能确定的，按照书立合同、产权转移书据时的市场价格确定；依法应当执行政府定价或者政府指导价的，按照国家有关规定确定。

（2）证券交易无转让价格的，按照办理过户登记手续时该证券前一个交易日收盘价确定计税依据；无收盘价的，按照证券面值确定计税依据。

（3）同一应税凭证载有两个以上税目事项并分别列明金额的，按照各自适用的税目税率分别计算应纳税额；未分别列明金额的，从高适用税率。

（4）同一应税凭证由两方以上当事人书立的，按照各自涉及的金额分别计算应纳税额。

（5）已缴纳印花税的营业账簿，以后年度记载的实收资本（股本）、资本公积合计金额比已缴纳印花税的实收资本（股本）、资本公积合计金额增加的，按照增加部分计算应纳税额。

【了解一下】(1) 以物易物方式签订的买卖合同，计税金额为合同所载的购、销金额合计数。(2) 签订合同即发生印花税纳税义务，未兑现也要贴花且不能因合同取消而要求退税或抵税。

【例9-1】甲公司向乙公司租赁2台塔吊并签订租赁合同，合同注明塔吊总价值为80万元，租期为2个月，每台每月租金2万元。已知，租赁合同适用印花税税率为1‰。要求：计算根据印花税法律制度的规定，甲公司和乙公司签订该租赁合同共计应缴纳的印花税。

【答案】租金总额=2×2×2=8（万元）

应纳印花税=8×1‰×2×10 000=160（元）

【例9-2】甲公司与乙公司签订了两份合同：一份是以货换货合同，甲公司的货物价值200万元，乙公司的货物价值150万元，乙公司另支付补价50万元；另一份是采购合同，甲公司购买乙公司50万元货物，但因故合同未能兑现。要求：计算甲公司应缴纳的印花税。

【答案】以货换货合同：应纳印花税=（200+150）×0.3‰×10 000=1 050（元）

采购合同：应纳印花税=50×0.3‰×10 000=150（元）

甲公司共应缴纳印花税=1 050+150=1 200（元）

六、征收管理

（一）印花税的缴纳办法

印花税的缴纳办法有三种：自行贴花、汇贴或汇缴、委托代扣（代收）。具体规定见表9-2。

表9-2 **印花税不同缴纳办法的具体规定**

缴纳办法		具体规定
自行贴花		纳税人自行计算、购买、画销
汇贴或汇缴	汇贴	一份凭证应纳税额超过500元的，用缴款书或完税凭证代替贴花
	汇缴	同一类凭证频繁贴花的，可按1个月的期限汇总缴纳
委托代扣（代收）		税务机关委托代理填开应税凭证的单位对凭证当事人的应纳印花税进行代扣（代收）

（二）纳税义务发生时间

（1）印花税的纳税义务发生时间为纳税人书立应税凭证或者完成证券交易的当日。

（2）证券交易印花税扣缴义务发生时间为证券交易完成的当日。

【了解一下】印花税代缴义务人：（1）纳税人为境外单位或者个人，在境内有代理人的，以其境内代理人为扣缴义务人；在境内没有代理人的，由纳税人自行申报缴纳印花税。（2）证券登记结算机构为证券交易印花税的扣缴义务人。

（三）纳税申报

印花税按季、按年或者按次计征。印花税不同纳税期限的具体规定见表9-3。

表9-3 **印花税不同纳税期限的具体规定**

纳税期限	申报期限
按季计征、按年计征	自季度、年度终了之日起15日内申报缴纳税款
按次计征	自纳税义务发生之日起15日内申报缴纳税款
证券交易印花税按周解缴	扣缴义务人应当自每周终了之日起5日内申报解缴税款以及银行结算的利息

（四）纳税地点

印花税的纳税地点的相关规定，详见表9-4。

表9-4 **不同情形下印花税纳税地点情况表**

情形	纳税/扣缴地点
纳税人为单位的	应向机构所在地的主管税务机关申报纳税
纳税人为个人的	应向应税凭证书立地或纳税人居住地的主管税务机关申报纳税
不动产产权发生转移的	纳税人（不论是单位还是个人）应当向不动产所在地的主管税务机关申报纳税
纳税人为境外单位或者个人的	在境内有代理人的，以其境内代理人为扣缴义务人；在境内没有代理人的，由纳税人自行申报缴纳印花税，具体办法由国务院税务主管部门规定
证券交易印花税的扣缴义务人（证券登记结算机构）	应当向其机构所在地的主管税务机关申报解缴税款以及银行结算的利息

第二节 环境保护税

【税问我答】开征环境保护税是国家规制生产者排污行为的重要工具，征税范围的选择反映了国家对何种类型的污染物予以税法上的规制。[①]我国的环境保护税共涉及四类税目（大气污染物、水污染物、固体废物和噪声），以噪声为例，环境保护税只选择工业噪声作为课税对象，既不涉及建筑施工噪声、交通噪声，也不涉及生活噪声。学完本节内容后，收集资料，谈谈现行环境保护税制度背后的考量。

一、概念

环境保护税是对在中华人民共和国领域和中华人民共和国管辖的其他海域，直接向环境排放应税污染物的企业事业单位和其他生产经营者征收的一种税。

为了保护和改善环境，减少污染物排放，推进生态文明建设，第十二届全国人民代表大会常务委员会第二十五次会议于2016年12月25日通过了《中华人民共和国环境保护税法》（以下简称《环境保护税法》），这是我国第四部经过立法机关正式立法的税收实体法，完善了环境保护税制度，增强权威性和执法刚性。环境保护税作为“费改税”开征的税种，自2018年1月1日起实施，采用税务、生态环境主管部门紧密配合的征收方式，收入纳入一般预算收入，全部划归地方。

二、纳税人和征税对象

（一）纳税人

根据《环境保护税法》及其实施条例的规定，环境保护税的纳税人是指在中华人民共和国领域和中华人民共和国管辖的其他海域，直接向环境排放应税污染物的企业事业单位和其他生产经营者（不包括个人和家庭）。

（二）征税对象

环境保护税的征税对象为纳税人直接向环境排放的应税污染物，是《环境保护税法》所附“环境保护税税目税额表”“应税污染物和当量值表”规定的大气污染物、水污染物、固体废物和噪声（工业噪声）。

环境保护税的纳税人有直接向环境排放应税污染物的行为。有下列情形之一的，不属于直接向环境排放污染物，不缴纳相应污染物的环境保护税：

（1）企业事业单位和其他生产经营者向依法设立的污水集中处理、生活垃圾集中处理场所排放应税污染物的。

（2）企业事业单位和其他生产经营者在符合国家和地方环境保护标准的设施、场所贮存或者处置固体废物的。

（3）达到省级人民政府确定的规模标准并且有污染物排放口的畜禽养殖场，应当依法缴纳环境保护税，但依法对畜禽养殖废弃物进行综合利用和无害化处理的，不属于直接向环境排放污染物，不缴纳环境保护税。

① 刘逸颖．环境保护税噪声税目设计的反思与重构［J］．税务与经济，2024（2）：37-47.

以下两种情形应当缴纳环境保护税，注意与上文的第（1）、（2）条进行区分：

（1）依法设立的城乡污水集中处理、生活垃圾集中处理场所超过国家和地方规定的排放标准向环境排放应税污染物的，应当缴纳环境保护税。

（2）企业事业单位和其他生产经营者贮存或者处置固体废物不符合国家和地方环境保护标准的，应当缴纳环境保护税。

表9-5是判断企事业单位和其他生产经营者排放应税污染物是否需要缴纳环境保护税的归纳总结。

表9-5　**环境保护税征收与否归纳表**

企事业单位和其他生产经营者	1.不征税的排放：排放给依法设立集中处理污染物的单位	处理后向环境排放	（1）不超标免税
			（2）超标征税
	2.征税的排放：直接向环境排放		

三、税目和税率

环境保护税的税目、税额，依照《环境保护税法》所附“环境保护税税目税额表”执行。具体见表9-6。

表9-6　**环境保护税税目税额表**

税目		计税单位	税额	备注	
大气污染物		每污染当量[①]	1.2元至12元	浮动定额税率	
水污染物		每污染当量	1.4元至14元		
固体废物	煤矸石	每吨	5元	全国统一定额税率	—
	尾矿	每吨	15元		
	危险废物	每吨	1 000元		
	冶炼渣、粉煤灰、炉渣、其他固体废物（含半固态、液态废物）	每吨	25元		
噪声	工业噪声	超标1～3分贝	每月350元		1.一个单位边界上有多处噪声超标，根据最高一处超标声级计算应纳税额；当沿边界长度超过100米有两处以上噪声超标时，按照两个单位计算应纳税额 2.一个单位有不同地点作业场所的，应当分别计算应纳税额，合并计征 3.昼、夜均超标的环境噪声，昼、夜分别计算应纳税额，累计计征 4.声源一个月内超标不足15天的，减半计算应纳税额 5.夜间频繁突发和夜间偶然突发厂界超标噪声，按等效声级和峰值噪声两种指标中超标分贝值高的一项计算应纳税额
		超标4～6分贝	每月700元		
		超标7～9分贝	每月1 400元		
		超标10～12分贝	每月2 800元		
		超标13～15分贝	每月5 600元		
		超标16分贝以上	每月11 200元		

①　污染当量，是指根据污染物或者污染排放活动对环境的有害程度以及处理的技术经济性，衡量不同污染物对环境污染的综合性指标或者计量单位。同一介质相同污染当量的不同污染物，其污染程度基本相当。

【了解一下】(1) 大气污染物不包括二氧化碳。

(2) 应税大气污染物和水污染物的具体适用税额由省、自治区、直辖市人民政府统筹考虑本地区环境承载能力、污染物排放现状和经济社会生态发展目标要求，在规定的税额幅度内确定和调整，报同级人大常委会决定，并报全国人大常委会和国务院备案。

四、计税依据和应纳税额的计算

(一) 计税依据

应税污染物的计税依据，按照下列方法确定：

(1) 应税大气污染物按照污染物排放量折合的污染当量数确定。

(2) 应税水污染物按照污染物排放量折合的污染当量数确定。

(3) 应税固体废物按照固体废物的排放量确定。

(4) 应税噪声按照超过国家规定标准的分贝数确定。

应税大气污染物、水污染物的污染当量数，以该污染物的排放量除以该污染物的污染当量值计算。每种应税大气污染物、水污染物的具体污染当量值，依照《环境保护税法》所附“应税污染物和当量值表”执行。

(二) 应纳税额的计算

环境保护税计税依据及应纳税额计算方法见表9-7。

表9-7 **环境保护税计税依据及应纳税额计算方法**

<table>
<tr><th>税目</th><th>计税依据</th><th>计税依据确定方法</th><th>环境保护税计算公式</th><th>备注</th></tr>
<tr><td>大气污染物</td><td rowspan="2">污染当量数</td><td rowspan="2">污染当量数=该污染物的排放量÷该污染物的污染当量值</td><td rowspan="2">应纳税额=污染当量数×适用税率</td><td rowspan="2">纳税人有下列情形之一的，以其当期应税大气污染物、水污染物的产生量作为污染物的排放量：
1.未依法安装使用污染物自动监测设备或者未将污染物自动监测设备与生态环境主管部门的监控设备联网
2.损毁或擅自移动、改变污染物自动监测设备
3.篡改、伪造污染物监测数据
4.通过暗管、渗井、渗坑、灌注或者稀释排放以及不正常运行防治污染设施等方式违法排放应税污染物</td></tr>
<tr><td>水污染物</td></tr>
<tr><td>固体废物</td><td>排放量</td><td>固体废物的排放量=当期固体废物的产生量-当期固体废物的综合利用量-当期固体废物的贮存量-当期固体废物的处置量</td><td>应纳税额=固体废物排放量×适用税率</td><td>纳税人有下列情形之一的，以其当期应税固体废物的产生量作为固体废物的排放量：
1.非法倾倒应税固体废物
2.进行虚假纳税申报</td></tr>
<tr><td>噪声(工业噪声)</td><td>超标分贝数</td><td>按超过国家规定标准的分贝数确定</td><td colspan="2">应纳税额为超过国家规定标准的分贝数对应的具体适用税额</td></tr>
</table>

每一排放口或者没有排放口的应税大气污染物、每一排放口的应税水污染物不止一种，环境保护税的征收见表9-8。

表9-8　**大气污染物、水污染物征税项目的确定**

具体情形		确定征税项目	
大气污染物	每一排放口或者没有排放口的应税大气污染物	按照污染当量数从大到小排序，对前三项污染物征收	
水污染物	每一排放口的应税水污染物	1.按照《环境保护税法》所附“应税污染物和当量值表”区分第一类水污染物和其他类水污染物 2.按照污染当量数从大到小排序	对第一类水污染物按照前五项征收环境保护税
			对其他类水污染物按照前三项征收环境保护税

【例9-3】2024年5月，某公司产生炉渣700吨，其中150吨贮存在符合国家和地方环境保护标准的设施中，300吨综合利用且符合国家和地方环境保护标准，其余的直接倒弃于周边空地。已知，炉渣环境保护税税率为25元/吨。要求计算该公司当月所产生炉渣应缴纳的环境保护税。

【答案】应纳环境保护税=（700−150−300）×25=6 250（元）

【例9-4】某企业2024年7月向大气直接排放二氧化硫90千克，氟化物120千克，一氧化碳160千克，氯化氢140千克，假设当地大气污染物每污染当量税额3.5元，二氧化硫、氟化物、一氧化碳、氯化氢的污染当量值分别为0.95、0.87、16.7、10.75（单位：千克），该企业只有一个排气口。要求计算该企业当月应缴纳的环境保护税。

【答案】计算各污染物的污染当量数：

二氧化硫污染当量数=90÷0.95=94.74（千克）

氟化物污染当量数=120÷0.87=137.93（千克）

一氧化碳污染当量数=160÷16.7=9.58（千克）

氯化氢污染当量数=140÷10.75=13.02（千克）

137.93>94.74>13.02>9.58，对前三项污染物氟化物、二氧化硫、氯化氢征收环境保护税。

应纳环境保护税=（137.93+94.74+13.02）×3.5=859.92（元）

五、税收减免

（一）暂免征税项目

下列情形，暂予免征环境保护税：

（1）农业生产（不包括规模化养殖）排放应税污染物的。

（2）机动车、铁路机车、非道路移动机械、船舶和航空器等流动污染源排放应税污染物的。

（3）依法设立的城乡污水集中处理、生活垃圾集中处理场所排放相应应税污染物，不超过国家和地方规定的排放标准的。

（4）纳税人综合利用的固体废物，符合国家和地方环境保护标准的。

（5）国务院批准免税的其他情形。

（二）减征税额项目

（1）纳税人排放应税大气污染物或者水污染物的浓度值低于国家和地方规定的污染物排放标准30%的，减按75%征收环境保护税。

（2）纳税人排放应税大气污染物或者水污染物的浓度值低于国家和地方规定的污染物排放标准50%的，减按50%征收环境保护税。

六、征收管理

（一）征管方式

县级以上地方人民政府应当建立税务机关、生态环境主管部门和其他相关单位分工协作工作机制，加强环境保护税征收管理，保障税款及时足额入库。

生态环境主管部门和税务机关应当建立涉税信息共享平台和工作配合机制：

（1）生态环境主管部门依照规定负责对污染物的监测管理，并将排污单位的排污许可、污染物排放数据、环境违法和受行政处罚情况等环境保护相关信息，定期交送税务机关。

（2）税务机关应当将纳税人的纳税申报、税款入库、减免税额、欠缴税款以及风险疑点等环境保护税涉税信息，定期交送生态环境主管部门。

（二）纳税义务发生时间

纳税义务发生时间为纳税人排放应税污染物的当日。

（三）纳税期限与纳税地点

环境保护税纳税申报期限与地点的具体规定见表9-9。

表9-9　**环境保护税纳税申报期限与地点的具体规定**

<table>
<tr><th>要点</th><th colspan="2">具体规定</th></tr>
<tr><td rowspan="2">纳税期限</td><td rowspan="2">按月计算，按季申报缴纳；不能按固定期限计算缴纳的，可以按次申报缴纳</td><td>1.纳税人按季申报缴纳的，应当自季度终了之日起15日内办理纳税申报</td></tr>
<tr><td>2.纳税人按次申报缴纳的，应当自纳税义务发生之日起15日内办理纳税申报</td></tr>
<tr><td rowspan="3">纳税地点</td><td rowspan="3">应税污染物排放地</td><td>1.应税大气污染物、水污染物排放口所在地</td></tr>
<tr><td>2.应税固体废物产地</td></tr>
<tr><td>3.应税噪声产地</td></tr>
</table>

第三节　资源税

【税问我答】我国资源税针对什么征收？有哪些税目？应如何计算应纳税额？通过学习本节内容进行回答。

一、概念

资源税是以各种应税自然资源（以下称应税产品）为课税对象，对在中华人民共和国领域和中华人民共和国管辖的其他海域开发应税资源的单位和个人，就其应税销售额或应税销售数量计征的税种。资源税实行幅度税率，体现了部分国有自然资源的有偿使用。

以下两个问题需要关注：

（一）资源税进口不征，出口不退

资源税仅对在我国领域及管辖海域开发（开采或生产）应税产品的单位或个人征收；对进口应税产品的单位或个人不征资源税；对出口应税产品也不退（免）已纳的资源税。

（二）资源税实行一次课征制

对开发（开采或生产）应税产品进行销售或自用的单位和个人，在生产销售或自用时一次课征资源税（单一环节征收）。对已税产品批发、零售的单位和个人不再征收资源税；对自用于连续生产应税产品，不征收资源税，具体规定如下：

（1）纳税人开采的原矿自用于继续生产加工选矿不征收资源税，销售选矿时再征收。

（2）纳税人开采的原矿自用于继续生产加工非应税产品的，征收资源税。

（3）纳税人开采的原矿、生产的选矿自用于非货币性资产交换、捐赠、偿债、赞助、集资、投资、广告、样品、职工福利、利润分配，征收资源税。

2019年8月26日，第十三届全国人民代表大会常务委员会第十二次会议通过了《中华人民共和国资源税法》（以下简称《资源税法》）。该法共17条，明确了资源税的纳税义务人、征税范围、税目和税率等，自2020年9月1日起施行。

二、纳税人

在中华人民共和国领域和中华人民共和国管辖的其他海域开发应税资源的单位和个人，均为资源税的纳税义务人。单位是指国有企业、集体企业、私营企业、股份制企业、外商投资企业、外国企业和行政事业单位、军事单位、社会团体及其他单位；个人是指个体经营者和其他个人。

收购未税矿产品的单位为资源税的扣缴义务人，这主要适用于税源小、零散、不定期开采、易漏税等税务机关认为不易控管、由扣缴义务人在收购时代扣代缴未税矿产品资源税为宜的情况。

三、征税范围

现行资源税的征税对象包括能源矿产、金属矿产、非金属矿产、水气矿产和盐。其中，能源矿产、金属矿产、非金属矿产又分为原矿和选矿两种类型。

四、税目和税率

资源税采取比例税率和定额税率两种税率。

资源税税目税率表见表9-10。

表9-10 资源税税目税率表

税目			征税对象	税率
能源矿产	原油		原矿	6%
	天然气、页岩气、天然气水合物		原矿	6%
	煤		原矿或者选矿	2%~10%
	煤成（层）气		原矿	1%~2%
	铀、钍		原矿	4%
	油页岩、油砂、天然沥青、石煤		原矿或者选矿	1%~4%
	地热		原矿	1%~20%或者每立方米1~30元
金属矿产	黑色金属	铁、锰、铬、钒、钛	原矿或者选矿	1%~9%
	有色金属	铜、铅、锌、锡、镍、锑、镁、钴、铋、汞	原矿或者选矿	2%~10%
		铝土矿	原矿或者选矿	2%~9%
		钨	选矿	6.5%
		钼	选矿	8%
		金、银	原矿或者选矿	2%~6%
		铂、钯、钌、锇、铱、铑	原矿或者选矿	5%~10%
		轻稀土	选矿	7%~12%
		中重稀土	选矿	20%
		铍、锂、锆、锶、铷、铯、铌、钽、锗、镓、铟、铊、铪、铼、镉、硒、碲	原矿或者选矿	2%~10%
非金属矿产	矿物类	高岭土	原矿或者选矿	1%~6%
		石灰岩		1%~6%或者每吨（每立方米）1~10元
		磷		3%~8%
		石墨		3%~12%
		萤石、硫铁矿、自然硫		1%~8%

续表

税目			征税对象	税率
非金属矿产	矿物类	天然石英砂、脉石英、粉石英、水晶、工业用金刚石、冰洲石、蓝晶石、硅线石（矽线石）、长石、滑石、刚玉、菱镁矿、颜料矿物、天然碱、芒硝、钠硝石、明矾石、砷、硼、碘、溴、膨润土、硅藻土、陶瓷土、耐火黏土、铁矾土、凹凸棒石黏土、海泡石黏土、伊利石黏土、累托石黏土	原矿或者选矿	1% ~ 12%
		叶蜡石、硅灰石、透辉石、珍珠岩、云母、沸石、重晶石、毒重石、方解石、蛭石、透闪石、工业用电气石、白垩、石棉、蓝石棉、红柱石、石榴子石、石膏	原矿或者选矿	2% ~ 12%
		其他黏土（铸型用黏土、砖瓦用黏土、陶粒用黏土、水泥配料用黏土、水泥配料用红土、水泥配料用黄土、水泥配料用泥岩、保温材料用黏土）		1% ~ 5%或者每吨（每立方米）0.1 ~ 5元
	岩石类	大理岩、花岗岩、白云岩、石英岩、砂岩、辉绿岩、安山岩、闪长岩、板岩、玄武岩、片麻岩、角闪岩、页岩、浮石、凝灰岩、黑曜岩、霞石正长岩、蛇纹岩、麦饭石、泥灰岩、含钾岩石、含钾砂页岩、天然油石、橄榄岩、松脂岩、粗面岩、辉长岩、辉石岩、正长岩、火山灰、火山渣、泥炭	原矿或者选矿	1% ~ 10%
		砂石		1% ~ 5%或者每吨（每立方米）0.1 ~ 5元
	宝玉石类	宝石、玉石、宝石级金刚石、玛瑙、黄玉、碧玺	原矿或者选矿	4% ~ 20%
	水气矿产	二氧化碳气、硫化氢气、氦气、氡气	原矿	2% ~ 5%
		矿泉水	原矿	1% ~ 20%或者每吨（每立方米）1 ~ 30元
	盐	钠盐、钾盐、镁盐、锂盐	选矿	3% ~ 15%
		天然卤水	原矿	3% ~ 15%或者每吨（每立方米）1 ~ 10元
		海盐		2% ~ 5%

资源税税目税率表中规定实行幅度税率的，其具体适用税率由省、自治区、直辖市人民政府统筹考虑该应税资源的品位、开采条件以及对生态环境的影响等情况，在规定的税率幅度内提出，报同级人民代表大会常务委员会决定，并报全国人民代表大会常务委员会和国务院备案。

五、计税依据及应纳税额的计算

按照规定，资源税可以选择实行从价计征或者从量计征，具体计征方式由省、自治区、直辖市人民政府提出，报同级人民代表大会常务委员会决定，并报全国人民代表大会常务委员会和国务院备案。实行从价计征的，应纳税额按照应税产品的销售额乘以具体适用税率计算；实行从量计征的，应纳税额按照应税产品的销售数量乘以具体适用税率计算。

地热、石灰岩、其他黏土、砂石、矿泉水、天然卤水适用比例税率或者定额税率，其他税目适用比例税率。

纳税人的免税、减税项目，应当单独核算销售额或者销售数量；未单独核算或者不能准确提供销售额或者销售数量的，不予免税或者减税。

（一）从价计征资源税应纳税额的计算

1.销售额的认定

销售额是指纳税人销售应税产品向购买方收取的全部价款和价外费用，不包括增值税销项税额和运杂费用。

运杂费用是指应税产品从坑口或洗选（加工）地到车站、码头或购买方指定地点的运输费用、建设基金以及随运销产生的装卸、仓储、港杂费用。运杂费用应与销售额分别核算，凡未取得相应凭据或不能与销售额分别核算的，应当一并计征资源税。

2.应纳税额的计算

实行从价计征方式征收资源税的，根据应税产品的销售额和规定的适用税率计算应纳税额，具体计算公式为：

应纳税额=应税销售额×适用税率

【例9-5】2024年7月，甲公司销售自采铝土矿原矿，收取含增值税价款300万元、优质费20万元，将原矿从开采地运至货运站，取得相关发票上注明的运费为3万元。已知铝土矿适用的增值税税率为13%，甲公司铝土矿适用的资源税税率为5%。要求计算甲公司应缴纳的资源税。

解析：甲公司应纳资源税=（300+20）÷（1+13%）×5%=14.16（万元）

【例9-6】2024年6月，甲公司以290万元的含税价格将自采铜矿原矿加工为精矿后销售给乙公司。已知铜矿适用的增值税税率为13%，铜矿以原矿为征税对象，甲公司铜矿适用的资源税税率为5%，折算率为70%。要求计算甲公司应缴纳的资源税。

解析：甲公司应纳资源税=290÷（1+13%）×70%×5%=8.98（万元）

【例9-7】某石化公司为增值税一般纳税人，2024年7月开采原油5 010吨，对外销售2 000吨，取得不含税价款600万元。将开采的原油3 000吨用于加工生产汽油1 950吨，另将10吨原油用于开采过程中加热使用，原油资源税税率为6%。要求计算该企业当月应缴纳资源税。

解析：该企业当月应纳资源税=600×6%+3 000×（600÷2000）×6%=90（万元）

（二）从量计征资源税应纳税额的计算

1.销售数量的认定

销售数量包括纳税人开采或者生产应税产品的实际销售数量和视同销售的自用数量。纳税人不能准确提供应税产品销售数量的，以应税产品的产量或者主管税务机关确定的折算比换算成的数量为计征资源税的销售数量。

2.应纳税额的计算

实行从量计征资源税的，根据应税产品的课税数量和规定的单位税额计算应纳税额，具体计算公式为：

应纳税额=应税销售数量×单位税额

代扣代缴应纳税额=收购未税矿产品的数量×适用的单位税额

【例9-8】2024年7月，甲公司开采黏土600万立方米，销售了400万立方米。已知该公司开采的黏土适用的资源税税额为0.2元／立方米。计算甲公司应缴纳的资源税。

甲公司应纳资源税=400×0.2=80（万元）

六、税收优惠

（一）有下列情形之一的，免征资源税：

（1）开采原油以及在油田范围内运输原油过程中用于加热的原油、天然气。

（2）煤炭开采企业因安全生产需要抽采的煤成（层）气。

（二）有下列情形之一的，减征资源税：

（1）从低丰度油气田开采的原油、天然气，减征20%的资源税。①

（2）高含硫天然气、三次采油和从深水油气田开采的原油、天然气，减征30%的资源税。②

（3）稠油、高凝油，减征40%的资源税。③

（4）从衰竭期矿山开采的矿产品，减征30%的资源税。④

根据国民经济和社会发展需要，国务院对有利于促进资源节约集约利用、保护环境等情形可以规定免征或者减征资源税，报全国人民代表大会常务委员会备案。

（三）有下列情形之一的，省、自治区、直辖市可以决定免征或者减征资源税：

（1）纳税人开采或者生产应税产品过程中，因意外事故或者自然灾害等原因遭受重大损失。

（2）纳税人开采共伴生矿、低品位矿、尾矿。

前款规定的免征或者减征资源税的具体办法，由省、自治区、直辖市人民政府提出，报同级人民代表大会常务委员会决定，并报全国人民代表大会常务委员会和国务院备案。

---

① 低丰度油气田包括陆上低丰度油田、陆上低丰度气田、海上低丰度油田、海上低丰度气田。陆上低丰度油田是指每平方千米原油可开采储量丰度低于25万立方米的油田；陆上低丰度气田是指每平方千米天然气可开采储量丰度低于2.5亿立方米的气田；海上低丰度油田是指每平方千米原油可开采储量丰度低于60万立方米的油田；海上低丰度气田是指每平方千米天然气可开采储量丰度低于6亿立方米的气田。

② 高含硫天然气是指硫化氢含量在每立方米30克以上的天然气。三次采油是指二次采油后继续以聚合物驱、复合驱、泡沫驱、气水交替驱、二氧化碳驱、微生物驱等方式进行采油。深水油气田是指水深超过300米的油气田。

③ 稠油是指地层原油黏度大于或等于每秒50毫帕或原油密度大于或等于每立方厘米0.92克的原油。

④ 衰竭期矿山是指设计开采年限超过15年，且剩余可开采储量下降到原设计可开采储量的20%以下或者剩余开采年限不超过5年的矿山。衰竭期矿山以开采企业下属的单个矿山为单位确定。

七、征收管理

（一）纳税义务发生时间

（1）纳税人销售应税产品，其纳税义务发生时间为收讫销售款或者取得索取销售款凭据的当天。

（2）纳税人自用应税产品的纳税义务发生时间，为移送使用应税产品的当天。

（3）扣缴义务人代扣代缴税款的纳税义务发生时间，为支付首笔货款或者开具应付货款凭据的纳税地点当天。

（二）纳税地点

纳税人应当向应税产品开采地或者生产地的税务机关申报缴纳资源税。

（三）纳税期限

资源税按月或者按季申报缴纳；不能按固定期限计算缴纳的，可以按次申报缴纳。

纳税人按月或者按季申报缴纳的，应当自月度或者季度终了之日起15日内，向税务机关办理纳税申报并缴纳税款；按次申报缴纳的，应当自纳税义务发生之日起15日内，向税务机关办理纳税申报并缴纳税款。

（四）其他征管规定

国务院根据国民经济和社会发展需要，依照《资源税法》的原则，对取用地表水或者地下水的单位和个人试点征收水资源税。征收水资源税的，停止征收水资源费。水资源税根据当地水资源状况、取用水类型和经济发展等情况实行差别税率。

第四节 耕地占用税

【税问我答】我国的耕地占用税在哪些情况下征收？应如何计算应纳税额？通过学习本节内容进行回答。

一、概念

耕地占用税是对占用耕地建设建筑物、构筑物或从事其他非农业建设的单位和个人，就其实际占用的耕地按面积征收的一种税。

为合理利用土地资源，加强土地管理，保护耕地，我国从1987年起陆续出台了多项耕地保护的相关法律法规，但随着经济的发展，这些规定越来越不适应新形势的需要，耕地被占用、破坏等现象频发。为此，2018年12月29日第十三届全国人民代表大会常务委员会第七次会议通过了《中华人民共和国耕地占用税法》（以下简称《耕地占用税法》），自2019年1月1日实施。

二、纳税人

在中华人民共和国境内占用耕地建设建筑物、构筑物或者从事非农业建设的单位和个人，为耕地占用税的纳税人，应当依照规定缴纳耕地占用税。

三、征税范围

耕地占用税的征税范围为在中华人民共和国境内建设建筑物、构筑物或者从事非农业建设的单位和个人所占用耕地。耕地，是指用于种植农作物的土地，包括菜地、园地。其中，园地包括花圃、苗圃、茶园、果园、桑园和其他种植经济林木的土地。

（1）占用耕地建设农田水利设施的，不缴纳耕地占用税。

（2）占用园地、林地、草地、农田水利用地、养殖水面、渔业水域滩涂以及其他农用地建设建筑物、构筑物或者从事非农业建设的，依照规定缴纳耕地占用税。

（3）纳税人因建设项目施工或者地质勘查临时占用耕地，应当依照规定缴纳耕地占用税。纳税人自批准临时占用耕地期满之日起一年内依法复垦，恢复种植条件的，全额退还已经缴纳的耕地占用税。

四、税率

耕地占用税以纳税人实际占用的耕地面积为计税依据，按照规定的适用税额一次性征收，应纳税额为纳税人实际占用的耕地面积（平方米）乘以适用税额。

耕地占用税的年税额如下：

（1）人均耕地不超过一亩的地区（以县、自治县、不设区的市、市辖区为单位，下同），每平方米为10~50元；

（2）人均耕地超过1亩但不超过2亩的地区，每平方米为8~40元；

（3）人均耕地超过2亩但不超过3亩的地区，每平方米为6~30元；

（4）人均耕地超过3亩的地区，每平方米为5~25元。

《耕地占用税法》第四条第二款规定，各地区耕地占用税的适用税额，由省、自治区、直辖市人民政府根据人均耕地面积和经济发展等情况，在规定的税额幅度内提出，报同级人民代表大会常务委员会决定，并报全国人民代表大会常务委员会和国务院备案。各省、自治区、直辖市耕地占用税适用税额的平均水平，不得低于《耕地占用税法》所附“各省、自治区、直辖市耕地占用税平均税额表”（见表9-11）规定的平均税额。

表9-11　**各省、自治区、直辖市耕地占用税平均税率表**

省、自治区、直辖市	平均税额（元/平方米）
上海	45
北京	40
天津	35
江苏、浙江、福建、广东	30
辽宁、湖北、湖南	25
河北、安徽、江西、山东、河南、重庆、四川	22.5
广西、海南、贵州、云南、陕西	20
山西、吉林、黑龙江	17.5
内蒙古、西藏、甘肃、青海、宁夏、新疆	12.5

《耕地占用税法》第五条规定，在人均耕地低于0.5亩的地区，省、自治区、直辖市可以根据当地经济发展情况，适当提高耕地占用税的适用税额，但提高的部分不得超过《耕地占用税法》第四条第二款确定的适用税额的50%。

占用基本农田的，应当按照《耕地占用税法》第四条第二款或者第五条确定的当地适用税额，加按150%征收。

五、税收优惠

（1）军事设施、学校、幼儿园、社会福利机构、医疗机构占用耕地，免征耕地占用税。

（2）铁路线路、公路线路、飞机场跑道、停机坪、港口、航道、水利工程占用耕地，减按每平方米2元的税额征收耕地占用税。

（3）农村居民在规定用地标准以内占用耕地新建自用住宅，按照当地适用税额减半征收耕地占用税；其中农村居民经批准搬迁，新建自用住宅占用耕地不超过原宅基地面积的部分，免征耕地占用税。

（4）农村烈士遗属、因公牺牲军人遗属、残疾军人以及符合农村最低生活保障条件的农村居民，在规定用地标准以内新建自用住宅，免征耕地占用税。

根据国民经济和社会发展的需要，国务院可以规定免征或者减征耕地占用税的其他情形，报全国人民代表大会常务委员会备案。

免征或者减征耕地占用税后，纳税人改变原占地用途，不再属于免征或者减征耕地占用税情形的，应当按照当地适用税额补缴耕地占用税。

六、计税依据及应纳税额的计算

耕地占用税以纳税人占用的耕地面积为计税依据，以每平方米为计量单位。

耕地占用税应纳税额的计算公式为：

应纳税额=实际占用耕地面积（平方米）×适用的定额税率

【例9-9】因乡村旅游开发，乡村居民许某经有关部门批准搬迁，搬迁前住宅占用耕地200平方米，搬迁后新建自用住宅占用耕地240平方米，当地耕地占用税税额为每平方米20元，要求计算许某应缴纳的耕地占用税。

【答案】张某应纳耕地占用税=（240-200）×20×50%=400（元）

七、征收管理

耕地占用税由税务机关负责征收。耕地占用税的纳税义务发生时间为纳税人收到自然资源主管部门办理占用耕地手续的书面通知的当日。纳税人应当自纳税义务发生之日起30日内申报缴纳耕地占用税。自然资源主管部门凭耕地占用税完税凭证或者免税凭证和其他有关文件发放建设用地批准书。

税务机关应当与相关部门建立耕地占用税涉税信息共享机制和工作配合机制。县级以上地方人民政府自然资源、农业农村、水利等相关部门应当定期向税务机关提供农用地转用、临时占地等信息，协助税务机关加强耕地占用税征收管理。税务机关发现纳税人的纳税申报数据资料异常或者纳税人未按照规定期限申报纳税的，可以提请相关部门进行复核，相关部门应当自收到税务机关复核申请之日起30日内向税务机关出具复核意见。

第五节　城镇土地使用税

【税问我答】为规范土地使用，节约土地资源，我国颁布了《中华人民共和国城镇土地使用税暂行条例》和《中华人民共和国耕地占用税法》。学完本节内容后，回答城镇土地使用税和耕地占用税有何不同。结合城镇土地使用税的性质，谈谈城镇土地使用税开征的重大意义。

一、概述

（一）概念

城镇土地使用税是指国家在城市、县城、建制镇和工矿区范围内，对使用土地的单位和个人，以其实际占用的土地面积为计税依据，按照规定的税额计算征收的一种税。

为了合理利用城镇土地，调节土地级差收入，提高土地使用效益，加强土地管理，我国制定了《中华人民共和国城镇土地使用税暂行条例》（以下简称《城镇土地使用税暂行条例》）。该条例于1988年9月27日由中华人民共和国国务院令第17号发布，自同年11月1日起施行，历经四次修订，最新版本为2019年3月2日修订后的版本。

（二）征收城镇土地使用税的意义

1.促进土地资源合理配置，抑制投机行为

通过对土地使用者征收税款，可以增加土地持有成本，促使土地使用者合理规划和高效利用土地，避免土地闲置和浪费，抑制对土地的投机性囤积和炒作，从而优化土地资源的配置，保障土地市场的稳定和健康发展。

2.调节土地级差收入，加强土地管理

不同地区、不同位置的土地具有不同的经济价值。城镇土地使用税可以根据土地的地理位置、交通条件、基础设施等因素确定不同的税额，从而调节因土地差异产生的收入差距，实现相对公平；有助于规范土地使用秩序，遏制违法占地和滥用土地的行为，提高土地管理的水平和效率。

3.增加地方财政收入

城镇土地使用税属于地方税。征收城镇土地使用税为地方政府提供了稳定的财政收入，可以用于城市基础设施建设、提供公共服务、环境保护等，促进了城镇的发展、提高了居民生活质量。

（三）城镇土地使用税的特点

1.对占用土地的行为征税

我国宪法规定，城镇土地的所有权归国家，单位和个人对占用的土地只有使用权而无所有权。城镇土地使用税针对土地的实际占用，而非针对土地的流转或交易进行课征。

2.征税范围较广

城镇土地使用税的征税范围包括使用城市、县城、建制镇和工矿区内的国家所有和集体所有土地的单位和个人。上述范围之外的土地不属于城镇土地使用税的征税范围。

3.实行差别幅度税额

城镇土地使用税根据不同地区的土地资源状况和经济发展水平等因素，规定不同的税额幅度，具有一定的灵活性。省、自治区、直辖市人民政府，应当在规定的税额幅度内，根据市政建设状况、经济繁荣程度等条件，确定所辖地区的适用税额幅度。

4.按实际占用面积计税

城镇土地使用税以纳税人实际占用的土地面积作为计税依据，依照规定税额计算征收，计算简便且较为公平。

5.属于地方税

城镇土地使用税收入归地方政府支配，有利于地方政府因地制宜地筹集财政资金，加强对土地的管理和开发利用，用于地方公共设施建设和服务。

二、纳税人

城镇土地使用税的纳税人是在城市、县城、建制镇、工矿区范围内使用土地的单位和个人。

单位包括国有企业、集体企业、私营企业、股份制企业、外商投资企业、外国企业以及其他企业和事业单位、社会团体、国家机关、军队以及其他单位；个人包括个体工商户以及其他个人。

城镇土地使用税的纳税人通常包括以下几类：

（1）拥有土地使用权的单位和个人。

（2）拥有土地使用权的单位和个人不在土地所在地的，其土地的实际使用人和代管人为纳税人。

（3）土地使用权未确定或权属纠纷未解决的，其实际使用人为纳税人。

（4）土地使用权共有的，共有各方都是纳税人，由共有各方分别纳税。

三、征税范围

城镇土地使用税的征税范围包括城市、县城、建制镇、工矿区范围内的国家所有和集体所有的土地。城市、县城、建制镇和工矿区分别按以下标准确认：

（1）城市：是指经国务院批准设立的市，其征税范围为市区和郊区。

（2）县城：是指县人民政府所在地的城镇。

（3）建制镇：是指经省、自治区、直辖市人民政府批准设立的建制镇，其征税范围为镇人民政府所在地，但不包括镇政府所在地所管辖的行政村。

（4）工矿区：指工商业比较发达，人口比较集中，符合国务院规定的建制镇标准，但尚未设立镇建制的大中型工矿企业所在地。工矿区须经省、自治区、直辖市人民政府批准。

【了解一下】城市、县城、建制镇、工矿区的具体征税范围，由各省、自治区、直辖市人民政府划定。城镇土地使用税的征税范围不包括农村的土地。但如果农村存在符合规定的工矿区，该工矿区的土地也需要缴纳城镇土地使用税。

四、税率

城镇土地使用税采用定额税率，即采用有幅度的差别税额，按大、中、小城市和县城、建制镇、工矿区分别规定每平方米城镇土地使用税年应纳税额。城镇土地使用税税率表如表9-12所示。

表9-12　　　　　　　　　　城镇土地使用税税率表

级别	非农业人口（人）	每平方米年税额（元）
县城、建制镇、工矿区	—	0.6 ~ 12
小城市	20万以下	0.9 ~ 18
中等城市	20万 ~ 50万	1.2 ~ 24
大城市	50万以上	1.5 ~ 30

大、中、小城市以公安部门登记在册的非农业正式户口人数为依据，按照国务院颁布的《城市规划条例》中规定的标准划分。

【了解一下】各省、自治区、直辖市人民政府，应当在上述税额幅度内，根据市政建设状况、经济繁荣程度等条件，确定所辖地区的适用税额幅度。市、县人民政府需根据实际情况，将本地区土地划分为若干等级，在省、自治区、直辖市人民政府确定的税额幅度内，制定相应的适用税额标准，报省、自治区、直辖市人民政府批准执行。

此外，经省、自治区、直辖市人民政府批准，经济落后地区土地使用税的适用税额标准可以适当降低，但降低额不得超过表9-12规定最低税额的30%。经济发达地区土地使用税的适用税额标准可以适当提高，但须报经财政部批准。

五、计税依据及应纳税额的计算

（一）计税依据

城镇土地使用税以纳税人实际占用的土地面积为计税依据，依照规定税额计算征收，土地面积计量标准为每平方米。纳税人实际占用的土地面积按下列办法确定：

（1）由省、自治区、直辖市人民政府确定的单位组织测定土地面积的，以测定的面积为准。

（2）尚未组织测量，但纳税人持有政府部门核发的土地使用证书的，以证书确认的土地面积为准。

（3）尚未核发土地使用证书的，应由纳税人申报土地面积，据以纳税，待核发土地使用证以后再做调整。

（二）应纳税额的计算

城镇土地使用税的应纳税额按纳税人实际占用的土地面积乘以该土地所在地段的适用税额求得。其计算公式为：

应纳税额（年）=应税土地的实际占用面积（平方米）×适用税额

【例9-10】甲公司2024年在某城区实际占地30 000平方米，其中生产区占地20 000平方米，生活区占地5 000平方米，对外出租5 000平方米。已知城镇土地使用税适用税率为每平方米年税额4元。要求计算甲公司当年应缴纳的城镇土地使用税税额。

【答案】甲公司当年应纳城镇土地使用税=30 000×4=120 000（元）

六、税收优惠

（一）减免税基本规定

（1）国家机关、人民团体、军队自用的土地免征城镇土地使用税，非自用的土地不在免税优惠范围内。

（2）由国家财政部门拨付事业经费的单位自用的土地，免征城镇土地使用税。

（3）企业开办学校、托儿所、幼儿园，其自用的土地，免征城镇土地使用税。

（4）宗教寺庙、公园、名胜古迹自用的土地，免征城镇土地使用税。但这些单位的生产、经营用地和其他用地，不属于免税范围，应按规定缴纳税款，例如，宗教寺庙、公园、名胜古迹中附设的影剧院、饮食部、茶社、照相馆等使用的土地，需要缴纳城镇土地使用税。

（5）市政街道、广场、绿化地带等公共用地，免征城镇土地使用税。①

（6）直接用于农、林、牧、渔业的生产用地，免征城镇土地使用税。

（7）经批准开山填海整治的土地和改造的废弃土地，从使用的月份起，免征城镇土地使用税5~10年。

（8）由财政部另行规定免税的能源、交通、水利设施用地和其他用地，免征城镇土地使用税。

【了解一下】除上述免税规定外，纳税人缴纳城镇土地使用税确有困难需要定期减免的，由县级以上税务机关批准。

（二）减免税特殊规定

（1）免税单位无偿使用纳税单位的土地，免征城镇土地使用税；纳税单位无偿使用免税单位的土地，纳税单位应照章缴纳城镇土地使用税。

（2）纳税单位与免税单位共同使用共有使用权土地上的多层建筑，对纳税单位可按其占用的建筑面积占建筑总面积的比例计征城镇土地使用税。

（3）个人所有的居住房屋及院落用地，由省、自治区、直辖市税务局确定减免优惠。

【例9-11】市公园实际占用土地面积为35 000平方米，具体包括供公众参观游览用地18 000平方米，公园内附设影剧院用地9 000平方米，附设饮食部、照相馆用地共3 000平方米，公园管理单位办公用地5 000平方米。已知当地城镇土地使用税年税额为20元/平方米，要求计算该公园每年应缴纳城镇土地使用税。

解析：每年应纳城镇土地使用税=（9 000+3 000）×20=240 000（元）

七、征收管理

（一）纳税义务发生时间

1.新征用的土地

根据《城镇土地使用税暂行条例》第九条的规定：新征用的土地，依照下列规定缴纳城镇土地使用税：

（1）征用的耕地，自批准征用之日起满1年时开始缴纳城镇土地使用税；

（2）征用的非耕地，自批准征用次月起缴纳城镇土地使用税。

2.有偿取得土地使用权

（1）以出让或转让方式有偿取得土地使用权的，应由受让方从合同约定交付土地时间的次月起缴纳城镇土地使用税；合同未约定交付土地时间的，由受让方从合同签订的

① 对企业厂区（包括生产、办公及生活区）以内的绿化用地，应照章征收城镇土地使用税；厂区以外的公共绿化用地和向社会开放的公园用地，暂免征收城镇土地使用税。

次月起缴纳城镇土地使用税。

（2）通过招标、拍卖、挂牌方式取得的建设用地，不属于新征用的耕地，纳税人应从合同约定交付土地时间的次月起缴纳城镇土地使用税；合同未约定交付土地时间的，从合同签订的次月起缴纳城镇土地使用税。

3.新购置房屋所占用土地

（1）购置新建商品房，自房屋交付使用之次月起缴纳城镇土地使用税。

（2）购置存量房，自办理房屋权属转移、变更登记手续，房地产权属登记机关签发房屋权属证书之次月起缴纳城镇土地使用税。

（3）出租、出借房产，自交付出租、出借房产之次月起缴纳城镇土地使用税。

（二）纳税期限

城镇土地使用税按年计算，分期缴纳。缴纳期限由省、自治区、直辖市人民政府确定。各省、自治区、直辖市税务机关结合当地情况，一般分别确定按月、季、半年或1年等不同的期限缴纳。

（三）纳税地点

城镇土地使用税一般应当向土地所在地的税务机关缴纳。纳税人使用的土地属于不同省（自治区、直辖市）管辖范围的，应当分别向土地所在地的税务机关纳税。在同一省（自治区、直辖市）管辖范围以内，纳税人跨地区使用的土地，由当地省级地方税务局确定纳税地点。

（四）纳税申报

纳税人应当按照当地税务机关规定的期限，填报“城镇土地使用税、房产税税源明细表”“财产税和行为税纳税申报表”“财产和行为税减免税明细申报附表”。

第六节　房产税

【税问我答】我国房产税的征收在房屋形态、地域、用途上如何限定？不同用途的房屋，房产税的计税依据是否相同？应如何计算应纳税额？通过学习本节内容进行回答。

一、概念

房产税是以房屋为征税对象，以房屋的计税余值或租金收入为计税依据，向房屋产权所有人征收的一种财产税。关于房产税，以下三个问题需要注意：

（1）征收房产税的房产，是以房屋形态表现的财产。房屋则是指有屋面和围护结构（有墙或两边有柱），能够遮风避雨，可供人们在其中生产、工作、学习、娱乐、居住或储藏物资的场所。独立于房屋之外的建筑物，如围墙、烟囱，水塔、变电塔、油池油柜、酒窖菜窖，酒精池、糖蜜池、室外游泳池、玻璃暖房、砖瓦石灰窑以及各种油气罐等，不征税房产税。

（2）征收房产税的房产，限于城市、县城、建制镇和工矿区范围内。

（3）征收房产税的房产，限于经营性房屋。

1986年9月15日，国务院颁布了《中华人民共和国房产税暂行条例》（以下简称

《房产税暂行条例》)。2011年1月8日,《国务院关于废止和修改部分行政法规的决定》对《房产税暂行条例》部分条款进行了修改。

二、征税范围

《房产税暂行条例》规定，房产税在城市、县城、建制镇和工矿区征收。其中：

城市是指经国务院批准设立的市，其征税范围为市区、郊区和市辖县县城，不包括农村。

县城是指县人民政府所在地。

建制镇是指经省、自治区、直辖市人民政府批准设立的建制镇。建制镇的征税范围为镇人民政府所在地，不包括所辖的行政村。

工矿区是指工商业比较发达、人口比较集中，符合国务院规定的建制镇标准，但尚未设立镇建制的大中型工矿企业所在地。开征房产税的工矿区须经省级人民政府批准。

【了解一下】房地产开发企业建造的商品房在出售前，不征收房产税；但对出售前房地产开发企业已使用或出租、出借的商品房应按规定征收房产税。

三、纳税人

房产税以在征税范围内的房屋产权所有人为纳税人。特殊情形下纳税人的规定如表9-13所示。

表9-13　**特殊情形下房产税纳税人的规定**

情形	纳税人
1.产权属于国家所有的	经营管理单位
2.产权属于集体和个人所有的	集体单位和个人
3.产权出典的	承典人
4.产权所有人、承典人不在房屋所在地的；产权未确定或者租典纠纷未解决的	房产代管人或使用人
5.无租使用其他单位房产的	使用人（依照房产余值代缴纳房产税）

四、税率

房产税的税率，依照房产余值计算缴纳的，税率为1.2%；依照房产租金收入计算缴纳的，税率为12%。具体规定见表9-14。

表9-14　**房产税税率表**

计税方法	计税依据	税率
从价计征	房产计税余值	1.2%
从租计征	房产租金收入	基本：12%
		特殊：4%，适用于： 1.个人出租住房 2.企事业单位、社会团体、其他组织按市场价格向个人、专业化规模化住房租赁企业出租住房

五、税收优惠

（一）免税基本规定

依据《房产税暂行条例》及有关规定，下列房产免征房产税：

（1）国家机关、人民团体、军队自用的房产。自用的房产，是指这些单位本身的办公用房和公务用房。

（2）由国家财政部门拨付事业经费的单位自用的房产。事业单位自用的房产，是指这些单位本身的业务用房。

（3）宗教寺庙、公园、名胜古迹自用的房产。

（4）个人拥有的非营业用的房产。

【了解一下】（1）实行差额预算管理的事业单位，虽然有一定的收入，但收入不够本身经费开支的部分，还要由国家财政部门拨付经费补助。因此，实行差额预算管理的事业单位，也属于由国家财政部门拨付事业经费的单位，对其本身自用的房产免征房产税。

（2）由国家财政部门拨付事业经费的单位，其经费来源实行自收自支后，应征收房产税。

（3）宗教寺庙、公园、名胜古迹中附设的营业单位，如影剧院、饮食部、茶社、照相馆等所使用的房产及出租的房产，应征收房产税。

（4）对个人所有的非营业用房产给予免税，当时主要是为了照顾我国城镇居民住房的实际状况，鼓励个人改善居住条件，配合城市住房制度的改革。但是，对个人所有的营业用房或出租等非自用的房产，应按照规定征收房产税。

（二）免税特殊规定

经过财政部、国家税务总局的批准，以下房产免征房产税：

（1）企业办的各类学校、医院、托儿所、幼儿园自用的房产，免征房产税。

（2）经有关部门鉴定，对毁损不堪居住的房屋和危险房屋，在停止使用后，可免征房产税。

（3）自2004年8月1日起，对军队空余房产租赁收入暂免征收房产税；此前已征税款不予退还，未征税款不再补征。暂免征收房产税的军队空余房产，在出租时必须悬挂《军队房地产租赁许可证》，以备查验。

（4）凡是在基建工地为基建工地服务的各种工棚、材料棚、休息棚和办公室、食堂、茶炉房、汽车房等临时性房屋，不论是施工企业自行建造还是由基建单位出资建造交施工企业使用的，在施工期间，一律免征房产税。但是，如果在基建工程结束以后，施工企业将这种临时性房屋交还或者估价转让给基建单位的，应当从基建单位接收的次月起，依照规定征收房产税。

（5）自2004年7月1日起，纳税人因房屋大修导致连续停用半年以上的，在房屋大修期间免征房产税。

（6）纳税单位与免税单位共同使用的房屋，按各自使用的部分划分，分别征收或免征房产税。

（7）老年服务机构自用的房产暂免征收房产税。

（8）自2001年1月1日起，对按政府规定价格出租的公有住房和廉租住房，包括企业和自收自支事业单位向职工出租的单位自有住房；房管部门向居民出租的公有住房；落实私房政策中带户发还产权并以政府规定租金标准向居民出租的私有住房等，暂免征收房产税。

（9）对房地产开发企业建造的商品房，在出售前不征收房产税。但对出售前房地产开发企业已使用或出租、出借的商品房应按规定征收房产税。

（10）为继续支持公共租赁住房（公租房）建设和运营，对公租房免征房产税。公租房经营管理单位应单独核算公租房租金收入，未单独核算的，不得享受免征房产税优惠政策。

（11）自2019年1月1日至2027年12月31日，对为高校学生提供住宿服务，按照国家规定的收费标准收取住宿费的高校学生公寓免征房产税。

（12）自2019年1月1日至2027年12月31日，对农产品批发市场、农贸市场（包括自有和承租）专门用于经营农产品的房产，暂免征收房产税。对同时经营其他产品的农产品批发市场和农贸市场使用的房产，按其他产品与农产品交易场地面积的比例确定征免房产税。

（13）自2019年1月1日至2027年供暖期结束，对向居民供热收取采暖费的供热企业，为居民供热所使用的厂房免征房产税；对供热企业其他厂房，应当按照规定征收房产税。

（14）自2019年1月1日至2027年12月31日，对商品储备管理公司及其直属库自用的承担商品储备业务的房产免征房产税。

（15）为支持农村饮水安全工程巩固提升，自2019年1月1日至2027年12月31日，对饮水工程运营管理单位自用的生产、办公用房产，免征房产税。

【了解一下】除上述免税规定外，纳税人纳税确有困难的，可由省、自治区、直辖市人民政府确定，定期减征或者免征房产税。

六、计税依据及应纳税额的计算

（一）计税依据

（1）房产经营自用的，以房产计税余值为房产税的计税依据。

（2）房产出租的，以房产租金收入为房产税的计税依据。

（二）应纳税额的计算

1.从价计征房产税

征税范围内经营自用房产的，按房产计税余值乘以1.2%计算房产税，具体规定见表9-15。

表9-15 **从价计征房产税应纳税额的计算**

房屋类型	确定房产原值	计税依据	税额计算公式
1.地上建筑物	按照会计制度规定，在账簿“固定资产”科目中记载的房屋原价	房产计税余值	应税房产原值×（1-扣除比例）×1.2%

续表

<table>
<tr><th colspan="2">房屋类型</th><th>确定房产原值</th><th>计税依据</th><th>税额计算公式</th></tr>
<tr><td rowspan="2">2.独立地下建筑物</td><td>工业用途房产</td><td>以房屋原价的50%～60%作为应税房产原值。具体比例由各省、自治区、直辖市和计划单列市财税部门在幅度内自行确定</td><td rowspan="2">房产计税余值</td><td rowspan="2">应税房产原值×（1−扣除比例）×1.2%</td></tr>
<tr><td>商业和其他用途房产</td><td>以房屋原价的70%～80%作为应税房产原值</td></tr>
</table>

（1）房产计税余值：为房产原值一次减除10%～30%的损耗价值以后的余额，具体减除幅度，由省、自治区、直辖市人民政府规定。没有房产原值作为依据的，由房产所在地税务机关参考同类房产核定。

（2）房产原值以不含增值税的价格确定。

（3）对出租房产，租赁双方签订的租赁合同约定有免收租金期限的，免收租金期间由产权所有人按照房产原值缴纳房产税。

（4）对按照房产原值计税的房产，无论会计上如何核算，房产原值均应包含地价，包括为取得土地使用权支付的价款、开发土地发生的成本费用等。宗地容积率低于0.5的，按房产建筑面积的2倍计算土地面积并据此确定计入房产原值的地价。具体计算公式为：

宗地容积率=建筑面积/土地面积

如果宗地容积率<0.5，则计入房产原值的地价=建筑面积×2×土地单价

【例9-12】2024年3月底，某企业将其与办公楼相连的地下停车场和另一独立的地下建筑物改为地下生产车间，停车场原值为100万元，地下建筑物原值为200万元，该企业所在省确定的工业用途的独立地下建筑物的房产原值折算比例为50%，房产原值减除比例为30%。要求：计算该企业以上两处地下建筑物2024年4月至12月应纳房产税。

【答案】地下停车场部分应纳房产税=100×（1−30%）×1.2%×9/12=0.63（万元）

独立地下建筑物部分应纳房产税=200×50%×（1−30%）×1.2%×9/12=0.63（万元）

该企业2024年4月至12月应纳房产税合计=0.63+0.63=1.26（万元）

【例9-13】2024年某企业支付8 000万元取得10万平方米的土地使用权，新建厂房建筑面积3万平方米，工程成本2 000万元，2024年底竣工验收。要求：计算对该企业征收房产税的房产原值。

【答案】宗地容积率=3/10=0.3<0.5

计入房产原值的地价=3×2×（8 000÷10）=4 800（万元）

对该企业征收房产税的房产原值=4 800+2 000=6 800（万元）

2.从租计征房产税

征税范围内的房产对外出租的，不论是地上建筑物还是地下建筑物，均按房产租金乘以12%或者4%计算房产税，公式如下：

房产税应纳税额=租金收入×12%（或4%）

【例9-14】某公司2016年购置的办公大楼原值30 000万元，2024年2月28日将其中部分闲置房间出租，租期2年。出租部分房产原值为5 000万元，租金每年为1 000万元（不含增值税）。当地规定房产原值减除比例为20%，要求计算2024年该公司应纳房产税。

【答案】2024年该公司应纳房产税=(30 000−5 000）×（1−20%）×1.2%+5 000×（1−20%）×1.2%×2/12+1 000×10/12×12%=240+8+100=348（万元）

七、征收管理

（一）纳税义务发生时间

纳税人因房产的实物或权利状态发生变化而依法终止房产税纳税义务的，其应纳税款的计算应截止到房产的实物或权利状态发生变化的当月末。房产税纳税义务发生时间的规定具体见表9-16。

表9-16　　房产税纳税义务发生时间的具体规定

房产用途	纳税义务发生时间
纳税人将原有房产用于生产经营	自生产经营之月起缴纳
纳税人自行新建房产用于生产经营	自建成之次月起缴纳
委托施工企业建设的房屋	自办理验收手续之次月起缴纳
纳税人购置新建商品房	自房屋交付使用之次月起缴纳
购置存量房	自办理房屋权属转移、变更登记手续，房地产权属登记机关签发房屋权属证书之次月起缴纳
纳税人出租、出借房产	自交付出租、出借房产之次月起缴纳
房地产开发企业自用、出租、出借自建商品房	自房屋使用或交付之次月起缴纳

（二）纳税期限

房产税实行按年征收，分期缴纳。纳税期限由省、自治区、直辖市人民政府规定。各地一般按季或半年征收。

（三）纳税申报

房产税的纳税申报，是房屋产权所有人或纳税人缴纳房产税必须履行的法定手续。纳税义务人应根据税法要求，将现有房屋的坐落地点、结构、面积、原值、出租收入等情况，据实向当地税务机关办理纳税申报，并按规定纳税。如果纳税人住址发生变更、产权发生转移，以及出现新建、改建，扩建、拆除房屋等情况，而引起房产原值发生变化或者租金收入变化的，都要按规定及时向税务机关办理变更登记。

（四）纳税地点

房产税在房产所在地缴纳。房产不在同一地方的纳税人，应按房产的坐落地点分别向房产所在地的税务机关缴纳。

第七节　契税

【税问我答】如何判断契税纳税义务的发生？是否以土地使用权、房屋的买卖为判断依据？作为地方税，契税的征收有何重要意义？对地方财政收入有什么样的影响？学完本节内容后进行回答。

一、概念

契税是以在我国境内转移土地、房屋权属为征税对象，向产权承受人征收的一种财产税。关于契税，以下两个问题需要注意：

（1）契税属于财产转移税，以发生转移的不动产，即土地和房屋为征税对象，具有财产转移课税性质。土地、房屋产权未发生转移的，不征契税。

（2）契税由财产承受人缴纳，即买方纳税。对买方征税的主要目的，在于承认不动产转移生效，承受人纳税以后，便可拥有转移过来的不动产产权或使用权，法律保护纳税人的合法权益。

2020年8月11日，《中华人民共和国契税法》（以下简称《契税法》）由第十三届全国人民代表大会常务委员会第二十一次会议通过，自2021年9月1日起施行。

二、征税范围

契税的征税对象为发生土地使用权和房屋所有权权属转移的土地和房屋。具体包括：

（一）土地使用权出让

土地使用权出让是指国家或集体以土地所有者的身份将土地使用权在一定年限内让渡给土地使用者，并由土地使用者向国家或集体支付土地使用权出让金的行为。可以使用拍卖、招标，双方协议的方式。

（二）土地使用权转让

土地使用权转让是指土地使用者将土地使用权再转移的行为，可以使用出售、交换、赠与的方式。土地使用权转让不包括土地承包经营权和土地经营权的转移。以作价投资（入股），偿还债务、划转、奖励等方式转移土地、房屋权属的，应当依照规定征收契税。

（三）房屋买卖、赠与、互换

1.房屋买卖

（1）以房产抵债或实物交换房屋。经当地政府和有关部门批准，以房抵债和实物交换房屋，均视同房屋买卖，应由产权承受人按房屋现值缴纳契税。

（2）以房产作投资或作股权转让。这种交易业务属房屋产权转移，应根据国家房地产管理的有关规定，办理房屋产权交易和产权变更登记手续，视同房屋买卖，由产权承受方按投资房产价值或房产买价缴纳契税。

以自有房产作股投入本人经营企业，免纳契税。因为以自有的房地产投入本人独资经营的企业，房屋产权所有人和土地使用权人未发生变化，无须办理房产变更手续，也不办理契税手续。

（3）买房拆料或翻建新房，应照章征收契税。例如，甲某购买乙某房产，不论其目的是取得该房产的建筑材料还是翻建新房，实际构成房屋买卖。甲某应首先办理房屋产权变更手续，并按买价缴纳契税。

2. 房屋赠与

房屋赠与是指房屋产权所有人将房屋无偿转让给他人所有。其中，将自己的房屋转交给他人的法人和自然人，称作房屋赠与人，接受他人房屋的法人和自然人，称为受赠人。房屋的受赠人要按规定缴纳契税。

以获奖方式取得房屋产权的，其实质是接受赠与房产，应缴纳契税。

3. 房屋互换①

房屋互换，是指房屋住户、用户、所有人为了生活工作方便，相互之间交换房屋的使用权或所有权的行为。互换行为包括：

（1）房屋使用权互换。经房屋所有人同意，使用者可以通过变更租赁合同，办理过户手续，交换房屋使用权。交换房屋的价值相等的，不征收契税。

（2）房屋所有权互换。交换双方应订立交换契约，办理房屋产权变更手续和契税手续。房屋产权相互交换，双方交换价值相等的，免征契税，办理免征契税手续。其价值不相等的，按超出部分由支付差价方缴纳契税。

4. 下列情形发生土地、房屋权属转移的，承受方应当依法缴纳契税

（1）因共有不动产份额变化的；

（2）因共有人增加或者减少的；

（3）因人民法院、仲裁委员会的生效法律文书或者监察机关出具的监察文书等因素，发生土地、房屋权属转移的。

（四）房屋附属设施有关契税政策

房屋附属设施与房屋为同一不动产单元的，计税依据为承受方应交付的总价款，并适用与房屋相同的税率；房屋附属设施与房屋为不同不动产单元的，计税依据为转移合同确定的成交价格，并按当地确定的适用税率计税。

三、纳税人

在中华人民共和国境内转移土地、房屋权属，承受的单位和个人为契税的纳税人。

四、税率

契税实行幅度比例税率，税率幅度为3%～5%。

契税的具体适用税率，由省、自治区、直辖市人民政府在规定的税率幅度内提出，报同级人民代表大会常务委员会决定，并报全国人民代表大会常务委员会和国务院备案。省、自治区、直辖市可以依照规定对不同主体、不同地区、不同类型的住房的权属转移确定差别税率。

---

① 房屋互换行为的主体有公民、房地产管理机关，以及企事业单位、机关团体。互换的标的性质有公房（包括直管房和自管房）、私房；标的种类有住宅、店面及办公用房等。

五、税收优惠

（一）减免税基本规定

（1）国家机关、事业单位、社会团体、军事单位承受土地、房屋权属用于办公、教学、医疗、科研、军事设施，免征契税。

（2）非营利性的学校、医疗机构、社会福利机构承受土地、房屋权属用于办公、教学、医疗、科研、养老、救助，免征契税。

（3）承受荒山、荒地、荒滩土地使用权用于农、林、牧、渔业生产，免征契税。

（4）婚姻关系存续期间夫妻之间变更土地、房屋权属，免征契税。

（5）法定继承人通过继承承受土地、房屋权属，免征契税。

（6）依照法律规定应当予以免税的外国驻华使馆、领事馆和国际组织驻华代表机构承受土地、房屋权属，免征契税。

（7）省、自治区、直辖市可以决定对下列情形免征或者减征契税：

①因土地、房屋被县级以上人民政府征收、征用，重新承受土地、房屋权属。

②不可抗力灭失住房，重新承受住房权属。

具体办法由省、自治区、直辖市人民政府提出，报同级人民代表大会常务委员会决定，并报全国人民代表大会常务委员会和国务院备案。

（二）减免税特殊规定

（1）城镇职工按规定第一次购买公有住房，免征契税。

（2）金融租赁公司开展售后回租业务，承受承租人房屋、土地权属的，照章征税。对售后回租合同期满，承租人回购原房屋、土地权属的，免征契税。

（3）廉租住房、公租房、棚户区改造、易地扶贫搬迁、引水工程的免税优惠：

①廉租住房经营管理单位购买住房作为廉租住房、经济适用住房经营管理单位回购经济适用住房继续作为经济适用住房房源，免征契税。

②棚户区改造中，经营管理单位回购已分配的改造安置住房继续作为改造安置房源，免征契税。

③公租房经营管理单位购买住房作为公租房，免征契税。

④易地扶贫搬迁贫困人口按规定取得的安置住房，免征契税；易地扶贫搬迁项目实施主体取得用于建设安置住房的土地，免征契税；易地扶贫搬迁项目实施主体购买商品住房或者回购保障性住房作为安置住房房源，免征契税。

⑤2021年1月1日至2027年12月31日，饮水工程运营管理单位为建设饮水工程而承受土地使用权，免征契税。

（4）农村集体经济组织以及代行集体经济组织职能的村民委员会、村民小组进行清产核资收回集体资产而承受土地、房屋权属，免征契税。

（5）为社区提供养老、托育、家政等服务的机构，承受房屋、土地用于提供社区养老、托育、家政服务，免征契税。

（6）军队离退休干部住房由国家投资建设，军队和地方共同承担建房任务，其中军队承建部分完工后应逐步移交地方政府管理，免征军建离退休干部住房及附属用房移交地方政府管理所涉及的契税。

（7）与个人有关的契税优惠，见表9-17。

表9-17　**个人购买住房契税优惠政策**

对个人购买家庭唯一住房（家庭成员范围包括购房人、配偶以及未成年子女）	面积≤90㎡	减按1%税率
	面积>90㎡	减按1.5%税率
对个人购买家庭第二套改善性住房	面积≤90㎡	减按1%税率
	面积>90㎡	减按2%税率
	北上广深暂不实施此项契税优惠政策	

六、计税依据及应纳税额的计算

（一）计税依据

（1）土地使用权出让、出售，房屋买卖，为土地、房屋权属转移合同确定的成交价格，包括应交付的货币以及实物、其他经济利益对应的价款。

（2）土地使用权互换、房屋互换，为所互换的土地使用权、房屋价格的差额。

（3）土地使用权赠与、房屋赠与以及其他没有价格的转移土地、房屋权属行为，为税务机关参照土地使用权出售、房屋买卖的市场价格依法核定的价格。

具体规定见表9-18。

表9-18　**契税计税依据的具体规定**

情形	计税依据
土地使用权出让、出售，房屋买卖	成交价格（土地、房屋权属转移合同确定的价格）
土地使用权互换、房屋互换	所换取的土地使用权、房屋的价格差额： 1.互换价格相等时，免征契税 2.不等时，由多交付货币、实物、无形资产或其他经济利益的一方缴纳契税
土地使用权赠与、房屋赠与（法定继承除外）	税务机关参照土地使用权出售、房屋买卖的市场价格核定
其他没有价格的转移土地、房屋权属行为	税务机关参照土地使用权出售、房屋买卖的市场价格核定
房屋附属设施（包括停车位、机动车库、非机动车库、顶层阁楼、储藏室及其他房屋附属设施）	1.房屋附属设施与房屋为同一不动产单元的，计税依据为承受方应交付的总价款，并适用与房屋相同的税率 2.房屋附属设施与房屋为不同不动产单元的，计税依据为转移合同确定的成交价格，并按当地确定的适用税率计税

【了解一下】（1）契税的计税依据均为不含增值税的不动产价格。

（2）纳税人申报的成交价格、互换价格差额明显偏低且无正当理由的，由税务机关依规定核定。

（3）土地使用权出让的，计税依据包括土地出让金、土地补偿费、安置补助费、地上附着物和青苗补偿费、征收补偿费、城市基础设施配套费、实物配建房屋等应交付的货币以及实物、其他经济利益对应的价款。

（4）纳税人承受已装修的房屋，应将包括装修费用在内的费用计入承受方应交付的价款，计缴契税。

（5）房屋附属设施：若不涉及土地使用权和房屋所有权移交变动的，不征税契税。

（二）应纳税额的计算

契税的应纳税额按照计税依据乘以具体适用税率计算，计税公式如下：

应纳税额=计税依据×税率

【例9-15】甲公司2024年2月受让一宗土地，土地出让合同记载土地出让金为15 000万元、征收补偿费为3 000万元、城市基础设施配套费为900万元、青苗补偿费为300万元，当地契税税率为3%。要求计算该企业受让土地使用权应缴纳的契税。

【答案】应纳契税=（15 000+3 000+900+300）×3%=576（万元）

【例9-16】某公司2024年1月以1 400万元（不含增值税）购入一幢旧写字楼作为办公用房，该写字楼原值1 800万元，已计提折旧400万元。当地适用契税税率为4%，要求计算该公司购入写字楼应缴纳的契税。

【答案】应纳契税=（1 800-400）×4%=56（万元）

【例9-17】居民乙因拖欠居民甲200万元的款项无力偿还，2024年6月经当地有关部门调解，以房产抵偿该笔债务，居民甲因此取得该房产的产权并支付给居民乙差价款50万元。假定当地适用的契税税率为5%，金额均不含增值税，要求判断应该由谁来缴纳契税，并计算应纳税额。

【答案】契税的纳税人为承受房产权属的单位和个人，所以应该由居民甲缴纳契税。由于该房产是用200万元债权外加50万元款项取得，故计税依据为250万元：

应纳契税=（200+50）×5%=12.5（万元）

七、征收管理

（一）纳税义务发生时间

以不动产单元为基本单位。纳税义务发生时间是纳税人签订土地、房屋权属转移合同的当日，或纳税人取得其他具有土地、房屋权属转移合同性质凭证的当日。

特殊情形下，契税纳税义务发生时间：

（1）因人民法院、仲裁委员会的生效法律文书或者监察机关出具的监察文书等发生土地、房屋权属转移的，纳税义务发生时间为法律文书等生效当日；

（2）因改变土地、房屋用途等情形应当缴纳已减免契税的，纳税义务发生时间为改变有关土地、房屋用途等情形的当日；

（3）因改变土地性质、容积率等土地使用条件需补缴土地出让价款，应缴纳契税的，纳税义务发生时间为改变土地使用条件当日。

发生上述情形，按规定不再需要办理土地、房屋权属登记的，纳税人应自纳税义务发生之日起90日内申报缴纳契税。

（二）纳税期限

纳税人应当在依法办理土地、房屋权属登记手续前申报缴纳契税。

在依法办理土地、房屋权属登记前，权属转移合同、权属转移合同性质凭证不生效、无效、被撤销或者被解除的，纳税人可以向税务机关申请退还已缴纳的税款，税务机关应当依法办理。

（三）纳税申报

契税纳税人依法纳税申报时，应填报《财产和行为税税源明细表》（《契税税源明细表部分》），并根据具体情形提交下列资料：

（1）纳税人身份证件；

（2）土地、房屋权属转移合同或其他具有土地、房屋权属转移合同性质的凭证；

（3）交付经济利益方式转移土地、房屋权属的，提交土地、房屋权属转移相关价款支凭证，其中，土地使用权出让为财政票据，土地使用权出售、互换和房屋买卖、互换为增值税发票；

（4）因人民法院、仲裁委员会的生效法律文书或者监察机关出具的监察文书等因素发生土地、房屋权属转移的，提交生效法律文书或监察文书等。

符合减免税条件的，应按规定附送有关资料或将资料留存备查。

（四）纳税地点

契税在土地、房屋所在地缴纳。

第八节　烟叶税

【税问我答】什么情形下征收烟叶税？以烟叶税收购方为纳税人，国家有何种考量？烟叶税的征收有什么样的意义？在学习完本节内容后进行回答。

一、概念

烟叶税是以纳税人收购烟叶的收购金额为计税依据征收的一种税。

我国现行烟叶税的基本规范是2017年12月27日第十二届全国人民代表大会常务委员会第三十一次会议通过，自2018年7月1日起施行的《中华人民共和国烟叶税法》（以下简称《烟叶税法》）。

二、征税对象

烟叶税的征税对象是烟叶，包括烤烟叶、晾晒烟叶。

三、纳税人

在中华人民共和国境内收购烟叶的单位为烟叶税的纳税人。

【了解一下】烟叶税的纳税人具有特定性，一般是有权收购烟叶的烟草公司或者其受其委托收购烟叶的单位，即烟叶税由烤烟叶、晾晒烟叶的收购方缴纳，农业生产者无须缴纳。

四、税率

烟叶税实行比例税率，税率为20%。

五、计税依据及应纳税额的计算

烟叶税的计税依据是收购烟叶实际支付的价款总额。实际支付的价款总额，包括纳税人支付给烟叶生产销售单位和个人的烟叶收购价款和价外补贴。其中，价外补贴统一按烟叶收购价款的10%计算。

应纳税额=实际支付的价款总额×税率

=（收购价款+价外补贴）×税率

=（收购价款+收购价款×10%）×税率

=收购价款×（1+10%）×20%

【了解一下】价外补贴：烟叶收购单位收购烟叶时按照国家有关规定以现金形式直接补贴烟农的生产投入补贴，属于农产品买价，是实际支付价款总额的一部分。

【例9-18】2024年6月，某卷烟生产企业向烟农收购烟叶一批，支付收购价款100万元、价外补贴9万元，已开具农产品收购发票。要求计算甲卷烟生产企业当月该笔业务应缴纳烟叶税税额。

【答案】应纳税额=100×（1+10%）×20%=22（万元）

六、征收管理

（一）纳税义务发生时间

烟叶税的纳税义务发生时间为纳税人收购烟叶的当天。

（二）纳税期限

烟叶税按月计征，纳税人应当于纳税义务发生月终了之日起15日内申报并缴纳税款。

（三）纳税地点

纳税人收购烟叶，应当向烟叶收购地的主管税务机关申报纳税。

第九节　车辆购置税

【税问我答】并不是所有的车辆都征收车辆购置税，也并不是发生购车行为就发生车辆购置税的纳税义务。通过学习本节内容，回答哪些车辆征收车辆购置税，何种情况下征收，如何计征。

一、概述

车辆购置税是以在中国境内购置的汽车、有轨电车、汽车挂车、排气量超过150毫升的摩托车为课税对象，在特定的环节向车辆购置者征收的一种税。

上文的购置，指以购买、进口、自产、受赠、获奖或者其他方式取得并自用应税车辆的行为。在消费（自用）环节一次课征车辆购置税，由承受方纳税；购置已征车辆购置税的车辆，不再征收车辆购置税。

我国现行车辆购置税的基本规范是2018年12月29日第十三届全国人民代表大会常

务委员会第七次会议通过，自 2019 年 7 月 1 日起施行的《中华人民共和国车辆购置税法》(以下简称《车辆购置税法》)。

二、纳税人

《车辆购置税法》规定的纳税人，是在中华人民共和国境内购置汽车、有轨电车、汽车挂车、排气量超过150毫升的摩托车的单位和个人。

【了解一下】单位，指企业、行政单位、事业单位、军事单位、社会团体和其他单位；个人，指个体工商户和自然人。

三、征税范围

车辆购置税以《车辆购置税法》列举的车辆为征税对象，具体见表9-19。

表9-19　**车辆购置税应税车辆与不征税车辆对比表**

列举的应税车辆	不属于应税范围的车辆
汽车、有轨电车、汽车挂车、排气量超过150毫升的摩托车	地铁、轻轨等城市轨道交通车辆，装载机、平地机、挖掘机、推土机等轮式专用机械车，以及起重机（吊车）、叉车、电动摩托车、排气量在150毫升（含）以下的摩托车

四、税率

我国车辆购置税实行统一比例税率，税率为10%。

五、计税价格与应纳税额计算

应税车辆的计税价格，按照下列规定确定：

（1）纳税人购买自用应税车辆的计税价格，为纳税人实际支付给销售者的全部价款，不包括增值税税款。

（2）纳税人进口自用应税车辆的计税价格，为关税完税价格加上关税和消费税。

（3）纳税人自产自用应税车辆的计税价格，按照纳税人生产的同类应税车辆的销售价格确定，不包括增值税税款。

（4）纳税人以受赠、获奖或者其他方式取得自用应税车辆的计税价格，按照购置应税车辆时相关凭证载明的价格确定，不包括增值税税款。

（5）纳税人申报的应税车辆计税价格明显偏低，又无正当理由的，由税务机关依照《中华人民共和国税收征收管理法》的规定核定其应纳税额。

（6）纳税人以外汇结算应税车辆价款的，按照申报纳税之日的人民币汇率中间价折合成人民币计算缴纳税款。

车辆购置税的计税依据及应纳税额的计算方法见表9-20。

表9-20　**车辆购置税计税依据及应纳税额计算方法**

情形	计税价格	应纳税额
购买自用应税车辆	1.以发票电子信息中的不含增值税价作为计税价格 2.应税车辆存在多条发票电子信息或者没有发票电子信息的，纳税人按购置应税车辆实际支付给销售方的不含增值税的全部价款申报纳税	应纳税额=计税价格×税率（10%）

续表

情形	计税价格	应纳税额
进口自用应税车辆	1.消费税应税车辆： 组成计税价格=关税完税价格+关税+消费税 2.非消费税应税车辆（卡车、货车等）： 组成计税价格=关税完税价格+关税	
自产自用应税车辆	1.按照纳税人生产的同类应税车辆（车辆配置序列号相同的车辆）的销售价格确定，不包括增值税税款 2.没有同类应税车辆销售价格的，按照组成计税价格确定： （1）消费税应税车辆： 组成计税价格=成本×（1+成本利润率）+消费税 （2）非消费税应税车辆（卡车、货车等）： 组成计税价格=成本×（1+成本利润率）	应纳税额=计税价格×税率（10%）
以受赠、获奖或者其他方式取得自用应税车辆	1.按照购置应税车辆时相关凭证载明的价格确定，不包括增值税税款 2.无法提供相关凭证的，参照同类应税车辆市场平均交易价格确定其计税价格 3.原车辆所有人为车辆生产或者销售企业，未开具机动车销售统一发票的，按照车辆生产或销售企业同类应税车辆的销售价格确定其计税价格；无同类应税车辆销售价格的，按照组成计税价格确定其计税价格	
纳税人申报的应税车辆计税价格明显偏低，有无正当理由	由税务机关依法核定其应纳税额	

【了解一下】购买自用应税车辆，计税价格不含销售方代办保险等向购买方收取的保险费，以及向购买方收取的代购买方缴纳的车辆购置税、车辆牌照费。

【例9-19】2024年10月李某从汽车4S店（增值税一般纳税人）购置了一辆排气量为1.8升的乘用车，支付购车款（含增值税）339 000元，取得机动车销售统一发票，支付该车装饰费用6 780元并取得4S店开具的票据。要求计算李某应缴纳的车辆购置税。

【答案】李某应缴纳的车辆购置税=339 000÷（1+13%）×10%=30 000（元）

【例9-20】某汽车贸易公司2024年7月进口13辆小轿车，海关审定的关税完税价格为34万元/辆。当月销售9辆，取得含税销售额360万元；3辆供公司自用；1辆用于抵偿债务，合同约定的含税价格为40万元。已知：小轿车关税税率为28%，消费税税率为9%。要求计算该汽车贸易公司应缴纳的车辆购置税。

【答案】应缴纳的车辆购置税=34×（1+28%）÷（1−9%）×10%×3=14.35（万元）

六、税收优惠

（1）依照法律规定应当予以免税的外国驻华使馆、领事馆和国际组织驻华机构及其有关人员自用车辆，免征车辆购置税。

（2）中国人民解放军和中国人民武装警察部队列入装备订货计划的车辆，免征车辆购置税。

（3）悬挂应急救援专用号牌的国家综合性消防救援车辆，免征车辆购置税。

（4）设有固定装置的非运输专用作业车辆，免征车辆购置税。

（5）城市公交企业购置的公共汽电车辆，免征车辆购置税。公共汽电车辆含符合标准的公共汽车、无轨电车和有轨电车。

（6）回国服务的在外留学人员用现汇购买1辆个人自用国产小汽车和长期来华定居专家进口1辆自用小汽车，免征车辆购置税。

（7）防汛部门和森林消防部门用于指挥、检查、调度、报汛（警）、联络的由指定厂家生产的设有固定装置的指定型号的车辆，免征车辆购置税。

（8）购置新能源乘用车优惠：①

①对购置日期在2024年1月1日至2025年12月31日期间的新能源汽车免征车辆购置税，其中，每辆新能源乘用车免税额不超过3万元；

②对购置日期在2026年1月1日至2027年12月31日期间的新能源汽车减半征收车辆购置税，其中，每辆新能源乘用车减税额不超过1.5万元。

（9）中国妇女发展基金会“母亲健康快车”项目的流动医疗车免征车辆购置税。

（10）原公安现役部队和原武警黄金、森林、水电部队改制后换发地方机动车牌证的车辆（公安消防、武警森林部队执行灭火救援任务的车辆除外），一次性免征车辆购置税。

根据国民经济和社会发展的需要，国务院可以规定减征或者其他免征车辆购置税的情形，报全国人民代表大会常务委员会备案。

免税、减税车辆因转让、改变用途等原因不再属于免税、减税范围的，纳税人应当在办理车辆转移登记或者变更登记前缴纳车辆购置税。

计税价格以免税、减税车辆初次办理纳税申报时确定的计税价格为基准，每满1年扣减10%；应纳税额不得为负数：

应纳税额=初次办理纳税申报时确定的计税价格×（1－使用年限×10%）×10%－已纳税额

使用年限的计算方法：自初次办理纳税申报之日起，至不再属于减免税范围的情形发生之日止。使用年限取整计算，不满一年的不计算在内。

七、征收管理

（一）纳税申报

车辆购置税实行一车一申报制度，购置已征车辆购置税的车辆，不再征收车辆购置税。

（二）纳税义务发生时间和纳税期限

车辆购置税的纳税义务发生时间为纳税人购置应税车辆的当日。纳税人应当自纳税义务发生之日起60日内申报缴纳车辆购置税。

（三）纳税地点

纳税人应当在向公安机关交通管理部门办理车辆注册登记前，缴纳车辆购置税。公

① 新能源汽车包括纯电动汽车、插电式混合动力（含增程式）汽车、燃料电池汽车。

安机关交通管理部门办理车辆注册登记，应当根据税务机关提供的应税车辆完税或者免税电子信息对纳税人申请登记的车辆信息进行核对，核对无误后依法办理车辆注册登记。

车辆购置税纳税地点的具体规定见表9-21。

表9-21　**车辆购置税纳税地点的具体规定**

1.纳税人购置应税车辆，应当向车辆登记地的主管税务机关申报纳税 2.购置不需办理车辆登记手续的应税车辆，应当向纳税人所在地的主管税务机关申报纳税	具体规定
	单位纳税人向其机构所在地的主管税务机关申报纳税
	个人纳税人向其户籍所在地或者经常居住地的主管税务机关申报纳税

（四）退税制度

纳税人将已征车辆购置税的车辆退回车辆生产企业或者销售企业的，可以向主管税务机关申请退还车辆购置税。

退税额以已缴税款为基准，自缴纳税款之日至申请退税之日，每满一年扣减10%。具体退税额的计算方法见表9-22。

表9-22　**车辆购置税退税额计算方法**

退税的情形	纳税人将已征车辆购置税的车辆退回车辆生产企业或者销售企业的
退税额的计算	应退税额=已纳税额×（1-使用年限×10%） 1.应退税额不得为负数 2.使用年限：自纳税人缴纳税款之日起，至申请退税之日止。按已缴纳税款每满1年扣减10%计算退税；未满1年的，按已缴纳税款全额退税

【例9-21】王某2020年10月购置一辆小汽车自用，当月办理纳税申报并缴纳车辆购置税4万元，2024年10月该小汽车因安全气囊问题被生产企业召回，根据车辆购置税法律制度的规定，要求计算王某应申请退还的车辆购置税。

【答案】应退税额=4×（1-4×10%）=2.4（万元）

第十节　车船税

【税问我答】车船税的征收与车辆购置税的征收有何不同？车船税的计税依据是什么？如何确定应纳税额并通过何种方式履行纳税义务？通过学习本节内容进行回答。

一、概述

车船税是对在中华人民共和国境内属于《中华人民共和国车船税法》（以下简称《车船税法》）中"车船税税目税额表"所规定的车辆、船舶（以下简称车船）的所有人或者管理人征收的一种税。

2011年2月25日，第十一届全国人民代表大会常务委员会第十九次会议通过了《车船税法》。2019年4月23日，第十三届全国人民代表大会常务委员会第十次会议修改了《车船税法》。车船税的征收，不仅在于为国家的财政收入作出贡献，还在于通过税收手段促进车船管理的规范化、环保与节能的引导以及社会公平与调节的实现。

二、征税范围

（1）车船税的征税范围是指在中华人民共和国境内属于《车船税法》所附“车船税税目税额表”规定的车辆、船舶。车辆、船舶，是指：

①依法应当在车船登记管理部门登记的机动车辆和船舶；

②依法不需要在车船登记管理部门登记的在单位内部场所行驶或者作业的机动车辆和船舶。

（2）境内单位和个人租入外国籍船舶的，不征收车船税。境内单位和个人将船舶出租到境外的，应依法征收车船税。

【了解一下】（1）车船税的征税范围包括机动车船（不包括拖拉机）与非机动驳船。（2）临时入境的外国车船和香港特别行政区、澳门特别行政区、台湾地区的车船，不征收车船税。

三、纳税人

在中华人民共和国境内属于《车船税法》所附“车船税税目税额表”规定的车辆、船舶的所有人或者管理人，为车船税的纳税人，应当依照《车船税法》缴纳车船税。

从事机动车第三者责任强制保险业务的保险机构为机动车车船税的扣缴义务人，应当在收取保险费时依法代收车船税，并出具代收税款凭证。

四、税目、计税依据与税额

（一）税目与计税依据

车船税的税目分为乘用车、摩托车、商用车（客车和货车）、挂车、其他车辆及船舶（机动船舶和游艇）。其中，乘用车、摩托车及客车按辆征收；货车、挂车、其他车辆按整备质量征收；机动船舶按净吨位征收；游艇按艇身长度征收。具体规定见表9-23。

表9-23　**车船税税目及计税依据具体规定**

税目		计税依据	备注
乘用车		辆	核定载客人数9人（含）以下
摩托车			—
商用车	客车		核定载客人数9人以上，包括电车
	货车	整备质量	包括半挂牵引车、三轮汽车和低速载货汽车等
挂车			—
其他车辆	专用作业车		不包括拖拉机，拖拉机不征车船税
	轮式专用机械车		
船舶	机动船舶	净吨位	—
	游艇（含辅助动力帆艇）	艇身长度	—

（二）税额

车船税采用定额幅度税率，即对征税的车船规定单位上下限税额标准，税额确定的总原则是：排气量低的车辆的税负轻于排气量高的车辆；小吨位船舶的税负轻于大船舶；客车按照核定载客人数20人以下和20人（含）以上两档划分，递增税额。

车辆的具体适用税额由省、自治区、直辖市人民政府依照《车船税法》所附“车船税税目税额表”（见表9–24）规定确定，并报国务院备案。船舶的具体适用税额由国务院在“车船税税目税额表”规定的税额幅度内确定。

表9–24　　**车船税税目税额表**

税目		计税单位	年基准税额
乘用车[1]［按发动机气缸容量（排气量）分档］	1.0升（含）以下的	每辆	60~360元
	1.0升以上至1.6升（含）的		300~540元
	1.6升以上至2.0升（含）的		360~660元
	2.0升以上至2.5升（含）的		660~1 200元
	2.5升以上至3.0升（含）的		1 200~2 400元
	3.0升以上至4.0升（含）的		2 400~3 600元
	4.0升以上的		3 600~5 400元
摩托车			36~180元
商用车[2]	客车		480~1 440元
	货车	整备质量每吨	16~120元
挂车			按照货车税额的50%计算
其他车辆	专用作业车		16~120元
	轮式专用机械车		16~120元
船舶	机动船舶	净吨位每吨	3~6元
	游艇	艇身长度每米	600~2 000元

【了解一下】（1）拖船、非机动驳船分别按照机动船舶税额的50%计算。

（2）拖船按照发动机功率每1千瓦折合净吨位0.67吨计算征收车船税：

拖船发动机功率1千瓦=净吨位0.67吨

（3）排气量、整备质量、核定载客人数、净吨位、千瓦、艇身长度，以车船登记管理部门核发的车船登记证书或者行驶证所载数据为准。

① 乘用车，是指在设计和技术特性上主要用于载运乘客及随身行李，核定载客人数包括驾驶员在内不超过9人的汽车。

② 商用车，是指除乘用车外，在设计和技术特性上用于载运乘客、货物的汽车，划分为客车和货车。

（4）依法不需要办理登记的车船和依法应当登记而未办理登记或者不能提供车船登记证书、行驶证的车船，以车船出厂合格证明或者进口凭证标注的技术参数、数据为准；不能提供车船出厂合格证明或者进口凭证的，由主管税务机关参照国家相关标准核定，没有国家相关标准的，参照同类车船核定。

五、税收优惠

减免税基本规定：

（1）捕捞，养殖渔船免征车船税。捕捞、养殖渔船，是指在渔业船舶登记管理部门登记为捕捞船或者养殖船的船舶。

（2）军队、武装警察部队专用的车船免征车船税。军队、武装警察部队专用的车船，是指按照规定在军队、武装警察部队车船登记管理部门登记，并领取军队、武警牌照的车船。

（3）警用车船免征车船税。警用车船，是指公安机关、国家安全机关、监狱和人民法院、人民检察院领取警用牌照的车辆和执行警务的专用船舶。

（4）悬挂应急救援专用号牌的国家综合性消防救援车辆和国家综合性消防救援专用船舶，免征车船税。

（5）对依照法律规定应当予以免税的外国驻华使领馆、国际组织驻华代表机构及其有关人员的车船，免征车船税。

（6）对新能源车船免征车船税。

①免征车船税的新能源汽车，是指纯电动商用车、插电式（含增程式）混合动力汽车、燃料电池商用车。纯电动乘用车和燃料电池乘用车不属于车船税征税范围，不征车船税。

②免征车船税的新能源船舶，是指主推进动力装置为纯天然气发动机的船舶。

（7）对节能汽车，减半征收车船税。

减半征收车船税的节能乘用车应同时满足以下两个条件：

①获得许可在中国境内销售的排量为1.6升以下（含1.6升）的燃用汽油、柴油的乘用车（含非插电式混合动力、双燃料和两用燃料乘用车）。

②综合工况燃料消耗量应符合相关标准。

（8）对受严重自然灾害影响纳税困难以及有其他特殊原因确需减税、免税的，可以减征或者免征车船税。具体减免期限和数额由省、自治区、直辖市人民政府确定，报国务院备案。

（9）省、自治区、直辖市人民政府根据当地实际情况，可以对公共交通车船，农村居民拥有并主要在农村地区使用的摩托车、三轮汽车和低速载货汽车定期减征或者免征车船税。

六、应纳税额的计算

购置的新车船，购置当年的应纳税额自纳税义务发生的当月起按月计算。应纳税额为年应纳税额除以12再乘以应纳税月份数。即：

应纳税额=年应纳税额÷12×应纳税月份数[①]

① 应纳税月份数=12-纳税义务发生时间（月份）+1。

（1）在一个纳税年度内，已完税的车船被盗抢、报废、灭失的，纳税人可以凭有关管理机关出具的证明和完税凭证，向纳税所在地的主管税务机关申请退还自被盗抢、报废、灭失月份起至该纳税年度终了期间的税款。

（2）已办理退税的被盗抢车船失而复得的，纳税人应当从公安机关出具相关证明的当月起计算缴纳车船税。

（3）已缴纳车船税的车船在同一纳税年度内办理转让过户的，不另纳税，也不退税。

【例 9-22】李某 2024 年 3 月 5 日从 4S 店购小轿车一辆，支付含增值税价款 45.2 万元。该型号轿车车船税年税额为 1 300 元。要求计算李某 2024 年应缴纳的车船税。

【答案】应纳车船税=1 300÷12×10=1 083.33（元）

【例 9-23】某公司 2024 年年初拥有小轿车 2 辆；当年 3 月，1 辆小轿车被盗，已按照规定办理退税。通过公安机关的侦查，11 月份被盗车辆失而复得，并取得公安机关的相关证明。已知，当地小轿车车船税年税额为 960 元/辆。要求计算该公司 2024 年应缴纳的车船税。

【答案】应纳车船税=960+960÷12×（12−8）* =1 280（元）

七、征收管理

（一）纳税义务发生时间

车船税纳税义务发生时间为取得车船所有权或者管理权的当月，以购买车船的发票或者其他证明文件所载日期的当月为准。

（二）纳税申报

车船税按年申报，分月计算，一次性缴纳。纳税年度为公历 1 月 1 日至 12 月 31 日。具体申报纳税期限由省、自治区、直辖市人民政府规定。

（三）代收代缴

从事机动车第三者责任强制保险业务的保险机构为机动车车船税的扣缴义务人，应当在收取保险费时依法代收车船税，并出具代收税款凭证。

（四）纳税地点

车船税的纳税地点为车船的登记地或者车船税扣缴义务人所在地。依法不需要办理登记的车船，车船税的纳税地点为车船的所有人或者管理人所在地。

（五）其他管理规定

税务机关可以在车船登记管理部门、车船检验机构的办公场所集中办理车船税征收事宜。公安机关交通管理部门在办理车辆相关登记和定期检验手续时，经核查，对没有提供依法纳税或者免税证明的，不予办理相关手续。

第十一节　船舶吨税

【税问我答】我国的船舶吨税针对什么样的船舶征收？如何征收？设置普通税率和优惠税率两种不同税率有何意义？通过学习本节内容进行回答。

一、概述

船舶吨税简称吨税，是海关对中华人民共和国境外港口进入境内的船舶所征收的一种税。

船舶吨税由海关负责征收。我国船舶吨税的现行征收法律依据是2017年12月27日第十二届全国人民代表大会常务委员会第三十一次会议通过的《中华人民共和国船舶吨税法》（以下简称《船舶吨税法》）。2018年10月26日，第十三届全国人民代表大会常务委员会第六次会议对其进行了修正，自2018年7月1日起实施。船舶吨税是国家主权在航运领域的体现，通过对进出本国港口的船舶征收吨税，国家行使对航运业的管辖权，维护国家海洋权益和主权安全。船舶吨税的收入主要用于支持港口和航道等基础设施的建设和维护，可以促进国际贸易的发展。

二、征税范围和纳税人

自中华人民共和国境外港口进入境内港口的船舶，应当缴纳船舶吨税，以应税船舶负责人为纳税人。

三、税率

船舶吨税的计税依据为净吨位。船舶吨税的税率同时受两个因素影响：一是船舶净吨位；二是吨税执照期限。①

船舶吨税设置优惠税率和普通税率（见表9-25）。

表9-25 船舶吨税税率表

税目（按船舶净吨位划分）	税率（元/净吨）						备注
	普通税率（按执照期限划分）			优惠税率（按执照期限划分）			
	1年	90日	30日	1年	90日	30日	
2 000净吨（含）以下	12.6	4.2	2.1	9.0	3.0	1.5	1.拖船按照发动机功率每千瓦折合净吨位0.67吨[a] 2.拖船和非机动驳船分别按相同净吨位船舶税率的50%计征税款[b] 3.无法提供净吨位证明文件的游艇，按照发动机功率每千瓦折合净吨位0.05吨
2 000净吨～10 000净吨（含）	24.0	8.0	4.0	17.4	5.8	2.9	
10 000净吨～50 000净吨（含）	27.6	9.2	4.6	19.8	6.6	3.3	
50 000净吨以上	31.8	10.6	5.3	22.8	7.6	3.8	

注：a 拖船，是指专门用于拖（推）动运输船舶的专业作业船舶。

b 非机动驳船，是指在船舶登记机关登记为驳船的非机动船舶。

1.优惠税率

（1）中华人民共和国国籍的应税船舶；

（2）船籍国（地区）与中华人民共和国签订含有相互给予船舶税费最惠国待遇条款的条约或者协定的应税船舶。

2.普通税率

其他应税船舶。

① 净吨位，是指由船籍国（地区）政府签发或者授权签发的船舶吨位证明书上标明的净吨位。

四、税收优惠

（一）免征优惠

以下船舶免征船舶吨税：

（1）应纳税额在人民币50元以下的船舶。

（2）自境外以购买、受赠、继承等方式取得船舶所有权的初次进口到港的空载船舶。

（3）吨税执照期满后24小时内不上下客货的船舶。

（4）非机动船舶（不包括非机动驳船）。非机动船舶指自身没有动力装置，依靠外力驱动的船舶。

（5）捕捞、养殖渔船，指在中华人民共和国渔业船舶管理部门登记为捕捞船或者养殖船的船舶。①

（6）避难、防疫隔离、修理、改造、终止运营或者拆解，并不上下客货的船舶。

（7）军队、武装警察部队专用或者征用的船舶。

（8）警用船舶。

（9）依照法律规定应当予以免税的外国驻华使领馆、国际组织驻华代表机构及其有关人员的船舶。

（10）国务院规定的其他船舶。

上述第（5）条至第（9）条优惠，应当提供海事部门、渔业船舶管理部门等部门、机构出具的具有法律效力的证明文件或者使用关系证明文件，申明免税的依据和理由。

（二）延期优惠

在吨税执照期限内，应税船舶发生下列情形之一的，海关按照实际发生的天数批注延长吨税执照期限：

（1）避难、防疫隔离、修理、改造，并不上下客货。

（2）军队、武装警察部队征用。

【了解一下】应税船舶因不可抗力在未设立海关地点停泊的，船舶负责人应当立即向附近海关报告，并在不可抗力原因消除后，向海关申报纳税。

五、应纳税额的计算

应税船舶在进入港口办理入境手续时，应当向海关申报纳税领取吨税执照，或者交验吨税执照（或者申请核验吨税执照电子信息）。应税船舶负责人在每次申报纳税时，可以按照“船舶吨税税目、税率表”选择申领一种期限的吨税执照。应税船舶负责人缴纳船舶吨税或者提供担保后，海关按照其申领的执照期限填发吨税执照。

应税船舶负责人申领吨税执照时，应当向海关提供下列文件：

（1）船舶国籍证书或者海事部门签发的船舶国籍证书收存证明。

（2）船舶吨位证明。

---

① 捕捞、养殖渔船，是指在中华人民共和国渔业船舶管理部门登记为捕捞船或者养殖船的船舶。

船舶吨税按照船舶净吨位和吨税执照期限征收，应纳税额按照船舶净吨位乘以适用税率计算。计税公式为：

应纳税额=船舶净吨位×定额税率

【例9-24】有一艘甲国籍净吨位为9 000净吨的货轮“维多利亚”号，停靠在我国天津新港装卸货物。货轮负责人已向我国海关领取了吨税执照，在港口停留期限为30天，甲国已与我国签订含有相互给予船舶税费最惠国待遇条款的条约。要求计算该货轮应缴纳的船舶吨税。

【答案】应纳船舶吨税=9 000×2.9=26 100（元）

【例9-25】有一艘船籍国为甲国的游艇停靠我国口岸，并拟办理30日吨税执照，该游艇无法提供净吨位证明文件，但已知该游艇发动机功率为3 000千瓦，甲国已与我国签订含有相互给予船舶税费最惠国待遇条款的条约。要求计算该游艇应缴纳的船舶吨税。

【答案】该游艇折合净吨位=3 000×0.05=150（净吨）

应纳船舶吨税=150×1.5=225（元）

六、征收管理

（一）征收机关

船舶吨税由海关负责征收。海关征收吨税应当制发缴款凭证。

（二）纳税义务发生时间

船舶吨税纳税义务发生时间为应税船舶进入港口的当日。

（三）纳税期限

（1）应税船舶在吨税执照期满后尚未离开港口的，应当申领新的吨税执照，自上一次执照期满的次日起续缴吨税。

（2）应税船舶负责人应当自海关填发吨税缴款凭证之日起15日内缴清税款。未按期缴清税款的，自滞纳税款之日起至缴清税款之日止，按日加收滞纳税款5‱的税款滞纳金。

（3）海关发现少征或者漏征税款的，应当自应税船舶应当缴纳税款之日起1年内补征税款。

（4）因应税船舶违反规定造成少征或者漏征税款的，海关可以自应当缴纳税款之日起3年内追征税款，并自应当缴纳税款之日起按日加征少征或者漏征税款5‱的税款滞纳金。

（四）纳税担保

应税船舶到达港口前，经海关核准先行申报并办结出入境手续的，应税船舶负责人应当向海关提供与其依法履行吨税缴纳义务相适应的担保；应税船舶到达港口后，依照规定向海关申报纳税。

下列财产、权利可以用于担保：

（1）人民币、可自由兑换货币。

（2）汇票、本票、支票、债券、存单。

（3）银行、非银行金融机构的保函。

（4）海关依法认可的其他财产、权利。

【税事热议】

2021年3月13日，《中华人民共和国国民经济和社会发展第十四个五年规划和2035年远景目标纲要》正式发布，将“推进房地产税立法”写入其中。2021年10月23日，第十三届全国人民代表大会常务委员会第三十一次会议通过了《全国人民代表大会常务委员会关于授权国务院在部分地区开展房地产税改革试点工作的决定》，授权国务院在部分地区开展房地产税改革试点工作，改革试点范围由上海、重庆拓展至更多城市，进入实质性实施阶段。房地产税改革旨在对居民个人拥有的房地产在存量环节征税，改变房产税将个人所有非营业用房产排除在外导致的，税法调节房产收入的真空，将农村宅基地及其上住宅之外的各类房地产纳入征税范围。你认为在实现全体人民共同富裕的中国式现代化远景目标下，我国房地产税应如何立法以实现良法善治？

思维导图

第九章思维导图

练习题

一、即测即评

第九章单选题　　第九章多选题　　第九章判断题

二、计算题

1. 某电厂与某运输公司签订了两份运输保管合同。第一份合同载明的金额合计50万元（运费和保管费未分别记载）；第二份合同中注明运费为30万元、保管费为10万元。已知运输合同印花税税率为0.3‰，保管合同印花税税率为1‰。要求分别计算该电厂第一份、第二份合同应缴纳的印花税税额。

2. 甲公司向乙公司租赁2台起重机并签订租赁合同，合同注明起重机总价值为800 000元，租期为2个月，租金共计80 000元。已知租赁合同适用印花税税率为1‰。根据印花税法律制度的规定，要求计算甲公司和乙公司签订该租赁合同共计应缴纳的印花税税额。

3. 某企业是环境保护税的纳税人，该企业有一个污水排放口，2024年8月排放总铅及化合物900千克，污染当量值为0.025千克，假定该企业所在省公布的水污染物单位税额为每污染当量8.4元，要求计算该纳税人2024年8月应缴纳的环境保护税税额。

4. 某企业产生废物6 000吨，其中5 000吨综合利用符合国家环境标准，900吨符合国家环境标准存放，100吨直接排放，要求计算该企业应缴纳的环境保护税税额（已知单位税额为5元/吨）。

5. 甲煤矿为增值税一般纳税人，2024年销售原煤不含增值税价格为435万元，其中包含运输费10万元、装卸费5万元，均取得增值税发票。已知资源税税率为2%，要求计算甲煤矿应缴纳的资源税税额。

6. 某砂石场2024年6月开采砂石5 000立方米，对外销售4 000立方米，取得不含税销售额4 000元，已知当地砂石资源税税率为3元/立方米。根据资源税法律制度的规定，要求计算该砂石场当月应缴纳的资源税税额。

7. 经批准某县兴建初中一所，共占耕地200亩，其中教学区60亩，办公区10亩，学生公寓30亩，教职工住宅区20亩，临路超市30亩；所占用耕地适用的定额税率为22元/平方米，已知1亩=666.67平方米。要求计算该学校应缴纳的耕地占用税税额。

8.2024年7月甲公司开发住宅社区，经批准共占用耕地150 000平方米，其中800平方米兴建幼儿园，5 000平方米修建学校。已知耕地占用税适用税率为30元 / 平方米。要求计算甲公司应缴纳耕地占用税税额。

9. 某企业实际占地面积共计20 000平方米，其中3 000平方米为厂区以内的绿化区，企业内学校和医院共占地1 500平方米，出租500平方米的土地使用权给其他企业，出借800平方米的土地给部队作训练场地。该企业所处地段适用年税额为2元 / 平方米。要求计算该企业应缴纳的城镇土地使用税税额。

10. 甲公司与某事业单位共同使用一块土地，面积为5 000平方米，其中事业单位占用70%，当地城镇土地使用税税额为每平方米5元。要求计算甲公司应缴纳的城镇土地使用税税额。

11. 甲公司拥有一处原值800 000元的房产。已知房产税税率为1.2%，当地规定的房产原值减除比例为30%。要求计算甲公司该房产每年应缴纳的房产税税额。

12.2024年9月张某出租自有住房，当月收取不含增值税租金5 800元，当月须偿还个人住房贷款1 500元。已知，个人出租住房房产税税率为4%。要求计算张某当月应缴纳房产税税额。

13. 张某有面积为140平方米的住宅一套，价值280万元。杨某有面积为120平方米的住宅一套，价值240万元。两人进行房屋互换，差价部分杨某以现金补偿张某。已知契税适用税率为3%，要求计算杨某应缴纳的契税税额。

14. 杨某原有两套住房，出售其中一套，成交价格为300万元，将另一套以市场价格200万元与黄某进行了等价置换，又以400万元价格购置了一套新房。已知契税的税率为3%。要求计算杨某应缴纳的契税税额。

15.2024年9月甲公司向烟农收购烟叶一批，支付收购价款1 000 000元，支付价外补贴100 000元，已开具农产品收购发票。已知，烟叶税税率为20%，根据烟叶税法律制度的规定，要求计算甲公司当月该笔业务应缴纳烟叶税税额。

16. 某企业进口自用小汽车一辆，海关审定的关税完税价格为60万元，已缴纳关税15万元、消费税25万元，已知车辆购置税税率为10%，要求计算该企业应缴纳的车辆购置税税额。

17. 某市市场监督管理局2024年3月向某汽车贸易公司购买一辆小汽车作自用，支付含增值税价款234 000元、代收的保险费2 500元、送车费700元、上牌费1 800元、均有某汽车贸易公司开具的发票和有关收据，要求计算该市场监督管理局应纳车辆购置税税额。

18. 杨某于2023年5月购入奔驰250一辆，2024年4月被盗，已按照规定办理退税。通过公安机关的侦查，2024年9月被盗车辆失而复得，并取得公安机关的相关证明。已知当地小轿车车船税年税额为500元/辆，要求计算杨某2024年实际应缴纳的车船税税额。

19. 某公司2024年5月20日购买一辆乘用车，价格为80万元。7月15日又购进一辆商用货车，价格为40万元，整备质量为16吨。已知：乘用车适用年基准税额为540元，商用货车适用年基准税额为60元/吨。要求计算该公司2024年应缴纳的车船税税额。

20.2024年5月1日，甲国某公司一艘货轮驶入我国某港口，该货轮净吨位为8 000吨，货轮负责人已向我国该海关领取了吨税执照，在港口停留期限为90日（吨税执照期限为90日，普通税率为每净吨位8.0元，优惠税率为每净吨位5.8元），该国已与我国签订有相互给予船舶税费最惠国待遇条款的协定。要求计算该货轮负责人应向我国海关缴纳的船舶吨税税额。

三、小组讨论与分享

2023年12月19日，财政部、国家税务总局联合发布《支持小微企业和个体工商户发展税费优惠政策指引（2.0）》，梳理收录国家延续、优化、完善的支持小微企业和个体工商户发展的50项税费优惠政策，帮助纳税人缴费人知政策懂政策，及时享受政策红利。其中涉及“六税两费”优惠政策：自2023年1月1日至2027年12月31日，对增值税小规模纳税人、小型微利企业和个体工商户减半征收资源税（不含水资源税）、城市维护建设税、房产税、城镇土地使用税、印花税（不含证券交易印花税）、耕地占用税和教育费附加、地方教育附加。值得关注的是，纳税人已依法享受其他优惠政策，可叠加享受“六税两费”减免优惠。

要求全面了解“六税两费”优惠政策的背景、享受政策的主体、政策执行与操作等，并运用所学知识、收集相关资料，分组讨论以下问题，并进行分享：

1. 请举一个实际案例，说明该企业如何成功享受“六税两费”优惠政策并带来积极效果。

2. 政策执行过程中可能遇到哪些挑战或问题？如何解决这些问题？

3. 除了“六税两费”优惠政策外，还有哪些政策或措施支持小微企业和个体工商户的发展？

第十章

税收征管法律制度

学习目标

知识目标：

理解税收征管法律制度的含义，掌握税收征纳主体的权利和义务，全面掌握税收征管的基本原理、法律制度和操作流程。

能力目标：

通过系统的学习和实践训练，全面提升实践操作能力、问题解决能力和税法遵从意识，为未来的税务实践工作奠定坚实的基础。

思政目标：

(1) 增强法治观念：学习法律条文背后的立法精神、法律原则和价值取向，理解法律制度的严谨性和权威性。

(2) 培养家国情怀：认识税收在国家经济发展中的重要作用，以及税收征管法律制度对于维护国家财政稳定、促进社会公平正义的意义，增强国家意识和爱国情怀。

(3) 强化职业道德：认识诚信纳税的重要性，培养诚信意识和自律精神，树立正确的职业观念，坚守职业道德底线，维护税务行业的良好形象。

税惠添彩

“春雨润苗”促发展，暖心服务注活力

为优化税收营商环境、推动小微经营主体高质量发展、助力经济增长和民生改善，近年来，国家税务总局与中华全国工商业联合会共同持续发起“春雨润苗”专项行动。2023年的“春雨润苗”行动以优化小微企业和个体工商户等小微经营主体发展环境为重点，围绕“提质效、强赋能、促升级”主题，推出“税惠助益强信心”“实措纾困解难题”“重点护航促成长”三大类系列活动。利用大数据等技术手段，对小微经营主体进行精准画像，实现税费政策、系统操作等内容的精准推送。2023年全国税务系统累计开展政策精准推送超6.7亿户（人）次。各级税务机关还结合本地实际在小微企业聚

集区域科学合理配备自助办税终端等便民办税设施，深入推进税费服务就近办、即时办。为新办小微企业建立“新办企业—网格员”紧密关系，精准对接企业需求，帮助企业快速全面掌握相关涉税信息。

税务部门与工商联紧密合作，及时了解并快速协调解决小微经营主体面临的重点难点问题。通过广泛收集汇总小微经营主体的生产经营配套需求，形成“产销清单”，并利用税收大数据筛选定位适宜的小微经营主体，形成“推荐清单”。这一举措有助于拓展原材料供给来源，畅通国内销售渠道，推动产业链上下游“串珠成链”。例如，在螺蛳粉产业中，“税务+协会”发挥联动优势，帮助螺蛳粉企业实现购销对接，顺利打通螺蛳粉小微经营主体与大中型螺蛳粉企业的合作通道。同时，深化税银互动，建立以纳税信用信息为基础、银行业金融机构广泛参与的协同推进模式。通过动态获取小微企业纳税信用级别变动情形，以“定向投递”的形式主动向纳税人推送纳税信用评分变化情况，引导失信主体自我纠错并修复信用级别，提升小微经营主体的信用水平，为其后续发展创造良好条件，帮助小微经营主体将“纳税信用”转化为“融资信用”。

“春雨润苗”行动有效提升了小微经营主体的获得感和满意度，促进了其健康发展和成长壮大。同时，该行动也为地方特色产业的发展注入了新的活力，推动了经济的高质量发展。

资料来源：国家税务总局. 国家税务总局办公厅 中华全国工商业联合会办公厅关于印发《2023年助力小微经营主体发展“春雨润苗”专项行动方案》的通知［EB/OL］.（2023-05-19）［2024-11-21］. https：//www.gov.cn/zhengce/zhengceku/202306/content_6884277.htm.

【税问我答】在税收征管过程中，纳税人的权利保护至关重要。学习本章内容，请列举并解释我国税收征管法律制度中保障纳税人权利的主要措施，并讨论这些措施的有效性和改进空间。

第一节　税务管理

税收征收管理法是有关税收征收管理法律规范的总称，包括税收征收管理法及税收征收管理的有关法律、法规和规章。

税收征收管理是国家税务机关依照税收政策、法令、制度对税收分配全过程所进行的计划、组织、协调和监督控制的一种管理活动。税收征收管理是保证税收收入及时、足额入库，实现税收分配目标的重要手段。

《中华人民共和国税收征收管理法》（以下简称《税收征管法》）于1992年9月4日第七届全国人民代表大会常务委员会第二十七次会议通过，1995年2月、2001年4月、2013年6月、2015年4月全国人民代表大会常务委员会对其进行了修订；《中华人民共和国税收征收管理法实施细则》于2002年9月7日中华人民共和国国务院令第362号公布，2012年11月、2013年7月、2016年2月对其进行了修订。

我国税收的征收机关包括税务机关和海关，由税务机关负责征收的税种的征收管理，按照《税收征管法》执行；由海关负责征收的税种（关税、船舶吨税、代征的增值税、消费税）的征收管理，按照《中华人民共和国海关法》及《中华人民共和国关税法》等有关规定执行。由税务机关征收的一部分费用，如教育费附加，不适用《税收征管法》。

一、税收征收管理主体及相对人

（一）税收征收管理主体

国务院税务主管部门主管全国税收征收管理工作。各地税务局应当按照国务院规定的税收征收管理范围分别进行征收管理。税务机关是指各级税务局、税务分局、税务所和省以下税务局的稽查局。稽查局专司逃避追缴欠税、骗税、抗税案件的查处。

（二）税收征收管理相对人

纳税人、扣缴义务人和其他有关单位是税务行政管理的相对人，是《税收征管法》的遵守主体，必须按照《税收征管法》的有关规定接受税务管理，享有合法权益。

二、税务登记管理

税务登记是税务机关对纳税人的生产、经营活动进行登记并据此对纳税人实施税务管理的一种法定制度。税务登记又称纳税登记，它是税务机关对纳税人实施税收管理的首要环节和基础工作，是征纳双方法律关系成立的依据和证明，也是纳税人必须依法履行的义务。

在深化简政放权、放管结合、优化服务改革的背景下，将工商营业执照、组织机构代码证、税务登记证、社会保险登记证、统计登记证等整合到营业执照上，实现“多证统一、一照一码”。营业执照成为企业的唯一“身份证”，纳税人以18位的统一社会信用代码为其纳税人识别号，按照现行规定办理税务登记。

（一）设立税务登记

企业，企业在外地设立的分支机构和从事生产、经营的场所，个体工商户和从事生产、经营的事业单位自领取营业执照之日起30日内，持有关证件，向税务机关申报办理税务登记，税务机关应当于收到申报的当日办理登记并发给税务登记证件。此外，除国家机关、个人和无固定生产、经营场所的流动性农村小商贩外的其他纳税人，也应办理税务登记。

根据税收法律、行政法规的规定负有扣缴税款义务的扣缴义务人（国家机关除外），均应当按照规定办理扣缴税款登记。

（二）变更、注销税务登记

（1）纳税人税务登记内容发生变化，不需要到市场监督管理机关或者其他机关办理变更登记的，应当自发生变化之日起30日内，持有关证件向原税务登记机关申报办理变更税务登记。

（2）纳税人发生解散、破产、撤销以及其他情形，依法终止纳税义务的，应当在向市场监督管理机关或者其他机关办理注销登记前，持有关证件向原税务登记机关申报办理注销税务登记；按照规定不需要在市场监督管理机关或者其他机关办理注册登记的，应当自有关机关批准或者宣告终止之日起15日内，持有关证件向原税务登记机关申报办理注销税务登记。

（3）纳税人因住所、经营地点变动，涉及改变税务登记机关的，应当在向市场监督管理机关或者其他机关申请办理变更或者注销登记前或者住所、经营地点变动前，向原税务登记机关申报办理注销税务登记，并在30日内向迁达地税务机关申报办理税务登记。

（4）纳税人被市场监督管理机关吊销营业执照或者被其他机关予以撤销登记的，应当自营业执照被吊销或者被撤销登记之日起15日内，向原税务登记机关申报办理注销税务登记。纳税人在办理注销税务登记前，应当向税务机关结清应纳税款、滞纳金、罚款，缴销发票、税务登记证件和其他税务证件。

（5）从事生产、经营的纳税人到外县（市）临时从事生产、经营活动的，应当持税务登记证件副本和所在地税务机关填开的外出经营活动税收管理证明，向营业地税务机关报验登记，接受税务管理。从事生产、经营的纳税人外出经营，在同一地累计超过180天的，应当在营业地办理税务登记手续。

（6）除按照规定不需要发给税务登记证件的外，纳税人办理下列事项时，必须持税务登记证件：

①开立银行账户；

②申请减税、免税、退税；

③申请办理延期申报、延期缴纳税款；

④领购发票；

⑤申请开具外出经营活动税收管理证明；

⑥办理停业、歇业；

⑦其他有关税务事项。

图10-1是对设立、变更、注销税务登记基本流程的归纳。

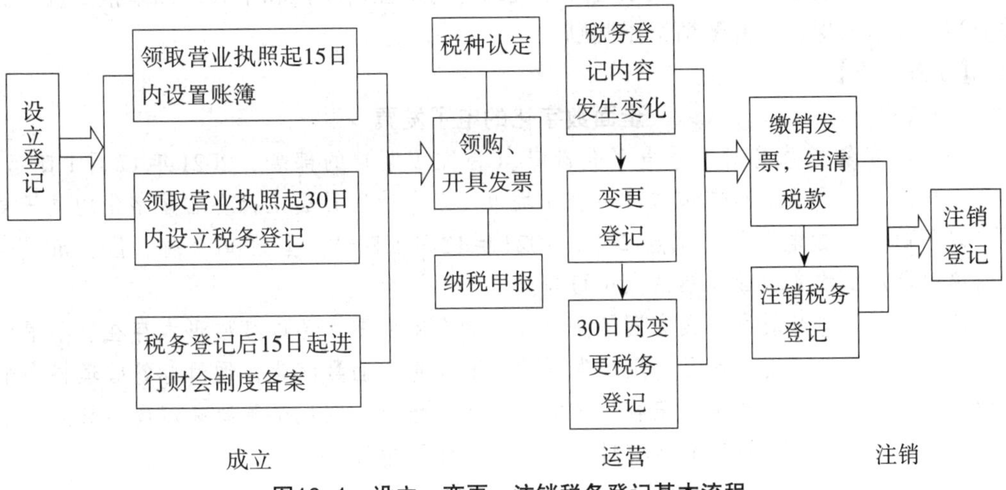

图10-1　设立、变更、注销税务登记基本流程

三、账簿和凭证管理

账簿，是指总账、明细账、日记账以及其他辅助性账簿。

（1）从事生产、经营的纳税人应当自领取营业执照或者发生纳税义务之日起15日内，按照国家有关规定设置账簿。生产、经营规模小又确无建账能力的纳税人，可以聘请经批准从事会计代理记账业务的专业机构或者财会人员代为建账和办理账务。

（2）纳税人使用计算机记账的，应当在使用前将会计电算化系统的会计核算软件、使用说明书及有关资料报送主管税务机关备案。纳税人建立的会计电算化系统应当符合国家有关规定，并能正确、完整核算其收入或者所得。

（3）纳税人应当按照税务机关的要求安装、使用税控装置，并按照税务机关的规定报送有关数据和资料。

（4）扣缴义务人应当自税收法律、行政法规规定的扣缴义务发生之日起10日内，按照所代扣、代收的税种，分别设置代扣代缴、代收代缴税款账簿。

（5）账簿、会计凭证和报表应当使用中文；民族自治地方可以同时使用当地通用的一种民族文字；外商投资企业和外国企业可以同时使用一种外国文字。账簿、记账凭证、报表、完税凭证、发票、出口凭证以及其他有关涉税资料应当合法、真实、完整。账簿、记账凭证、报表、完税凭证、发票、出口凭证以及其他有关涉税资料应当保存10年，但法律、行政法规另有规定的除外。

四、发票管理

根据《中华人民共和国发票管理办法》（2023年7月20日进行第三次修订），发票是指在购销商品、提供或者接受服务以及从事其他经营活动中，开具、收取的收付款凭证。发票包括纸质发票和电子发票。电子发票与纸质发票具有同等法律效力。国家积极推广使用电子发票。国务院税务主管部门统一负责全国的发票管理工作。省、自治区、直辖市税务机关依据职责做好本行政区域内的发票管理工作。财政、审计、市场监督管理、公安等有关部门在各自的职责范围内，配合税务机关做好发票管理工作。

发票的种类、联次、内容、编码规则、数据标准、使用范围等具体管理办法由国务院税务主管部门规定。对违反发票管理法规的行为，任何单位和个人可以举报。税务机关应当为检举人保密，并酌情给予奖励。

【了解一下】

全面数字化的电子发票

按照国家税务总局对发票电子化改革（金税四期）的部署，2021年12月1日起，内蒙古自治区、上海市和广东省（不含深圳市）三个地区开展推行全面数字化的电子发票（以下简称“数电票”）试点工作；2023年12月1日起，全国36个省、区、市（含计划单列市）正式实现数电票试点全覆盖。

数电票，是与纸质发票具有同等法律效力的全新发票，不以纸质形式存在、不用介质开具、不需申请领用，而是将纸质发票的票面信息全面数字化，通过标签管理将多个票种集成归并为电子发票单一票种，设立税务数字账户，实现全国统一赋码、智能赋予发票开具金额总额度、自动流转交付。数电票有如下特征：

1.开票方面

（1）去介质，认人不认盘：不再需要预先购置专用税控设备，通过可信身份认证体系实现不受地域、平台、时间限制即时开票。

（2）去审核，开票零前置：不再需要进行增值税专用发票最高开票限额审批和发票票种核定，通过“授信制”自动为纳税人赋予开票总额度。

（3）去申领，赋码即开具：纳税人不再需要进行特定发票号段申领，通过“赋码制”自动分配唯一的发票号码。

(4) 扫描开票：开票方可选择出具“基础信息二维码”，由购买方纳税人扫码补录购方基础信息后开具发票。

2. 受票方面

(1) 发票去版式，开票即交付：破除PDF、OFD等特定版式要求，受票方可选择以数据电文形式交付至税务数字账户，便利交付入账，减少人工收发。

(2) 平台零切换，一站式服务：开发税务数字账户，集成各种功能，纳税人登录电票平台后，可进行发票接收、查询、查验、勾选、抵扣等系列操作，打造“一站式服务”，税务数字账户已成为全电发票的关键支撑。

图10-2至图10-4是数电票样票。

动态二维码	标签	电子发票（ ）	发票号码： 开票日期：

（印章：全国统一发票监制章 国家税务总局 ××市税务局）

购买方信息	名称： 统一社会信用代码/纳税人识别号：	销售方信息	名称： 统一社会信用代码/纳税人识别号：

项目名称	规格型号	单位	数量	单价	金额	税率/征收率	税额
合　计							

价税合计（大写）	（小写）
备注	

开票人：

图10-2　数电票样票1

动态二维码	不动产租赁	电子发票（ ）	发票号码： 开票日期：

（印章：全国统一发票监制章 国家税务总局 ××市税务局）

购买方信息	名称： 统一社会信用代码/纳税人识别号：	销售方信息	名称： 统一社会信用代码/纳税人识别号：

项目名称	产权证书/不动产权证号	面积单位	数量	单价	金额	税率/征收率	税额
合　计							

价税合计（大写）	（小写）
备注	不动产地址： 跨地（市）标志：

开票人：

图10-3　数电票样票2

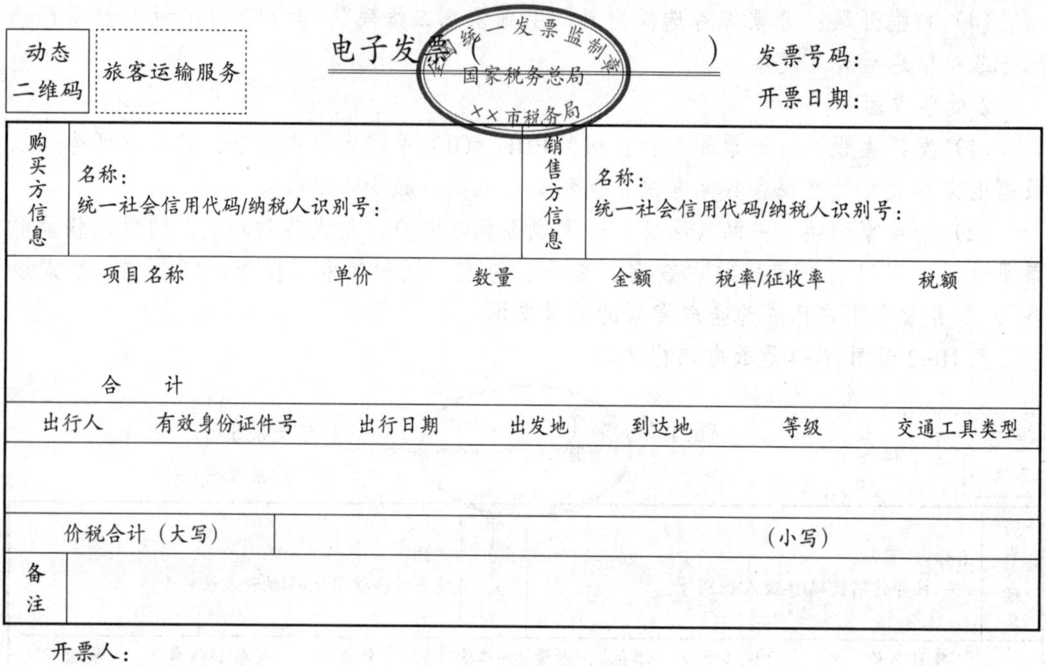
动态二维码
旅客运输服务
电子发票（　　　　）
全国统一发票监制章
国家税务总局
××市税务局
发票号码：
开票日期：

购买方信息	名称： 统一社会信用代码/纳税人识别号：	销售方信息	名称： 统一社会信用代码/纳税人识别号：

项目名称	单价	数量	金额	税率/征收率	税额
合　计					

出行人	有效身份证件号	出行日期	出发地	到达地	等级	交通工具类型

价税合计（大写）		（小写）
备注		

开票人：

图10-4　数电票样票3

（一）发票的印制

（1）增值税专用发票由国务院税务主管部门确定的企业印制；其他发票按照国务院税务主管部门的规定，由省、自治区、直辖市税务机关确定的企业印制。禁止私自印制、伪造、变造发票。

（2）印制发票的企业应当具备下列条件：

①取得印刷经营许可证和营业执照；

②设备、技术水平能够满足印制发票的需要；

③有健全的财务制度和严格的质量监督、安全管理、保密制度。

税务机关应当按照政府采购有关规定确定印制发票的企业。

（3）印制发票应当使用国务院税务主管部门确定的全国统一的发票防伪专用品。禁止非法制造发票防伪专用品。

（4）发票应当套印全国统一发票监制章。全国统一发票监制章的式样和发票版面印刷的要求，由国务院税务主管部门规定。发票监制章由省、自治区、直辖市税务机关制作，禁止伪造发票监制章。

（5）印制发票的企业必须按照税务机关确定的式样和数量印制发票。发票应当使用中文印制；民族自治地方的发票，可以加印当地一种通用的民族文字；有实际需要的，也可以同时使用中外两种文字印制。各省、自治区、直辖市内的单位和个人使用的发票，除增值税专用发票外，应当在本省、自治区、直辖市内印制；确有必要到外省、自治区、直辖市印制的，应当由省、自治区、直辖市税务机关商印制地省、自治区、直辖市税务机关同意后确定印制发票的企业。禁止在境外印制发票。

（二）发票的领用

（1）需要领用发票的单位和个人，应当持设立登记证件或者税务登记证件，以及经办人身份证明，向主管税务机关办理发票领用手续。领用纸质发票的，还应当提供按照国务院税务主管部门规定式样制作的发票专用章的印模。主管税务机关根据领用单位和个人的经营范围、规模和风险等级，在5个工作日内确认领用发票的种类、数量以及领用方式。单位和个人领用发票时，应当按照税务机关的规定报告发票使用情况，税务机关应当按照规定进行查验。

（2）需要临时使用发票的单位和个人，可以凭购销商品、提供或者接受服务以及从事其他经营活动的书面证明、经办人身份证明，直接向经营地税务机关申请代开发票。依照税收法律、行政法规规定应当缴纳税款的，税务机关应当先征收税款，再开具发票。税务机关根据发票管理的需要，可以按照国务院税务主管部门的规定委托其他单位代开发票。禁止非法代开发票。

（3）临时到本省、自治区、直辖市以外从事经营活动的单位或者个人，应当凭所在地税务机关的证明，向经营地税务机关领用经营地的发票。临时在本省、自治区、直辖市以内跨市、县从事经营活动领用发票的办法，由省、自治区、直辖市税务机关规定。

（三）发票的开具和保管

（1）销售商品、提供服务以及从事其他经营活动的单位和个人，对外发生经营业务收取款项，收款方应当向付款方开具发票；特殊情况下，由付款方向收款方开具发票。

（2）所有单位和从事生产、经营活动的个人在购买商品、接受服务以及从事其他经营活动支付款项，应当向收款方取得发票。取得发票时，不得要求变更品名和金额。不符合规定的发票，不得作为财务报销凭证，任何单位和个人有权拒收。

（3）开具发票应当按照规定的时限、顺序、栏目，全部联次一次性如实开具，开具纸质发票应当加盖发票专用章。

（4）任何单位和个人不得有下列虚开发票行为：

①为他人、为自己开具与实际经营业务情况不符的发票；

②让他人为自己开具与实际经营业务情况不符的发票；

③介绍他人开具与实际经营业务情况不符的发票。

（5）安装税控装置的单位和个人，应当按照规定使用税控装置开具发票，并按期向主管税务机关报送开具发票的数据；使用非税控电子器具开具发票的，应当将非税控电子器具使用的软件程序说明资料报主管税务机关备案，并按照规定保存、报送开具发票的数据；单位和个人开发电子发票信息系统自用或者为他人提供电子发票服务的，应当遵守国务院税务主管部门的规定。

（6）税务机关应当提供查询发票真伪的便捷渠道。任何单位和个人应当按照发票管理规定使用发票，不得有下列行为：

①转借、转让、介绍他人转让发票、发票监制章和发票防伪专用品；

②知道或者应当知道是私自印制、伪造、变造、非法取得或者废止的发票而受让、开具、存放、携带、邮寄、运输；

③拆本使用发票；

④扩大发票使用范围；

⑤以其他凭证代替发票使用；

⑥窃取、截留、篡改、出售、泄露发票数据。

（7）除国务院税务主管部门规定的特殊情形外，纸质发票限于领用单位和个人在本省、自治区、直辖市内开具。省、自治区、直辖市税务机关可以规定跨市、县开具纸质发票的办法。

（8）除国务院税务主管部门规定的特殊情形外，任何单位和个人不得跨规定的使用区域携带、邮寄、运输空白发票。禁止携带、邮寄或者运输空白发票出入境。

（9）开具发票的单位和个人应当建立发票使用登记制度，配合税务机关进行身份验证，并定期向主管税务机关报告发票使用情况；应当在办理变更或者注销税务登记的同时，办理发票的变更、缴销手续；应当按照国家有关规定存放和保管发票，不得擅自损毁。已经开具的发票存根联，应当保存5年。

（四）发票的检查

（1）税务机关在发票管理中有权进行下列检查：

①检查印制、领用、开具、取得、保管和缴销发票的情况；

②调出发票查验；

③查阅、复制与发票有关的凭证、资料；

④向当事各方询问与发票有关的问题和情况；

⑤在查处发票案件时，对与案件有关的情况和资料，可以记录、录音、录像、照相和复制。

（2）印制、使用发票的单位和个人，必须接受税务机关依法检查，如实反映情况，提供有关资料，不得拒绝、隐瞒。税务人员进行检查时，应当出示税务检查证。

（3）税务机关需要将已开具的发票调出查验时，应当向被查验的单位和个人开具发票换票证。发票换票证与所调出查验的发票有同等的效力。被调出查验发票的单位和个人不得拒绝接受。税务机关需要将空白发票调出查验时，应当开具收据；经查无问题的，应当及时返还。

（4）单位和个人从中国境外取得的与纳税有关的发票或者凭证，税务机关在纳税审查时有疑义的，可以要求其提供境外公证机构或者注册会计师的确认证明，经税务机关审核认可后，方可作为记账核算的凭证。

（五）罚则

（1）违反上述发票管理相关规定，有下列情形之一的，由税务机关责令改正，可以处1万元以下的罚款；有违法所得的予以没收：

①应当开具而未开具发票，或者未按照规定的时限、顺序、栏目，全部联次一次性开具发票，或者未加盖发票专用章的；

②使用税控装置开具发票，未按期向主管税务机关报送开具发票的数据的；

③使用非税控电子器具开具发票，未将非税控电子器具使用的软件程序说明资料报主管税务机关备案，或者未按照规定保存、报送开具发票的数据的；

④拆本使用发票的；

⑤扩大发票使用范围的；

⑥以其他凭证代替发票使用的；

⑦跨规定区域开具发票的；

⑧未按照规定缴销发票的；

⑨未按照规定存放和保管发票的。

（2）跨规定的使用区域携带、邮寄、运输空白发票，以及携带、邮寄或者运输空白发票出入境的，由税务机关责令改正，可以处1万元以下的罚款；情节严重的，处1万元以上3万元以下的罚款；有违法所得的予以没收。

丢失发票或者擅自损毁发票的，依照前款规定处罚。

（3）违反规定虚开发票的，由税务机关没收违法所得；虚开金额在1万元以下的，可以并处5万元以下的罚款；虚开金额超过1万元的，并处5万元以上50万元以下的罚款；构成犯罪的，依法追究刑事责任。

非法代开发票的，依照前款规定处罚。

（4）私自印制、伪造、变造发票，非法制造发票防伪专用品，伪造发票监制章，窃取、截留、篡改、出售、泄露发票数据的，由税务机关没收违法所得，没收、销毁作案工具和非法物品，并处1万元以上5万元以下的罚款；情节严重的，并处5万元以上50万元以下的罚款；构成犯罪的，依法追究刑事责任。

前款规定的处罚，《税收征管法》有规定的，依照其规定执行。

（5）有下列情形之一的，由税务机关处1万元以上5万元以下的罚款；情节严重的，处5万元以上50万元以下的罚款；有违法所得的予以没收：

①转借、转让、介绍他人转让发票、发票监制章和发票防伪专用品的；

②知道或者应当知道是私自印制、伪造、变造、非法取得或者废止的发票而受让、开具、存放、携带、邮寄、运输的。

（6）对违反发票管理规定2次以上或者情节严重的单位和个人，税务机关可以向社会公告。

（7）违反发票管理法规，导致其他单位或者个人未缴、少缴或者骗取税款的，由税务机关没收违法所得，可以并处未缴、少缴或者骗取的税款1倍以下的罚款。

（8）当事人对税务机关的处罚决定不服的，可以依法申请行政复议或者向人民法院提起行政诉讼。

（9）税务人员利用职权之便，故意刁难印制、使用发票的单位和个人，或者有违反发票管理法规行为的，依照国家有关规定给予处分；构成犯罪的，依法追究刑事责任。

五、纳税申报管理

纳税申报是纳税人按照税法规定的期限和内容，向税务机关提交有关纳税事项书面报告的法律行为，既是纳税人履行纳税义务、税务机关界定纳税人法律责任的主要依据，也是税务机关税收管理信息的主要来源和税务管理的重要制度。

（一）纳税申报的对象

纳税申报的对象为纳税人和扣缴义务人。纳税人在纳税期内没有应纳税款的，也应当按照规定办理纳税申报。纳税人享受减税、免税待遇的，在减税、免税期间应当按照规定办理纳税申报。

（二）纳税申报的内容

纳税人、扣缴义务人的纳税申报或者代扣代缴、代收代缴税款报告表的主要内容包括：税种、税目，应纳税项目或者应代扣代缴、代收代缴税款项目，计税依据，扣除项目及标准，适用税率或者单位税额，应退税项目及税额、应减免税项目及税额，应纳税额或者应代扣代缴、代收代缴税额，以及税款所属期限、延期缴纳税款、欠税、滞纳金等。

（三）纳税申报的基本要求

纳税人办理纳税申报时，应当如实填写纳税申报表，并根据不同的情况相应报送下列有关证件、资料：

（1）财务会计报表及其说明材料；

（2）与纳税有关的合同、协议书及凭证；

（3）税控装置的电子报税资料；

（4）外出经营活动税收管理证明和异地完税凭证；

（5）境内或者境外公证机构出具的有关证明文件；

（6）税务机关规定应当报送的其他有关证件、资料。

扣缴义务人办理代扣代缴、代收代缴税款报告时，应当如实填写代扣代缴、代收代缴税款报告表，并报送代扣代缴、代收代缴税款的合法凭证以及税务机关规定的其他有关证件、资料。

（四）纳税申报方式

纳税人、扣缴义务人可以直接到税务机关办理纳税申报或者报送代扣代缴、代收代缴税款报告表，也可以按照规定采取邮寄、数据电文或者其他方式办理上述申报、报送事项。

（五）延期申报管理

纳税人、扣缴义务人不能按期办理纳税申报或者报送代扣代缴、代收代缴税款报告表的，经税务机关核准，可以延期申报。经核准延期办理纳税申报的，应当在纳税期内按照上期实际缴纳的税额或者税务机关核定的税额预缴税款，并在核准的延期内办理税款结算。

第二节　税款征收

税款征收是税务机关依据国家法律、行政法规的规定将纳税人依法应纳的税款组织入库的一系列活动的总称。它是税收征收管理工作的中心环节，在整个税收征收管理工作中占有极其重要的地位。

一、税款征收的原则

（一）税务机关是税款征收的唯一行政主体

《税收征管法》第二十九条规定，除税务机关、税务人员以及经税务机关依照法律、行政法规委托的单位和人员外，任何单位和个人不得进行税款征收活动。

（二）税务机关依照法律、行政法规的规定征收税款

《税收征管法》第二十八条规定，税务机关依照法律、行政法规的规定征收税款，不得违反法律、行政法规的规定开征、停征、多征、少征、提前征收、延缓征收或者摊派税款。

税款征收法定主要包含以下内容：一是税收立法权和执法权的法定。二是税种的法定。税务机关不得擅自增减、改变税目，不得调低、调高税率，未经法定批准程序不得加征、减征或免征税款。三是税收程序必须由法律明确规定。税收保全措施、税收强制执行措施，办理减、免、退税，核定应纳税额，纳税调整等，税务机关都必须按照法律、行政法规规定的程序审批与操作。税款、滞纳金、罚款由税务机关按照规定的税款征管范围和预算级次入库。

（三）税款优先

《税收征管法》第四十五条规定，税务机关征收税款，除法律另有规定外，税收优先于无担保债权；纳税人欠缴的税款发生在纳税人以其财产设定抵押、质押或者纳税人的财产被留置之前的，税收应当先于抵押权、质权、留置权执行。纳税人欠缴税款，同时又被行政机关决定处以罚款、没收违法所得的，税收优先于罚款、没收违法所得。

二、税款征收方式

税款征收方式，是指税务机关根据各税种的不同特点、征纳双方的具体条件而确定的计算征收税款的方法和形式。税款征收的方式主要有：

（一）查账征收

查账征收，是指税务机关按照纳税人提供的账表所反映的经营情况，依照适用税率计算缴纳税款的方式。这种方式一般适用于账簿、凭证、会计等核算制度比较健全，能够据以如实核算生产经营情况，正确计算应纳税款的纳税人。

（二）查定征收

查定征收，是指税务机关根据纳税人的从业人员、生产设备、原材料消耗等因素，在正常生产经营条件下，对其生产的应税产品，查实核定产量、销售额并据以征收税款的一种方式。这种方式一般适用于生产规模较小、账册不健全，但能控制原材料、产量或者进销货物的纳税单位。

（三）查验征收

查验征收，是指税务机关通过查验数量，对纳税人的应税商品按市场一般销售单价计算其销售收入并据以征税的方式。这种方式一般适用于经营品种比较单一，经营地点、时间和商品来源不固定的纳税单位。

（四）定期定额征收

定期定额征收，是指税务机关通过纳税人自报、典型调查、定额核定、下达定额等程序，核定纳税人在一定经营时期内的应纳税营业额和所得额，并据以征税的方式。这种方式一般适用于无完整考核依据的小型纳税单位。

（五）委托代征税款

委托代征税款，是指税务机关委托代征人以税务机关的名义征收税款，并将税款缴

入国库的方式。这种方式一般适用于小额、零散税源的征收。

（六）邮寄纳税

邮寄纳税主要适用于那些有能力按期纳税，但采用其他方式纳税又不方便的纳税人。

（七）其他方式

如利用网络申报、用IC卡纳税等方式。

三、税款征收制度

（一）代扣代缴、代收代缴税款制度

扣缴义务人依照法律、行政法规的规定履行代扣、代收税款的义务。对法律、行政法规没有规定负有代扣、代收税款义务的单位和个人，税务机关不得要求其履行代扣、代收税款义务。

扣缴义务人依法履行代扣、代收税款义务时，纳税人不得拒绝。纳税人拒绝的，扣缴义务人应当及时报告税务机关处理。扣缴义务人应扣未扣、应收而不收税款的，由税务机关向纳税人追缴税款，对扣缴义务人处应扣未扣、应收未收税款50%以上3倍以下的罚款。

税务机关按照规定付给扣缴义务人代扣、代收手续费，代扣、代收税款手续费只能由县（市）以上税务机关统一办理退库手续，不得在征收税款过程中坐支。

（二）延期缴纳税款制度

《税收征管法》第三十一条规定，纳税人因有特殊困难，不能按期缴纳税款的，经省、自治区、直辖市国家税务局、地方税务局批准，可以延期缴纳税款，但是最长不得超过三个月。

纳税人有下列情形之一的，属于上述法条所指的特殊困难：

（1）因不可抗力，导致纳税人发生较大损失，正常生产经营活动受到较大影响的；

（2）当期货币资金在扣除应付职工工资、社会保险费后，不足以缴纳税款的。

纳税人需要延期缴纳税款的，应当在缴纳税款期限届满前提出申请，并报送下列材料：①申请延期缴纳税款报告；②当期货币资金余额情况及所有银行存款账户的对账单；③资产负债表；④应付职工工资和社会保险费等税务机关要求提供的支出预算。

税务机关应当自收到申请延期缴纳税款报告之日起20日内作出批准或者不予批准的决定；不予批准的，从缴纳税款期限届满之日起加收滞纳金。

（三）税收滞纳金征收制度

《税收征管法》第三十二条规定，纳税人未按照规定期限缴纳税款的，扣缴义务人未按照规定期限解缴税款的，税务机关除责令限期缴纳外，从滞纳税款之日起，按日加收滞纳税款万分之五的滞纳金。

加收滞纳金的起止时间为法律、行政法规规定或者税务机关依照法律、行政法规的规定确定的税款缴纳期限届满次日起至纳税人、扣缴义务人实际缴纳或者解缴税款之日止。

（四）减免税收制度

《税收征管法》第三十三条规定，纳税人依照法律、行政法规的规定办理减税、免税。地方各级人民政府、各级人民政府主管部门、单位和个人违反法律、行政法规规定，擅自作出的减税、免税决定无效，税务机关不得执行，并向上级税务机关报告。

享受减税、免税优惠的纳税人，减税、免税期满，应当自期满次日起恢复纳税；减税、免税条件发生变化的，应当在纳税申报时向税务机关报告；不再符合减税、免税条件的，应当依法履行纳税义务；未依法纳税的，税务机关应当予以追缴。

（五）税额核定和税收调整制度

1.税额核定制度

（1）《税收征管法》第三十五条规定，纳税人有下列情形之一的，税务机关有权核定其应纳税额：

① 依照法律、行政法规的规定可以不设置账簿的；

② 依照法律、行政法规的规定应当设置账簿但未设置的；

③ 擅自销毁账簿或者拒不提供纳税资料的；

④ 虽设置账簿，但账目混乱或者成本资料、收入凭证、费用凭证残缺不全，难以查账的；

⑤ 发生纳税义务，未按照规定的期限办理纳税申报，经税务机关责令限期申报，逾期仍不申报的；

⑥ 纳税人申报的计税依据明显偏低，又无正当理由的。

税务机关核定应纳税额的具体程序和方法由国务院税务主管部门规定。

（2）税务机关有权采用下列任何一种方法核定纳税人应纳税额：

① 参照当地同类行业或者类似行业中经营规模和收入水平相近的纳税人的税负水平核定；

② 按照营业收入或者成本加合理的费用和利润的方法核定；

③ 按照耗用的原材料、燃料、动力等推算或者测算核定；

④ 按照其他合理方法核定。

采用上述所列一种方法不足以正确核定应纳税额时，可以同时采用两种以上的方法核定。纳税人对税务机关采取规定的方法核定的应纳税额有异议的，应当提供相关证据，经税务机关认定后，调整应纳税额。

2.税收调整制度

《税收征管法》第三十六条规定，企业或者外国企业在中国境内设立的从事生产、经营的机构、场所与其关联企业之间的业务往来，应当按照独立企业之间的业务往来收取或者支付价款、费用；不按照独立企业之间的业务往来收取或者支付价款、费用，而减少其应纳税的收入或者所得额的，税务机关有权进行合理调整。

（1）上述关联企业，是指有下列关系之一的公司、企业和其他经济组织：

① 在资金、经营、购销等方面，存在直接或者间接的拥有或者控制关系；

② 直接或者间接地同为第三者所拥有或者控制；

③ 在利益上具有相关联的其他关系。

纳税人有义务就其与关联企业之间的业务往来，向当地税务机关提供有关的价格、费用标准等资料。具体办法由国家税务总局制定。

独立企业之间的业务往来，是指没有关联关系的企业之间按照公平成交价格和营业常规所进行的业务往来。

（2）纳税人与其关联企业之间的业务往来有下列情形之一的，税务机关可以调整其应纳税额：

① 购销业务未按照独立企业之间的业务往来作价；

② 融通资金所支付或者收取的利息超过或者低于没有关联关系的企业之间所能同意的数额，或者利率超过或者低于同类业务的正常利率；

③ 提供劳务，未按照独立企业之间业务往来收取或者支付劳务费用；

④ 转让财产、提供财产使用权等业务往来，未按照独立企业之间业务往来作价或者收取、支付费用；

⑤ 未按照独立企业之间业务往来作价的其他情形。

（3）纳税人有上述所列情形之一的，税务机关可以按照下列方法调整计税收入额或者所得额：

① 按照独立企业之间进行的相同或者类似业务活动的价格；

② 按照再销售给无关联关系的第三者的价格所应取得的收入和利润水平；

③ 按照成本加合理的费用和利润；

④ 按照其他合理的方法。

纳税人与其关联企业未按照独立企业之间的业务往来支付价款、费用的，税务机关自该业务往来发生的纳税年度起3年内进行调整；有特殊情况的，可以自该业务往来发生的纳税年度起10年内进行调整。

（六）未办理税务登记的从事生产、经营的纳税人，以及临时从事经营纳税人的税款征收制度

《税收征管法》第三十七条规定，对未按照规定办理税务登记的从事生产、经营的纳税人以及临时从事经营的纳税人，由税务机关核定其应纳税额，责令缴纳；不缴纳的，税务机关可以扣押其价值相当于应纳税款的商品、货物。扣押后缴纳应纳税款的，税务机关必须立即解除扣押，并归还所扣押的商品、货物；扣押后仍不缴纳应纳税款的，经县以上税务局（分局）局长批准，依法拍卖或者变卖所扣押的商品、货物，以拍卖或者变卖所得抵缴税款。

扣押纳税人商品、货物的，纳税人应当自扣押之日起15日内缴纳税款。对扣押的鲜活、易腐烂变质或者易失效的商品、货物，税务机关根据被扣押物品的保质期，可以缩短扣押期限。

（七）税收保全措施

《税收征管法》第三十八条规定，税务机关有根据认为从事生产、经营的纳税人有逃避纳税义务行为的，可以在规定的纳税期之前，责令限期缴纳应纳税款；在限期内发现纳税人有明显的转移、隐匿其应纳税的商品、货物以及其他财产或者应纳税的收入的迹象的，税务机关可以责成纳税人提供纳税担保。如果纳税人不能提供纳税担保，经县以上税务局（分局）局长批准，税务机关可以采取下列税收保全措施：

（1）书面通知纳税人开户银行或者其他金融机构冻结纳税人的金额相当于应纳税款的存款；

（2）扣押、查封纳税人的价值相当于应纳税款的商品、货物或者其他财产。其他财产包括纳税人的房地产、现金、有价证券等不动产和动产。

税务机关执行扣押、查封商品、货物或者其他财产时，应当由两名以上税务人员执行，并通知被执行人。被执行人是自然人的，应当通知被执行人本人或者其成年家属到场；被执行人是法人或者其他组织的，应当通知其法定代表人或者主要负责人到场；拒不到场的，不影响执行。以下两项不采取税收保全措施：

（1）个人及其所扶养家属维持生活必需的住房和用品（不包括机动车辆、金银饰品、古玩字画、豪华住宅或者一处以外的住房）。个人所扶养家属，是指与纳税人共同居住生活的配偶、直系亲属以及无生活来源并由纳税人扶养的其他亲属。

（2）单价5 000元以下的其他生活用品。

税收保全措施的终止，分两种情况：一是纳税人在税务机关采取税收保全措施后，按照税务机关规定的期限缴纳税款的，税务机关应当自收到税款或者银行转回的完税凭证之日起1日内解除税收保全。纳税人在限期内已缴纳税款，税务机关未立即解除税收保全措施，使纳税人的合法利益遭受损失的，税务机关应当承担赔偿责任。二是纳税人超过规定的期限仍不缴纳税款的，经税务局（分局）局长批准，终止保全措施，转入强制执行措施。

（八）税收强制执行措施

《税收征管法》第四十条规定，从事生产、经营的纳税人、扣缴义务人未按照规定的期限缴纳或者解缴税款，纳税担保人未按照规定的期限缴纳所担保的税款，由税务机关责令限期缴纳，逾期仍未缴纳的，经县以上税务局（分局）局长批准，税务机关可以采取下列强制执行措施：

（1）书面通知其开户银行或者其他金融机构从其存款中扣缴税款。扣缴税款的同时，可以处以不缴或者少缴的税款50%以上5倍以下的罚款。

（2）扣押、查封、依法拍卖或者变卖其价值相当于应纳税款的商品、货物或者其他财产，以拍卖或者变卖所得抵缴税款。

税务机关采取强制执行措施时，对上述所列纳税人、扣缴义务人、纳税担保人未缴纳的滞纳金同时强制执行。个人及其所扶养家属维持生活必需的住房和用品、单价5 000元以下的其他生活用品，不在强制执行措施的范围之内。

税务机关将扣押、查封的商品、货物或者其他财产变价抵缴税款时，应当交由依法成立的拍卖机构拍卖；无法委托拍卖或者不适于拍卖的，可以交由当地商业企业代为销售，也可以责令纳税人限期处理；无法委托商业企业销售，纳税人也无法处理的，可以由税务机关变价处理，具体办法由国家税务总局规定。国家禁止自由买卖的商品，应当交由有关单位按照国家规定的价格收购。拍卖或者变卖所得抵缴税款、滞纳金、罚款以及拍卖、变卖等费用后，剩余部分应当在3日内退还被执行人。

表10-1是对税收保全措施与税收强制执行措施的归纳与总结。

表10-1 **税收保全措施与税收强制执行措施总结对比表**

具体内容＼措施	税收保全	税收强制执行
性质	预防措施	补救措施
对象	从事生产、经营的纳税人，不包括非从事生产、经营的纳税人，扣缴义务人和纳税担保人	从事生产、经营的纳税人，扣缴义务人，纳税担保人
前提	有逃避纳税义务行为，在规定的纳税期之前，责令限期缴纳税款；在限期内发现纳税人有明显的转移、隐匿迹象，责成纳税人提供纳税担保，但纳税人不能提供纳税担保	未按照规定的期限缴纳、解缴税款或者所担保的税款，由税务机关责令限期缴纳，逾期仍未缴纳
措施	（1）冻结金额相当于应纳税款的存款 （2）扣押、查封价值相当于应纳税款的商品、货物或者其他财产	（1）从存款中扣缴税款及不缴或者少缴税款的50%以上5倍以下的罚款 （2）扣押、查封、依法拍卖或变卖所得抵缴税款、滞纳金、罚款以及拍卖、变卖等费用
审批权限	县以上税务局（分局）局长	
特殊项目	税务机关对以下两项不采取税收保全和强制执行措施： （1）个人及其所扶养家属维持生活必需的住房和用品 （2）单价5 000元以下的其他生活用品	
税务机关扣押商品、货物或者其他财产时，必须开付收据；查封商品、货物或者其他财产时，必须开付清单		

（九）欠税清缴制度

从事生产、经营的纳税人、扣缴义务人未按照规定的期限缴纳或者解缴税款的，纳税担保人未按照规定的期限缴纳所担保的税款的，由税务机关发出限期缴纳税款通知书，责令缴纳或者解缴税款的最长期限不得超过15日。纳税人有欠税情形而以其财产设定抵押、质押的，应当向抵押权人、质权人说明其欠税情况。抵押权人、质权人可以请求税务机关提供有关的欠税情况。以下是具体的欠税清缴制度：

1.离境清税制度

欠缴税款的纳税人或者其法定代表人在出境前未按照规定结清应纳税款、滞纳金或者提供纳税担保的，税务机关可以通知出入境管理机关阻止其出境。阻止出境的具体办法，由国家税务总局会同公安部制定。

2.欠税公告制度

县级以上各级税务机关应当将纳税人的欠税情况，在办税场所或者广播、电视、报纸、期刊、网络等新闻媒体上定期公告。对纳税人欠缴税款的情况实行定期公告的办法，由国家税务总局制定。

3.改制纳税人欠税清缴制度

纳税人有合并、分立情形的，应当向税务机关报告，并依法缴清税款。

（1）纳税人合并时未缴清税款的，应当由合并后的纳税人继续履行未履行的纳税义务；

（2）纳税人分立时未缴清税款的，分立后的纳税人对未履行的纳税义务应当承担连带责任。

4.大额欠税处分财产报告制度

欠缴税款数额较大（欠缴税款5万元以上）的纳税人在处分其不动产或者大额资产之前，应当向税务机关报告。

5.代位权、撤销权制度

欠缴税款的纳税人因怠于行使到期债权，或者放弃到期债权，或者无偿转让财产，或者以明显不合理的低价转让财产而受让人知道该情形，对国家税收造成损害的，税务机关可以行使代位权、撤销权。税务机关依照规定行使代位权、撤销权的，不免除欠缴税款的纳税人尚未履行的纳税义务和应承担的法律责任。

（十）税款的退还和追征制度

1.税款退还制度

（1）税务机关发现纳税人多缴税款的，应当自发现之日起10日内办理退还手续；

（2）纳税人自结算缴纳税款之日起3年内发现多缴税款的，可以向税务机关要求退还多缴的税款并加算银行同期存款利息，税务机关应当自接到纳税人退还申请之日起30日内查实并办理退还手续。

涉及从国库中退库的，依照法律、行政法规中有关国库管理的规定退还。表10-2是对多缴税款退还情形的归纳与总结。

表10-2 **税款退还情形总结对比表**

具体内容＼情形	税务机关发现的	纳税人发现的
退还金额	多缴的税款	多缴的税款、银行同期存款利息
时间期限	（1）无时间限制 （2）自发现之日起10日内办理退还手续	（1）结算税款之日起3年内可要求退还 （2）自接到退还申请之日起30日内查实并办理退还手续
退税利息按照税务机关办理退税手续当天中国人民银行规定的活期存款利率计算		
当纳税人既有应退税款又有欠缴税款的，税务机关可以将应退税款和利息先抵扣欠缴税款；抵扣后有余额的，退还纳税人		

2.税款追征制度

（1）因税务机关的责任，致使纳税人、扣缴义务人未缴或者少缴税款的，税务机关在3年内可以要求纳税人、扣缴义务人补缴税款，但是不得加收滞纳金。

（2）因纳税人、扣缴义务人计算错误等失误，未缴或者少缴税款的，税务机关在3

年内可以追征税款、滞纳金；有特殊情况的，追征期可以延长到5年。这里的特殊情况，是指纳税人或者扣缴义务人因计算错误等失误，未缴或者少缴、未扣或者少扣、未收或者少收税款，累计数额在10万元以上的情况。

（3）对偷税、抗税、骗税的，税务机关追征其未缴或者少缴的税款、滞纳金或者所骗取的税款，不受上述规定期限的限制。

上述情形的补缴和追征税款、滞纳金的期限，自纳税人、扣缴义务人应缴未缴或者少缴税款之日起计算。表10-3是对不同情形下税款追征的法律规定的总结与归纳。

表10-3　**税款追征情形总结对比表**

情形	税务机关的责任	纳税人、扣缴义务人的责任	
		计算错误等失误	偷税、抗税、骗税
处理措施	在3年内可以要求纳税人、扣缴义务人补缴税款，但是不得加收滞纳金	在3年内可以追征税款、滞纳金；有特殊情况的，追征期可以延长到5年	追征未缴或少缴的税款、滞纳金或者所骗取的税款，无时间期限的限制

第三节　税务检查

税务检查，是指税务机关依法对纳税人履行缴纳税款义务和扣缴义务人履行代扣、代收税款义务的状况所进行的监督检查，是税收征收管理的一个重要环节。纳税人、扣缴义务人必须接受税务机关依法进行的税务检查，如实反映情况，提供有关资料，不得拒绝、隐瞒。税务机关依法进行税务检查时，有关部门和单位应当支持、协助。

一、税务检查的形式

税务检查的形式主要包括以下几种：

1.重点检查

重点检查，是针对有偷逃税款嫌疑、纳税申报与实际生产经营情况明显不符的纳税人或者存在普遍逃税行为的行业所进行的检查。

2.分类计划检查

分类计划检查，是根据纳税人历来纳税情况、纳税规模及税务检查间隔时间的长短等综合因素，按照事先确定的纳税人分类、计划检查时间及检查频率所进行的检查。

3.集中性检查

集中性检查，是税务机关在一定时间、一定范围内，统一安排、统一组织的税务检查。这种检查一般规模比较大，如全国范围内的税收、财务大检查。

4.临时性检查

临时性检查，是根据不同的经济形势、偷逃税趋势等因素，在正常检查计划之外安排的检查。

5.专项检查

专项检查，是针对某一税种或税收征收管理某一环节的检查，如增值税一般纳税专项检查。

6.日常检查

日常检查，是对通过一定方法筛选出来的检查对象履行的纳税义务情况进行综合性检查。

二、税务检查的主要内容和范围

（一）税务检查的主要内容

税务检查的主要内容包括以下两个方面：

（1）检查纳税人、扣缴义务人遵守税收实体法的情况：检查是否存在偷逃税款、应扣未扣税款、应收未收税款、挪用截留税款、骗取退税等违法行为。

（2）检查纳税人、扣缴义务人遵守税收程序法的情况：检查是否按照法定程序申报、缴纳税款，是否存在违反税收征收管理法律、法规的行为。

（二）税务检查的范围

1.税务机关有权进行下列税务检查

（1）检查纳税人的账簿、记账凭证、报表和有关资料，检查扣缴义务人代扣代缴、代收代缴税款账簿、记账凭证和有关资料。

税务机关行使查账权，可以在纳税人、扣缴义务人的业务场所进行；必要时，可以将纳税人、扣缴义务人会计年度的账簿、记账凭证、报表和其他有关资料调回税务机关检查，具体规定见表10-4。

表10-4 调回税务机关检查的不同情形的具体规定

情形	具体规定
情形1：因检查需要，经县以上税务局（分局）局长批准，将纳税人、扣缴义务人以前会计年度的账簿、记账凭证、报表和其他有关资料调回税务机关检查	税务机关必须向纳税人、扣缴义务人开付清单，并在3个月内完整退还
情形2：因特殊情况，经设区的市、自治州以上税务局局长批准，税务机关将纳税人、扣缴义务人当年的账簿、记账凭证、报表和其他有关资料调回检查	税务机关必须在30日内退还

（2）到纳税人的生产、经营场所和货物存放地检查纳税人应纳税的商品、货物或者其他财产，检查扣缴义务人与代扣代缴、代收代缴税款有关的经营情况，但不得进入纳税人生活区进行检查。

（3）责成纳税人、扣缴义务人提供与纳税或者代扣代缴、代收代缴税款有关的文件、证明材料和有关资料。

（4）询问纳税人、扣缴义务人与纳税或者代扣代缴、代收代缴税款有关的问题和情况。

（5）到车站、码头、机场、邮政企业及其分支机构检查纳税人托运、邮寄应纳税商品、货物或者其他财产的有关单据、凭证和有关资料。

（6）经县以上税务局（分局）局长批准，凭全国统一格式的检查存款账户许可证明，查询从事生产、经营的纳税人、扣缴义务人在银行或者其他金融机构的存款账户。

税务机关在调查税收违法案件时，经设区的市、自治州以上税务局（分局）局长批准，可以查询案件涉嫌人员的储蓄存款。税务机关查询所获得的资料，不得用于税收以外的用途。

2.税务检查中，有如下三点需要注意

（1）税务人员进行税务检查时，应当出示税务检查证和税务检查通知书，无税务检查证和税务检查通知书的，纳税人、扣缴义务人及其他当事人有权拒绝检查。税务机关对集贸市场及集中经营业户进行检查时，可以使用统一的税务检查通知书。

（2）税务机关调查税务违法案件时，对与案件有关的情况和资料，可以记录、录音、录像、照相和复制。

（3）税务机关对从事生产、经营的纳税人以前纳税期的纳税情况依法进行税务检查时，发现纳税人有逃避纳税义务行为，并有明显的转移、隐匿其应纳税的商品、货物以及其他财产或者应纳税的收入的迹象的，经县以上税务局（分局）局长批准，采取税收保全措施或者强制执行措施。税务机关采取税收保全措施的期限一般不得超过6个月；重大案件需要延长的，应当报国家税务总局批准。

三、税务检查的方法

税务检查的方法包括全查法、抽查法、顺查法、逆查法、现场检查法、调账检查法、比较分析法、控制计算法、审阅法、核对法、观察法、外调法、盘存法、交叉稽核法。

第四节 法律责任

一、违反税务管理基本规定的法律责任

（1）纳税人有下列行为之一的，由税务机关责令限期改正，可以处2 000元以下的罚款；情节严重的，处2 000元以上1万元以下的罚款：

①未按照规定的期限申报办理税务登记、变更或者注销登记的；

②未按照规定设置、保管账簿或者保管记账凭证和有关资料的；

③未按照规定将财务、会计制度或者财务、会计处理办法和会计核算软件报送税务机关备查的；

④未按照规定将其全部银行账号向税务机关报告的；

⑤未按照规定安装、使用税控装置，或者损毁、擅自改动税控装置的。

（2）纳税人不办理税务登记的，由税务机关责令限期改正；逾期不改正的，经税务机关提请，由市场监督管理机关吊销其营业执照。

（3）纳税人通过提供虚假的证明资料等手段，骗取税务登记证件的，处2 000元以下的罚款；情节严重的，处2 000元以上1万元以下的罚款。

（4）纳税人未按照规定使用税务登记证件，或者转借、涂改、损毁、买卖、伪造税务登记证件的，处2 000元以上1万元以下的罚款；情节严重的，处1万元以上5万元以下的罚款。

（5）扣缴义务人未按照规定办理扣缴税款登记的，税务机关应当自发现之日起3日内责令其限期改正，并可处以1 000元以下的罚款。

二、扣缴义务人违反账簿、凭证管理的法律责任

扣缴义务人未按照规定设置、保管代扣代缴、代收代缴税款账簿或者保管代扣代缴、代收代缴税款记账凭证及有关资料的，由税务机关责令限期改正，可以处2 000元以下的罚款；情节严重的，处2 000元以上5 000元以下的罚款。

三、未按规定纳税申报的法律责任

纳税人未按照规定的期限办理纳税申报和报送纳税资料的，或者扣缴义务人未按照规定的期限向税务机关报送代扣代缴、代收代缴税款报告表和有关资料的，由税务机关责令限期改正，可以处2 000元以下的罚款；情节严重的，可以处2 000元以上1万元以下的罚款。

四、偷税的法律责任

（1）纳税人伪造、变造、隐匿、擅自销毁账簿、记账凭证，或者在账簿上多列支出或者不列、少列收入，或者经税务机关通知申报而拒不申报或者进行虚假的纳税申报，不缴或者少缴应纳税款的，是偷税。对纳税人偷税的，由税务机关追缴其不缴或者少缴的税款、滞纳金，并处不缴或者少缴的税款50%以上5倍以下的罚款；构成犯罪的，依法追究刑事责任。

（2）扣缴义务人采取上述所列手段，不缴或者少缴已扣、已收税款，由税务机关追缴其不缴或者少缴的税款、滞纳金，并处不缴或者少缴的税款50%以上5倍以下的罚款；构成犯罪的，依法追究刑事责任。

五、骗取出口退税的法律责任

以假报出口或者其他欺骗手段，骗取国家出口退税款的，由税务机关追缴其骗取的退税款，并处骗取税款1倍以上5倍以下的罚款；构成犯罪的，依法追究刑事责任。

对骗取国家出口退税款的，税务机关可以在规定期间内停止为其办理出口退税。

六、抗税的法律责任

以暴力、威胁方法拒不缴纳税款的，是抗税，除由税务机关追缴其拒缴的税款、滞纳金外，依法追究刑事责任。情节轻微，未构成犯罪的，由税务机关追缴其拒缴的税款、滞纳金，并处拒缴税款1倍以上5倍以下的罚款。

七、虚假申报或不申报的法律责任

（1）纳税人、扣缴义务人编造虚假计税依据的，由税务机关责令限期改正，并处5万元以下的罚款。

（2）纳税人不进行纳税申报，不缴或者少缴应纳税款的，由税务机关追缴其不缴或者少缴的税款、滞纳金，并处不缴或者少缴的税款50%以上5倍以下的罚款。

八、在规定期限不缴或少缴税款的法律责任

纳税人、扣缴义务人在规定期限内不缴或者少缴应纳或者应解缴的税款，经税务机关责令限期缴纳，逾期仍未缴纳的，税务机关除依照《税收征管法》第四十条的规定采取强制执行措施追缴其不缴或者少缴的税款外，可以处不缴或者少缴的税款50%以上5倍以下的罚款。

九、逃避追缴欠税的法律责任

纳税人欠缴应纳税款，采取转移或者隐匿财产的手段，妨碍税务机关追缴欠缴的税款的，由税务机关追缴欠缴的税款、滞纳金，并处欠缴税款50%以上5倍以下的罚款；构成犯罪的，依法追究刑事责任。

十、扣缴义务人不履行扣缴义务的法律责任

扣缴义务人应扣未扣、应收而不收税款的，由税务机关向纳税人追缴税款，对扣缴义务人处应扣未扣、应收未收税款50%以上3倍以下的罚款。

十一、不配合税务检查的法律责任

纳税人、扣缴义务人逃避、拒绝或者以其他方式阻挠税务机关检查的，由税务机关责令改正，可以处1万元以下的罚款；情节严重的，处1万元以上5万元以下的罚款。

十二、发票相关的法律责任

（1）非法印制发票的，由税务机关销毁非法印制的发票，没收违法所得和作案工具，并处1万元以上5万元以下的罚款；构成犯罪的，依法追究刑事责任。

（2）从事生产、经营的纳税人、扣缴义务人有相关税收违法行为，拒不接受税务机关处理的，税务机关可以收缴其发票或者停止向其发售发票。

十三、银行、其他金融机构不配合税务检查的法律责任

纳税人、扣缴义务人的开户银行或者其他金融机构拒绝接受税务机关依法检查纳税人、扣缴义务人存款账户，或者拒绝执行税务机关作出的冻结存款或者扣缴税款的决定，或者在接到税务机关的书面通知后帮助纳税人、扣缴义务人转移存款，造成税款流失的，由税务机关处10万元以上50万元以下的罚款，对直接负责的主管人员和其他直接责任人员处1 000元以上1万元以下的罚款。

十四、税务机关、税务人员相关的法律责任

（1）税务机关违反规定擅自改变税收征收管理范围和税款入库预算级次的，责令限期改正，对直接负责的主管人员和其他直接责任人员依法给予降级或者撤职的行政处分。

（2）违反法律、行政法规的规定，提前征收、延缓征收或者摊派税款的，由其上级机关或者行政监察机关责令改正，对直接负责的主管人员和其他直接责任人员依法给予行政处分。

（3）违反法律、行政法规的规定，擅自作出税收的开征、停征或者减税、免税、退税、补税以及其他同税收法律、行政法规相抵触的决定的，除依照规定撤销其擅自作出的决定外，补征应征未征税款，退还不应征收而征收的税款，并由上级机关追究直接负责的主管人员和其他直接责任人员的行政责任；构成犯罪的，依法追究刑事责任。

（4）税务机关、税务人员查封、扣押纳税人个人及其所扶养家属维持生活必需的住房和用品的，责令退还，依法给予行政处分；构成犯罪的，依法追究刑事责任。

（5）税务人员徇私舞弊，对依法应当移交司法机关追究刑事责任的不移交，情节严重的，依法追究刑事责任。

（6）税务人员与纳税人、扣缴义务人勾结，唆使或者协助纳税人、扣缴义务人偷税、骗取出口退税、逃避追缴欠税，构成犯罪的，依法追究刑事责任；尚不构成犯罪

的，依法给予行政处分。

(7) 税务人员利用职务上的便利，收受或者索取纳税人、扣缴义务人财物或者谋取其他不正当利益，构成犯罪的，依法追究刑事责任；尚不构成犯罪的，依法给予行政处分。

(8) 税务人员徇私舞弊或者玩忽职守，不征或者少征应征税款，致使国家税收遭受重大损失，构成犯罪的，依法追究刑事责任；尚不构成犯罪的，依法给予行政处分。

(9) 税务人员滥用职权，故意刁难纳税人、扣缴义务人的，调离税收工作岗位，并依法给予行政处分。

(10) 税务人员对控告、检举税收违法违纪行为的纳税人、扣缴义务人以及其他检举人进行打击报复的，依法给予行政处分；构成犯罪的，依法追究刑事责任。

(11) 税务人员在征收税款或者查处税收违法案件时，未按照规定进行回避的，对直接负责的主管人员和其他直接责任人员，依法给予行政处分。

(12) 未按照规定为纳税人、扣缴义务人、检举人保密的，对直接负责的主管人员和其他直接责任人员，由所在单位或者有关单位依法给予行政处分。

十五、税务救济途径

(1) 纳税人、扣缴义务人、纳税担保人同税务机关在纳税上发生争议时，必须先依照税务机关的纳税决定缴纳或者解缴税款及滞纳金或者提供相应的担保，然后可以依法申请行政复议；对行政复议决定不服的，可以依法向人民法院起诉。

(2) 当事人对税务机关的处罚决定、强制执行措施或者税收保全措施不服的，可以依法申请行政复议，也可以依法向人民法院起诉。

(3) 当事人对税务机关的处罚决定逾期不申请行政复议也不向人民法院起诉，又不履行的，作出处罚决定的税务机关可以采取税收强制执行措施，或者申请人民法院强制执行。

第五节 纳税信用管理

根据《纳税信用管理办法（试行）》，纳税信用管理是指税务机关对纳税人的纳税信用信息开展的采集、评价、确定、发布和应用等活动。国家税务总局主管全国纳税信用管理工作；省以下税务机关负责所辖地区纳税信用管理工作的组织和实施。

一、纳税信用管理的适用范围

纳税信用管理适用于以下企业纳税人：

(1) 已办理税务登记，从事生产、经营并适用查账征收的企业纳税人。

(2) 从首次在税务机关办理涉税事宜之日起时间不满一个评价年度的企业（以下简称新设立企业）。评价年度是指公历年度，即1月1日至12月31日。

(3) 评价年度内无生产经营业务收入的企业。

(4) 适用企业所得税核定征收办法的企业。

【了解一下】(1) 扣缴义务人、自然人的纳税信用管理办法由国家税务总局另行规定；(2) 个体工商户和其他类型纳税人的纳税信用管理办法由省税务机关制定。

二、纳税信用信息的采集

纳税信用信息采集是指税务机关对纳税人纳税信用信息的记录和收集。纳税信用信息包括纳税人信用历史信息、税务内部信息、外部信息，具体如表10-5所示。

表10-5　　纳税信用信息具体内容

<table>
<tr><th colspan="3">纳税信用信息</th><th>信息来源渠道</th></tr>
<tr><td rowspan="3">1.纳税人信用历史信息</td><td colspan="2">（1）基本信息</td><td>由税务机关从税务管理系统中采集；系统中暂缺的信息，由税务机关通过纳税人申报采集</td></tr>
<tr><td colspan="2">（2）评价年度之前的纳税信用记录</td><td rowspan="2">从税收管理记录、国家统一信用信息平台等渠道中采集</td></tr>
<tr><td colspan="2">（3）相关部门评定的优良信用记录和不良信用记录</td></tr>
<tr><td rowspan="2">2.税务内部信息</td><td>（1）经常性指标信息（经常产生）</td><td>①涉税申报信息
②税（费）款缴纳信息
③发票与税控器具信息
④登记与账簿信息等</td><td rowspan="2">从税务管理系统中采集</td></tr>
<tr><td>（2）非经常性指标信息（不经常产生）</td><td>税务检查信息等</td></tr>
<tr><td rowspan="2">3.外部信息</td><td>（1）外部参考信息</td><td>评价年度相关部门评定的优良信用记录和不良信用记录</td><td rowspan="2">主要通过税务管理系统、国家统一信用信息平台、相关部门官方网站、新闻媒体或者媒介等渠道采集。通过新闻媒体或者媒介采集的信息应核实后使用</td></tr>
<tr><td>（2）外部评价信息</td><td>从相关部门取得的影响纳税人纳税信用评价的指标信息</td></tr>
</table>

纳税信用信息采集工作由国家税务总局和省税务机关组织实施，按月采集。

三、纳税信用评价

纳税信用评价采取年度评价指标得分和直接判级方式。评价指标包括税务内部信息和外部评价信息。

（一）年度评价指标得分

年度评价指标得分采取扣分方式。纳税人评价年度内经常性指标和非经常性指标信息齐全的，从100分起评；非经常性指标缺失的，从90分起评。

1.纳税信用级别设A、B、M、C、D五级

具体评级标准如表10-6所示。

表10-6　　纳税信用级别评价指标得分表

纳税信用级别	纳税信用为年度评价指标得分
A级	90分以上
B级	70分以上不满90分

续表

纳税信用级别	纳税信用为年度评价指标得分
M级	未发生D级所列失信行为的下列企业： (1) 新设立企业 (2) 评价年度内无生产经营业务收入且年度评价指标得分70分以上的企业
C级	40分以上不满70分的
D级	不满40分或者直接判级确定的

2.有下列情形之一的纳税人，本评价年度不能评为A级

(1) 实际生产经营期不满3年的；

(2) 上一评价年度纳税信用评价结果为D级的；

(3) 非正常原因一个评价年度内增值税连续3个月或者累计6个月零申报、负申报的；

(4) 不能按照国家统一的会计制度规定设置账簿，并根据合法、有效凭证核算，向税务机关提供准确税务资料的。

3.有下列情形之一的纳税人，本评价年度直接判为D级

(1) 存在逃避缴纳税款、逃避追缴欠税、骗取出口退税、虚开增值税专用发票等行为，经判决构成涉税犯罪的；

(2) 存在前项所列行为，未构成犯罪，但偷税（逃避缴纳税款）金额10万元以上且占各税种应纳税总额10%以上，或者存在逃避追缴欠税、骗取出口退税、虚开增值税专用发票等税收违法行为，已缴纳税款、滞纳金、罚款的；

(3) 在规定期限内未按税务机关处理结论缴纳或者足额缴纳税款、滞纳金和罚款的；

(4) 以暴力、威胁方法拒不缴纳税款或者拒绝、阻挠税务机关依法实施税务稽查执法行为的；

(5) 存在违反增值税发票管理规定或者违反其他发票管理规定的行为，导致其他单位或者个人未缴、少缴或者骗取税款的；

(6) 提供虚假申报材料享受税收优惠政策的；

(7) 骗取国家出口退税款，被停止出口退（免）税资格未到期的；

(8) 有非正常户记录或者由非正常户直接责任人员注册登记或者负责经营的；

(9) 由D级纳税人的直接责任人员注册登记或者负责经营的；

(10) 存在税务机关依法认定的其他严重失信情形的。

4.纳税信用评价周期为一个纳税年度，有下列情形之一的纳税人，不参加本期的评价

(1) 纳入纳税信用管理时间不满一个评价年度的；

(2) 本评价年度内无生产经营业务收入的；

(3) 因涉嫌税收违法被立案查处尚未结案的；

(4) 被审计、财政部门依法查出税收违法行为，税务机关正在依法处理，尚未办

结的；

（5）已申请税务行政复议、提起行政诉讼尚未结案的；

（6）其他不应参加本期评价的情形。

5.纳税人有下列情形的，不影响其纳税信用评价

（1）由于税务机关原因或者不可抗力，造成纳税人未能及时履行纳税义务的；

（2）非主观故意的计算公式运用错误以及明显的笔误造成未缴或者少缴税款的；

（3）国家税务总局认定的其他不影响纳税信用评价的情形。

（二）直接判级方式

直接判级适用于有严重失信行为的纳税人。

四、纳税信用评价结果的确定和发布

（1）税务机关每年4月确定上一年度纳税信用评价结果，并为纳税人提供自我查询服务。纳税人对纳税信用评价结果有异议的，可以书面向作出评价的税务机关申请复评。

（2）税务机关对纳税人的纳税信用级别实行动态调整。因税务检查等发现纳税人以前评价年度需扣减信用评价指标得分或者直接判级的，税务机关应按规定调整其以前年度纳税信用评价结果和记录。纳税人信用评价状态变化时，税务机关可采取适当方式通知、提醒纳税人。

（3）税务机关对纳税信用评价结果，按分级分类原则，依法有序开放：

①主动公开A级纳税人名单及相关信息。

②根据社会信用体系建设需要，以及与相关部门信用信息共建共享合作备忘录、协议等规定，逐步开放B、C、D级纳税人名单及相关信息。

③定期或者不定期公布重大税收违法案件信息。具体办法由国家税务总局另行规定。

五、纳税信用评价结果的应用

税务机关按照守信激励、失信惩戒的原则，对不同信用级别的纳税人实施分类服务和管理。

（一）纳税信用A级纳税人

对纳税信用评价为A级的纳税人，税务机关予以下列激励措施：

（1）主动向社会公告年度A级纳税人名单；

（2）一般纳税人可单次领取3个月的增值税发票用量，需要调整增值税发票用量时即时办理；

（3）普通发票按需领用；

（4）连续3年被评为A级信用级别（简称3连A）的纳税人，除享受以上措施外，还可以由税务机关提供绿色通道或专门人员帮助办理涉税事项；

（5）税务机关与相关部门实施的联合激励措施，以及结合当地实际情况采取的其他激励措施。

（二）纳税信用B级纳税人

对纳税信用评价为B级的纳税人，税务机关实施正常管理，适时进行税收政策和管理规定的辅导，并视信用评价状态变化趋势选择性地提供纳税信用A级纳税人适用的激励措施。

（三）纳税信用M级纳税人

对纳税信用评价为M级的企业税务机关适时进行税收政策和管理规定的辅导。

（四）纳税信用C级纳税人

对纳税信用评价为C级的纳税人，税务机关应依法从严管理，并视信用评价状态变化趋势选择性地采取纳税信用D级纳税人适用的管理措施。

（五）纳税信用D级纳税人

对纳税信用评价为D级的纳税人，税务机关应采取以下措施：

（1）公开D级纳税人及其直接责任人员名单，对直接责任人员注册登记或者负责经营的其他纳税人纳税信用直接判为D级；

（2）增值税专用发票领用按辅导期一般纳税人政策办理，普通发票的领用实行交（验）旧供新、严格限量供应；

（3）加强出口退税审核；

（4）加强纳税评估，严格审核其报送的各种资料；

（5）列入重点监控对象，提高监督检查频次，发现税收违法违规行为的，不得适用规定处罚幅度内的最低标准；

（6）将纳税信用评价结果通报相关部门，建议在经营、投融资、取得政府供应土地、进出口、出入境、注册新公司、工程招投标、政府采购、获得荣誉、安全许可、生产许可、从业任职资格、资质审核等方面予以限制或禁止；

（7）D级评价保留2年，第三年纳税信用不得评价为A级；

（8）税务机关与相关部门实施的联合惩戒措施，以及结合实际情况依法采取的其他严格管理措施。

【税事热议】

随着数字化时代的到来，电子商务、虚拟货币等新兴业态对传统税收征管制度提出了挑战。请谈谈这些新兴业态对税收征管的影响，并提出可能的解决方案或改进建议。

思维导图

第十章思维导图

练习题

一、即测即评

第十章单选题

第十章多选题

二、小组讨论与分享

纳税信用级别是中国税务机关根据纳税人的纳税行为和信用信息，对纳税人一定周期内的纳税信用状况所进行的评价。这一体系旨在通过守信激励和失信惩戒，促进企业依法诚信纳税，提高税法遵从度，进而实现高质量发展。例如，甲有限公司连续三年被评为A级纳税信用企业，因此顺利获得100万元的纳税信用贷款，体现了良好的纳税信用对企业的积极影响。乙股份有限公司因税收申报问题，2023年度纳税信用评级为B级，在进行了纳税信用修复后，该公司成为A级纳税信用企业，得以享受更多的税收优惠政策。丙有限公司凭借良好的纳税信用评价，获得了银行贷款，帮助企业渡过资金难关。纳税信用级别的设定和应用，不仅促进了企业依法纳税，还通过信用激励机制提高了企业的信用意识，有助于构建更加健康和公平的税收环境。请同学们具体谈谈纳税信用级别设定的重大作用。

主要参考文献

［1］中国注册会计师协会．税法［M］．北京：中国财政经济出版社，2024.

［2］全国税务师职业资格考试教材编写组．税法（Ⅰ）［M］．北京：中国税务出版社，2024.

［3］全国税务师职业资格考试教材编写组．税法（Ⅱ）［M］．北京：中国税务出版社，2024.

［4］全国税务师职业资格考试教材编写组．涉税服务实务［M］．北京：中国税务出版社，2024.

［5］奚卫华．合规纳税［M］．北京：人民邮电出版社，2023.